HISTOIRE

DE

LA PEINTURE SUR VERRE

D'APRÈS SES MONUMENTS EN FRANCE,

ET RECUEIL DE

DESSINS DES VITRAUX

LES PLUS REMARQUABLES,

DEPUIS LE DOUZIÈME SIÈCLE JUSQU'A NOS JOURS,

PAR FERDINAND DE LASTEYRIE.

Prospectus-Spécimen.

L'HISTOIRE du monde serait écrite tout entière dans les ruines des siècles passés, si ces ruines elles-mêmes ne tombaient chaque jour. Quelques-unes, il est vrai, ont traversé les âges et semblent lutter encore avec bonheur contre la destruction qui les menace; mais combien d'autres monuments, expression plus fragile du génie de l'homme, ont à peine assez duré pour laisser un souvenir!

Le temps marche, et demain peut-être le moyen âge sera aussi loin de nous que l'antiquité pouvait l'être hier; c'est donc à nous de l'étudier, tandis que ses monuments sont encore debout, à nous de léguer son histoire aux générations futures. Aujourd'hui, ce besoin est généralement senti; les études archéologiques ont pris grande faveur depuis quelques années, et le moyen âge est sorti de l'obscurité où il avait dormi si longtemps. La mode elle-même s'en est emparée, et lui a sacrifié les Grecs et les Romains pour le sacrifier bientôt lui-même à de nouveaux caprices. Mais ce que la mode use en quelques instants n'est pas si vite usé par l'étude. Un travail consciencieux doit survivre à son auteur, et, pour cela, de superficielles recherches ne sauraient suffire; car on ne fait renaître une époque qu'en étudiant, un à un, tous ses arts, ses sciences et son état moral. — Or, quel est l'homme qui pourrait à lui seul entreprendre une si vaste tâche? — Il faut donc qu'on se la partage, que chacun enfin prenne sa spécialité : renfermé dans ce cercle en apparence étroit, il aura beaucoup à faire encore, et cependant il pourra espérer de former un tout assez complet.

Déjà l'histoire des arts a beaucoup gagné aux recherches des hommes spéciaux : de riches publications ont révélé au monde artiste les trésors presque inconnus que renferment nos antiques manuscrits, ou les chefs-d'œuvre oubliés de la statuaire; l'architecture du moyen âge a trouvé de savants historiens; les armures de nos pères ont été étudiées avec tout l'intérêt qu'elles méritent; d'habiles mains vont reproduire les curieux dessins de nos vieilles tapisseries. Et cependant un art reste encore dans l'oubli; celui qui peut le plus difficilement échapper à la destruction.

Poétique expression des croyances chrétiennes, œuvre de foi presque autant qu'œuvre d'art, la *Peinture sur verre* périt dans ses monuments, sans que personne songe à recueillir ses débris, à mesure qu'ils viennent joncher le pavé de nos églises. Longtemps méprisée, encore mal comprise, peu de gens savent tout ce qu'il y a de génie dans ses premiers chefs-d'œuvre en apparence grossiers. Qui n'a senti son cœur se serrer, le recueillement descendre dans son âme, en entrant sous les saintes voûtes des cathédrales de Chartres ou de Reims, riches encore de leurs antiques verrières? Eh bien! celui-là s'est-il demandé ce qu'il a fallu d'art au peintre pour produire un effet si prodigieux avec quelques morceaux de verre? Et lorsque le goût plus épuré des siècles suivants vint rectifier un dessin souvent barbare, a-t-il vu les chefs-d'œuvre qui sont sortis des mains de Bernard Palissy, de Lequier, des Pinaigrier et de Jean Cousin? A-t-il visité les églises de Rouen, de Beauvais, d'Auch, de Bourges, de Paris même, pour y retrouver les dessins d'Albert Durer, de Jules Romain, de Raphaël, de Lesueur et de tant d'autres dont les noms seront grands pour lui lorsqu'il aura vu leurs œuvres?

Non. — Il est plus commode d'étudier les arts dans un musée, et peu d'amateurs vont les poursuivre ailleurs. Que l'histoire des arts aille donc s'offrir à ceux qui ne viendraient pas la chercher! et l'historien espérera encore avoir dignement accompli sa mission, s'il reste scrupuleux et fidèle, s'il conserve à chaque époque son caractère pur et sa naïveté.

Pour cela qu'y a-t-il à faire? — Étudier l'art, non-seulement dans les livres, mais surtout dans ses monuments; reproduire ceux-ci avec conscience et sans aucunes prétentions artistiques; puiser des documents certains dans nos vieux auteurs, dans nos vieux manuscrits; fouiller dans nos bibliothèques de province, dont les richesses sont encore si peu connues; recueillir même les traditions locales, et coordonner enfin tous ces documents, de telle manière que l'histoire serve à l'étude des monuments, comme les monuments doivent servir à l'étude de l'histoire. C'est ainsi du moins que j'ai compris celle de la *Peinture sur verre*. C'est en appelant le pinceau et la plume à mon aide, que j'ai cru devoir étudier ce qui nous reste encore d'un art jadis si florissant; et pendant plusieurs années, j'ai parcouru ainsi la France pour y recueillir les monuments épars où se trouve écrite l'histoire de cette peinture, depuis l'époque si religieuse des croisades jusqu'aux siècles de sa complète décadence.

De nombreux essais tendent aujourd'hui à rallumer le feu mal éteint des fourneaux du verrier, et tout leur présage un heureux succès. N'est-ce donc pas le moment de secouer la poussière du temple gothique, de mettre au jour l'œuvre de nos grands maîtres de la renaissance? Avant de reproduire, ne faut-il pas songer à conserver? — La production marche si lentement, la destruction va si vite! A Clermont, c'est un orage qui renverse les belles verrières de la cathédrale; en Normandie, ce sont de vils brocanteurs qui dépouillent les églises de campagne; l'Anjou parricide brise le portrait de ses ducs, qui décorait depuis le xiie siècle l'abbaye du Loroux, et ailleurs l'ignorance d'un conseil de fabrique livre à vil prix le dernier ornement de son église, ou le dénature par de monstrueuses restaurations.

En face de monuments si fragiles, j'ai cru faire une œuvre utile que d'en entreprendre la reproduction fidèle. Pour avoir quelque prix, cette œuvre doit être originale; je l'ai pensé du moins, et je me suis imposé la loi de n'emprunter à mes devanciers aucun des dessins qui ornent leurs ouvrages. J'ai puisé de précieuses lumières dans le Traité de Levieil, véritable arche de salut pour la *Peinture sur verre,* dans les ouvrages de M. Lenoir, à qui les amis des arts doivent tant de reconnaissance, dans ceux de MM. Émeric David, Lenormand, Langlois du Pont-de-l'Arche, etc. J'ai souvent consulté les dessins contenus dans les livres du P. Montfaucon, de Villemin et de plusieurs autres; mais je me suis abstenu d'en reproduire aucun, bien décidé à ne répondre que de mon œuvre. Ces gravures n'étaient d'ailleurs qu'une infidèle représentation : simple trait d'un grand dessin, on n'y retrouve en rien ce qui caractérise la *Peinture sur verre.* Le plomb, charpente indispensable d'une verrière, y est constamment dissimulé, et la couleur, plus indispensable encore, n'y est presque jamais indiquée.

Jusqu'à présent, il n'existe donc pas en France d'*histoire complète de la Peinture sur verre.* Il n'existe pas non plus d'ouvrage où les verrières de nos églises soient représentées dans toute leur vérité. Celui que j'annonce sera par conséquent un *ouvrage nouveau.*

Auteur en même temps qu'éditeur, j'ai pu réaliser, par le sacrifice de mon travail, un plan que la dépense m'eût interdit dans toute autre circonstance; j'ai pu apporter le luxe dans une entreprise que la parcimonie aurait tuée. Ainsi le coloriage offrait d'immenses difficultés : où retrouver les couleurs du prisme, qui brillent si vives dans nos antiques vitraux ? où retrouver ces ombres diaphanes qui laissent passer le jour, sans rien perdre de leur effet? et cependant c'étaient là des conditions indispensables pour arriver au résultat voulu. Aussi, après l'avoir atteint, après avoir confié le coloriage aux mains

PEINTURE SUR VERRE.

les plus habiles, me suis-je interdit de publier aucun exemplaire en noir. Toutes les planches seront coloriées sous mes yeux et revues avec la plus scrupuleuse attention.

Toutefois, en entourant cette publication d'un luxe qui devait nécessairement la porter à un prix élevé, j'ai cherché les moyens d'en rendre l'acquisition moins onéreuse.

L'HISTOIRE DE LA PEINTURE SUR VERRE EN FRANCE FORMERA 25 A 30 LIVRAISONS.

Il paraîtra tous les mois ou toutes les six semaines une livraison, format in-folio, contenant deux feuilles de texte et quatre planches coloriées avec le plus grand soin.

Le texte et les figures seront tirés sur magnifique papier colombier, de la manufacture d'Écharcon.

L'exécution typographique devant répondre aux autres parties de l'ouvrage, je n'ai cru pouvoir mieux faire que de la confier aux presses de MM. Firmin Didot.

Le prix de chaque livraison, prise à Paris, est de 36 fr.

On souscrit dès à présent rue de Grenelle Saint-Germain, n° 59, où les demandes par écrit peuvent être également adressées.

15 Juin 1837.   F. L.

TYPOGRAPHIE DE FIRMIN DIDOT FRÈRES, RUE JACOB, N° 56.

HISTOIRE

DE LA

PEINTURE SUR VERRE.

HISTOIRE

DE LA

PEINTURE SUR VERRE

D'APRÈS SES MONUMENTS EN FRANCE,

PAR

FERDINAND DE LASTEYRIE.

TEXTE. — TOME I.

PARIS,

TYPOGRAPHIE DE FIRMIN DIDOT FRÈRES, FILS ET Cⁱᵉ,

56, RUE JACOB.

M DCCC LVII.

AVANT-PROPOS.

L'histoire d'un art n'est pas une œuvre de pure théorie. Elle embrasse nécessairement un grand nombre de faits; elle a pour base l'étude d'une foule de monuments isolés, sans relations apparentes les uns avec les autres, et que, par conséquent, chacun peut grouper à sa guise, suivant l'ordre des temps, les affinités de caractères ou leur situation géographique. De ces divers modes de classement, l'ordre chronologique est évidemment le plus propre à établir l'enchaînement des faits, à mettre en évidence la cause et les résultats de chacune des transformations de l'art. C'est également celui qui rattache de la manière la plus étroite l'étude des monuments à l'histoire générale d'un pays, de ses mœurs et de sa civilisation.

Je n'ai donc pas hésité, pour ma part, à adopter cette méthode; et, partant de là, voici comment j'ai procédé :

Pour chaque siècle l'un après l'autre, depuis l'origine de la Peinture sur verre jusqu'à son déclin, j'ai décrit d'abord un certain nombre de monuments dignes, par leur importance, d'être considérés comme les types de l'époque à laquelle ils appartenaient. Puis, reliant successivement à cette étude celle des autres monuments de même date, j'ai constamment cherché à grouper ces derniers d'après leurs rapports géographiques, de manière à faire ressortir les différences de caractères qu'ils présentent, comparativement au type principal de chaque siècle.

Dans beaucoup de cas, la date d'un vitrail serait difficile à établir, si l'on ne trouvait pas des éléments d'appréciation dans l'histoire même de l'édifice auquel il appartient, ou dans celle de ses bienfaiteurs. Il m'a donc semblé utile, non-seulement pour corroborer mes assertions, mais même pour donner à d'autres le moyen de les rectifier au besoin, il m'a semblé utile, dis-je, de toujours placer, en tête de la description des verrières, une courte notice historique sur le monument lui-même.

Il m'a semblé, en outre, qu'un travail du genre de celui-ci serait en quelque sorte une lettre morte, si on ne le faisait concourir à l'étude des mœurs, si, jusqu'à un certain point, il n'avait pour résultat de faire revivre devant nos yeux la civilisation des siècles passés; d'où j'ai conclu qu'il ne suffisait pas toujours d'indiquer le sujet d'une verrière, et que quelques digressions, quelques recherches historiques relatives aux personnages représentés, aux costumes, aux armures, aux meubles et aux usages, étaient indispensables pour donner de l'intérêt à une nomenclature qui, sans cela, serait singulièrement aride.

Comme je professe, d'ailleurs, cette opinion qu'en matière d'archéologie personne ne doit être cru sur parole, je n'ai jamais avancé un fait sans preuves. J'ai beaucoup vu par moi-même et j'ai fidèlement reproduit dans mon texte et dans mes planches ce que j'avais ainsi recueilli. Mais, pour les documents historiques, réduit, comme tout le monde, à vivre d'emprunts, j'ai mis un soin scrupuleux à faire connaître mes sources, afin que chacun pût à son aise les vérifier et les contrôler.

Enfin, préoccupé de l'avantage qu'il y a toujours, pour une œuvre d'art, à conserver l'unité d'exécution la plus complète, j'ai pris le grand parti de me faire, à moi tout seul, l'artisan de mon œuvre. J'avais dessiné toutes les planches ; j'ai voulu les lithographier de ma propre main. Cela n'a pas été présomption de ma part. Je savais, à n'en pouvoir douter, qu'un artiste de profession eût bien autrement fait valoir mes dessins. Mais un artiste de profession aurait-il su abdiquer suffisamment son talent, et faire assez bon marché des règles de son art, pour conserver à des peintures souvent très-incorrectes cette naïveté, cette incorrection même, qui, aux yeux de l'antiquaire, sont le véritable cachet d'un style ou d'une époque? Sous ce rapport, mon inexpérience était une garantie : et, à défaut d'autre talent, j'ose affirmer que j'ai toujours apporté autant d'exactitude dans l'exécution de mes dessins que de fidélité dans mes descriptions.

Deux innovations importantes me sont dues : les anciens vitraux ont été représentés, pour la première fois dans mon ouvrage, avec leurs couleurs, et, pour la première fois également, sans dissimuler leur armature, ni leur monture en plomb. Ce mode de reproduction, le seul véritablement exact, est aujourd'hui adopté universellement.

Le coloriage des planches est la seule partie de mon œuvre pour laquelle j'aie eu recours à des mains étrangères. On m'a parfois demandé pourquoi je n'avais pas fait usage de l'impression en couleurs, qui m'eût épargné une partie des frais très-considérables du coloriage au pinceau. Le premier motif de ma préférence, c'est qu'au moment où j'ai entrepris cette publication, la chromolithographie était bien loin d'avoir atteint le degré de perfection qu'elle présente aujourd'hui. Mais ce motif n'est pas le seul. La représentation des vitraux exige, pour être exacte, une grande transparence de couleurs, une grande pureté de tons. Or cette transparence s'obtient difficilement par la chromolithographie, et l'emploi des huiles grasses d'impression, qui jaunissent avec le temps, peut avoir pour inconvénient d'altérer certaines couleurs, telles que le bleu et le rouge dont les nuances, d'abord très-pures, tournent facilement au vert ou à l'orangé. Cette crainte, peut-être exagérée, a beaucoup contribué à me faire préférer le coloriage à la main.

Quant au mode de publication, il y aurait eu, je ne me le dissimule pas, un grand avantage, pour le présent livre, à être exécuté tout d'une pièce. Mais comment y songer? A supposer même que l'auteur eût été assez riche pour faire les avances énormes que cela eût entraînées, où aurait-il trouvé des acheteurs disposés à payer en une seule fois le prix nécessairement fort élevé de son ouvrage?

Il m'a donc bien fallu, bon gré mal gré, m'en tenir au mode de publication par livraisons, qui, seul, offre au public et à l'éditeur les facilités dont ils ont besoin l'un et l'autre. C'est une des misères de notre époque; il faut s'y soumettre. Mais de là naissent une foule d'inconvénients auxquels je n'ai pu échapper. Ainsi, chaque livraison ne contenant qu'un nombre de feuilles fort limité, le texte se trouve continuellement interrompu à l'endroit le plus intéressant; on renonce à sa lecture, on l'ajourne, ce qui revient presque au même, ou bien, si l'on a le courage de l'entreprendre, le commencement est déjà oublié, lorsqu'après un long intervalle, la livraison suivante vous en apporte la suite.

Ces inconvénients, toujours sensibles, l'ont été particulièrement pour moi, à raison des lenteurs et des retards qu'a éprouvés la publication de mon ouvrage. Plus que personne j'en ai souffert, et pourtant ces lenteurs m'ont été plus d'une fois reprochées. Pour peu cependant qu'on y veuille bien songer, on comprendra sans peine quel temps il m'a fallu, quelles longues et minutieuses recherches m'ont dû être nécessaires pour arriver à construire, à moi seul, une œuvre à peu près complète sur un terrain où, jusqu'alors, rien de sérieux n'avait été édifié. Avant toutes choses, j'ai dû connaître la France, visiter toutes ses provinces, étudier ses principaux monuments. Puis ce n'était pas le tout que de concevoir et de composer l'ouvrage : l'exécution matérielle de plus de cent dessins, et leur reproduction en lithographie par une seule et unique main, demandaient aussi beaucoup de temps et de patience. Enfin (ce que je n'avais pu prévoir en commençant ma publication), appelé dans des circonstances graves à faire partie des assemblées politiques de mon pays, j'ai dû, pendant plusieurs années, consacrer à l'accomplissement d'impérieux devoirs la meilleure partie du temps que, jus-qu'alors, j'avais donné à l'étude. Cette cause de retard n'a pas été la moindre. Aussi me suis-je remis activement à l'œuvre dès le jour où, par le fait des événements, j'ai reconquis l'indépendance de la vie privée ; mon premier soin, alors, a été de terminer la publication de mes planches, puis celle du présent volume.

Tout en déplorant ces lenteurs, je me suis efforcé d'en profiter, du moins, pour donner à la der-nière partie de mon travail quelques mérites de plus qu'à ses commencements. Mais, hélas ! je ne le sens que trop, je n'ai pu remédier à toutes ses imperfections, ni combler toutes ses lacunes.

Les recherches entreprises, les travaux exécutés depuis quelques années, en vue d'un sujet spécial que mon seul mérite est d'avoir abordé l'un des premiers, ont mis en lumière bien des faits que j'ignorais, que tout le monde ignorait encore, lorsque j'ai entrepris cette publication.

Jusqu'alors, par exemple, on avait accepté comme un fait constant que les plus anciens vitraux encore existants sur le sol de la France étaient ceux que l'abbé Suger avait fondés en l'église de Saint-Denis. J'eus le bonheur de découvrir et de prouver que l'Anjou en possédait de plus anciens. Toutefois, cette antériorité était de quelques années à peine, et rien ne semblait indiquer encore qu'il existât dans notre pays des monuments de la Peinture sur verre, auxquels on pût assigner une date plus reculée. Deux jeunes artistes, également distingués chacun dans sa spécialité, sont par-venus cependant à exhumer de nos vieilles églises des débris de verrières dont les caractères exté-rieurs, à défaut d'autres preuves, pourraient faire remonter leur origine jusqu'au onzième siècle.

En présence de révélations si imprévues, en face de monuments si curieux et encore inédits, je me suis trouvé, je l'avoue, singulièrement embarrassé. Renoncer, par excès de respect pour l'ordre chronologique, à mentionner d'aussi importantes découvertes, c'était laisser volontairement mon travail incomplet. Je n'ai pu m'y résoudre, et, en conséquence, j'ai pris le parti de leur consacrer à la fin du volume, une notice supplémentaire, et d'en reproduire le dessin dans deux planches d'in-troduction à classer, d'après leur date, en tête de toutes les autres.

J'aurais voulu pouvoir réparer de même toutes les omissions et les erreurs que j'ai tardivement reconnues dans mon travail. Cela ne m'a pas été possible. Je le livre donc tout à la fois à la critique et à l'indulgence du lecteur, en priant celui-ci de vouloir bien seulement se rappeler la première date de ma publication. Lorsque je l'ai commencée, on en était encore réduit, sous le rapport technique, au grand ouvrage de Levieil, cette arche véritable de la Peinture sur verre, qui, presque seule, nous en a conservé les procédés. Depuis le commencement de ce siècle, tout ce qui avait paru relativement à cet art, était un ou deux mémoires de M. Brongniart, une courte notice d'Alexandre Lenoir, jointe à sa *Description du Musée des monuments français*, et l'*Essai* très-remarquable et très-justement ap-précié, mais malheureusement fort incomplet, de Langlois (du Pont-de-l'Arche). Ce dernier cependant avait eu le mérite d'ouvrir la véritable voie archéologique. C'est, pour ainsi dire, sur ses traces que j'ai marché moi-même, tout en donnant à mon travail un développement et un ensemble que ne comportait pas le simple *Essai* de Langlois.

Après moi ou en même temps, beaucoup d'autres se sont occupés de la Peinture sur verre. Elle a été, dans ces dernières années, l'objet de nombreuses publications, en tête desquelles il faut placer la superbe et savante *Monographie des vitraux de Bourges*, publiée par le regrettable P. Arthur Martin, en collaboration avec le P. Cahier. La province a vu éclore également plusieurs ouvrages intéressants sur le même objet, tels que l'*Histoire de la Peinture sur verre en Limousin*, par M. l'abbé Texier, et la *Description des vitraux de Strasbourg*, par M. l'abbé Guerber. Enfin, je dois mentionner aussi quelques travaux estimables dus à des hommes spéciaux, tels que MM. Bontemps, Lamy de Nozan, et surtout ceux de MM. Thévenot et Thibaud, qui ont eu, ne l'oublions pas, le mérite d'être les premiers sur la brèche, tant comme restaurateurs de nos anciennes verrières, que comme auteurs des notices, malheureusement fort courtes, dont la publication remonte à 1835.

Les pays étrangers ne sont pas non plus restés inactifs, et je ne saurais me dispenser de mentionner ici les utiles travaux de MM. Winston et Warrington en Angleterre, de MM. Edmond Lévy et Caperonnier en Belgique, de MM. Gessert et Wackernagel en Allemagne.

J'ai souvent profité de ces diverses publications. Plus souvent encore, j'ai mis à profit mes relations personnelles avec leurs auteurs, et avec la plupart de nos peintres verriers modernes, chez qui j'ai rencontré, en toutes circonstances, l'obligeance la plus parfaite. Ma dette de gratitude n'est pas moindre vis-à-vis de ces hommes éminemment distingués, laborieux et modestes, qui tiennent en dépôt, dans nos bibliothèques et nos archives, tous les trésors de la pensée humaine et tous les secrets du passé. Je n'en connais pas un auprès de qui je n'aie trouvé assistance au besoin.

Mais, je le sens, la plus grande part de ma reconnaissance est due surtout à l'Académie des inscriptions et belles-lettres, qui, dès le début de cette publication, a bien voulu l'honorer des plus flatteurs encouragements. Le suffrage de l'Institut de France impose de lourdes obligations et crée de nouveaux devoirs à celui qui a eu le bonheur d'en être l'objet. Je n'ai rien épargné pour m'en rendre digne. Puissé-je l'avoir au moins justifié par la conscience que j'ai apportée dans l'accomplissement de mon œuvre!

HISTOIRE

DE

LA PEINTURE SUR VERRE.

INTRODUCTION.

Avant d'étudier la Peinture sur verre dans ses monuments les plus anciens, d'examiner et de décrire ceux qui nous restent, si nous jetons un coup d'œil général sur l'histoire de cet art, une première observation viendra nous frapper d'abord : c'est que la Peinture sur verre, née pour ainsi dire avec le christianisme, semble avoir suivi pas à pas les phases de nos croyances.

Les ruines de l'Empire lui servent de berceau, et dès les premiers temps de l'ère chrétienne, elle concourt à l'ornement des basiliques, à la transformation des temples du paganisme. Ses magiques effets parlent à l'imagination du peuple, et déjà l'art nouveau se répand partout à l'aide de la foi nouvelle, lorsque tout à coup la fureur des Iconoclastes vient en arrêter les progrès, en renverser les premiers monuments. La Peinture sur verre semble alors oubliée; l'Europe est arrivée à son dernier degré de barbarie. Mais bientôt les ténèbres dont elle est enveloppée se dissipent, et le grand mouvement, le pieux enthousiasme qui produit les croisades, donne également aux arts une impulsion nouvelle. La Peinture sur verre reparaît alors avec éclat; la religieuse munificence de saint Louis et de la reine sa mère, lui font prendre une extension sans exemple, et la France se couvre de pieuses fondations.

Plusieurs siècles se passent ainsi, et la même dévotion continue jusqu'au jour où une pensée de doute vient troubler la foi de nos pères; ce doute frappe au cœur l'art religieux que la foi faisait vivre, il le prend à son époque la plus brillante et l'entraîne peu à peu vers une complète décadence.

Ce rapport constant, cette espèce de sympathie entre l'art et la religion se comprennent aisément, lorsqu'on songe combien les effets de la Peinture sur verre, habilement ménagés, sont de nature à réveiller chez l'homme le sentiment religieux. Il n'existe pas de décoration dont le culte chrétien ait jamais pu tirer un meilleur parti : cette lumière diaprée qui tombe sur l'autel en rayons incertains, cette clôture à demi transparente, qui colore l'atmosphère de je ne sais quelle teinte pieuse et mystique, tout reporte l'imagination vers les croyances mystérieuses, et l'incrédule sent fléchir son genou sur le parvis du temple. Combien de fois les poëtes chrétiens du moyen âge n'ont-ils pas chanté le charme inconnu répandu dans le sanctuaire, où leur imagination enthousiaste aimait à retrouver la *Jérusalem céleste!* Ce charme est si puissant que nous l'avons tous éprouvé, et cependant peu de nous ont cherché peut-être à analyser les heureuses combinaisons de l'art qui sait ainsi nous émouvoir le cœur, en parlant à nos sens ; car il répugne à l'enthousiasme d'analyser ce qu'il éprouve, et d'ailleurs ne risque-t-on pas de perdre ses plus belles illusions, lorsqu'on veut en étudier la source ?

Toutefois, cette crainte me paraît ici peu fondée, et l'admiration n'a qu'à changer de forme, si l'on observe dans leurs détails les moyens à la fois simples et puissants qu'employait jadis le peintre verrier pour arriver à tous les effets qui nous étonnent.

Je le répète, tout est simple dans son art ; le dessin même n'y figure d'abord que comme un accessoire, destiné à fixer de pieuses légendes dans le souvenir du peuple de Dieu ; il est grossier, défectueux même. Mais cette coloration transparente qu'il reçoit de la lumière céleste, l'éclat dont il brille à la voûte du temple, lui donnent presque aux yeux des fidèles assemblés l'apparence d'une pieuse vision. Il semble pour eux que les saints personnages dont ils invoquent les noms, descendent du ciel dans un rayon de lumière. N'est-ce pas là du moins le sentiment que durent éprouver des chrétiens à la foi naïve, à l'âme avide de croyances, lorsqu'ils élevèrent pour la première fois leurs chants au milieu de cette atmosphère irisée ?

Et le clergé, chez qui toutes ces sensations devaient s'éveiller plus puissantes encore, comment aurait-il négligé les ressources d'un art si riche en émotions pieuses ? Comment aurait-il laissé échapper un moyen si précieux de répandre parmi les plus ignorants du peuple, la connaissance des mystères et des saintes légendes, qui jouaient alors un si grand rôle ? C'était, à coup sûr, le genre d'image le moins matériel qu'on pût présenter à des hommes dont il fallait frapper les yeux pour éveiller la foi.

On ne saurait donc s'étonner de cette sympathique coïncidence entre l'art et l'état des croyances religieuses, que j'aurai souvent à constater dans le cours de cette histoire, et dont j'ai cru, dès son origine, devoir indiquer les causes principales.

Dans l'histoire de la Peinture sur verre, je ne comprendrai point celle de cette matière elle-même, et je n'ai point à reproduire ici ce que les plus anciens auteurs rapportent de vrai ou de fabuleux sur sa découverte. Mais si le verre, employé aux divers usages de la vie domestique, est encore étranger à mon sujet, l'histoire de l'art commence, selon moi, dès le jour où il est appliqué à la clôture et à la décoration des édifices. On peut penser, il est vrai, que pendant longtemps le verre ainsi employé ne fut revêtu d'aucune peinture à la main; mais du moment qu'on admet que les anciens fabriquaient du verre de diverses couleurs, n'est-il pas également naturel de penser que, dans la répartition des nombreux fragments employés à la clôture d'une fenêtre, ils observaient certaines combinaisons symétriques, et arrivaient ainsi à former *un dessin?*

Laissant donc de côté ce que nous raconte Strabon (1) sur la châsse de verre dans laquelle Seleucus Eibiosactes aurait fait placer le corps d'Alexandre le Grand, et les descriptions hasardées du cirque de Marcus Scaurus, orné, selon Félibien (2), d'une colonnade de verre, je m'attacherai uniquement à rechercher dans les auteurs anciens l'époque la plus reculée à laquelle il est fait mention 1° de l'emploi des vitres aux fenêtres; 2° de la peinture sur le verre.

Dans une dissertation placée à la fin de sa *Description du Musée des monuments français* (3), M. Al. Lenoir parle de faisceaux de verre fabriqués par les Grecs. « Ces « faisceaux, » dit-il, « étaient composés de plusieurs tubes coulés que l'on réunissait au « feu, et qu'après en avoir formé une masse, on sciait à volonté en façon de tranche, « soit pour faire des vitres, soit pour d'autres objets. » J'ignore sur quels témoignages M. Lenoir a pu baser cette assertion, et, pour ma part, je n'ai trouvé aucune preuve authentique de l'emploi du verre à la clôture des édifices dans les livres écrits avant la naissance de Jésus-Christ. Le témoignage le plus ancien que j'aie pu recueillir est celui du juif Philon, que ses coreligionnaires envoyèrent en ambassade auprès de Caius Calligula, à l'occasion de différends survenus entre eux et les Grecs d'Alexandrie. Les juifs trouvèrent l'empereur occupé des embellissements de deux maisons de plaisance, Mæcena et Lamia, où il les reçut, à ce qu'il paraît, fort cavalièrement, interrompant à chaque instant leur discours, pour donner des ordres à ses architectes. Cette curieuse entrevue des chrétiens avec le terrible Calligula est fort naïvement rendue dans une ancienne traduction (4), où on lit le passage suivant de la narration de Philon :

« Si tost qu'il eût gousté nos bonnes raisons et coneu qu'elles n'estoient pas à despriser, « auparauant que nous lui en eussions amené d'autres plus fortes, rompit nos premiers « propos, et sauta vistement en une grand'salle, où se pourmenant, il commanda que « tout à l'entour les fenestres fussent bouchées de verre blanc semblable aux pierres

---

(1) Strabonis Rerum geographicarum Lib VII.

(2) Principes d'architecture, par André Félibien, in 4°. Paris 1690. — Casaubon parle aussi de ce cirque dans ses notes sur Flavius Vospiscus : *Pro pariete vitrum adhibebant, ut in Scauri theatro.* Mais il est clair qu'il s'agit ici de murailles incrustées en mo-saïque de verre, genre d'ornement fort en usage à cette époque, et dont j'aurai bientôt à parler plus au long.

(3) Un vol. in 8°. Paris, au X de la république.

(4) Les Œwres de Philon iuif, avthevr très éloqvent et philosophe très grave, mises de grec en françois par Pierre Bellier. — Paris 1588, un vol. in 8°.

« reluisantes, et au travers desquelles on voit, n'empeschans point la lumière, ains
« seulement le vent et l'ardeur du soleil (1). »

Ce fait ne semblerait-il pas prouver que l'emploi du verre aux fenêtres est antérieur
au règne de Théodose le Grand, quoi qu'en ait pu dire M. Eug. Bareste, dans une série
d'articles publiés récemment sur l'histoire de la Peinture sur verre (2). Et lors même que
la signification des mots employés par Philon, pourrait encore paraître obscure, le témoignage de Lactance ne peut laisser aucun doute : *Veriùs et manifestiùs est mentem esse,
quæ per oculos ea quæ sunt opposita transpiciat, quasi per fenestras* lucente vitro *aut
speculari lapide obductas* (3). Saint Jean Chrysostome parle de parquets en mosaïques,
de hautes fenêtres ornées de diverses couleurs (4), et ce qu'il disait au commencement
du quatrième siècle, saint Jérôme le répète bientôt en d'autres termes : *Fenestræ quæ
vitro in tenues laminas fuso abductæ erant* (5).

On ne saurait donc douter, que dès les premiers siècles de notre ère, le verre ne fût
employé à la clôture des édifices, et d'autres témoignages non moins authentiques attestent que la coloration et même la peinture sur le verre étaient également connues des anciens. Pline rapporte que, de son temps, on faisait du verre rouge et non transparent,
nommé *hæmatinon;* d'autre blanc, d'autres imitant les pierres précieuses; du verre
enfin de toutes les couleurs. Il n'y a pas, selon lui, de matière plus propre à la peinture;
mais toutefois il paraît donner la préférence au verre blanc, en raison de son extrême
transparence (6).

Le même auteur va jusqu'à décrire la fabrication du verre (7), et tout dans son langage
annonce qu'elle était alors fort répandue. Toutefois elle n'était pas très-anciennement
connue à Rome, si nous en croyons certain passage de Sénèque, qui parle en termes
pompeux de l'étonnement qu'éprouverait Posidonius, s'il pouvait voir les beaux travaux

---

(1) Des vertus et ambassade fait à Caïus. Fol. 527. —
Le sens de ce passage de l'auteur grec a donné lieu à
des interprétations très-diverses. La plupart des tra-
ducteurs sont d'accord avec P. Bellier; mais d'autres,
tels que D. Calmet, ont cru qu'il s'agissait ici du *talc,*
fort souvent employé à la clôture des fenêtres. P. Levieil, dans l'*Art de la Peinture sur verre*, rapporte
ces diverses opinions, et pense, peut-être avec raison,
que le mot grec ὕαλος est également susceptible des
deux interprétations.

(2) L'Artiste, n°ˢ des 19 et 26 février, 5 et 12 mars,
9 et 23 avril et 7 mai 1837.

(3) De Opificio Dei, cap. VIII.

(4) Chrysostomi oper. Tom. VII, pag. 354.

(5) Le même auteur dit en un autre endroit : *Fenestræ quoque erant factæ in modum retis ad instar
cancellorum, ut non speculari lapide nec* vitro, *sed li-*
gnis interrasilibus et vermiculatis includerentur.* (Commentaire sur le chap. XLI d'Ézéchiel, v. 16.)

(6) *Fit... et totum rubens vitrum, atque non translu-
cens,* hæmatinon *appellatum. Fit et album, et mur-
rhinum, aut hyacinthos sapphirosque imitatum, et
omnibus aliis coloribus. Nec est alia nunc materia se-
quacior aut etiam* picturæ accommodatior. *Maximus
tamen honos in candido translucentibus quam proxima
crystalli similitudine.* (C. Plinii sec. Histor. natur.,
lib. XXXVI, § LXVII.).

(7) *Arena alba nascens.... quæ mollissima est, pila
molaque teritur. Dein miscetur tribus partibus nitri
pondere vel mensura, ac liquata in alias fornaces trans-
funditur. Ibi fit massa quæ vocatur ammonitrum* (ce
que les verriers appellent aujourd'hui la fritte):
*atque hæc recoquitur, et fit vitrum purum, ac massa
vitri candidi.* (Ibid., lib. XXXVI. § LXVI.) — On lit

qu'on exécute en verre (1). Posidonius vivait du temps de Pompée, et il fallait que l'art de la verrerie eût fait à Rome de rapides progrès, pour que Sénèque tînt un pareil langage dans le siècle suivant. Il existait en effet dans cette ville plusieurs verreries, dont une était établie au cirque Flaminien (2); mais, par leur nombre ainsi que par leur réputation, elles étaient loin d'égaler les verreries d'Alexandrie en Égypte (3). Je dois ajouter ici que cette fabrication, nouvelle encore pour les Romains, était dès lors répandue en Espagne et dans les Gaules (4), et que ses produits obtenaient une grande faveur. De toutes parts, les palais et les temples tiraient des verreries leurs plus précieux ornements; et, soit que le verre y fût employé en lames transparentes ou en mosaïques, la diversité et l'éclat de ses couleurs charmaient les yeux des anciens, comme ils savent encore charmer les nôtres (5). Aussi l'emploi en devint-il chaque jour plus général.

Déjà, nous l'avons vu, les fenêtres en verre étaient connues au commencement du quatrième siècle, si même elles ne l'étaient pas plus anciennement, et saint Jérôme en parle dès les premières années du siècle suivant. Enfin, au sixième siècle, cet art nouveau prend sa place dans un monument dont la magnificence devait étonner le monde, dans la célèbre basilique de Sainte-Sophie, que l'empereur Justinien, montant sur le trône vers cette époque, fit reconstruire dans la capitale de son empire.

Ce monument, le plus splendide que jamais le christianisme ait élevé dans l'empire d'Orient, fut construit sur les ruines déjà réédifiées d'un temple fondé en l'honneur de Dieu par l'empereur Constantin, et placé par lui sous l'invocation de la divine Sagesse, τῇ ἁγίᾳ Σοφίᾳ. L'œuvre de Constantin lui survécut de peu et fut renversée par un tremblement de terre, sous le règne de son fils. Celui-ci l'ayant fait reconstruire sur un plan plus vaste par l'adjonction d'une église voisine, la nouvelle dédicace en fut faite le 15 février de l'an 360. Mais une autre catastrophe menaçait le temple au milieu

---

dans le même chapitre : *Ex massis rursùs funditur in officinis*, tingiturque. *Et aliud flatu figuratur, aliud torno teritur.* (Ibid.)

(1) *Cuperem Posidonio aliquem vitrarium ostendere, qui spiritu vitrum in habitus plurimos format, qui vix diligenti manu effingerentur.* (L. Annæi Senecæ Epistolæ morales. Ep. XC.)

(2) *In quo circo vitri officina fuit.* (Rosinus Bartholomæus. Roman. Antiquit. Lyon, 1609, in-4°. — Lib. V, cap. IV, pag. 229.)

(3) Flavius Vospiscus rapporte, d'après Phlegon, affranchi d'Adrien, une lettre où cet empereur admire l'industrie égyptienne : *Ægyptum quam mihi laudabas....totam didici, levem, pendulam, et ad omnia famæ momenta volitantem.....Civitas opulenta, dives, fœcunda, in qua nemo vivat otiosus.*

Alii vitrum conflant, ab aliis charta conficitur. (Historiæ augustæ scriptores. Paris, 1603, un vol. in-4°, pag. 361.) Le même auteur ajoute, dans la vie de l'empereur Aurélien : *Vectigal ex Ægypto urbi Romæ vitri, chartæ........ constituit.* (Ibid., pag. 331.) Ce qui prouve, je crois, qu'encore alors le verre n'était pas très-commun dans Rome.

(4) Après avoir décrit les procédés de fabrication du verre, Pline ajoute : *Jàm verò per Gallias Hispaniasque simili modo arenæ temperantur.* (Lib. XXXVI, § LXVI.)

(5) On lit dans la vie de l'empereur Tacite, par Flavius Vospiscus, que ce prince avait un goût particulier pour ce genre de décoration: *Vitreorum diversitate atque operositate vehementer est delectatus.* (Historiæ augustæ scriptores, pag. 339.)

des troubles qui déchiraient l'Empire; il s'écroula dans les flammes, sous le règne d'Honorius (1).

L'église de Sainte-Sophie était encore en ruine, lorsque Justinien en entreprit la reconstruction, vers les premières années du sixième siècle. A la place de l'ancien temple simplement couvert en bois, le nouvel empereur entreprit d'édifier la plus somptueuse basilique qui ait jamais existé. Justinien appela les plus habiles architectes à son aide, et tous les arts furent mis à contribution pour orner la maison du Seigneur. Le détail de toutes ces magnificences est parvenu jusqu'à nous, grâce aux pompeuses descriptions des auteurs contemporains, dont du Cange a recueilli le témoignage dans un curieux ouvrage intitulé : *Constantinopolis christiana.* Nulle part on ne saurait se former une idée plus juste de l'état des arts à cette époque de l'Empire; nulle description ne saurait reproduire plus complétement l'aspect primitif de ce monument, dont le dôme, toujours debout au milieu des ruines de l'Empire, semble une antique figure de marbre agenouillée sur un tombeau de roi.

Rien ne fut épargné pour l'ornement de la basilique nouvelle. Là se trouvaient accumulées toutes les magnificences du Bas-Empire. Autour de ce dôme, soutenu par une forêt de colonnes, s'étendaient de vastes et élégants portiques. Partout le marbre était répandu à profusion, et de riches dorures, de brillantes mosaïques de verre (2) jetaient dans le sanctuaire une splendeur jusqu'alors sans exemple; des flots de lumière pénétraient dans l'édifice par d'innombrables fenêtres (3), et ses rayons brillaient d'un feu si vif, qu'il semblait, au dire de Procope, que le jour prit naissance sous les voûtes du temple (4). Paul le Silentiaire célèbre en vers pompeux l'effet magique produit par les premiers rayons du jour sur les fenêtres vitrées de la sainte basilique (5); et ces poétiques

(1) Historia Byzantina. — Constantinopolis christiana, ex variis scriptoribus contexta, auctore Carolo du Fresne domino du Cange.—Paris, MDCLXXX, un vol. in-fol. (Lib. III, § 1 et 111.)

(2) J'ai déjà eu occasion de dire quelques mots de ce genre d'ornement, que les anciens appelaient *musivum.* C'étaient des mosaïques formées de petits cubes de verre colorés ou dorés, comme on le voit dans la Vie de saint Laurent, évêque de Sipunte : *Vitreos lapides fulvo auro supertectos.* Gyllius, auteur contemporain, dit également, selon du Cange : *Cameræ.... calculis et tesselis vitreis inauratis fulgent.* Muratori en parle fort au long dans son grand ouvrage sur les antiquités du moyen âge, et redresse l'erreur de quelques archéologues qui avaient confondu les *musiva* avec les mosaïques ordinaires. *Angelus de Nuce.... ignorasse videtur, musiva non ex lapide, sed ex vitro constare.* Le même auteur ajoute que cet art s'était répandu également en France, et que Charlemagne lui-même y eut recours pour orner sa grande église d'Aix-la-Chapelle. (Muratori, Antiq. ital. medii ævi, tom. II, dissert. XXIV, col. 363 et 364. In-fol., Milan, 1789.) Les mosaïques de verre furent même employées au dallage des temples, et on lit au chap. 5 de la vie de Berward, évêque d'Hildesheim, écrite par Tangmar : *Musivum in pavimentis ornandis studium propriâ industriâ, nullo monstrante, composuerit.*

(3) *Pars illa hemisphærii tota luminibus, seu potiùs fenestris collucet.* (Evagrius ; trad. de du Cange.)

(4) *Non extrinsecùs collustrari à sole locum, sed inibì nasci fulgorem diceres : tanta est affusa templo lucis copia.* (Procope, id.)

(5)   ..... διατμηθεῖσα δὲ νώτοις
Πέντχα μοιρηθέντα δοχῆϊα φωτὸς ἀνοίγει
Λεπταλέοις ὑάλοις κεκαλυμμένα τῶν διὰ μέσσης.

descriptions ne doivent laisser aucun doute sur l'emploi du verre coloré, dont les teintes vives et variées peuvent seules produire cette admirable harmonie.

Sainte-Sophie, parée de ses richesses, ornée avec une magnificence si somptueuse, surpassait tout ce qu'on connaissait alors, et l'on peut juger de l'admiration qu'inspiraient tant de merveilles, par les paroles mêmes échappées à Justinien pendant la dédicace du temple : « Gloire à Dieu, qui m'a permis d'achever une œuvre aussi grande! J'ai « su te vaincre, ô Salomon (1)! »

Ce fut vers l'an 627 que fut achevée la reconstruction de Sainte-Sophie (2). Si je ne puis donner le nom des artistes à qui l'on dut les nombreuses verrières dont cette basilique fut ornée, du moins dois-je rappeler ici celui des deux architectes, Isidore de Milet et Anthémius Trullianus (3), qui contribuèrent le plus puissamment à cette œuvre mémorable. D'ailleurs, n'est-il pas permis de croire que les fenêtres du temple ont dû être construites par leurs soins, ou au moins sur leurs dessins ?

L'Orient venait ainsi d'étaler toutes ses splendeurs dans la nouvelle basilique, et cependant le reste de l'Europe semblait vouloir rivaliser avec lui. Partout l'art chrétien jetait ses racines, et, dès le commencement du sixième siècle, nous trouvons, dans nos auteurs nationaux, de nombreux témoignages qui attestent les progrès qu'il avait faits en France. Les églises alors étaient souvent vitrées, ainsi que nous l'apprend Grégoire de Tours, en racontant le sacrilége d'un soldat qui pénétra dans l'église de Brioude par une fenêtre dont il fracassa le vitrage (4). Ce fait remonte à l'an 525; et le poëte Fortunat, qui vivait un demi-siècle plus tard, ne peut contenir l'admiration qu'il éprouve à la vue des églises ornées de vitraux. Partout les mêmes effets produisent le même enthousiasme. Fortunat compare l'église de Paris au temple de Salomon, comme Justinien lui compare sa noble basilique; les images poétiques de Procope se retrouvent en entier dans les vers du saint évêque de Poitiers, et c'est toujours la voûte qui s'illumine aux premiers rayons de l'aurore, le jour qui semble captif dans le sanctuaire (5).

Le même auteur nous parle des fenêtres dont fut ornée l'église de Saint-Martin, brûlée vers cette époque et reconstruite par Grégoire de Tours (6).

Φαιδρὸν ἀπαστράπτουσα φωσφόρος ἔρχεται ἠώς.
(Part. I, vers 274.)

Dorsis autem dispertita, quinquefariam separata ac divisa lucis receptacula aperit, levioribus vitreis operta, per quorum medium bellè coruscans ingreditur aurora. (Constantinop. christian., lib. III, § LII, pag. 46.)

(1) *Gloria Deo, cujus dignatione ejuscemodi opus perfeci! Vici te, Salomon!* (Ibid., § V, pag. 9.)

(2) Ibid., § IV, pag. 9.

(3) Ibid., § VI, pag. 11.

(4) Gregor. Turon. De Gloriâ martyrum.

(5) *Prima capit radios vitreis oculata fenestris,*
   Artificisque manu clausit in arce diem,
   Cursibus aurorœ vaga lux laquearia complet,
   Atque suis radiis sine sole micat.

(V. H. C. Fortunati, Italici presbyteri, episcopi Pictaviensis carmina, avec notes de Brower. In-4°, Mayence, 1603, lib. II, § II.)

(6) *Nunc placet aula decens patulis oculata fenestris,*
   Quo noctis tenebris clauditur arce dies.

(Ibid., lib. X, § II.) Cette église était percée de soixante-douze fenêtres. (Notes de Brower, pag. 226.)

Le cloître de Jumiéges fut également garni de vitres, vers l'année 655, par les soins de saint Philbert, fondateur de cette célèbre abbaye, comme on le voit dans la vie de ce pieux abbé (1) ; et c'est ainsi que l'art du verrier se répandait peu à peu dans toutes les provinces qui composent aujourd'hui la France. Nous l'avons déjà vu établi en Auvergne, en Touraine, à Paris et dans la Normandie, et bientôt les peuples voisins, admirateurs de ces beaux monuments, viendront se former à l'école de nos artistes.

Bède, dans la vie du bienheureux Biscop, abbé de Wearmouth (2), nous apprend que, vers l'an 680, ce saint personnage envoya chercher en France des hommes habiles dans l'art de la verrerie, jusqu'alors inconnu aux Anglais, pour fermer les fenêtres des églises et des monastères (3). Cet art n'aurait pas fait de rapides progrès chez nos voisins, si l'on en croit l'abbé Fleury, qui rapporte, dans son *Histoire ecclésiastique*, que saint Wilfrid, évêque d'York, répara en 709 l'église que saint Paulin avait autrefois bâtie dans cette ville, la couvrit en plomb, fit blanchir les murailles (4) et placer des vitres aux fenêtres, « chose nouvelle en ce pays (5). »

Les évêques Wilbrod, Winfrid et Willehard furent également des premiers à encourager la peinture sur verre en Angleterre, tandis que saint Anchaire et saint Rambert, apôtres de la Suède et du Danemark, répandaient ailleurs les procédés de cet art.

L'Italie, de son côté, cultivait avec succès les traditions qu'elle avait reçues de ses pères. Anastase le bibliothécaire parle avec admiration des fenêtres de l'église Saint-Paul que le pape Léon III fit décorer d'ornements en cuivre (6), et un autre passage du même

(1) *Singula per lecta lux radiat per fenestras vitrum penetrans, lumen optabile tribuens legentibus.* Ce texte peu connu se trouve rapporté dans un *Essai sur la Peinture sur verre*, publié par feu Hyac. Langlois, du Pont-de-l'Arche, ouvrage plein d'érudition et d'intéressantes recherches. Souvent dans le cours de cette histoire, j'aurai à le citer ; mais qu'il me soit permis, dès le principe, de payer un tribut de regrets à la mémoire de ce savant modeste qu'une mort douloureuse vient d'enlever à la science. La vie de Langlois s'est passée tout entière à travailler sans ambition et à rendre service. Personne ne fit jamais un usage plus généreux de ses connaissances, et j'aimerai toujours à me rappeler l'accueil cordial et les bons conseils que je reçus de lui, lorsque je vins étudier les monuments de sa belle Normandie.

(2) Beda. De Werimulhensi Mon., lib. I, cap. 5.

(3) *Sanctus ille vir, circiter annum* DCLXXX, *misit legatarios Galliam, qui vitri factores, artifices, videlicet Britannis eatenùs incognitos, ad cancellandas ecclesias, porticuumque et cœnaculorum ejus fenestras adducerent : factumque est, et venerunt. Nec solum postulatum opus fecerunt, sed et Anglorum ex eo gentem hujusmodi artificium nosse ac discere fecerunt.* (Muratori, Antiq. ital., medii ævi, tom. II, dissert. XXIV, col. 32.)

(4) On voit que l'usage barbare de reblanchir les vieux édifices est presque aussi ancien que ces édifices eux-mêmes, et peut-être la brosse vandale du badigeonneur n'a-t-elle été souvent qu'un instrument de tardive représaille.

(5) Hist. ecclés. par l'abbé Fleury, tom. VIII, liv. XXXIX, pag. 527.

(6) *Fenestras miræ pulchritudinis ex* metallo cypsino *decoravit.* (De Vitis romanorum pontificum. In-4°. Mayence, 1602, pag. 186.) Quelques commentateurs ont pensé que le mot *cypsino* était là pour *gypsino*, et en ont conclu que les fenêtres dont il s'agit étaient garnies de feuilles très-minces de gypse, ainsi que cela avait lieu souvent alors, et qu'on le voit encore dans quelques campagnes d'Italie. Mais, outre que le mot *metallo* s'appliquerait fort mal au gypse, du Cange nous apprend, dans son Glossaire, que *cypsino* se disait quelquefois pour *cyprino*. La dénomination de *metallum cyprinum* venait, dit-il, de ce qu'on exploitait beaucoup de cuivre dans l'île de Chypre.

auteur nous apprend que les fenêtres vitrées de l'église de Saint-Pierre se faisaient surtout remarquer par la variété des couleurs (1).

L'Italie, où plus tard la Peinture sur verre fut complétement négligée, paraît cependant l'avoir cultivée avec assez de suite vers cette époque reculée, et nous en trouvons
une nouvelle preuve dans les ouvrages de Léon d'Ostie, abbé du Mont-Cassin.

Jusqu'ici nous avions eu à constater l'emploi du verre à la clôture des fenêtres, et
l'effet produit par la combinaison savante d'un grand nombre de fragments colorés. On
ne saurait douter, il est vrai, que les artistes anciens n'aient profité de cette variété de
couleurs pour disposer les verres en dessins plus ou moins réguliers; mais s'il nous a
été permis de penser que les vitrages des fenêtres étaient jusqu'alors de véritables
mosaïques transparentes, nulle part encore nous n'avons trouvé que ces dessins fussent
formés par l'application au pinceau d'une couleur vitrifiable, seul procédé qu'on puisse
qualifier réellement de Peinture sur verre.

Léon d'Ostie est donc un des premiers qui aient parlé clairement de l'art du
Peintre verrier, lorsqu'il dit, au livre III de la Chronique du Mont-Cassin, qu'en 1058
l'abbé Desiderius, l'un de ses prédécesseurs, fit reconstruire de fond en comble la salle
capitulaire, et l'orna de fenêtres vitrées qu'il fit *peindre* de diverses couleurs (2).

Ce même abbé fit plusieurs autres fondations où il paraît avoir déployé tout le
goût et toute la magnificence que comportait l'état des arts à cette époque. Léon d'Ostie
nous a laissé la description de l'église de Saint-Benoît, qu'il réédifia en 1066. C'était
une riche basilique, longue de cent coudées sur quarante-trois de largeur et vingt-huit de
hauteur (3). Les murailles étaient ornées des peintures les plus variées (4), d'inscriptions
en lettres d'or ou de riches mosaïques. Le temple était pavé des pierres les plus rares,
et trente fenêtres vitrées y laissaient pénétrer la lumière. Il y en avait vingt et une dans
la nef, six dans le chœur, deux dans l'abside, et chacune de ces fenêtres avait dix coudées de hauteur.

Léon d'Ostie entre dans des détails fort curieux sur leur construction, dont les procédés paraissent déjà les mêmes que ceux qui depuis ont toujours été employés. A son
dire, toutes les fenêtres de la nef et du chœur étaient formées de tables de verre rete-
nues par des plombs et reliées au moyen de traverses en fer (5). Cette description vraiment technique se trouve reproduite en termes tout à fait semblables, dans un autre

---

(1) *Fenestras ipsius ecclesiæ ex metallo cypsino
decoravit. Et alias fenestras de vitro diversis coloribus
decoravit.* (De vitis Roman. Pontif. pag. 187.)

(2) *Capitulum funditùs renovavit. Illudque vitreis
fenestris consternens . . . . . colorum varietate depinxit.*
(Chronici Casinensis, lib. III. cap. 10. — Édition de
Dubreuil, 1 vol. in-folio. Paris, 1603.)

(3) La coudée valait environ six décimètres.

(4) *Dehinc supposita trabibus laqueari coloribus
figurisque variis mirabiliter insignito, parietes quoque
omnes pulchrâ colorum varietate vestivit.* (Chron. Casinensis, lib. III, cap. 27.)

(5) *Fenestras omnes et navis et tituli plumbo ac vitro
compactis tabulis ferroque connexis inclusit.* (Ibid.)

chapitre, relatif à l'église de Saint-Martin (1), et jette une vive lumière sur les procédés d'un art, dont l'histoire jusqu'alors ne repose presque que sur des conjectures. Elle fixe en quelque sorte l'époque où les procédés actuels ont pris naissance. Rien ne prouve, en effet, que le plomb ait été employé, dès l'origine, pour fixer les fragments de verre; mais on ignore, d'autre part, la matière qui pouvait servir à cet usage. Bien des conjectures ont été émises à ce sujet; et celles que P. Levieil a cru pouvoir énoncer acquièrent un grand poids du nom de cet auteur :

« La contexture ou liaison de cet assemblage de pièces de verre se fit vraisemblable-
« ment d'abord avec le plâtre ou le mortier dans des vuides pratiqués dans la pierre
« même de la construction des fenêtres, telles que sont ces pierres qui forment le tissu
« de nos *Roses* dans les églises..... Nous en avons vu des exemples..... dans le *tenui pariete*
« *fenestellis vitreis pleno* du temple de Sainte-Sophie. Elle se faisait encore dans des châssis
« de menuiserie évuidés et ornés, témoin le *vitro lignis incluso* de cette église, dont parle
« Grégoire de Tours (2). »

D'autres auteurs ont parlé du bitume, du soufre ou même des œufs, comme de matières particulièrement propres à souder les fragments de verre (3); mais il est probable que ces divers modes d'assemblage n'ont jamais été appliqués qu'aux mosaïques. Les conjectures de Levieil restent donc les plus vraisemblables, en ce qui concerne les procédés employés jusqu'au jour où l'usage du fer et du plomb a pu être adopté.

L'abbé Desiderius, qui paraît, l'un des premiers, avoir employé cette méthode, n'avait rien épargné pour se procurer les artistes les plus habiles en tout genre. Il en avait envoyé chercher jusqu'à Constantinople, seul point de l'Europe où les arts fussent encore cultivés avec quelque succès (4), et il poussa même la prévoyance jusqu'à leur confier

---

(1) *Fenestras quidunquæ in navi sunt plumbo simul ac vitro compactas tabulis ferro ligatis inclusit.* (Ibid. cap. 32.)

(2) L'art de la Peinture sur verre, par P. Levieil. Paris, 1744.— 1ʳᵉ partie, chap. V. pag. 18. — C'est sur des châssis de cette espèce que s'appliquaient vraisemblablement les ornements de cuivre dont parle Anastase le bibliothécaire (voyez pag. 8, n. 6).

Levieil a cru trouver l'indication d'un autre procédé d'assemblage dans cette phrase de Léon d'Ostie : (Fenestræ) *quæ vero in lateribus utriusque porticús sunt, gypseas quidem, sed similis ferè decoris extruxit,* qu'il traduit ainsi : « Les fenêtres en plâtre dur, per-
« cées à jour et remplies de pièces de verre, dont il
« décora les galeries qui régnaient à chaque partie la-
« térale. » Pour ma part, je ne puis admettre cette tra-
duction, quelle que soit l'autorité de son auteur. Dans le mot *gypseas*, je ne vois point du plâtre dur, mais

bien ces feuilles de gypse ou d'albâtre fortement trans-
lucides qu'on employait souvent à la clôture des fenêtres, comme j'ai déjà eu occasion de le dire. Je pense donc qu'il faut traduire ainsi la phrase de Léon d'Ostie : « Quant aux fenêtres des portiques latéraux,
« il les fit garnir en gypse, mais elles étaient presque
« aussi belles que les autres; » et je trouve seulement dans ce passage une nouvelle preuve de l'art avec lequel on était alors parvenu à travailler le gypse.

(3) *Legi apud veterem Juvenalis interpretem, solere vitrum sulfure solidari. Aliud in eam rem medicamen-
tum Isidorus habet in duodecimâ origine :* « Ovum, »
ait, « admixtâ calce glutinare fertur vitri fragmenta. »
(Isaaci Casauboni in Flavium Vopiscum Emendationes et notæ. In-4°. Paris, 1603, pag. 549.)

(4) *Legatos prætereà Constantinopolim ad conducen-
dos musæi et quadratarij operis peritos artifices mittet.*
(Chronici Casinensis lib. III, cap. 32.)

un certain nombre d'élèves, au nombre desquels se trouvaient des verriers, à ce qu'on assure (1).

Un auteur presque contemporain de l'abbé Desiderius, et dont M. Émeric David a traduit quelques passages (2), nous a laissé un tableau fort curieux de l'état des arts chez les différents peuples, au commencement du onzième siècle. « O toi qui liras cet « ouvrage,..... je t'enseignerai, dit-il, ce que savent les Grecs dans l'art de choisir et de « mélanger les couleurs; les Italiens, dans la fabrication des vases, dans l'art de dorer, « dans celui de sculpter l'ivoire et les pierres précieuses; les Toscans, dans celui de « nieller et de travailler l'ambre; les Arabes, dans la ciselure et les incrustations. Je te « dirai ce que pratique la France dans la fabrication de ses précieux vitraux qui ornent « ses fenêtres.... (3). »

La France, en effet, n'avait point négligé cet art dont Fortunat décrit si poétiquement les effets. Mais à travers les siècles de barbarie, où l'art chrétien semble entièrement éclipsé, il est difficile aujourd'hui de retrouver les traces de son existence. Tout est obscur à cette époque de notre histoire, dans cette nuit profonde où Charlemagne lui-même n'apparait que comme un météore passager. Aussi, pour la Peinture sur verre, laissant l'art à sa naissance, a-t-on presque toujours négligé la transition qui devait l'amener au point où nous le voyons aujourd'hui dans les monuments encore debout; et pourtant on aurait pu trouver des documents certains dans quelques auteurs, dans quelques actes peu lus, il est vrai, mais dont l'autorité ne parait point récusable.

Déjà j'ai dit comment le cloître de Jumiéges fut vitré en 650, comment les Anglais, quelques années plus tard, venaient en France, apprendre l'art du verrier; et bientôt, dans le cartulaire d'une antique abbaye, nous trouvons la preuve que les fourneaux du verrier n'étaient pas éteints au neuvième siècle, document doublement précieux, puisqu'il nous donne également les deux noms de verriers les plus anciens qui soient à notre connaissance.

Je veux parler d'une charte du roi Charles le Chauve, conservée à Saint-Amand, en Pévèle (4) et rapportée par Martène (5). C'est un acte de donation en faveur des moines

(1) Chronici Casinensis, lib. III, cap. 32.

(2) Discours historique sur la peinture moderne, 1 vol. in-8°, pag. 159.

(3) Le moine Théophile. — De omni scientià picturæ artis.

(4 L'abbaye de Saint-Amand observait la règle de Saint-Benoît. Fondée en 639, par Dagobert, elle acquit bientôt une grande importance, et par une autre concession de Charles le Chauve, ses abbés obtinrent le titre de comtes. Elle a existé jusqu'à l'époque de la révolution; mais l'église, dont on voit aujourd'hui les

ruines, remontait à peine au seizième siècle. Saint-Amand est situé sur la route de Lille à Valenciennes.

(5) Veterum scriptorum et monumentorum historicorum, dogmaticorum et moralium amplissima collectio, Edm. Martene et U. Durand. 9 vol. in-folio. Paris, 1724. Tom. I, col. 167 et 168. — Il n'est pas sans intérêt, je crois, de rapporter ici, au moins par extraits, la pièce originale. Que dire, en effet, et que penser de cette piété intéressée, qui stipule avec Dieu la récompense à laquelle elle croit avoir droit en échange de tous les dons qu'elle offre à son église? Voici donc

de Saint-Amand, octroyé sur la requête de Robert, leur abbé (1), et par lequel Charles le Chauve abandonne à ladite abbaye la jouissance commune d'une manse à Barisiacum avec Ragenulf, verrier, et d'une autre manse à Diptiacum avec un autre verrier nommé Balderic (2). Cette charte, signée de *Charles, roi très-glorieux*, et datée du 12 des calendes d'octobre de la vingt-quatrième année de son règne, remonte par conséquent à l'an 863, et c'était, en effet, à cette époque qu'elle se trouvait rapportée dans le cartulaire de Saint-Amand (3).

Je ne dois pas oublier non plus d'invoquer, d'après M. Lenoir (4), le témoignage de l'historien de Saint-Bénigne de Dijon, qui écrivait vers l'an 1052, et qui assure que de son temps il existait encore, dans l'église de ce monastère, *un très-ancien vitrail*, représentant sainte Paschasie, et que cette peinture avait été retirée de la vieille église restaurée par Charles le Chauve. L'église de Saint-Bénigne fut réparée à deux reprises différentes; la première fois par les soins de l'abbé Herlegaudus, qui vivait en 816 (5); la seconde fois par Guillaume, premier abbé de ce nom, vers 1001 ou 1002 (6), et par

ce curieux préambule, dont je craindrais par une traduction d'altérer la naïveté.

In nomine sanctæ et individuæ Trinitatis, KAROLUS, *gratiâ Dei rex. Cum locis Deo dicatis et sanctis ejus, vel nova dona concedimus, vel vetera confirmamus, mercedem à Deo cui hæc conferimus, et à quo ea accepimus, in æternâ beatitudine nos credimus recepturos. Proindè ergò cognoscat omnium fidelium sanctæ Dei ecclesiæ nostrorumque diligentia......quod ad gloriam nominis Dei, et reverentiam B. Amandi confessoris, quem intercessorem habere cupimus......delegamus, hoc est in pago Bracbandinsi, in villâ nuncupante Alanio, mansa integra XVIII cum bunuariis XII..... Et in Diptiaco mansum unum cum* vitreario Baldrico. *Et in Barisiaco mansum dimidium cum ipso* vitreario Ragenulfo *cum uxoribus et infantibus eorum..... Et ut hæc nostræ auctoritatis largitio pleniorem et inconvulsum in Dei nomine semper obtineat vigorem et certiùs credatur, manu propriâ subter eam firmavimus et anuli nostri impressione roborari jussimus.*

   Signum KAROLI *gloriosissimi regis.*

HILDEBOLDUS *notarius ad vicem* HLUDOUVICI *recognovi.*

Datum XII calend. octobris indictione XI anno XXIIII regnante Karolo gloriosissimo rege.

Actum monasterio S. Amandi in Dei nomine feliciter. Amen.

(1) Cette requête est rapportée en entier dans un autre ouvrage des mêmes auteurs, sous ce titre : *Carta Roberti abbatis Elnonensis quâ cellam Barisiacam sibi in beneficium dari postulat.* (Thesaurus novus anecdotorum, Edm. Martene et U. Durand. 5 vol. in-fol. Paris, 1717. — Tom. 1ᵉʳ, col. 39.) La dénomination de *monasterium Elnonense* est souvent donnée à l'abbaye de Saint-Amand, et lui vient d'une petite rivière qui se jette dans la Scarpe.

(2) Le village de Barisiacum appartenait au diocèse de Laon. Quant à celui de Diptiacum, j'ai vainement cherché où il était situé.

(3) Je dois signaler ici l'erreur commise par les auteurs de la *Gallia christiana*, qui donnent l'abbé Robert pour contemporain de Charles le Simple : *Robertus... idem fortasse qui comes et marchio, abbasque Dionysianus, anno* XIV *regnante Carolo rege*, hoc est 905, *sub die* VIII *cal. oct. fratres S. Amandi rogat, ut sibi cellam Barisiaci ad tempus concedent, eo pacto, ut villam Diptiacum ipsis à rege in supplementum dari obtineret.* (Gall. christ. Tom. III, col. 258.) Lors même que la concordance des dates ne démontrerait pas suffisamment l'erreur que je relève, j'en verrais la preuve évidente dans le nom de Louis apposé par procuration à la suite de l'acte précité. Ce nom ne peut être que celui de Louis le Bègue, fils et successeur de Charles le Chauve, attendu que Charles le Simple n'eut point d'enfant ainsi nommé.

(4) Musée des monuments français. Tom. VIII.

(5) *Hic abbas nimium laxari monasticam disciplinam passus est, non tamen domus Dei curam penitus abjecerat, quippequi basilicam resarturus, subsidium legitur a Ludovico Augusto in pium opus postulasse et obtinuisse.* (Gallia christ. Tom. IV, col. 671.)

(6) *Ædesque cum basilicâ restituere cœpit an.* 1001, *vel* 1002. (Ibid., col. 675.)

conséquent il est probable que le vitrail dont il s'agit remontait au moins au commencement du dixième siècle. Or, on doit remarquer qu'avant cette époque aucun auteur ne parle de sujets à figures représentés sur une verrière; il est donc permis de penser que si l'histoire de sainte Paschasie n'est pas la première peinture qu'on ait faite en ce genre, elle est du moins au nombre des plus anciennes.

Je crois avoir suivi jusqu'ici l'histoire de la Peinture sur verre dans tous ses développements, autant que le permettaient les documents rares et incomplets qui nous restent. Je crois également avoir démontré l'importance que cet art avait prise dans les monuments chrétiens; mais à l'appui d'opinions fondées sur l'ensemble de quelques faits épars, il me reste à citer les antiques priviléges concédés à ceux qui s'occupaient de l'art de la verrerie. C'est sans doute pour donner un développement nouveau à cette brillante industrie, et prouver, en même temps, l'estime qu'ils en faisaient, que des princes français concédèrent à quelques gentilshommes le droit exclusif d'élever de grosses verreries. La noblesse pauvre, trouvant dans ce privilége un moyen de s'enrichir sans craindre de déroger, en profita partout avec empressement, constituant ainsi une libérale exception dans un ordre social où le métier des armes était seul honoré.

Chez nous, qui avons rayé du dictionnaire le mot de priviléges, chez nous, où le travail ennoblit et la bassesse des sentiments peut seule faire déroger, cette noblesse ouvrière obtiendrait sans doute plus de considération qu'une noblesse de cour, toujours prête à sacrifier les intérêts du pays à ses ambitieuses intrigues. Mais reportons-nous au temps où les verriers obtinrent leurs premiers priviléges, et nous trouverons que cette concession toute exceptionnelle décelait alors un notable progrès.

Je ne puis négliger toutefois de relever l'erreur souvent commise par ceux qui ont avancé que la profession de verrier suffisait pour ennoblir. C'était déjà beaucoup qu'un gentilhomme n'y perdît point sa noblesse; mais quant au roturier, il ne cessait point de l'être en travaillant le verre (1).

Le pays où l'on retrouve les plus anciens priviléges de cette nature est la Normandie : ils paraissent avoir été concédés par les premiers ducs de cette province (2) à quelques familles attachées à leurs personnes, si l'on en veut croire la tradition conservée dans ces familles, qui étaient au nombre de quatre : les *Brossard*, les *Caquerey*, les *Vaillant* et les *Bongard* (3). Elles ont toujours continué à jouir des mêmes priviléges, que les

---

(1) « Ce n'est point le métier qui donne la noblesse à ses ouvriers..... c'est la permission et la tolérance des princes qui, pour l'avantage du commerce, ont bien voulu rendre compatible l'ouvrage avec la qualité de l'ouvrier, et ont fait que le métier de verrier s'est élevé au rang de ceux qui l'exercent, devenant noble dans les mains d'un noble, et restant roturier dans celles d'un roturier. » (Dissertation sur la verrerie, par M. Beneton de Perrin, écuyer, insérée au journal de Trévoux du mois d'octobre 1733, page 1737.)

(2) La fondation dont il s'agit paraît donc remonter au dixième ou onzième siècle.

(3) Ces quatre familles, constamment vouées à la même industrie, subsistaient au commencement du

rois d'Angleterre et de France confirmèrent tour à tour, et dont le monopole a pu même s'étendre à d'autres localités.

« Il faut croire, » dit un ancien auteur, « que nos rois n'aient pas restreint ce droit dans « la seule province de Normandie, puisqu'il paraît que quand on a voulu établir de « grosses verreries dans d'autres provinces, en Champagne, en Haynault, au pays du « Maine, en Anjou et à Alençon, les entrepreneurs des verreries ont été obligés de faire « venir de Normandie des *messieurs* (c'est ainsi qu'on nomme les gentilshommes de race « verrière), pour travailler dedans (1). »

Reste à savoir si ce n'était pas plutôt un appel volontaire fait à leur longue expérience, par ceux qui établissaient ailleurs de nouvelles verreries. En tout cas, si les priviléges exclusifs des gentilshommes verriers s'étendaient réellement hors de Normandie, ce ne pouvait être qu'à un petit nombre de localités, puisqu'ils furent concédés par des princes dont l'autorité était elle-même fort circonscrite.

Quoi qu'il en soit, on ne peut nier que la protection toute spéciale ainsi accordée à l'art de la verrerie n'ait puissamment contribué à son développement, et concouru à l'état florissant où nous le trouvons dès le douzième siècle, dans les monuments aujourd'hui bien rares, qui nous restent de cette époque.

C'est au pied de ces monuments que finit la partie la plus ingrate de mon travail, que disparaît l'incertitude des conjectures. Là se dissipent les doutes, et la parole de l'historien emprunte une force nouvelle à l'autorité des faits. Quelle comparaison établir entre les paroles échappées à l'enthousiasme d'un poëte, à l'éloquence d'un moine, et le témoignage contemporain, irréfragable de ces vénérables basiliques, où les siècles passés se montrent encore pleins de vie, avec leurs arts et leurs croyances ? Hâtons-nous donc de recueillir dans le présent ce qui nous reste du passé ! Franchissons le parvis du temple où tombent encore quelques rayons de lumière directe. Chaque jour la main des hommes vient en aide aux ravages du temps : Hâtons-nous !

---

siècle dernier. Il reste encore aujourd'hui quelques descendants des Brossard ; mais je n'ai pu savoir d'une manière positive ce que sont devenues les trois autres familles verrières de Normandie.

(1) Dissertation sur la verrerie, par Beneton de Perrin. (Journal de Trévoux, octobre 1733.)

DOUZIÈME SIÈCLE.

———

Tous les auteurs sont d'accord pour affirmer qu'il n'existe pas actuellement en France de verrière dont la fondation remonte au delà du douzième siècle, et nulle part en effet je n'ai vu de vitres auxquelles on puisse raisonnablement assigner une origine plus ancienne.

Levieil écrivait même, il y a une soixantaine d'années, que les fenêtres dont l'abbé Suger fit décorer l'église royale de Saint-Denis, étaient le plus ancien monument de la Peinture sur verre (1). Toutefois Levieil était mal informé à cet égard, car il existait alors en Anjou plusieurs édifices ornés de vitraux d'une origine antérieure à ceux de Saint-Denis. Ces précieux monuments avaient échappé aux crises terribles de notre première révolution, et ils subsisteraient tous encore, si quelques-uns, tombés par malheur entre des mains indignes de recevoir un tel dépôt, n'avaient péri, depuis peu, par le fait seul de l'indifférence des propriétaires. Pourquoi faut-il que cette déplorable fatalité soit venue s'attacher précisément aux plus anciens vitraux qui nous restassent du douzième siècle!

Ils avaient été placés dans l'abbaye du Loroux (2), à l'époque même de sa fondation, et l'on y voyait, aux pieds de la Vierge, le portrait des deux fondateurs, Foulques V, comte d'Anjou, et sa femme. Ce prince très-honoré en son vivant pour sa piété, son courage et les vertus dont il était le modèle, avait épousé la fille unique d'Hélie, comte du Maine, et par ce mariage avait réuni le Maine au comté d'Anjou. Mais cet accroissement de puissance ne pouvait manquer de porter ombrage au roi d'Angleterre, Henri Ier,

(1) L'art de la Peinture sur verre, première partie, chap. VIII, page 23.

(2) L'abbaye du Loroux, en latin *Oratorium*, était située près de Vernantes, arrondissement de Baugé (Maine-et-Loire). Il ne faut pas confondre cette localité avec d'autres qui portent le même nom.

qui suscita bientôt à Foulques de graves embarras. Cependant, à la suite de plusieurs combats acharnés, qui eurent pour théâtre les vallées du Perche, le comte d'Anjou, aidé de nombreux chevaliers et barons, parvint à consolider son pouvoir, et pour gage d'amitié entre les deux princes, le roi Henri reçut en mariage la fille du comte d'Anjou pour Guillaume-Adelin, son fils, héritier du trône d'Angleterre.

Délivré de toute inquiétude de ce côté, Foulques profita de la paix qu'il s'était assurée pour s'occuper de pieuses fondations. Ce fut ainsi qu'en 1121, il érigea l'abbaye du Loroux, primitivement nommée de l'Oratoire, et confiée à l'ordre des Templiers (1). Bientôt après, le comte s'étant rendu en Palestine, fut appelé au trône de Jérusalem, en remplacement de Baudouin II, dont il avait épousé la fille (2).

L'abbaye du Loroux resta entre les mains des Templiers jusqu'au jour où cet ordre fut détruit. Ayant alors adopté la règle de Citeaux, elle n'a plus cessé d'en faire partie; et son église, retirée au culte lors de l'abolition des ordres monastiques, avait conservé comme par miracle, le précieux vitrail de Foulques d'Anjou. Au dire de Bodin, cet antique monument, que la prudence de ses anciens maîtres avait dû mettre à l'abri d'un coup de main, présentait encore l'aspect d'une forteresse plutôt que d'un monastère (3). Mais aujourd'hui tout a disparu; et le dernier mur de l'église a entraîné dans sa chûte l'antique verrière que l'Anjou aurait pu compter longtemps encore au nombre de ses monuments nationaux. Elle est tombée victime de ce vandalisme à froid, qui n'a pas même la passion pour excuse, de ce vandalisme plus odieux cent fois que celui de nos révolutions, puisqu'alors du moins en s'attaquant aux choses, on combattait des principes (4).

Cette perte, si grande pour l'histoire et pour les amis des arts, Bodin semblait l'avoir prévue, et peut-être l'aurait-on évitée, si, comme le demandait ce patriotique écrivain, on avait transporté la belle verrière du Loroux à la cathédrale d'Angers (5). Réveillée depuis peu d'une honteuse et trop longue insouciance, la France commence à peine à apprécier les richesses historiques qu'elle renferme dans son sein; mais quand donc des

(1) Hystoire agrégative des annales et croniques Daniou, par noble et discret Jehan de Bourdigné; in-f°, 1529, 2ᵉ partie, chap. XIV.

(2) Le grand dictionnaire historique de Moréri.

(3) « L'aspect de l'abbaye du Loroux est si imposant, qu'un détachement d'infanterie de vingt-cinq à trente hommes de la division de l'armée prussienne cantonnée en 1815 dans l'arrondissement de Baugé, envoyé pour s'y loger, s'arrêta devant à plus de quarante pas de distance; il considéra quelque temps cette masse de bâtiments qu'il crut être un fort, puis rebroussa chemin..... Cependant il n'y avait dans la maison qu'un ancien religieux et des fermiers. Les habitants du Loroux durent à l'impression qu'avait produite ce monastère sur ces soldats étrangers l'avantage de n'en point loger pendant tout le temps de l'occupation. » (Recherches historiques sur l'Anjou et ses monuments — Angers et le bas Anjou — par J. F. Bodin, député de Maine-et-Loire; Saumur, 1821, tome Iᵉʳ, notes, pag. 536.)

(4) J'ai fait d'inutiles recherches en Anjou pour savoir ce que les débris de cette curieuse verrière avaient pu devenir. Il y a tout lieu de croire qu'ils n'existent plus.

(5) Recherches historiques sur l'Anjou, par Bodin, tome Iᵉʳ, chap. XXVI, pag. 247.

mesures sages et préservatrices arrêteront-elles la destruction de détail qui fait disparaître chaque jour quelques débris de nos arts nationaux? La plus grande difficulté sans doute est d'assurer la conservation des monuments tombés dans le domaine privé; toutefois, si le gouvernement s'appliquait sans relâche à retirer des mains des particuliers les édifices dont la conservation intéresse les arts et l'histoire, le petit nombre de ceux dont on lui refuserait l'abandon, prendrait un nouveau prix aux yeux de leurs propriétaires, et deviendrait ainsi l'objet de soins plus éclairés. Mais comment s'étonner de l'indifférence des particuliers, lorsque le gouvernement lui-même néglige si souvent d'user de son droit pour rectifier les arrêts échappés à l'ignorance des autorités locales, et prévenir ainsi la perte des monuments livrés à leur arbitre?

Aujourd'hui que les ruines de l'abbaye du Loroux ont englouti les portraits de ses fondateurs, l'Anjou ne possède pas de plus anciennes peintures sur verre que celles de la cathédrale d'Angers.

Cette église, placée sous l'invocation de saint Maurice, son premier évêque, compte au nombre de ses bienfaiteurs Pépin et Charlemagne; mais il ne reste aucune trace de la première cathédrale, plusieurs fois saccagée par suite de l'invasion des Normands, et l'édifice actuel ne fut commencé que sous l'épiscopat d'Hubert de Vendôme. C'est à la munificence de ce prélat qu'est due la construction de la nef, terminée et consacrée le 16 août de l'an 1030; l'église n'était alors couverte qu'en charpente. Les voûtes furent construites au milieu du siècle suivant, par Normand de Doué, évêque d'Angers; mais déjà, sous l'épiscopat d'Ulger, son prédécesseur, les fenêtres avaient été garnies de riches verrières par les soins d'Hugues de Semblançay, chanoine de Saint-Maurice (1).

Les premiers travaux du chœur ne furent entrepris qu'à la fin du douzième siècle. Il est, ainsi que la croisée, garni d'autres vitraux fort remarquables, mais dont je n'ai point à m'occuper en ce moment, attendu qu'ils sont d'une époque postérieure.

La nef, d'une largeur peu commune (2), est éclairée par dix fenêtres, dont cinq sont encore fermées de vitres colorées, mais dont quatre seulement remontent au douzième siècle : ce sont les troisième, quatrième, cinquième et neuvième, en comptant par la gauche, à partir du grand portail (3).

La troisième, qui est la mieux conservée, représente l'histoire de sainte Catherine. J'ai cru devoir la reproduire en entier dans la première planche de cet ouvrage,

---

(1) Les seigneurs de Semblançay étaient de la famille de Beaune, originaire de Touraine, et qui par la suite a donné plusieurs évêques à l'Église de France.

(2) Seize mètres et vingt-trois centimètres. La longueur totale de l'église est de quatre-vingt-dix mètres cinq décimètres; la longueur des ailes de la croisée de quinze mètres dix centimètres, et leur largeur égale. Enfin l'élévation des voûtes est de vingt-six mètres.

(3) Pour éviter toute méprise dans les nombreuses descriptions de fenêtres que j'aurai à donner par la

pour donner une juste idée du caractère que présentait alors ce genre de peinture.

A cette époque de l'architecture chrétienne, il y avait dans tout harmonie et symbole; l'imperfection des détails se rachetait toujours par une simplicité forte et grave, par un ensemble plein d'une foi naïve. Ce que je dis ici de l'architecture s'applique particulièrement aux peintures sur verre de cette curieuse époque, et l'antique verrière de sainte Catherine en présente un exemple des plus remarquables.

Le premier caractère qui frappe dans cette composition est l'emploi de médaillons de formes diverses, mais toujours symétriques, à fond bleu et à bordures rouges, lisérés de perles blanches.

La couleur bleue, image du ciel, symbole de la pureté divine (1), a toujours été affectée particulièrement par les anciens peintres verriers, jusqu'au jour où l'art de peindre en émail sur le verre permit de varier les fonds, en y introduisant le paysage ou l'ornement. Employé pour les fonds unis, le bleu a le double avantage de donner un relief extraordinaire aux figures, et de s'harmoniser avec les autres couleurs principales, de manière à produire les effets les plus heureux. L'abus du rouge produirait des tons trop chauds; celui du jaune des tons trop crus, et le bleu seul peut recevoir les éclatantes découpures des antiques verrières, leur donner une commune harmonie et une transparence nouvelle. Si parfois le peintre a jeté son dessin sur un fond rouge, c'est par une exception toujours motivée et dont il a soigneusement évité l'abus. J'aurai plus tard à en signaler quelques exemples; mais, je le répète, ce sont de rares exceptions.

Les deux couleurs qui se marient le plus heureusement avec le bleu sont le rouge et le blanc; aussi leur assemblage est-il constant dans les anciennes verrières, et nous en voyons un exemple dans la bordure rouge et blanche des nombreux médaillons de la planche première. Ces bordures, qu'on retrouve dans plusieurs verrières du siècle suivant, étaient particulièrement en usage au douzième siècle, et se distinguaient généralement alors par deux lisérés de perles blanches, dont l'éclat moins cru que celui d'un liséré tout uni, suffit pour donner à la bordure un élégant relief.

Les anciens peintres paraissent également avoir remarqué que le voisinage du vert donnait au rouge une vivacité particulière. Employée avec ménagement dans les orne-

suite, je ne puis mieux faire que d'adopter dès à présent la méthode suivie par plusieurs auteurs, et qui consiste à supposer le lecteur placé à la porte principale de l'église, faisant face au maître-autel. Chaque fenêtre est alors numérotée à partir de cette porte, en suivant d'abord la gauche de la nef, l'aile gauche de la croisée, la gauche du chœur jusqu'au chevet; puis, en retour, la droite du chœur, la seconde aile de la croisée, et la droite de la nef jusqu'au point de départ. Lorsqu'une église contient deux ou trois rangs de fenêtres, l'un au-dessus de l'autre, le même ordre de description peut être suivi pour chaque rang successivement.

Quant à la cathédrale d'Angers, les vitraux de la nef, du chœur et de la croisée étant de trois époques bien distinctes, je me verrai obligé de les décrire chacun séparément. Je n'ai actuellement à m'occuper que de ceux de la nef.

(1) Des couleurs symboliques, par Frédéric Portal. — Un vol. in-8°. Paris, 1837.

ments ou les draperies, cette couleur a l'avantage de varier agréablement les effets et de rompre la monotonie des teintes violettes, qui résulterait infailliblement de l'emploi prédominant du rouge avec le bleu.

Toutes ces règles sont parfaitement observées dans la verrière de sainte Catherine, et l'on en trouve la plus élégante application dans la riche bordure qui entoure la fenétre entière.

Six panneaux, compris dans cette bordure, nous donnent les principaux épisodes de la vie de sainte Catherine, dont le culte, emprunté par les Latins à l'Église grecque, datait à peine, en Europe, du siècle précédent. Rien de moins authentique que son histoire; aussi le peu que j'en pourrai dire n'est-il que le récit abrégé des traditions incertaines, où le peintre d'Angers a dû, sans doute, puiser tous ses sujets.

Vierge du sang royal, sainte Catherine, à dix-huit ans, se faisait remarquer, dit-on, moins encore par sa beauté que par sa science et sa piété. Elle avait étudié la rhétorique et la philosophie, connaissait tous les auteurs classiques, et savait plusieurs langues (1). Un jour qu'on célébrait la fête des idoles à Alexandrie, Catherine, poussée d'un saint zèle, s'en vint demander à l'empereur Maxence (2) pourquoi, fermant les yeux à la lumière, il refusait encore d'adorer le vrai Dieu. Irrité de tant d'audace, et voulant d'ailleurs mettre à l'épreuve la science de Catherine, le tyran ordonna qu'elle eût à soutenir ses croyances contre cinquante docteurs (quelques-uns même ont prétendu cent cinquante). C'est le moment que le peintre a choisi pour son premier tableau, placé, suivant l'usage, au bas de la verrière. Catherine, dont la figure est un chef-d'œuvre de pieuse naïveté, prèche sa foi, et les docteurs succombent. L'inscription, à moitié détruite, à moitié renversée, ne présente plus que ces lettres PIENTES : ᴧꓒꟻ. Mais en la redressant, et suppléant à ce qui manque, on en retrouve la véritable signification : SAPIENTES : DEPVGNAT. L'éloquence de la sainte fut en effet si grande, que ses adversaires, convertis, devinrent à leur tour martyrs de leur nouvelle croyance, et périrent tous dans les flammes plutót que d'y renoncer (3).

Cependant le triomphe de Catherine n'avait fait qu'irriter la haine de ses ennemis; des épreuves plus cruelles lui étaient réservées, et la torture l'attendait avec toutes ses horreurs. Elle fut attachée sur une machine composée de plusieurs roues armées

---

(1) Falconius, archevêque de San-Severino, in Commentariis ad Capponianas tabulas Ruthenas. — Un vol in-f°. Rome, 1755, pag. 36.

(2) Butler, d'accord avec Falconius, rapporte le martyre de sainte Catherine au règne de Maximin II. (Vies des Pères, martyrs et autres principaux saints, trad. de l'anglais par Godescard. — In-8°. Versailles, 1811. Tom. XI, pag. 350.) Mais le Ménologe grec attribue les persécutions dont notre sainte fut victime, à l'empereur Maxence (ὑπὸ τοῦ βασιλέως Μαξεντίου), et cette version paraît avoir été adoptée par le peintre, puisqu'en plusieurs tableaux on retrouve le nom légèrement altéré, il est vrai, de *Masencius*.

(3) Conversi ergo ad Christum, promissum ignem experiuntur. (Falconius, in Comment. ad Capponianas tabulas Ruthenas, pag. 36.)

de pointes très-aiguës (1). Mais cette fois encore la protection divine vint en aide à la courageuse vierge : le feu du ciel descendit sur l'affreuse machine, la mit en pièces et renversa les bourreaux. Cet épisode fait le sujet du second médaillon, que le peintre a divisé en deux panneaux. Dans l'un, l'empereur, reconnaissable par sa singulière coiffure, qui ressemble assez à un grand dé à coudre, et par l'inscription MASENCIVS placée au-dessus de sa tête, donne les ordres nécessaires pour que Catherine soit mise à la torture ; dans l'autre, la sainte, en présence de la fatale roue, élève sa prière vers Dieu, dont la puissante main s'abaisse sur elle, au milieu des flammes qui renversent la machine.

Le tableau suivant nous montre Catherine dans sa prison, attendant de nouveaux supplices, lorsque Jésus lui apparaît tout à coup, vient soutenir son courage et lui promettre la couronne céleste. On lit au bas de ce panneau HEC : STA : CATERINA : VI : IN : CARCERE : XP. (*Hic sancta Catherina videt in carcere Christum*). Rien de plus caractéristique que cette petite composition, où l'on retrouve, auprès des qualités du peintre, tous les défauts de son époque. Rien de plus bizarre que la disproportion entre les figures et les accessoires, que ces murailles vertes ou bleues, soutenant des créneaux du plus beau jaune, qui se détachent sur un fond rouge. Alors tout cela ne préoccupait aucunement le peintre : il savait sans doute aussi bien que nous qu'il n'y a point de bastion d'azur, que l'intérieur d'une prison n'est point tendu de pourpre ; mais une fois ses figures posées, il ne s'occupait plus que de l'effet d'ensemble, semant le bleu, le rouge ou toute autre couleur dans les diverses parties de son cadre, selon les exigences de l'harmonie, et sans s'inquiéter du reste. Comme peintre, sans doute, il pouvait avoir tort ; comme décorateur, n'avait-il pas raison ?

Il est une autre singularité qui choque au premier abord dans les dessins de cette époque et qui pourtant s'explique par l'état des croyances populaires. Je veux parler de la naïveté presque grossière de l'artiste qui ne manquait jamais de donner une forme matérielle aux symboles les plus mystérieux. Ici le Christ promet à Catherine la couronne du martyre : mais comment faire comprendre au peuple l'encourageante parole du Seigneur ? Jésus se présente à la sainte, et déjà la couronne qu'il promet, qu'il indique du geste, est entre les mains d'un ange, qui le suit comme l'effet suivra toujours la parole divine. Ainsi l'artiste l'a compris, ainsi le comprendra le peuple des fidèles.

Catherine avait besoin de nouvelles forces ; la présence de Dieu a retrempé son courage, et rien ne peut l'ébranler désormais. Nous la voyons battue de verges ; dépouillée de ses vêtements en présence du tyran, au milieu des bourreaux, la sainte fille conserve sa

____

(1) Vies des Pères, des martyrs et des principaux saints, traduites par Godescard, tom. XI, pag. 350.

pudeur, comme elle a gardé sa foi. Son nom et celui de Masencius (Maxence) se retrouvent écrits au haut du médaillon.

Le tableau suivant se divise en deux panneaux : dans l'un, Catherine éprouve de nouveaux supplices ; un fer rouge est appliqué sur son sein. La figure principale est la seule de toute cette verrière que le temps ait détruite ; celle du bourreau coiffé de bleu est, au contraire, d'une expression très-remarquable. Dans l'autre panneau, la sainte est décapitée (1). Le bourreau, dont le nom, maintenant illisible, était, ainsi que celui de Catherine, écrit sur le fond du tableau, se fait remarquer par la forme particulière de son bonnet, et par son costume, qui se compose d'une cotte de maille bordée d'étoffe rouge, jetée par-dessus une chlamyde verte.

Le dernier tableau est l'apothéose de sainte Catherine. Son corps est enlevé du cercueil par deux anges, tandis qu'un troisième porte la tête. Il ne reste de l'inscription que ces deux mots : EC : CORPVS...... (*Ecce corpus.....*). La chronique rapporte, en effet, que le corps de la sainte ayant été découvert vers le huitième siècle, des anges l'enlevèrent et le transportèrent dans le couvent que sainte Hélène avait fondé sur le mont Sinaï (2). C'est là qu'il a toujours été conservé depuis. Toutefois, quelques parties de ces reliques furent apportées à Rouen, dans le onzième siècle, par un moine de ce couvent qui venait y recevoir l'aumône annuelle du duc de Normandie (3).

La fenêtre suivante (la quatrième de la nef), représente divers traits de l'histoire de la sainte Vierge. Fondée à la même époque que la verrière de sainte Catherine, elle témoigne de la même habileté dans la disposition des couleurs ; mais la conservation n'en est pas aussi parfaite. Toutefois j'ai cru devoir en reproduire un panneau détaché, persuadé qu'un dessin sur une plus grande échelle pouvait seul donner une idée exacte du caractère des figures. Les *funérailles de la Vierge,* qui font l'objet de la Planche II, m'ont paru un spécimen très-juste de ce genre de composition. A l'exception de la première figure qui manque, et d'une ou deux têtes un peu mutilées, les autres ont conservé une physionomie très-expressive. La composition, d'ailleurs fort simple, ne manque pas d'un certain sentiment de recueillement ; mais elle est un peu lourde. Le peintre, gêné par l'étroite limite de sa bordure, a mieux aimé écraser ses personnages, que d'en sacrifier un seul, et son ange, faute de place, encense la Vierge à bout portant.

---

(1) *Ét Ecaterina capite obtruncatur.* (Falconius, in Comment. ad. Cappon. Tabulas, pag. 36).

(2) Falconius paraît penser qu'ici les anges ne sont autres que les religieux du mont Sinaï, et fait observer à ce sujet que, dans les anciens auteurs, on trouve souvent cette dénomination appliquée aux moines des couvents : *ab angelis autem in montem Sinai corpus ejus allatum sit ; haud aliud sibi vult quam a monachis Sinaitis in suum monasterium corpus illud advectum esse, ut suum locum devotè sic ditarent : et fortasse ipsi primi S. Æcatherinæ martyrium scripserunt, ut nos torquerent. Notum est autem* σχῆμα ἀγγελικὸν *pro habitu monachorum sæpè sumptum ; et* angelos *olim a suis* monachos *esse dictos.*

(3) Vies des saints de Butler, traduites de l'anglais par Godecsard. Tom. XI, pag. 351.

En tout, le talent de l'artiste ne paraît point ici à son avantage, et il en sera presque toujours de même lorsqu'on examinera le détail dans les tableaux de cette époque. Cependant, quelque incorrects qu'ils puissent être, on aurait tort de leur reprocher un dessin trop grossier; car ils n'ont point été faits pour être vus d'aussi près. Destinés uniquement à concourir à l'effet général d'une peinture placée loin de notre œil, il faut convenir qu'ils réunissent toutes les conditions nécessaires pour atteindre ce but; bien différents en cela de nos chefs-d'œuvre modernes, qu'on peut quelquefois admirer isolément, mais qui ne se trouvent presque jamais en harmonie avec le reste de l'édifice.

Fidèle, dans l'exécution de cette planche, au système de rigoureuse exactitude que je me suis imposé, je n'ai cherché à atténuer en rien la lourdeur et l'irrégularité de l'armature. Aux branches principales, toujours indispensables, et dont la disposition symétrique s'accorde d'ailleurs avec celle des panneaux, de manière à ne couper aucun dessin, une main malhabile est venue joindre un grand nombre de tringles transversales, jetées sans art à travers les tableaux. Est-ce le premier auteur de la verrière qui se crut obligé de l'assujettir par une monture si grossière? ou bien n'est-ce pas plutôt une ressource appliquée dans la suite pour réparer les outrages du temps et rendre quelque solidité à la fenêtre? Quoi qu'il en soit, ce vice d'exécution, choquant dans le détail, devient presque inaperçu dans l'ensemble de la verrière, pour l'observateur placé à quelque distance.

La cinquième fenêtre de la nef est également ornée de vitraux du douzième siècle. Ils représentent les martyres de saint Vincent et de saint Laurent. Enfin, il faut faire remonter à la même époque ceux de la neuvième fenêtre, quoique l'état déplorable où ils se trouvent ne permette plus d'en reconnaître les sujets. Salis, brisés, et remaniés sans soin, ils présentent aujourd'hui l'aspect d'un véritable kaléidoscope.

Toutes les autres fenêtres de la nef sont de verre blanc, à l'exception de la huitième, où quelques vitres du seizième siècle ont été rapportées. Il n'en reste donc que quatre, dont la fondation remonte positivement au douzième siècle : ce sont les verrières fondées, ainsi que je l'ai déjà dit, sous l'épiscopat d'Ulger, qui occupa le siége d'Angers de 1125 à 1149. Elles peuvent être regardées, par conséquent, comme les plus anciennes qui subsistent aujourd'hui; mais elles ne sont pas les seules de cette époque que l'Anjou possède encore.

La ville d'Angers elle-même renferme deux autres édifices où l'on trouve quelques débris de vitres du douzième siècle. L'un est l'église de Saint-Serge, ancienne dépendance d'une célèbre abbaye de bénédictins fondée, selon quelques auteurs, par Clovis II, et selon d'autres, par Childebert. Cette abbaye, que Néomème, roi de Bretagne, avait considérablement enrichie, fut donnée à l'évéché d'Angers par un de ses successeurs, Alain le Grand, et c'est là que, pendant l'invasion des Normands, les Bretons vinrent déposer le corps de saint Brieuc, qui y resta jusqu'en 1210. La dévotion qu'excitaient ces précieuses reliques finit par attirer un tel concours de fidèles, qu'il devint nécessaire de construire à Saint-Serge une église plus vaste. On en confia le soin à Vulgrin, ancien moine de Marmoutiers, devenu abbé de Saint-Serge vers le milieu du onzième siècle, et qui depuis fut évêque du Mans (1.)

L'église édifiée par Vulgrin existe encore, et se fait remarquer par une hardiesse de construction presque sans exemple (2). Elle a même conservé quelques vitres colorées; et parmi ces débris, à la gauche du chœur, on peut distinguer un ou deux panneaux, qu'il est facile de reconnaître pour des vitraux du douzième siècle. Ils faisaient sans doute partie d'une verrière légendaire; mais maintenant isolés, privés d'inscriptions et rongés par le temps, ils ne conservent plus de traces du sujet qu'ils représentaient. Si j'ai cru devoir en parler, c'est qu'ils appartiennent à une époque très-reculée, dont les monuments en ce genre sont si rares qu'on peut facilement les compter.

Il en est de même des panneaux mieux conservés, il est vrai, mais non moins indéchiffrables, qu'on voit encore à la chapelle de l'hôpital d'Angers. Cet édifice fondé par Henri II, roi d'Angleterre et comte d'Anjou (3), n'est pas moins remarquable que l'église de Saint-Serge par l'extrême hardiesse de sa construction, dont le développement beaucoup plus considérable, devient par cela même encore plus frappant. Richement doté par plusieurs princes et particulièrement par Richard-Cœur-de-Lion (4), l'Hôtel-Dieu d'Angers n'a jamais changé de destination, depuis son établissement jusqu'à nos jours (5). C'est dans la chapelle, dédiée en 1184, qu'on voit encore quelques vitres dont l'origine paraît aussi ancienne que celle de l'édifice.

Enfin, je ne saurais quitter l'Anjou, sans jeter un triste regard sur les magnifiques débris de l'abbaye de Fontevrault, qui renferment encore des restes de vitraux.

(1) Recherches historiques sur l'Anjou et ses monuments. Tom. I, pag. 201 et 206.

(2) Plus de dix mètres de voûtes reposent sur deux colonnes, dont le diamètre égale à peine trois décimètres.

(3) J. Hiret nous a conservé l'acte de fondation qui commence par ces mots : *Henricus Dei gratiâ Rex Angliæ et Dux Normaniæ et Comes Andegauiæ, Archiepiscopis, Episcopis, Abbatibus, Baronibus, Justitiis, Vicecomitibus, Senescalis, præpositis et omnibus ministris et fidelibus suis salutem....* L'auteur ajoute : « Cela fut faict en l'an mil cent cinquante et trois, Loys VII, roy de France, dit le piteux, régnant. » (Des antiqvitez d'Aniov, par Mess. I. Hiret Angevin. — Un vol. in-12. Angers, 1618. — Pag. 314-17).

(4) Hystoire agregatiue des Annales et Croniques Daniou, par Jehan de Bourdigné.— IIe part. ch. XLIX.

(5) On lit dans la chronique de Bourdigné que « l'empereur Henry ayant contriction et desplaisance « de ses pechez, habandonnant l'empire et toute « gloire mondaine, alla hors le pays en telle heure « que depuis ne fut veu de personne qui le co- « gneust, fors à lhostel dieu Dangiers : auquel lieu « il fina sa vie. Et soubz le seel de confession le « reuela. » (IIe partie, chap. XLV.) — Le même fait se trouve rapporté par J. Hiret. (Des antiqvitez d'Aniov. Pag. 249). Mais je ne connais, pour ma part, aucun empereur du nom de Henry, à qui cette histoire puisse s'appliquer, et j'en laisse toute la responsabilité aux chroniqueurs Angevins.

Cette abbaye, chef-lieu d'un ordre unique dans son genre, remonte aux premières années du douzième siècle, et reconnaît pour fondateur le bienheureux Robert d'Arbrissel. Chargé par Urbain II de prêcher la croisade, Robert parcourait les villes et les campagnes de l'Anjou; rien ne pouvait résister à sa pieuse éloquence, et son cortége allait chaque jour grossissant, si bien qu'à la fin il formait, dit-on, une suite de plus de trois mille personnes (1).

Le bienheureux prédicateur sentit alors la nécessité de former un établissement. La forêt de Fontevrault s'offrait à lui, près de l'embouchure de la Vienne dans la Loire, et ce fut là qu'en l'an 1100 il jeta les premiers fondements de son ordre, véritable colonie religieuse, composée de gens de toutes sortes, hommes ou femmes, de bonne ou de mauvaise vie, désormais attachés à sa fortune. Rien ne manqua aux nouveaux habitants de Fontevrault; la piété des fidèles pourvoyait à leurs besoins, et bientôt l'activité de leur chef transforma les vastes solitudes de la forêt en cette abbaye célèbre, dont la prospérité, pendant sept siècles, ne s'est pas démentie un seul instant. Robert abandonna la conduite des hommes à deux autres prédicateurs, Bernard de Tiron et Vitalis de Moriton, et se réserva uniquement la direction des femmes ou filles, qui s'étaient précipitées si nombreuses à sa suite (2). Trois cents religieuses, des plus instruites, furent placées dans les bâtiments voisins de la grande église, où elles devaient chanter l'office. Le reste fut réparti entre divers bâtiments, dont l'un, sous l'invocation de sainte Marie-Madeleine, était consacré aux femmes repenties (3).

Cependant il tardait à Robert de reprendre la noble tâche que lui avait confiée le souverain pontife. Dès qu'il vit son nouvel établissement prospérer, le saint homme s'empressa d'en confier la direction à d'autres mains; et par une exception dont il n'existe aucun exemple dans le monde chrétien, ce fut une femme, Pétronille de Chemillé, qu'il mit à la tête de son ordre, en stipulant qu'elle n'aurait jamais que des femmes pour successeurs (4). Depuis lors, en effet, les abbesses de Fontevrault ont toujours été considérées comme les chefs de l'ordre, relevant immédiatement du saint-siége.

---

(1) Recherches historiques sur la ville de Saumur, ses monuments et ceux de son arrondissement, par J. F. Bodin. — 2 vol. in-8°. Saumur, 1812. — Tom. Ier, pag. 208.

(2) Dictionnaire historique et critique, par P. Bayle, 5ᵉ édition, 5 vol. in-f°. Amsterdam, 1734. — Tom. II, pag. 896. — Le soin tout particulier avec lequel Robert d'Arbrissel s'appliqua à la conversion des femmes, les démarches hasardées qu'il risqua dans ce but, et les singulières épreuves auxquelles il soumit sa continence, ont donné lieu à une foule de discussions entre ses adversaires et ses apologistes. Je re-viendrai plus tard sur cette particularité remarquable de son histoire, à propos d'une vitre fort curieuse que l'on conserve à la bibliothèque de Vendôme.

(3) Recherches historiques sur Saumur et son arrondissement, par F. Bodin. Tom. Ier, pag. 211.

(4) M. Bayle, dans son Dictionnaire historique, à la note H de l'article Fontevrault, a donné des remarques très-curieuses sur cette singulière disposition, dont un religieux de l'ordre, le P. de la Mainferme, tirait presque vanité en s'appuyant sur ce passage des saintes Écritures : *Manum suam misit ad fortiora, et digiti ejus apprehenderunt fusum.* (Prov. 31, v. 19.)

Robert, après son abdication, n'eut plus d'autre soin que de parcourir la France pour y répandre la parole divine et fonder dans les diverses provinces des monastères dépendant de son ordre. Le nombre de ces fondations était immense (1), et il s'occupait à l'agrandir encore, lorsque la mort vint le surprendre, en 1117, au prieuré d'Orsan, dans le Berry. Son corps fut rapporté avec la plus grande pompe à Fontevrault, où il n'a cessé, tant que l'abbaye dura, d'être l'objet d'une vénération particulière. On lui donna pour sépulture la grande église, dont les travaux, commencés dès 1102, furent achevés depuis par Foulques V, comte d'Anjou.

La même basilique reçut bientôt d'autres dépouilles illustres : Henri II, roi d'Angleterre, mort à Chinon, du chagrin que lui donnait la révolte de ses fils, et Richard-cœur-de-Lion, dont la valeur sauvage vint tomber, à Chalus, sous les coups d'un gentilhomme limousin, trouvèrent une commune sépulture à Fontevrault, où le voisinage de leurs tombes forme encore aujourd'hui un curieux contraste avec le souvenir de leurs discordes. Près d'eux reposent les deux reines, leurs femmes, si belles, si puissantes, et si célèbres par le rôle qu'elles jouèrent dans les troubles de cette époque, Aliénor de Guyenne, Ysabeau d'Angoulême : Aliénor, épouse coupable, imprudemment répudiée par Louis VII, et recueillie par Henri II, qui doublait par cette alliance l'étendue de ses États sur le continent; Ysabeau, fiancée à Hugues de Lusignan, enlevée par Richard au milieu des fêtes nuptiales, et qui, veuve de ce prince, retrouva un époux dans son premier fiancé.

Quatre tombes placées dans la partie de l'église qu'on appela depuis le *Cimetière des Rois* (2), renferment la dépouille de ces illustres personnages. Elles étaient surmontées de statues peintes et dorées, qui les représentaient dans tout l'éclat de leur costume royal. Les statues existent, curieux débris d'un siècle où l'art moderne semble enfin avoir pris son essor; mais, hélas! que sont-ils devenus ces cloîtres si tranquilles, où vivaient naguères les pieuses gardiennes des tombeaux ? Qu'est-elle devenue la sainte basilique, où tant de vierges de sang royal ont prié Dieu pour les rois morts? La main des hommes a profané l'œuvre du temps; elle a changé la maison du Seigneur en étable du vice, et le champ du repos en vallée de douleur. De la sainte abbaye, on a fait une prison; les lois humaines ont écrit *Malheur et crime* sur les murs de ce cloître, où la piété de nos ancêtres avait écrit *Innocence et repos*, et les anges ont pris leur vol, épou-

---

(1) Outre les courses qu'il fit dans le Languedoc, la Guyenne, l'Auvergne et la Bretagne, Robert d'Arbrissel fonda, dans le Poitou et la Touraine, les monastères de Chamfournois, de Lapuie, des Loges, du Relai, de Gaine et de Gironde; dans le Limousin, l'Angoumois, le Périgord et le comté de Toulouse, ceux de Bourbon, de la Gasconnière, de Cadouin et de l'Espinasse; dans les diocèses d'Orléans et de Poitiers, ceux de Lalande-en-Beauchêne, de Turon et de la Madeleine d'Orléans; et enfin celui d'Orsan, au diocèse de Bourges. (Dictionnaire historique de Bayle, tom. II, pag. 898, note E.)

(2) Recherches historiques sur Saumur et son arrondissement, par F. Bodin. — Tom. 1er, pag. 333.

vantés au bruit des verrous. Partout ici l'on rencontre des grilles, et du fer partout : une grille à chaque porte, une grille entre l'homme et l'image de Dieu!... Là, dans un coin du temple morcelé, derrière des barreaux, parmi les bancs des condamnés, reposent les quatre royales statues! Plus loin, sur une fenêtre, un petit coffret de plomb gît oublié dans la poussière.... et c'est ainsi qu'on traite aujourd'hui les vénérables restes du bien-heureux fondateur de Fontevrault!

Les trois fenêtres basses qui éclairent le sanctuaire ont conservé quelques panneaux de vitres, où l'on retrouve tous les caractères des vitraux du douzième siècle. Leurs débris, tout mutilés qu'ils sont, et ceux de l'architecture primitive, auraient suffi pour donner quelque intérêt à cette partie seule conservée de l'ancienne basilique, si l'ignoble restauration moderne n'était venue ajouter un nouvel outrage aux autres profanations, en appliquant son pinceau sur le front du passé. ¶

Honte à nous, dont la main ne sait rien respecter, pour qui l'œuvre des siècles a perdu son prestige! Honte à nous, toujours prêts à renier nos pères! Ah! fuyons Fontevrault comme on fuit un remords! Fuyons l'Anjou, où la lime de l'indifférence continue lentement l'œuvre inachevée par la hache des révolutions !

D'autres lieux nous appellent, riches en monuments autant qu'en souvenirs, et la grande ombre de Suger nous entr'ouvre les portes de la sainte abbaye, dont les voûtes s'élèvent, superbe catafalque, sur la tombe des rois.

L'église abbatiale de Saint-Denys remonte aux premiers siècles de la monarchie française. Ce ne fut d'abord qu'une simple chapelle élevée sur la tombe des martyrs Denys, Éleuthère et Rustique, et bientôt remplacée par une autre plus grande, que sainte Geneviève fit construire (1). Dès le commencement du septième siècle, il existait une communauté religieuse à Saint-Denys; mais ce fut au roi Dagobert Ier qu'elle dut sa splendeur; ce fut lui qui y fit bâtir une église sur de plus larges proportions. « Rien ne fut épargné », dit Félibien, « dans la construction de cette nouvelle basilique, la plus auguste qu'il y eût « dans tout le royaume. On y employa grand nombre de colonnes de marbre et d'autres « ornements de cette matière, avec toute la dépense et tout l'art qu'on peut s'imaginer. « L'église était pavée de marbre, et brillait au dedans de l'éclat de riches tapisseries re- « haussées d'or, de perles et de pierres précieuses. Ce fut au milieu de tant de richesses « que Dagobert fit construire sur la sépulture de saint Denys ce magnifique tombeau, « dont il donna la conduite à saint Éloy (2). »

Le même prince, en choisissant saint Denys pour patron de son royaume, assura la protection de ses successeurs à la noble abbaye. Une nouvelle église, commencée par

---

(1) Le grand dictionnaire géographique, historique et critique, par Bruzen de La Martinière. 6 vol. in-f°, Paris 1768.—Tom. V, pag. 228, col. 2.

(2) Histoire de l'abbaye royale de Saint-Denys en France, par dom Michel Félibien, religieux bénédictin. 1 vol. in-f°, Paris 1706. Livre Ier, pag. 10.

Pépin, fut terminée sous le règne de Charlemagne, qui prit une part très-magnifique à sa dédicace (1). Mais la dévotion ne faisant qu'augmenter, cette église, au douzième siècle, ne pouvait déjà plus contenir l'affluence des fidèles. Ce fut alors que les fondements de la basilique actuelle furent jetés par Suger (2). Non content de donner à ce nouvel

(1) Histoire de l'abbaye de Saint-Denys, par D. Félibien. Livre II, pag. 57.

(2) L'importance historique de l'abbé Suger, la grandeur de ses talents et de ses œuvres m'engagent à rappeler ici, en quelques mots, les phases principales de son existence; et la protection toute spéciale qu'il accorda à la Peinture sur verre, me fait espérer qu'on ne trouvera pas cette digression hors de propos.

Suger naquit en 1081, de parents obscurs qui l'offrirent, dès l'âge de dix ans, à l'abbaye de Saint-Denys. Ce fut là qu'il reçut l'instruction au temps que Louis VI, encore enfant, y faisait également ses premières études. Des rapports intimes s'établirent bientôt entre le roi futur et le futur abbé; mais on aurait tort d'attribuer uniquement à ces liaisons d'enfance la haute position que ce dernier atteignit par la suite. «Suger,» nous dit l'historien de Saint-Denys, « était un de ces hommes rares, qui ne doivent point « à la naissance ou à l'éducation ce qu'ils ont de grand. « Quoique né d'une condition médiocre et élevé dès « l'enfance dans un monastère, il se forma de bonne « heure l'esprit aux grandes choses. Son tempérament « était faible et délicat; mais il avait le jugement so« lide, la mémoire heureuse, le discernement juste, « les manières insinuantes, beaucoup de vivacité dans « ses pensées et de facilité à les exprimer avec grâce...» (Histoire de l'abbaye de Saint-Denys, par D. Félibien. Livre IV, pag. 151).

Avec de telles dispositions, Suger sut gagner de bonne heure la confiance de son abbé, qui le désigna, en 1106, pour assister au concile de Poitiers, où l'on devait s'occuper des moyens de continuer la guerre en Palestine. Il fut employé, à diverses reprises dans l'administration des biens de l'abbaye, et Louis le Gros, devenu roi, sut également mettre ses talents à profit. Suger revenait d'Italie, où ce prince l'avait chargé d'une mission auprès du pape Calixte II, lorsqu'il apprit en route qu'on l'avait élu abbé de Saint-Denys, en remplacement d'Adam, mort le 19 février 1122. Touché d'une si grande marque d'estime, il pressa son retour, et son premier soin, en arrivant, fut de se faire ordonner prêtre, car il n'était que diacre. Malgré certains vices de forme, le roi confirma bientôt l'élection du nouvel abbé, et voulut même être présent à la cérémonie de sa prise de possession.

L'année suivante, Suger assista au premier concile de Latran, où furent aplanies les difficultés qui s'étaient élevées entre le pape et l'empereur au sujet des investitures, et il se trouva bientôt après aux états d'Allemagne, pour y soutenir les droits de l'abbaye contre le comte de Morspeck.

Les fréquents rapports de Suger avec tant de princes et le rang distingué qu'il tenait à la cour de France, avaient rendu son nom depuis longtemps célèbre; mais d'autre part, ses confrères ne pouvaient s'empêcher de blâmer ses mondaines splendeurs, plus dignes de la cour que du cloître, son luxe inconvenant que saint Bernard lui rappelait plus tard en ces termes : *Solum ac totum erat, quod nos movebat, tuus scilicet habitus et apparatus cum procederes quod paulò insolentior appareret* (Ep. LXXVII). Mais comme si un rayon de lumière divine fût venu tout à coup éclairer le zèle de Suger, un changement complet s'opéra subitement en lui, et sa conduite, naguères trop mondaine, devint bientôt l'exemple des vertus les plus austères. On trouve dans l'histoire de sa vie composée par Guillaume, l'un de ses disciples, que Suger mangeait peu, s'abstenait de tout mets succulent, et partageait même sa nourriture avec les pauvres. Aussi l'historien remarque-t-il naïvement que l'abbé de Saint-Denys ne devint jamais plus gros aux jours de sa puissance qu'il ne l'avait été auparavant, chose fort rare parmi ses confrères : *Qui cum multimoda gratiarum obtineret genera, unum tantum caruit munere, quod assumpto regimine nunquam apparuit pinguior quàm privatus extiterat : cùm alii ferè omnes quantumvis antea fuerint tenues, post manuum statim impositionem buccis et ventre, ne corde dixerim, soleant impinguari* (Guillaume, lib. II, § 6). Sachant se contenter de quelques heures de sommeil, Suger veillait souvent jusqu'au milieu de la nuit pour se livrer à de saintes lectures, et pourtant, chaque matin, le pieux abbé était le premier à l'église.

De tels exemples devaient entraîner nécessairement la réforme de la communauté entière; ils devaient arracher des éloges au censeur le plus rigoureux; saint Bernard lui-même s'écrie : *Mirantur qui te non noverunt, sed tantum audiunt, qualis de quali factus es* (Ep. LXXVII). Mais quelle admiration n'inspire pas Suger, lorsque appelé à saisir les rênes de l'État, il

édifice des proportions qui fussent mieux en rapport avec la foule des chrétiens qui venaient y célébrer la gloire du Seigneur, il prit à cœur de l'orner avec une magnificence digne de la vénération qu'inspiraient les saintes reliques des trois martyrs (1).

On trouve dans le Livre de son administration (2) de nombreux détails sur les travaux entrepris par Suger, sans autres ressources que les offrandes des fidèles. De son côté, le pieux abbé ne s'épargnait aucune peine, et faisait à lui seul le métier d'intendant et celui d'architecte. Car alors, dit un auteur, les abbés et même les évêques ne croyaient pas déroger à leur dignité en se faisant les architectes de leurs églises, à l'exemple des prêtres de l'ancienne loi, qui, jadis, s'employèrent à bâtir le temple de Jérusalem (3).

J'ai le regret de ne pouvoir suivre Suger dans les travaux de tout genre qu'il mit à fin en si peu de temps. Qu'il me suffise de dire que la dédicace de la nouvelle église eut lieu le 11 juin de l'an 1142, en présence du roi et avec l'assistance de quatorze prélats. Depuis lors, sous le règne de saint Louis et à diverses époques, de nouveaux travaux furent exécutés à l'église de Saint-Denys. Mais je n'ai, dans ce moment, qu'à constater l'état où elle se trouvait au temps de Suger, c'est-à-dire, lorsqu'elle fut ornée pour la première fois de vitraux de couleur.

Au milieu des splendeurs dont le pieux abbé se montrait si prodigue, la décoration des

---

apporte les mêmes vertus dans le gouvernement du pays que dans celui du monastère!

Bien loin de diminuer à la mort de Louis le Gros, le crédit de Suger n'avait fait que s'accroître, et, lorsque le nouveau roi, partant pour la croisade, consulta les évêques et les grands sur le choix d'un régent pour le royaume, saint Bernard, au nom de tous, proposa l'abbé de Saint-Denys. Ce choix fut agréé, et la suite prouva combien il était sage. Tout le monde sait en effet comment Suger parvint à rétablir l'ordre dans les affaires du royaume, et à déjouer les projets de quelques ambitieux, qui, profitant du mauvais succès de la croisade, s'étaient mis à la tête des mécontents.

Enfin le retour du roi ayant mis un terme à la régence, et déchargé Suger du fardeau des affaires, la pieuse pensée d'une seconde croisade vint fournir de nouveaux aliments à son zèle. Mais l'âge et de si grands travaux avaient épuisé ses forces, et bientôt une maladie de langueur le conduisit au tombeau. Suger reçut la mort comme un bienfait, ne regrettant de la vie que ses œuvres inachevées. Il mourut le 13 janvier 1151.

J'aurais voulu parler encore de ce que l'illustre abbé fit pour son église; mais la longueur de cette note m'oblige de renoncer aux détails de ces travaux, dont une partie, du reste, trouvera place ailleurs.

(1) Le luxe apporté par Suger dans l'ornement du saint lieu ne fut pas le moindre motif des reproches que saint Bernard lui adressait. Défenseur opiniâtre de la simplicité évangélique, le saint abbé de Clairvaux n'admettait pas qu'on dût jeter tant de richesses sur les murs du temple pour faire honneur à Dieu. Écoutons les éloquentes paroles échappées à son indignation : *Illud interrogo monachus monachos, quod gentilibus gentilis arguebat : « Dicite, ait ille, pontifices, « in sancto quid facit aurum ?* (Persius, sat. 2). » *Ego autem dico : « Dicite, pauperes.... si tamen pauperes, « in sancto quid facit aurum ?...» Quid, putas, in his omnibus quæritur, pœnitentium compunctio, an intuentium admiratio ?... Fulget ecclesia in parietibus, et in pauperibus eget. Suos lapides induit auro, et suos filios nudos deserit— Pro Deo ! si non pudet ineptiarum, cur vel non piget expensarum ?* (Sancti Bernardi, abbatis primi Clarævallensis opera locupleta curis domni J. Mabillon, 2 vol. in f°. Paris, 1719.— Apologia ad Guillelmum abbatem, cap. XII, col. 544 et 545).

(2) Félibien pense que ce livre, généralement attribué à Suger, est réellement dû au même auteur que l'histoire de sa vie, composée, comme je l'ai déjà dit, par Guillaume, religieux de Saint-Denys.

(3) Histoire de l'Abbaye royale de Saint-Denys, par dom Michel Félibien. Livre IV, page 171.

fenêtres semble avoir été pour lui l'objet d'une prédilection toute particulière, tant étaient riches et nombreuses les verrières qu'il fonda dans la nouvelle basilique. Suger lui-même, au chapitre XXII du Livre de son administration, entre dans de grands détails à ce sujet :

« Nous avons fait peindre, » dit-il, « une suite nombreuse et très-variée de vitres nou- « velles, commençant par l'*arbre de Jessé*, qui se trouve au chevet de l'église, et finissant « au vitrail placé sur la porte principale, tant au haut qu'au bas de l'édifice ; ces peintures « sont l'ouvrage d'un grand nombre de maîtres fort habiles appartenant à diverses na- tions (1).

La plupart des fenêtres fondées par Suger n'existent plus. Mais cependant il nous en reste encore un certain nombre, grâce aux soins conservateurs de M. Alexandre Lenoir, qui les avait recueillies dans son musée des monuments français. Ces antiques verrières ont été replacées depuis peu à l'église de Saint-Denys, et, malgré quelques mutilations, elles sont encore un des monuments les plus précieux de la Peinture sur verre.

Celle où le fondateur s'est fait peindre lui-même, m'a frappé, entre toutes, comme la plus curieuse, et je l'ai reproduite en entier dans la planche III de cet ouvrage. Cette fenêtre réunit d'ailleurs tous les caractères d'ornementation les plus en usage à cette époque, et peut être considérée comme un résumé de l'état de la Peinture sur verre au douzième siècle.

Les médaillons, dont les lisérés perlés rappellent ceux des verrières d'Angers, se déta- chent au milieu d'un réticulaire formé par des baguettes rouges à intersections blanches, sur un fond du bleu le plus vif. Chacun des petits carrés réservés sur le fond est lui- même chargé de dessins au trait noir. Le temps les a presque effacés, et je me suis peut-être exagéré mes devoirs d'exactitude en rendant, par un trait de gravure fort léger, ces des- sins qu'on peut à peine distinguer aujourd'hui.

Le haut de la fenêtre est occupé par trois rosaces d'un superbe dessin. Plus bas se trouvent placés une Adoration des rois et le panneau votif qui représente l'Annon- ciation. L'ange, tenant un sceptre en main, salue Marie : AVE MARIA ; et la vierge timide se lève de son grand fauteuil pour recevoir le Saint-Esprit qui descend sur sa tête. C'est aux pieds de Marie que le pieux fondateur s'est fait peindre, prosterné dans la position la plus humble, en costume d'abbé, la crosse entre le bras. Cette figure, dont l'inscription SVGERIVS ABAS établit d'ailleurs complétement l'authenticité, est aujourd'hui le plus ancien portrait historique que nous ait conservé la Peinture sur verre ; elle a donc droit ici à une place particulière. La planche IV est un calque pris sur l'original (2) ; l'exactitude en est dès

---

(1) *Vitrearum etiam novarum præclaram varietatem, ab ea prima quæ incipit à* Stirps Jesse *in capite eccle- siæ, usque ad eam quæ superest principali portæ in in- troitu ecclesiæ tam superiùs quam inferiùs, magistro- rum multorum de diversis nationibus, manu exquisita, depingi fecimus.* (Livre de l'administration abbatiale de l'abbé Suger, par le moine Guillaume. cap. XXII).

(2) Cette figure a été également reproduite par D. Bernard de Montfaucon, dans ses *Monuments de la monarchie française* (planche XXIV), mais d'une manière si inexacte, que je ne me suis pas cru dispensé pour cela de la donner ici.

lors incontestable, et, en reproduisant les proportions d'un seul personnage, elle a également l'avantage de donner l'échelle précise de toute la fenêtre (1). Pour peu qu'on examine cette figure, laide, il est vrai, mais si franchement caractérisée, il est facile de se convaincre que, par la simple connaissance d'un pareil document, des artistes de mérite auraient pu s'éviter les incroyables bévues qu'ils ont commises, en voulant reproduire les traits de l'illustre abbé de Saint-Denys.

Au-dessous de ce panneau et dans la même fenêtre, se trouve un tableau dont les inscriptions et les ornements présentent des détails si munitieux, que je me suis vu obligé de les donner à part (planche VII, fig. 2) pour en faciliter l'étude. Le sujet en est une allégorie biblique : « l'autel, sorti de l'arche d'alliance, s'appuie sur la croix du Christ, où la vie vient mourir pour sceller plus profondément cette alliance. » On lit en effet, aux deux côtés de Dieu soutenant la croix de son fils, les inscriptions suivantes :

FEDERIS EX ARCA CRVCE XPI SISTITVR ARA (2).

FEDERE MAIORI VVLT IBI VITA MORI.

Les quatre évangélistes, représentés par leurs symboles, entourent l'emblème de la rédemption. Enfin, entre les quatre roues qui supportent l'arche sainte on lit encore .VADRIG. AMINADAB, par allusion sans doute à ce verset de la Bible : *Nescivi, anima mea conturbavit me propter quadrigas Aminadab* (3). Ce tableau, remarquable par sa composition toute symbolique, ne l'est pas moins sous le rapport de l'exécution. Rien n'est plus gracieux ni plus riche que les ornements dont le peintre a couvert la croix de Jésus-Christ et une partie de l'arche; genre d'ornements qui s'obtiennent, du reste, bien facilement, en ménageant un dessin quelconque dans la couche de couleur vitrifiable dont on revêt un morceau de verre coloré dans la masse.

Le médaillon voisin nous montre Jésus-Christ dévoilant d'une main la synagogue et de l'autre couronnant l'église. On lit des deux côtés du tableau les mots SINAGOGA et ECLESIA, écrits en colonne. Il ne reste des autres inscriptions que cette fin tronquée.... ENSA REVELAT, dont le sens serait inintelligible si le Livre de l'administration de Suger ne nous

---

(1) La fenêtre entière a trois mètres quatre-vingt-quinze centimètres de hauteur, sur un mètre quatre-vingt-dix de largeur.

(2) Cette inscription est rapportée un peu différemment dans le Livre de l'administration de Suger, où on lit :

Fœderis ex arcâ Christi cruce sistitur ara,

Mais elle est si bien conservée sur le vitrail où je l'ai copiée, que l'erreur ne saurait être de mon côté.

(3) Cantique des cantiques, chap. VI, ⅴ. 11. — Je n'ai trouvé de lumières sur ce passage fort obscur, que dans un commentaire sur le Cantique des cantiques, imprimé à Paris, sans nom d'auteur, en 1698 (un vol. in-12), et faisant partie d'une grande collection de commentaires publiée à cette époque sur les saintes Écritures. J'y trouve que « cet Aminadab pouvait être, « selon d'habiles interprètes, quelque capitaine célèbre, « soit par son courage, soit par la terreur qu'il impri- « mait avec ses chariots de guerre, ce qui a donné « peut-être lieu à la parabole dont se sert ici l'épouse « (l'Église), pour exprimer la violence avec laquelle on « est venu l'attaquer et la jeter dans le trouble au mi- « lieu des exercices de sa charité. » (pag. 35o).

en avait conservé une version plus ou moins exacte : *Quod Moyses velat Christi doctrina revelat. Denudant legem qui spoliant Moysen* (1).

Le même livre ne fait aucune mention des deux médaillons placés au bas de la même fenêtre, et qui, j'ai lieu de le penser, n'en faisaient point alors partie. Ils paraissent relatifs à l'histoire des martyrs de la légion Thébaine, dont quelques reliques furent, par la suite, apportées à Saint-Denys, et, par conséquent ils seraient de ceux qui furent fondés dans le siècle suivant. La place qu'ils remplissent aujourd'hui était occupée par deux tableaux allégoriques ; l'un représentait les prophètes apportant des sacs de blé au moulin des apôtres, dont saint Paul tournait la meule, et dans l'autre on voyait un lion et un agneau ouvrant un livre (2).

Lors des restaurations récentes de l'église de Saint-Denys, cette fenêtre a été remise en la place qu'elle occupait primitivement, c'est-à-dire, au chevet de l'église, dans la chapelle de la Vierge. On a également rendu à cette chapelle sa seconde fenêtre, fondée par Suger et représentant l'*Histoire de Moise*. Elle fait ici l'objet de la planche V.

Cette fenêtre ne diffère en rien de sa voisine, quant au fond réticulaire et aux trois rosaces qui en décorent la partie supérieure. Cinq des panneaux inférieurs sont occupés par des sujets tirés de l'Histoire de Moïse. Suivant l'usage de cette époque, la légende commençait par en bas, et le médaillon où Moïse, trouvé sur les eaux, est recueilli par la fille de Pharaon devait être le premier. L'inscription portait :

> *Est in fiscella Moyses puer ille, puella*
> *Regia, mente pia quem fovet Ecclesia*

Il ne reste plus aujourd'hui que les fragments MOISES.... ELLA....

Le médaillon suivant représentait Dieu dans un buisson ardent, apparaissant à Moïse ; mais dans la restauration qui vient d'avoir lieu, l'ordre des tableaux a été interverti, faute sans doute d'en apprécier l'importance, et celui du buisson a été reporté plus haut. La composition de ce petit tableau, dont la naïveté peut, au premier abord, paraître ridicule, mérite cependant une attention particulière ; elle traduit bien, en effet, une pensée profonde de son auteur ; elle caractérise ingénieusement cette divine apparition, invisible pour les brebis qui viennent paître jusqu'aux branches du buisson,

(1) Il ne se trouve pourtant dans cette version aucun mot qui se termine en ENSA, comme l'indique le débris très-lisible de l'inscription restant sur le vitrail. Il est donc permis de suspecter un peu l'exactitude de notre auteur, dont j'aurai encore quelques erreurs à signaler.

(2) *Una quarum de materialibus ad immaterialia excitans, Paulum apostolorum molam vertere, prophetas saccos ad molam apportare repræsentat. Sunt itaque ejus materiæ versus isti :*

> *Tollis agendo molam de fulfure, Paule, farinam,*
> *Mosaicæ legis intima nota facis.*
> *Fit de tot granis verus sine fulfure panis,*
> *Perpetuusque cibus noster et angelicus.*

Item in eadem ubi solvunt librum Leo et Agnus :

> *Qui Deus est magnus, librum Leo solvit et Agnus.*
> *Agnus sive Leo fit caro juncta Deo.*

(Livre de l'administration abbatiale de Suger, chap. xxii.)

et réservée seulement à l'œil du prophète sur qui descend la lumière divine; pensée rendue plus claire par ce distique qui formait l'inscription :

Sicut conspicitur rubus hic ardere, nec ardet :
Sic divo plenus hoc ardet ab igne, nec ardet.

On lit encore ces mots.... TVR RVBVS HIC ARDERE.... PLEN.... ARDET AB IGNE NEC....

L'un des deux panneaux supérieurs représente le Passage de la mer Rouge; et, quant à celui-là, il faut bien convenir que l'enfance de l'art s'y fait sentir de la manière la plus choquante, que l'ignorance du peintre et l'insuffisance de ses ressources s'y montrent à tous les yeux. Rien de plus grotesque que Moïse, la canne en main, et tous ces bons Hébreux, qui le suivent deux à deux, homme et femme, au milieu des flots ouverts sur leur passage. Non content de représenter les eaux par des bandes ondulées de diverses couleurs, comme dans son premier tableau, l'artiste a cru sans doute donner à celui-ci la *couleur locale* en disposant une série de petits flots rouges sous les pieds de ses personnages. Cette coloration, par trop naïve, de la mer Rouge, s'est répétée si tard dans le moyen âge, que j'aime mieux y voir, à l'honneur des peintres verriers, l'intention seulement de frapper les yeux du vulgaire, pour lui faire comprendre plus facilement le sujet. La vitre de Saint-Denys portait pour inscription ce distique que le temps a détruit :

Quod baptisma bonis, hoc militiæ Pharaonis,
Forma facit similis, causaque dissimilis.

Venait ensuite un médaillon que, par erreur, on a replacé dans le bas de la fenêtre. C'est celui où Moïse élève le serpent d'airain. Il est à remarquer que ce serpent, et tous ceux qui viennent tomber à ses pieds, sont plutôt des espèces de dragons ailés. Ici, encore, le peintre a matérialisé le symbole en élevant la croix du Christ au-dessus du dragon d'airain, ainsi que l'indiquent ces deux vers jadis écrits sur le tableau :

Sicut serpentes serpens necat æreus omnes,
Sic exaltatus necat hostes in cruce Christus (1)

dont il ne reste que ces fragments interrompus ....S SERPENS NECAT ..... SIC EXALTA-TVS NECAT HOSTES IN CRVCE XPS.

Enfin le dernier médaillon représente Moïse recevant la loi de Dieu sur la montagne.

Lege data Moysi, juvat illam gratia Christi.
Gratia vivificat, litera mortificat.

On ne distingue plus de cette inscription que le nom de Moïse et la fin de chaque vers : .....GA XPI (*gratiâ Christi*) et ... LITERA MORTIFCAT. Ce tableau, quant à l'exécution,

---

(1) Cette inscription se trouve, comme toutes les précédentes, dans le Livre de l'administration de Suger.

Mais le second vers y est rapporté avec une inversion :

Sic exultatus hostes necat *in cruce Christus.*

est pour le moins aussi bizarre que celui où les Hébreux traversent la mer Rouge.

Il y a encore dans la même fenêtre un panneau qui sans doute, dans le principe, n'en faisait point partie, puisqu'il n'a aucun rapport avec l'histoire de Moïse. L'inscription signvm tav indique qu'il s'agit du passage des saintes Écritures, où le Seigneur, indigné des abominations qui se commettent à Jérusalem, ordonne au ministre des vengeances divines de marquer au front ceux dont la pieuse affliction doit trouver grâce devant les anges exterminateurs (1).

La fenêtre entière est entourée d'une bordure plus riche et surtout plus harmonieuse que celle de la première fenêtre. Mais par suite de nombreuses mutilations, elles ont été, l'une et l'autre, presque entièrement refaites, ce qui ne permet plus aujourd'hui d'en juger convenablement.

Ces deux verrières ne sont pas les seules qui nous restent du temps de l'abbé Suger. On vient d'en replacer plusieurs autres qui remontent, au moins en grande partie, à la même époque : celles des anciennes chapelles de Saint-Osmanne et de Saint-Hilaire consistent uniquement en dessins d'ornements, genre extrêmement rare parmi les vitraux colorés. J'ai reproduit (planche VI) une de ces verrières qu'on peut regarder, je crois, comme un des types les plus purs du style byzantin, en fait de Peinture sur verre (2). Le caractère en est surtout frappant dans l'espèce de griffon qui forme la base de l'ornement, et que, par ce motif, j'ai dessiné à part, à moitié de sa grandeur véritable (planche VIII, figure 1re). On pourrait reprocher peut-être à cette verrière la profusion des parties blanches; toutefois il y reste si peu de fragments anciens, qu'on risquerait de mettre sur le compte du premier auteur les imperfections d'une maladroite copie.

Les défauts de la restauration moderne se font sentir bien plus encore dans les anciennes chapelles de Saint-Peregrin et de Saint-Cucuphas. Le dessin de ces fenêtres, entièrement garnies de vitraux neufs, est pris sur les rosaces de la chapelle de la Vierge; mais au lieu des teintes harmonieuses qui nous arrivent tempérées par la puissante coloration des anciens verres, ici l'œil est fatigué par la criarde bigarrure des verres modernes, dont la transparence absurde n'a d'autre effet que de distraire l'attention. On ne saurait trop signaler à ceux qui s'occupent aujourd'hui de faire des vitraux, à ceux surtout qui les restaurent, les inconvénients majeurs de cette transparence aussi désagréable à l'œil qu'incompatible avec le sentiment religieux. Reportons-nous à l'intention des premiers peintres, et cherchons ce que doit être le vitrail : n'est-ce pas une peinture, avant

---

(1) *Et gloria Domini Israel assumpta est de Cherub, quæ erat super eum, ad limen domus : et vocavit virum, qui indutus erat lineis, et atramentarium scriptoris habebat in lumbis suis.*

Et dixit Dominus ad eum : Transi per mediam civitatem in medio Jerusalem : et signa thau *super frontes virorum gementium, et dolentium super cunctis abominationibus quæ fiunt in medio ejus.* (Ezéchiel, chap. IX, v. 3 et 4.)

(2) Cette fenêtre, dont la hauteur est à peu près la même que celle des deux verrières précédentes, n'est large que d'un mètre et demi.

tout, destinée à l'édification du peuple chrétien, une sainte peinture placée entre l'homme et la lumière du jour, pour donner à cette lumière un caractère divin, pour répandre dans le sanctuaire ces teintes vagues et harmonieuses, qui portent au cœur un doux recueillement? Eh bien! je le demande, quel recueillement pouvons-nous espérer, lorsqu'à travers un tableau saint, l'œil distrait découvre les scènes d'une rue, les rixes d'un marché, ou les jeux d'un collége? Quel prestige conserve une verrière, lorsqu'à travers ses panneaux colorés, le soleil projette ses rayons dans le temple comme dans une chambre sans rideaux?

Les fabricants ont répondu que le temps seul atténuerait la transparence de leurs vitraux, comme il a fait pour les anciens. Et, en effet, c'est un moyen assez commode d'échapper à la critique, que de renvoyer ses arrêts à quelques siècles. Mais comment peut-on croire que les artistes anciens, imbus comme ils étaient du sentiment religieux, aient commis l'immense faute qu'on leur attribue si gratuitement? Je veux bien que le temps, grâce à l'action de l'air atmosphérique, corrode les vitraux et en obscurcisse les nuances; toutefois la seule inspection d'une verrière suffit pour démontrer que la puissance des tons tient à bien d'autres causes, qu'elle n'est pas seulement l'ouvrage du temps, mais aussi l'œuvre de l'artiste.

Du reste, le moment n'est pas encore venu de signaler les vices de la fabrication moderne. D'autres essais, je dois le dire, ont prouvé que l'on pouvait mieux faire. Mais n'est-ce pas une raison de plus pour déplorer que des travaux aussi importants que ceux de Saint-Denys aient été exécutés d'une manière si peu satisfaisante?

J'en trouve encore un triste exemple dans la restauration de l'*Arbre de Jessé*, double verrière de la chapelle Saint-Eugène, mentionnée par Suger au passage que j'ai déjà cité (page 29). Les débris anciens sont heureusement fort nombreux, très-faciles à distinguer, et méritent d'autant plus de fixer l'attention, que le sujet de ce tableau se trouve continuellement reproduit dans les monuments de la Peinture sur verre.

L'*Arbre de Jessé* n'est autre que la généalogie emblématique de la sainte Vierge et de Jésus-Christ. Il a sa première souche dans le sein de Jessé ou Isaï, père de David, qu'on représente toujours sous les traits d'un vieillard, parce qu'en effet il était très-âgé lorsque David vint au monde. Chaque rameau sorti de cette noble tige porte une figure de roi, et la branche la plus haute de l'arbre présente, en s'épanouissant, l'image de Marie, comme sa fleur la plus belle, ou celle de Jésus, comme son fruit le plus doux. A ceux qui voudront voir dans cette peinture la prétention de prouver que le Sauveur du monde était de bonne maison, un tel sujet pourra paraître absurde et presque impie. Mais si l'on considère dans la Vierge divine l'emblème des vertus chrétiennes, dont l'éclat fait pâlir l'éclat de vingt couronnes, si l'on voit dans Jésus le fils de Dieu, entre les mains de qui un roseau devient un sceptre plus puissant que tous les sceptres des rois, alors peut-être voudra-t-on reconnaître dans cette image grossière une grande leçon donnée aux puissances du monde. Je ne prétends point, du reste, que l'artiste employé par Suger ait ainsi compris la pensée qu'il devait rendre, car il est de la nature des emblèmes religieux de perdre beaucoup de leur valeur en passant à l'état de traditions. La naïveté du tableau de Saint-Denys semble, en effet, prouver que le peintre n'a vu dans le sujet donné qu'une suite de rois terminée par un Dieu, et s'en est tenu strictement aux termes de *sa commande* sans chercher à en saisir le sens mystérieux. Du reste, les figures m'ont paru d'un bon style pour l'époque, et le feuillage courant d'où elles sortent ne manque pas d'une certaine grâce.

Une seule chapelle (celle de Saint-Maurice) renferme encore des vitraux du treizième siècle; et si j'en parle dès à présent, c'est pour n'avoir plus à revenir sur les anciennes peintures de l'abbaye de Saint-Denys. Les deux fenêtres qui l'éclairent représentent différentes scènes de la vie de saint Vincent et de Valère, évêque de Saragosse (1). On y voit, entre autres tableaux, le saint couvert de chaînes, puis étendu sur un gril de fer, avec cette inscription : s. vincent. p. in. machina. feri., et enfin la châsse contenant un de ses bras, que Childebert avait donnée à l'abbaye de Saint-Germain des Prés (2).

Félibien nous apprend que la même chapelle renfermait autrefois des vitraux relatifs à l'histoire des martyrs de la légion thébaine (3). On y lisait cette double inscription :

> *Hic Thebæorum strenuus miles jacet unus ;*
> *Regis Francorum Ludovici nobile munus.*
>
> *Herodes funus jubet hic fieri puerorum :*
> *De numero quorum præsente loco jacet unus.*

En effet, la chapelle Saint-Maurice renfermait le corps d'un de ces martyrs, « noble présent du roi saint Louis. » Le vitrail dont il s'agit ne pouvait donc être antérieur au

---

(1) Saint Vincent, ordonné diacre par Valère, évêque de Saragosse, fut chargé par ce prélat de prêcher l'Évangile au milieu de son troupeau. C'était le temps des plus fortes persécutions contre la foi chrétienne, et le zèle de Vincent l'exposa bientôt à toutes les fureurs de Dacien, gouverneur de la province de Tarragone. Chargés de fer et conduits devant lui, le jeune diacre et son évêque soutinrent leur croyance avec une fermeté inébranlable. Mais cette persévérance même ne fit qu'irriter la persécution : Valère fut exilé et Vincent condamné à d'affreuses tortures. Placé d'abord sur un chevalet et déchiré avec des crochets de fer, il fut mis ensuite sur un brasier ardent, puis traîné tout sanglant sur des débris de pots cassés. Rien ne pouvait ébranler la foi du saint martyr, si

bien que Dacien, renonçant à triompher de sa constance par l'horreur des supplices, voulut tenter de le séduire par des traitements d'une autre nature : Vincent venait, d'après l'ordre du gouverneur, d'être couché sur un lit de roses, lorsque son âme s'échappa d'un corps brisé par la torture. On raconte que sa dépouille, livrée aux bêtes, fut défendue contre leurs atteintes par un corbeau, et qu'ayant été jetée à la mer, les flots creusèrent pour elle une sépulture dans le sable. Saint Vincent était mort le 21 janvier 303. (La Vie des Saints ou l'Idée de la vie chrétienne, par M. G. D. M., docteur en théologie. 4 vol. in-8°. Paris, 1688. — Tom. I, pag. 122.)

(2) Dictionnaire historique de Moreri. T. X, p. 642.

(3) Histoire de l'abbaye de Saint-Denys, pag. 532.

règne de ce monarque, et la même observation s'applique également aux panneaux inférieurs de la planche III, qui devait, comme nous l'avons déjà vu (page 31), faire partie, dans le principe, de la même verrière.

Avant de terminer ce que j'avais à dire actuellement sur la vitrerie de l'abbaye royale de Saint-Denys, il ne sera pas, je crois, sans intérêt de rappeler sommairement les sujets des autres vitres fondées par Suger, et qui n'existent plus aujourd'hui. Il y en avait douze, dont le P. Montfaucon nous a conservé les dessins dans ses *Monuments de la Monarchie française*. Les deux premières sont relatives à l'histoire de Charlemagne (1). L'une représente l'entrevue de ce prince et de l'empereur Constantin aux portes de Constantinople, avec cette inscription : INPATORES (*imperatores*) (2). Dans l'autre, où Charlemagne reçoit les ambassadeurs de Constantin, on lit ces mots : NANCII CONTANTINI AD CAROLV PARISIVS (*nuncii Constantini ad Carolum, Parisiis*). Montfaucon fait observer avec raison que cette ambassade n'a jamais eu lieu (3). Il aurait pu en dire autant de l'entrevue.

Les dix autres tableaux, réunis en une seule fenêtre, représentaient l'histoire de la première croisade (4), dans l'ordre suivant :

1. Combat de Soliman contre les croisés.

2. Prise de Nicée, avec ces inscriptions : NICENA CIVITAS — FRACI (*Franci*) VICTORES — PARTI FVGIENTES.

3. Défaite de Soliman devant Antioche : VINCVNTVR PARTI (5).

4. Prise d'Antioche par escalade. On lit le mot : ANTIOCHIA.

5. Bataille entre Corboram et le Français : BELLVM INTER COIPARAM ET FRANCOS.

6. Prise de Jérusalem : IREM A FRANCIS EXPVGNAT. (*Jerusalem a Francis expugnata*). On voit dans ce tableau diverses machines de guerre assez curieuses.

7. Déroute des Arabes à Ascalon : ARABES VICT..N ASCALON FVGIVT (*Arabes victi in Ascalon fugiunt*) (6).

8. Robert, duc de Normandie, terrassant un Parte : R.......X (*Robertus dux*) NORMANNORVM PARTVM PROSTERNIT.

9. Combat singulier entre Robert, comte de Flandre, et un chef ennemi : DVELLVM PARTI ET ROBERTI FLANDRENSIS COMITIS.

10. Dernière bataille des croisés contre le soudan d'Égypte, à Ascalon : BELLVM AM...ASCALONIA..

(1) Monum. de la monarchie franç. Tom. I. Pl. XXIV.

(2) D. Bernard de Montfaucon remarque que l'un des deux princes porte la couronne fermée, tandis que l'autre la porte ouverte, et il en conclut que dès le temps de Suger, la couronne fermée était un signe de la dignité impériale. Reste à savoir si le peintre du douzième siècle attachait à cette distinction la même importance que l'antiquaire du dix-huitième.

(3) Tom. 1, page 277.

(4) Tom. I. Planche V et suivantes.

(5) Parmi les Partes en déroute, on remarque un cavalier armé d'un fouet en forme de martinet, absolument pareil à ceux que les Cosaques portent encore.

(6) On voit par ces diverses inscriptions qu'en style de cette époque, on désignait indifféremment les infidèles sous les noms d'Arabes ou de Partes.

Quelque imparfaite que soit la reproduction de ces divers tableaux dans l'ouvrage de Montfaucon, on ne doit pas moins lui savoir gré d'avoir préservé de l'oubli une suite si précieuse sous le double rapport de l'histoire et de l'art. Que n'a-t-on fait de même pour tant d'autres monuments qui ont disparu sans laisser de traces! — Rendons, rendons du moins ce culte à ceux qui restent encore!

De ce nombre est l'antique et puissante abbaye de la Trinité, à Vendôme, dont l'église, aujourd'hui paroissiale, commande également tous les genres d'intérêt, par les peintures de ses verrières, l'architecture admirable de son clocher, les traces partout visibles de l'ancien cloitre, et son histoire, enfin, dont les premières pages, enveloppées de traditions merveilleuses, ont tout l'attrait d'une pieuse légende. Une ancienne chronique nous apprend comment Geoffroy Martel, comte d'Anjou et de Vendôme, et Agnès de Bourgogne, sa femme, devinrent les fondateurs de cette église; mais de tels récits perdraient leur charme sous ma plume, et je laisse parler l'annaliste angevin :

« Si aduint ung iour que eulx (Geoffroy et sa femme) estans couchez en leur chasteau
« de Vendosme, a ung matin, quelque peu auant le iour (pour ce quil ne pouoit dormir),
« de son lict se leua, et pource que la matinee estoit paisible et attrempee sans vent ou
« orage, il ouurit une fenestre et la se acoulda, regardant le ciel tant cler et azure, et si
« magistrallement diapre de resplendissantes estoilles, que la radieuse clarte sen espandoit
« sur la terre, representant a peu pres la lumiere du soleil. Mais il ny eut gueres este quant
« la contesse sa femme se esueilla, et quant elle ne le trouua plus au lict elle lappella, et
« le conte lui respondit que pour ce que il ne pouoit dormir se estoit leue et mis a une
« fenestre, a laquelle pour doulceur et attrempance de laer il prenoit merveilleuse delec-
« tation. Lors la bonne dame se leua et sa robbe de nuyt prinse vint a icelle fenestre tenir
« compaignie à son seigneur. Ainsi quilz estoient ensemble tenans propos de plusieurs
« choses..., ilz veirent une grant estoille en forme dune lance militaire tomber des cieulx
« dedans une fontaine qui en ceste plaine estoit, dont fort sesmerueillerent : et ainsi que
« ilz en parloient, veirent tost apres tomber une autre en icelle fontaine qui estoit de pa-
« reille forme comme la premiere, dont ilz furent tous esbahys... Tiercement veirent
« une autre estoille de mesme façon, clarte et grandeur que chascune des premières tom-
« ber au propre lieu et fontaine que estoient les autres........

« Moult pensa le conte en sa vision et a plusieurs prelatz et gens lettrez la declaira, se
« conseillant a eulx que ce pouoit signifier et qu'il auoit a faire sur ce. Tous ceulx ausquelz
« le conte reueloit ce qu'il auoit veu estoient dune oppignion disans quil leur sembloit
« que le conte, au lieu ou il auoit veu tomber les troys estoilles, deuoit construyre une
« eglise en lhonneur de la glorieuse et sainte Trinité, et que sur la fontaine fist eriger
« lautel dicelle. »

Le comte suivit ce conseil, fonda à Vendôme une riche abbaye où il appela vingt-cinq moines de Marmoutiers, et y déposa la sainte larme qu'il avait rapportée d'outre-mer (1).

« Et furent faictes ces fondations enuiron lan de Nostre Seigneur mil xlvij (2). »

L'abbé Simon n'est pas d'accord sur cette date avec notre auteur : il reporte la fondation de l'abbaye de Vendôme à l'an 1040 (3). Toujours est-il certain que, dès son origine, elle fut appelée à jouir des plus grands priviléges. Le jour même de la dédicace, l'évêque de Chartres renonça à toute juridiction sur la nouvelle église; et par une faveur encore plus rare, les abbés de la Trinité obtinrent et conservèrent jusqu'au concile de Constance la dignité de cardinaux du titre de S. Prisce sur le mont Aventin (4). Les fréquentes contestations auxquelles ces priviléges donnèrent lieu, eurent toujours pour résultat de faire confirmer les droits de l'abbaye; et si parfois des différends s'élevèrent entre elle et ses puissants voisins, le crédit de ses abbés sut également leur ménager une issue favorable.

C'est ainsi qu'à la fin du douzième siècle, nous voyons Jean, comte de Vendôme, frappé d'excommunication en représailles de ses méfaits, n'obtenir un pardon longtemps sollicité, que par l'intercession du roi d'Angleterre. Mais en pareil cas, lorsque les moines accordaient la paix, on pense bien qu'ils en dictaient les conditions. Une charte de l'an 1180 nous apprend en effet que le comte fut obligé de racheter ses torts par des largesses, et c'est peut-être à cette occasion que furent placés dans l'église de Vendôme ses premiers vitraux. Ceci n'est toutefois qu'une simple conjecture; mais quant à l'ancienneté de ces vitres, les fragments qui nous en restent ne peuvent laisser aucun doute. On y retrouve, avec un cachet particulier, les divers caractères que nous avons observés dans les vitres de Saint-Denys, et même quelque analogie dans les sujets.

L'église de la Trinité renferme un grand nombre de peintures sur verre fondées en divers temps, depuis le douzième siècle jusqu'au dix-septième; mais la plupart de ces peintures appartiennent à l'époque dite de la renaissance, ce qui m'empêche d'en donner ici la description. Deux vitres seulement remontent au douzième siècle. L'une d'elles, qui se voit à la douzième fenêtre de la galerie supérieure, située presqu'au chevet de l'église, rappelle complétement, sous le rapport de la disposition générale, le panneau d'une des fenêtres de Saint-Denys, dont j'ai donné la copie, planche VII, fig. 2. C'est encore Dieu le Père soutenant la croix de son Fils, placée entre les quatre symboles des évangélistes. Aux inscriptions près, les analogies se trouvent là si grandes, qu'elles suffiraient pour fixer la date de fondation de la vitre de Vendôme, si la compa-

(1) De là vient que le blason de l'abbaye était d'azur à l'agneau d'argent armé d'une bannière de même, chargée d'une larme. (Vendôme et le Vendômois, par M. de Passac. In-4°. Vendôme, 1823. — Pag. 31.)

(2) Hystoire agrégative des Annales et Croniques Daniou, par Jehan de Bourdigné. IIe partie, chap. 25.

(3) Histoire de Vendôme et de ses environs, par feu M. l'abbé Simon. 3 vol. in-8°. Vendôme, 1834. — Tom. II, pag. 23.

(4) Ibid. Tom. II, pag. 89.

raison avec quelques diptyques qui nous restent de la même époque, ne l'établissait d'ailleurs fort clairement.

L'autre tableau, qui représente la *glorification de la Vierge*, se voit dans le pourtour du chœur, à la vingt-quatrième fenêtre (1). Bien que cette vitre, aujourd'hui sale et mutilée, n'ait rien qui plaise à l'œil, je l'ai dû reproduire (planche VIII), en raison du caractère très-remarquable de la composition et des figures, caractère que je n'ai trouvé nulle part ailleurs. J'appellerai cela du pur *byzantin;* car c'est ici, je crois, le cas d'appliquer cette dénomination élastique et banale, dont l'archéologie abuse en attendant les bienfaits d'une nomenclature raisonnée. De grands rapports existent, en effet, entre la Vierge de Vendôme et les types conservés sur les monnaies byzantines, dans les manuscrits ou les diptyques du même style; et particulièrement l'auréole amendaire dont Marie paraît enveloppée, me semble être un des mythes inventés par les artistes grecs, et par eux répandus dans tout le monde chrétien (2). Toutefois une observation me frappe : cette forme d'auréole, dont la Peinture sur verre n'offre peut-être aucun autre exemple, se rencontre très-rarement, même en sculpture, dans nos monuments nationaux, si ce n'est dans les églises de Poitou, dans ces temples chrétiens où se trahit encore une influence sarrasine. Or, pour moi, la vitre de Vendôme est une lointaine racine provenant de la même souche que les sculptures de Poitiers, et cette Vierge brune, maigre et drapée d'un long vêtement blanc, est, à mes yeux, une Vierge mauresque habillée à la grecque. — Quant au nimbe, chargé d'un dessin d'ornement d'une grande finesse, il était soutenu par quatre anges, aujourd'hui complétement frustes. Le nom de MARIA qu'on peut y lire encore, était la seule inscription de cette vitre.

Vendôme était alors du diocèse de Chartres, et le même diocèse renfermait une autre abbaye, moins puissante il est vrai, mais beaucoup plus ancienne, dont l'église conserve encore aujourd'hui quelques vitraux également fondés au douzième siècle. Cette église, placée sous l'invocation de saint Pierre, et que, par corruption, l'on nomme aussi Saint-Père, se trouvait primitivement située hors des murs de la ville de Chartres, dont elle

---

(1) Je compte toujours les fenêtres à partir de la première à gauche de la nef. (Voy. page 17, note 3.)

(2) L'auréole ou nimbe amendaire a reçu des Anglais le nom de *Vesica piscis*, que quelques auteurs français ont également adopté comme plus savant sans doute que *vessie de poisson*. Mais si les archéologues ne sont point d'accord sur le nom, ils le sont encore moins sur la signification de ce symbole mystérieux. Je ne rapporterai point ici les hypothèses hasardées, bizarres, ou même quelquefois naïvement obscènes, émises à ce sujet par divers érudits. La seule explication qui me semble probable est celle qui se trouve dans un petit traité des nimbes, imprimé à Iéna, en 1669 : *Qui totam nimbatam Mariam pingunt, illi hunc ritum accersunt ex capite* XII *Apocal.* : « *Et* « *apparuit mulier in cœlo* amicta sole, *et luna sub pe-* « *dibus ejus, et in capite ejus corona stellarum duode-* « *cim.* » (Disquisitio de nimbis, etc... elaborata et in lucem edita a Johanne Nicolai. Un vol. in-12. — Pag. 130.) Toujours est-il que cette forme de nimbe, exclusivement réservée à la mère de Dieu, paraît avoir été complétement abandonnée en France dès le commencement du treizième siècle. En Italie, où il est connu sous le nom de *Mandorla*, cet ornement mystique est moins rare, et se rencontre aussi dans des monuments d'une date plus récente.

fait partie depuis le milieu seulement du quatorzième siècle (1). Les Normands, profitant de sa position, qui la laissait pour ainsi dire sans défense, la ravagèrent complétement en 857. Dans le siècle suivant, l'évêque Aganon fit reconstruire l'église; mais ce nouvel édifice devint bientôt la proie des flammes, et l'église actuelle ne fut élevée qu'au douzième siècle, sous l'abbatiat de Fulcher (2). Enfin son successeur, Étienne Ier, qui siégea de 1172 à 1193, y fit placer les plus anciennes verrières qui s'y voient aujourd'hui (3).

On aurait tort cependant d'assigner une commune origine à toutes les vitres de Saint-Pierre; bien qu'elles soient toutes assez anciennes, il en est pourtant de diverses époques, ainsi que l'attesteraient, à défaut d'autres preuves, les portraits des fondateurs qu'on aperçoit sur plusieurs fenêtres.

Parmi celles de la nef, qu'il est facile de reconnaître pour des peintures du treizième siècle, on remarque une figure de moine avec l'inscription : MAG · ST·· ·AVRENTIVS CA·····BITER···CARNOTANSI· (*Magister Laurentius, canonicus presbiter Carnotensis*) (4). J'ai mis, sur la planche IX, cette figure en regard avec une de celles du chœur, pour faire mieux ressortir le différent caractère qui les distingue. Elle ne brille pas, j'en conviens, sous le rapport de la couleur, ce qu'il faut attribuer au pitoyable état où se trouve cette vitre, mais, sous le rapport du dessin, il est facile de saisir la distance qu'il y a de ce personnage à la figure voisine.

Une autre comparaison que j'établirai plus tard entre cette figure et le portrait de Jean de Mante placé derrière le rond-point, dans les premières années du quatorzième siècle, prouvera d'autre part que les vitraux des hautes fenêtres du chœur sont les plus anciens que renferme l'église de Saint-Père. Il n'y a donc aucun doute que ces vitraux soient les seuls dont on puisse attribuer la fondation à l'abbé Étienne Ier. La figure de martyre que j'ai donnée (planche IX, fig. 1re) en est le type exact et plusieurs fois répété avec quelques variations de couleur; la physionomie de ce bizarre personnage semble créée sous la forte impression qui résulta pour les artistes chrétiens de leur premier contact avec l'Orient. —Je dois aussi faire remarquer qu'il ne nous reste de cette époque aucune autre figure exécutée dans d'aussi larges proportions (5). La Peinture sur verre, qui d'abord s'était présentée sous l'aspect d'une mosaïque transparente, se montre ici avec de grands développements : c'est désormais une peinture véritable, barbare encore, il faut l'avouer, mais dont on peut déjà entrevoir l'avenir.

---

(1) Gallia Christiana, Tom. VIII, col. 1214.

(2) Ibid. Tom. VIII, col. 1215.

(3) *Stephanus I sedebat anno 1172. Ecclesiam vitreis fenestris ornavit, eique supremam manum imposuit.* (Ibid. Tom. VIII, col. 1226.)

(4) L'église de Saint-Pierre dépendait de la cathédrale, à titre d'archidiaconé, ce qui explique les fondations qu'y purent faire des chanoines et autres prêtres attachés à l'église de Chartres.

(5) Elles n'ont guère moins de deux mètres et demi.

Après avoir passé en revue toutes les verrières auxquelles on peut assigner, *d'une manière certaine*, une fondation antérieure au treizième siècle, je pourrais encore en citer d'autres que, sans invraisemblance, il est permis de croire aussi anciennes. Mais la manie de reculer les dates est un écueil si grand pour les archéologues, que j'aime mieux m'abstenir de citer un fait, lorsque je n'ai, à l'appui, aucune preuve acquise. Je ne dirai donc rien des verrières de Sens, dont quelques-unes ont tous les caractères des peintures du douzième siècle; ni de celles de Bourges, auxquelles un auteur moderne assigne, sans en dire les motifs, une origine également reculée (1); et je me contenterai, en finissant, de parler de quelques églises dont les verrières, aujourd'hui détruites, dataient du même siècle.

Voici d'abord comment Levieil, dans son savant ouvrage, s'exprime au sujet de l'ancienne abbaye de Braînes, près Soissons :

« Entre le nombre considérable de vitraux remplis de vitres peintes des douzième et « treizième siècles, dont les fenêtres de cette église sont formées, il en est un, au fond « du sanctuaire derrière le grand autel, dans lequel, au-dessous de deux figures qui « paraissent présenter de concert à la sainte Vierge l'élévation de l'église de ce monas- « tère, on lit d'un côté *Robertus Comes*, et de l'autre *Agnes Comitissa*. Ce Robert était « fils de Louis VI, dit le Gros, comte de Dreux, et avait épousé en troisièmes noces, « en 1153, Agnès de Baudemont, héritière de Braînes et fondatrice de ce monastère (2). « Le cartulaire de l'abbaye et l'*Index cœnobiorum ordinis Præmonstratensis* font mention « que cette vitre avait été envoyée à la comtesse de Braînes par la reine d'Angleterre, « sa parente (3). »

Ainsi l'Angleterre, qui devait à la France ses premiers peintres-verriers, lui renvoyait maintenant leurs œuvres les plus belles. Cette particularité fait regretter doublement la perte d'une vitre si curieuse. Toutes celles de Braînes ont eu le même sort; et l'église elle-même, abandonnée, tronquée et privée de tous ses ornements, n'offre plus aujourd'hui d'autre intérêt que les restes curieux de son architecture.

Levieil, et après lui M. Gilbert (4), nous parlent aussi des vitres qui furent placées dans l'église métropolitaine de Paris, vers la fin du douzième siècle.

« Il y a quarante ans au plus, » nous dit Levieil, « que l'on comptait encore, au rang

---

(1) Essai historique sur le vitrail, par P. H. Thévenot, in-8° Clermont, 1837, pag. 7 et 12.

(2) Je dois relever ici l'erreur commise par Levieil : l'abbaye de Braînes fut fondée, dès l'an 1130, par André de Vaudemont et Agnès de Braînes sa femme, et leur nièce Agnès, comtesse de Dreux, fit seulement achever et décorer l'église. *Comitissa Agnes an.* 1152 *ecclesiam, quæ ad hunc diem cernitur, ornavit et per-*

fecit (Gallia Christiana, tom. IX, col. 490). Ce fut en la même année 1152, et non en 1153, que cette princesse épousa Robert, fils de France et comte de Dreux. (Moréri, tom. II, pag. 256.)

(3) L'art de la Peinture sur verre. In-f°, 1774. 1re partie, pag. 24.

(4) Description historique de la basilique métropolitaine de Paris. Paris, 1820. — Pag. 165.

« des monuments de la Peinture sur verre du douzième siècle, quelques anciens vitraux
« dans le haut du chœur de l'église de Paris, dont j'ai démoli en 1741 les deux derniers,
« pour les remplir de vitres blanches(1). » — Et c'est Levieil qui parle !... Dans quelle
défaveur et dans quelle misère ne fallait-il pas que cet art fût tombé, pour que ses
plus anciens monuments vinssent ainsi périr sous les coups de ses derniers adeptes ! —
« On y trouva, » continue notre auteur, « beaucoup de vestiges des anciennes vitres
« qui provenaient sans doute de la démolition des anciennes basiliques dont elle
« a pris la place (2). La frise... qui régnait dans la partie circulaire..., y entourait de
« grandes figures colossales, qui portaient au moins dix-huit pieds de haut, représen-
« tant des évêques coiffés de leurs bonnets en pointe ou mitres, tenant entre leurs
« mains des bâtons pastoraux terminés par un simple bouton, au lieu d'une courbe
« comme les crosses d'à présent ; le tout d'une manière très-grossière et au premier
« trait. Leurs draperies de verre coloré en blanc n'étaient relevées que par une espèce
« de galon ou de frange de couleur d'or. Ces vitres, les plus anciennes de celles qui
« avaient été faites pour la nouvelle église, dataient au plus tard de 1182, temps où
« le chœur fut fini et son principal autel consacré par Henri, légat du pape Alexandre III,
« vingt-deux ans après le commencement de sa construction par Maurice de Sully,
« son évêque (3). »

Dépouillée aujourd'hui de son antique vitrerie, l'église Notre-Dame n'a conservé
que les trois roses de ses portails, et quelques mauvais panneaux de la dernière époque
de décadence. Je reviendrai plus tard sur ces œuvres d'un mérite si différent.

Enfin l'abbaye de Saint-Hubert, dans les Ardennes, fut également ornée au douzième siècle de très-belles fenêtres. Langlois du Pont-de-l'Arche, qui le premier en a
parlé (4), nous apprend, sur la foi d'un ancien historien, qu'à cet effet on fit venir
de Reims un homme fort habile en cet art nommé *Roger* (5). Mais, hélas ! ici encore
la tradition s'élève sur des ruines. Rien ne reste aujourd'hui de celui dont le nom, par
un heureux hasard, est seul, entre tant d'autres, arrivé jusqu'à nous ; et à voir, d'autre
part, tant de monuments dont les auteurs resteront à jamais inconnus, on se demande en
vérité ce qu'il faut le plus regretter : — Les œuvres de l'artiste dont on connaît le nom,
— ou le nom des artistes dont on connaît les œuvres.

Dois-je maintenant parler de quelques priviléges bizarres, qui prouvent à quel point

---

(1) L'art de la Peinture sur verre. Ire partie, pag. 24.

(2) Levieil parle de petites pièces de verre de forme ronde et d'une origine fort ancienne. J'en ai vaine-ment cherché quelques débris, et M. Gilbert, qui, mieux que personne, connaît l'église de Notre-Dame, m'a assuré qu'en effet il n'en restait plus de trace au-jourd'hui. On leur donnait le nom de *cives*.

(3) L'art de la Peinture sur verre. Ire partie, pag. 25.

(4) Essai sur la Peinture sur verre, pag. 26.

(5) *Illuminavit quoque oratoria, quæ exstruxerat, pulcherrimis fenestris, quodam* Rogero *conducto ab urbe Remensi, valenti admodum viro et promptissimo, hujus artis et peritissimo.* (Recueil des Historiens des Gaules, Tome IX, pages 150 et 151.)

alors on faisait cas du verre à vitres? Je citerai d'abord, d'après Bodin, le droit singulièrement abusif dont jouissaient les sires de Pocé en Anjou : Tout marchand verrier
passant en vue de leur manoir, était obligé, sous peine de confiscation, d'offrir auxdits
seigneurs la plus belle vitre de sa pacotille, en échange d'un verre de vin (1). Et vraiment
le pauvre vitrier n'aurait-il pas eu bien mauvaise grâce à se plaindre, quand nous
voyons, presque à la même époque, le clergé soumis lui-même à des droits non moins
arbitraires? Il s'était établi très-anciennement pour coutume, en France, qu'au décès d'un
évêque, le haut seigneur du lieu s'emparait de tous les meubles contenus dans le palais
épiscopal, sans en excepter le fer, le plomb, les vitres, etc. (2). Souvent les évêques et
les papes se plaignirent de cet abus, mais leurs réclamations n'obtinrent aucun succès
jusqu'à la fin du onzième siècle. Henry, surnommé Étienne, comte de Chartres et de
Blois, mort en 1101, passe pour le premier qui ait franchement renoncé à cet injuste
droit, et l'on trouve en effet dans l'*Amplissima collectio* de Martène et Durand, plusieurs
chartes et diplômes qui semblent attester ce fait (3).

Toutefois les inconvénients que présentaient de semblables abus étaient plus que ba-
lancés par les encouragements que l'art naissant trouvait partout dans la piété des
peuples.

Les deux derniers siècles avaient vu des églises sans nombre surgir de tous les points
du territoire; mais il restait encore à les doter de riches ornements. Ce fut donc vers
ce but que se tourna dès lors la religieuse munificence des princes, du clergé et des
puissants seigneurs; ce fut ainsi que la Peinture sur verre passa promptement des voûtes
des cathédrales à celles des abbayes, et colora bientôt de ses rayons diaprés l'atmosphère
d'innombrables églises. Vainement un ordre religieux, jaloux de l'austérité de sa règle,
voulut-il proscrire un genre d'ornement qu'il trouvait trop dispendieux. On lit bien,
il est vrai, dans les capitulaires de l'ordre de Cîteaux, la défense d'employer les verres

---

(1) Bodin, Saumur et son arrond. Tom. I, pag. 267.

(2) Nouvel examen de l'usage général des fiefs en France, par M. Brussel; 2 vol. in-4°. Paris 1727. Tom. I, pag. 312.

(3) On lit dans l'acte de renonciation du comte Henry : ..... *Quod Ivo humilis Dei servus, venerabilis Ecclesiæ Carnotentis Episcopus... à nobis obnixè postulavit, quatenùs domum, scilicet, quam ex lignea lapideam, ex vili reddidit speciosam, ab illa prava consuetudine quam prædecessores nostri et nos habemus in ea hucusque, liberam esse concederemus : ne scilicet, Episcopis ab hac vita migrantibus, vel aliqua occasione discedentibus, præfata domus dissiparetur; ne quid ferri, vel plumbi, vel vitri, vel ligni, vel lapidis asportaretur, vel obrueretur... Nos igitur... Ecclesiasticas res potiùs augmentari quam deteriorari debere cogitantes.... rem prætaxatam, a prava consuetudine liberam reddidimus.* (Martène et Durand, tom. I, pag. 621.)

Cette renonciation sans date fut approuvée par le roi Philippe Ier, ainsi qu'on en trouve la preuve dans une charte confirmative de Louis le Jeune, donnée en l'année 1155, et qui se termine ainsi : *Hæc omnia, sicut à prædictis Comitibus concessum est et firmatum; et ipse Philippus rex, ut prædictum est, concessit, et per pragmaticam Sanctionem suam confirmavit. Nos autem ... in eumdem modum et immobiliter atque in perpetuum.... concessimus et sigilli nostri auctoritate firmavimus, et nominis nostri caractere testificati sumus.* (Ibid., tom. I, pag. 831.)

colorés (1). Mais l'usage s'en répandit bientôt malgré la règle, et les églises des nombreuses maisons fondées par saint Bernard virent, sous toutes les formes, l'image de ce vénérable abbé se retracer sur leurs fenêtres (2). On s'explique, à quelques égards, un changement si rapide, en songeant combien ce genre d'ornement, naguère encore si rare, devint commun dans le siècle suivant : Quelques aperçus sur la valeur des vitres à cette époque, que je serai bientôt à même de donner, prouveront en effet que ce n'était déjà plus un objet de si grand luxe. Mais l'interdiction dont la règle de Cîteaux frappait l'art du verrier, était motivée, moins encore sur le besoin d'économie que sur celui de la discipline religieuse (3). — Tant il est vrai que le même sentiment peut donner lieu aux interprétations les plus contraires! — Car ici c'est au nom de la foi religieuse, c'est par amour du recueillement qu'on proscrit un genre de décoration jugé partout ailleurs si propre à ranimer une foi chancelante, à recueillir les âmes trop mondaines. Non, les cisterciens ne se relâchaient point d'une pieuse discipline, le jour où ils dérogèrent à une règle si froidement austère ; ils suivaient l'entraînement de leurs croyances toutes pleines d'une sainte poésie, et ce fut le sentiment religieux qui vint lui-même réveiller en eux le sentiment de l'art.

Le douzième siècle fini, la Peinture sur verre semble avoir dépassé les plus grandes difficultés de son exécution. Quelques années encore, et nous allons connaître toute la puissance de ses ressources.

(1) L'article LXXXII des capitulaires arrêtés dans le chapitre général de l'an 1134, porte ce qui suit : *Vitræ albæ fiant, et sine crucibus et picturis.* (R. P. Angeli Manrique, Annales cistercienses, 4 vol. in-fº. Lyon, 1642. — Tome I, page 281.)

(2) Le nom de saint Bernard, réformateur de l'ordre de Cîteaux, y fut bientôt plus en honneur que celui de Robert, son premier fondateur. Ce que voulant prouver, un auteur fort savant a écrit : *Sicut et passim in fenestris Circuitûs monasteriorum illius ordinis historia vitæ Bernardi, non Roberti depicta est.* (Rodolphus Hospinianus, de Monachis. In-fº, Genevæ, 1669, pag. 314.)

(3) L'article XIX des mêmes capitulaires indique assez les motifs d'une semblable interdiction; il est ainsi conçu : *Sculpturæ vel picturæ in ecclesiis nostris, seu in aliquibus Monasterii, ne fiant, interdicimus ; quia dum talibus intenditur, utilitas bonæ meditationis vel disciplina religiosæ gravitatis sæpè negligitur.* (Annales cistercienses, tom. I, pag. 275.)

TREIZIÈME SIÈCLE.

Les monuments de la Peinture sur verre, si rares jusqu'aux premières années du treizième siècle, se multiplient tout à coup d'une telle façon, que leur abondance même devient pour l'historien un sujet d'embarras. Réduit naguère à rassembler tous les fragments épars pour constater de son mieux l'état de cette peinture, il se voit maintenant obligé de choisir, au milieu d'un vaste catalogue, les documents les plus précieux, sous le double rapport de l'histoire ou de l'art. Mais si ce travail exige de longues recherches, de laborieuses comparaisons, le grand nombre des monuments vient, d'autre part, faciliter l'étude, et l'on arrive enfin avec plus de certitude à la fixation des dates, ou à combler des lacunes jusqu'ici trop fréquentes.

La Peinture sur verre qui, pendant le cours du treizième siècle, se montrera dans toute la pureté de sa manière primitive, prend un très-grand développement dès le principe de ce siècle. De vastes basiliques, des cathédrales entières s'enveloppent dans ce voile irisé, dont nous admirons encore les scintillantes broderies; prélats, princes et grands barons rivalisent de zèle pour décorer la maison du Seigneur. On dirait que l'ardeur des croisades, cette crise religieuse qui remua si profondément le monde chrétien, rejaillit sur le temple et anime ses murs. Le pieux enthousiasme des peuples enfante des trésors, à l'aide desquels la foi naïve du peintre forme un riche tissu de ses mystérieuses inspirations; et c'est alors que son art, si grossier et néanmoins sublime, prodigue des chefs-d'œuvre dont l'admirable ensemble vient étonner notre siècle mondain, et commander encore un doux recueillement à notre âme attiédie.

Le treizième siècle commence à peine, et les premiers feux de son aurore ont coloré les vitres de vingt églises. Poitiers, avant toutes les autres, ouvre à la Peinture sur verre les voûtes inachevées de sa cathédrale. L'église de Poitiers s'enorgueillit d'une origine fort ancienne; la tradition qui l'attribue à saint Martial, premier apôtre de l'Aquitaine, l'entoure aussi de circonstances merveilleuses et la fait remonter jusqu'au commencement de l'ère chrétienne (1). Mais cette supposition ne saurait supporter un sérieux examen, puisque, selon Grégoire de Tours (2), saint Martial lui-même ne fut élu évêque de Limoges que vers le milieu du troisième siècle (3).

Quoi qu'il en soit, l'établissement du siége de Poitiers, dont saint Hilaire passe pour le premier pasteur, remonte à une époque très-reculée, et la cathédrale, placée sous l'invocation de saint Pierre (4), a plusieurs fois été reconstruite. Quant à l'édifice actuel, il fut commencé en 1161, par Henry, roi d'Angleterre et duc d'Aquitaine, à la requête de la reine Aliénor (5). Mais les travaux, poussés d'abord avec une grande activité, ne tardèrent pas à se ralentir, et ne furent achevés que deux cents ans plus tard, sous l'épiscopat de Bertrand de Maulmont, qui fit la dédicace de la nouvelle église, le 17 octobre 1379 (6). De là résulte, au dire de Jean Bouchet, « que l'édifice n'a esté poursuiuy selon « sa première entreprinse : car la voute du milieu deuoit être à arcs boutans par dessus « les autres deux voutes, comme on peut veoir par les pilliers desdits arcs boutans (7). » La hauteur de cette basilique est en effet loin de répondre à ses autres proportions, et surtout à l'incroyable largeur de sa nef, qui semblaient annoncer, dans l'intention du premier architecte, un des plus vastes temples qu'ait enfantés l'art religieux de cette époque.

Les nombreuses verrières dont la cathédrale de Poitiers est encore garnie, paraissent appartenir aux premiers temps de sa construction. Ces verrières sont de deux sortes : les unes, en simple grisaille, présentent un genre de dessin nommé *lacis* ou *entrelas*, qui se répandit beaucoup au treizième siècle, et dont, par conséquent, j'aurai bientôt à m'occuper avec détail. Les autres, représentant diverses légendes, se composent d'un certain nombre de petits sujets encadrés dans des médaillons ou cartouches de

---

(1) «Le iour de la mort de S. Pierre,» dit un ancien auteur, « sainct Marcial, preschant à Poitiers, enten-« dit une voix qui lui dit : Marcial, ie suis ton maistre « Iesus, qui te notifie que ce iourd'huy mon bien aimé « apostre Pierre a esté crucifié pour mon nom à Rome, « et veux qu'à l'honneur de luy, et commémoration « de son martyre, tu faces icy une église. Laquelle fut « incontinent après commancée par sainct Marcial. » (Les Annales d'Aquitaine. Faicts et gestes en sommaire des roys de France et d'Angleterre, pays de Naples et de Milan, par Iean Bouchet. In-f°. Poitiers, 1644. Pag. 15.)

(2) Lib. I histor., cap. 28.

(3) **Deux** lettres pastorales, attribuées trop long-temps à saint Martial, accréditèrent l'opinion qui le rendait contemporain du prince des apôtres. Mais ces lettres, exhumées on ne sait d'où, vers le onzième siècle, ne présentent aucun caractère d'authenticité, ainsi que le démontre fort bien une dissertation insérée à la fin du premier volume de l'Histoire ecclésiastique de D. Bosquet (Ecclesiæ Gallicanæ historiarum liber primus, in-4°. Paris, 1636.)

(4) On l'appelait Saint-Pierre le Grand pour la distinguer d'une autre église désignée à Poitiers, sous le nom de Saint-Pierre le Puellier (*Puellarum*).

(5) Les Annales d'Aquitaine, IIIe partie, pag. 145.

(6) Ibid., IVe partie, pag. 223.

(7) Ibid. IIIe partie, pag. 145.

formes variées, qui se détachent sur des fonds où le bleu et le rouge dominent toujours. Ce sont des *verrières légendaires*. Leur composition, du reste, rappelle beaucoup celle des fenêtres d'Angers et de Saint-Denys. Les sujets qu'elles représentent sont tirés presque tous de la vie des apôtres; mais il est devenu fort difficile d'en suivre les détails, grâce aux mutilations qu'elles ont éprouvées. Non content, le dirai-je, de remplacer, en maint endroit, ces antiques vitraux par des panneaux entiers de verre blanc, le vandalisme a, de sa main brutale, ouvert et ravagé une verrière de la nef, pour transformer en tribune l'espèce de kiosque adjacent à l'église, d'où M. le préfet vient, avec sa famille, entendre les offices !

Mais au milieu de ces vitres en ruine, il en est une cependant assez bien conservée, et qui m'a paru digne d'un intérêt particulier : c'est celle qui occupe le milieu de l'église, au chevet. Admirable d'effet, elle n'est pas moins curieuse sous le rapport de la composition, qui admet des personnages de toutes les grandeurs. Cette verrière représente un calvaire, où, sous les bras d'une croix colossale, les apôtres sont groupés en figures d'une hauteur moyenne. Quelques autres sujets et trois inscriptions venaient compléter ce grand et magnifique tableau, dont on voit, à la bibliothèque de Poitiers, un très-bon dessin dû au talent d'un artiste du pays. Rien ne reste aujourd'hui des trois inscriptions, que ce fragment incomplet DIT HANC VITREA........BLAS........ (*dedit hanc vitream. . . . . . Blaso. . . . . .*) qui indique, si je ne me trompe, le nom du fondateur, et par conséquent la date de la fondation de cette verrière. Je trouve, en effet, que Maurice de Blason, fils de Thibauld, seigneur de Mirebeau, échangea, en 1198, le siége de Nantes contre celui de Poitiers (1); et quoiqu'on ne sache pas au juste le temps qu'il occupa ce dernier siége, il paraît prouvé que son épiscopat fut de courte durée (2). N'en peut-on pas tirer la conséquence que, dès les premières années du treizième siècle, la cathédrale de Poitiers était garnie de vitraux peints, parmi lesquels se trouvait le tableau que je viens de décrire ?

Mais la vaste étendue et le grand nombre de ces verrières seraient pour nous un sujet d'étonnement, si l'on ne savait, comme je l'ai déjà fait entendre, que, dès cette époque, le prix du verre avait éprouvé une baisse considérable. Les progrès de cette industrie, et plus encore les immenses développements qu'elle commençait à recevoir, avaient contribué à en rendre les produits moins coûteux. Un document du plus haut intérêt, *le compte général des revenus du roi* pendant l'année 1202, que Brussel a reproduit à la suite de son *Nouvel examen de l'usage général des fiefs* (3), prouve en effet que les travaux de verrerie s'exécutaient alors à très-bas prix. On y trouve, deux articles ainsi conçus :

(1) Gallia Christiana. Tom. II, col. 1182.

(2) Quelques auteurs le font mourir en 1202, d'autres un peu plus tard. Mais, quelle que soit l'époque de son décès, toujours est-il certain qu'en 1214, le siége de Poitiers était vacant.

(3) In-4°, Paris, 1727. Tom. II, pag. CXXXIX.

Pro vereris Castri-novi. xx *sol.* (pour les verrières de Châteauneuf, 20 sous) (1).

Evrardus capellanus, pro verrinis capellæ, LV. s. (Evrard, chapelain, pour les verrières de la Chapelle, 45 sous) (2).

L'église de Châteauneuf et la chapelle de Philippe-Auguste, seuls monuments qui pussent nous fournir les moyens d'arriver à une estimation probable, ont disparu complétement. Mais on parvient toujours à se former une idée de la valeur relative d'un objet, si l'on sait ce que valaient, à la même époque, un certain nombre d'autres objets de natures diverses ; et, sous ce rapport, il ne sera peut-être pas sans intérêt de rapprocher ici quelques articles du Compte de 1202, qui m'ont semblé offrir entre eux d'assez piquantes comparaisons :

Pour l'entretien de quinze chevaliers pendant quatorze jours (depuis la quinquagésime jusqu'au dimanche avant la Saint-Grégoire)....	75 livres	12 sous	(3).
Vingt sergents d'armes à cheval (pendant le même temps).........	42	»	
Sept arbalestriers à cheval et dix à pied (id.)......................	22	15	
140 sergents d'armes à pied (id.)...............................	73	10	
Achat d'un cheval pour le roi..................................	35	9	
Vente de dix vaches..	5	16	
— de quatre-vingts moutons...............................	12	9	
Pour l'entretien des chiens et des valets de chiens (pendant 3 mois).	4	10	4 deniers.
Seize aunes de toile pour des draps et des chemises, à l'usage des enfants du roi.....................................	»	37	
Deux robes d'écarlate données auxdits enfants, le jour de la Nativité.	4	12	
Deux pelisses en peau d'écureuil et deux en peau de lièvre.........	6	2	
Pour reconstruire les souterrains de la vieille tour (d'Issoudun), reblanchir les salles et la chapelle.............................	20	»	
Amende pour avoir battu une femme............................	20	»	

(1) *Nouvel examen des fiefs,* pag. CXL. col. 1. — Bien que le nom de Châteauneuf soit commun à plusieurs villes, je pense qu'il s'agit ici de Châteauneuf-sur-Loire. Le voisinage de Lorris (*Lorriaeum*), qui était résidence royale, autorise cette opinion ; et d'ailleurs je remarque que l'article cité vient, dans le compte des dépenses, immédiatement après l'article d'Orléans.

(2) Pag. CCII, col. 2. — Les mots *Verera* et *Verrinæ* se trouvent ici employés indifféremment pour signifier verrières. Les auteurs anciens ne se faisaient pas faute de semblables variations, en français comme en latin. Le glossaire de Ducange et son supplément en fournissent maint exemple. Les mots français *Verrières, Verrines, Vitrines,* et beaucoup d'autres, s'employaient jadis aussi indistinctement que les mots latins *Vereriæ, Verariæ, Vitrinæ, Vitreamina,* etc.

(3) On comptait alors deux livres au marc d'argent et vingt sous à la livre, ainsi que l'indique ce passage du testament de Philippe-Auguste : *Imprimis volumus.... quod Executores Testamenti nostri ... de rebus nostris habeant quinquaginta millia librarum Parisiensium, ad restituendum... vel viginti quinque millia Marcharum argenti* XL *solidorum Parisiensium pro marca.* (Leblanc, Traité historique des monnayes de France, in-4°. Paris, 1690.)

L'auteur à qui j'emprunte ce passage, ajoute que le sou de Philippe-Auguste était d'argent fin et pesait 92 grains $\frac{5}{50}$, ce qui donne en mesures nouvelles 4,891 grammes. Or, le franc pesant cinq grammes, la valeur absolue du sou de Philippe-Auguste, en monnaie de nos jours, serait de 0,9783 franc. La livre serait de 19 francs 56 centimes.

J'ai peine à croire cependant qu'il en coûtât vingt fois plus pour battre une femme que pour vitrer une chapelle, si petite qu'on la veuille supposer; le prix du plomb, dont quelques articles du même compte indiquent la cherté à cette époque, suffirait seul pour faire penser que la dépense affectée aux vitres de Châteauneuf ne s'appliquait qu'à de simples réparations. Mais dans cette hypothèse même, il reste encore ici une preuve évidente du bon marché de la main-d'œuvre à cette époque.

Mille témoignages, d'ailleurs, attestent, comme je l'ai déjà dit, que la Peinture sur verre devint alors un élément ordinaire de décoration pour les édifices religieux. Et si la première partie de ce siècle présente encore des doutes nombreux, s'il reste difficile de donner aux monuments de cette époque une date certaine, de les classer dans l'ordre exact de leur fondation, on trouve néanmoins dans les anciens auteurs et dans de vieilles cathédrales, quelques documents précieux sous ce double rapport.

L'existence, en l'an 1214, de verrières dans la cathédrale de Limoges, nous est ainsi prouvée par un passage de l'Histoire de saint Martial : « La vigile de saint André, » dit cette chronique, « il y eut un vent si furieux, qu'il tomba une grosse pierre du « clocher de Saint-Martial, et la vitre de la fenestre qui est au milieu de l'ouvrage (1). »

Si maintenant nous jetons les yeux sur quelques monuments encore existants, les deux cathédrales de Sens et du Mans me semblent avoir de justes titres à la priorité. Je crains même d'avoir poussé le scrupule un peu loin, en hésitant à classer quelques vitres de Sens parmi celles du douzième siècle. En effet, dès la première fenêtre de la nef, on aperçoit, parmi des débris de vitres fort anciennes, le blason de la maison de Corbeil, qui portait d'or à l'aigle de sable. Or, le siége de Sens ayant été occupé, depuis 1194 jusqu'en 1223, par des prélats de cette maison, n'en résulte-t-il pas évidemment que la fondation de notre verrière eut lieu dans les premières années du treizième siècle, si ce n'est à la fin du douzième?

On peut, sans crainte d'erreur, assigner une date également reculée, et peut-être plus, à un autre vitrail, placé à la partie gauche des bas-côtés du chœur, et qui présente, dans sa composition légendaire, l'histoire très-détaillée de saint Thomas de Canterbury (2).

---

(1) Histoire de saint Martial, apôtre des Gaules et notamment de l'Aquitaine et du Limosin, par le R. P. Bonaventure de Saint-Amable. 3 vol. in-folio, Limoges, 1685. — Tom. III, pag. 539.

(2) Thomas Beckett, né à Londres, de très-bonne famille, passa sa première jeunesse dans des habitudes de luxe et de dissipation. Mais un jour, ayant eu la vie sauvée à la chasse presque miraculeusement, une révolution complète s'opéra en lui-même. A partir de ce jour, Thomas, devenu un modèle de piété, vécut dans la retraite, auprès de Thibaut, archevêque de Canterbury. Ce fut par le conseil de ce digne prélat, que le roi Henri lui conféra la dignité de chancelier de son royaume, à laquelle, toutefois, il dut bientôt renoncer, étant appelé lui-même au siége que la mort de Thibaut avait rendu vacant. Quelques conflits entre les juridictions religieuse et civile, ainsi que son opposition au droit de régale, dont on abusait alors, furent le germe de ses mésintelligences avec la cour, et de persécutions qui l'obligèrent bientôt à quitter l'Angleterre. Reçu d'abord à l'abbaye de Saint-Bertin, puis à celle de Pontigny, près Bourges, d'où le crédit du

L'exécution seule de cette verrière suffirait pour prouver, à mes yeux, son origine fort
ancienne. Mais si l'on pense qu'après sa mort, le saint prélat devint l'objet d'une dévotion
aussi vive qu'avaient été violentes les persécutions dirigées contre lui de son vivant, si
l'on regarde enfin cette peinture comme un témoignage de l'attachement des Séno-
nais pour celui dont le séjour prolongé parmi eux avait jeté tant de lustre sur leur
église, on doit nécessairement en conclure que ce pieux témoignage suivit de près la
canonisation de saint Thomas (1). Le détail des costumes autoriserait également à croire
que la verrière qui nous occupe est presque contemporaine du saint dont elle retrace la
légende (2).

D'autres vitres du treizième siècle restent encore dans la cathédrale de Sens, ainsi que
l'attestent le blason de la maison Cornut (3), qui fournit trois archevêques à cette église,
de 1223 à 1259, et celui des Bécard (4), Étienne et Philippe, qui siégèrent de 1294
à 1310 (5). Ce blason se voit particulièrement aux deux dernières fenêtres à droite de
la nef.

Mais la plupart des vitres de Sens, et surtout les plus remarquables, appartenant à
une époque très-postérieure, je remets à cette époque tout ce que j'aurais à dire sommairement de la fondation et de l'histoire de cette cathédrale.

Celle du Mans n'offre pas moins d'intérêt. Elle est, dit-on, construite sur l'emplacement où saint Julien, premier apôtre du christianisme dans cette partie des Gaules,

roi Henri le fit renvoyer, le prélat fugitif se retira enfin
à Sens, où, par l'ordre de Louis VII, il fut accueilli et
traité avec de grands égards. Les bons offices de l'archevêque Hugues de Toucy ne contribuèrent pas peu
à réconcilier Thomas avec la cour d'Angleterre ; mais
lorsque après un assez long séjour en France, il re-
tourna dans son pays natal, ce devait être pour s'y
trouver bientôt en butte à de nouvelles intrigues.
Tout le monde connaît sa fin tragique, et comment
quatre gentilshommes, aveugles instruments d'une
haine homicide, osèrent souiller leurs mains du sang
du saint pasteur, au milieu de sa cathédrale. Ce
fut avec un héroïsme digne des premiers chrétiens,
et sur les marches mêmes de l'autel, que saint Thomas reçut la palme du martyre, le 29 décembre 1170,
en priant Dieu que son sang pût servir au salut
de l'Église. (La vie de saint Thomas, archevêque de
Cantorbury et martyr, par D. Beaulieu. In-4°, Paris,
1674.)

(1) L'indignation soulevée dans tout le monde
chrétien fut telle, que la cour d'Angleterre eut peine
à retenir les foudres du Vatican, et bientôt la foi des
peuples ayant fait naître des miracles sur la tombe

du nouveau martyr, sa place fut marquée au rang
des bienheureux. La canonisation de saint Thomas
eut lieu dès l'an 1173 ; et peu d'années plus tard,
nous apprend Mézeray, les princes qui l'avaient le
plus persécuté, venaient, en pèlerinage, prier sur son
tombeau. (Abrégé chronologique. Tom. II, pag. 582,
à l'année 1178.)

(2) J'ai vu à Sens les vêtements pontificaux de
saint Thomas, qu'on a toujours soigneusement conservés dans le trésor de cette église. La forme de ces
vêtements, très-différents de ceux que portent les
archevêques de nos jours, surtout en ce qui concerne la tiare et la chasuble, se trouve reproduite
avec une scrupuleuse exactitude dans le vitrail dont
il est ici question.

(3) D'or à la bande de gueules.

(4) De gueules à deux haches d'or adossées.

(5) Étienne Bécard, ou Béquard, laissa, par testament, 1,200 livres (somme alors fort considérable)
pour l'entretien de la cathédrale, et pour faire les
vitres. (Recherches historiques et anecdotiques sur
la ville de Sens, par M. Théodore Tarbé. In-12, Sens,
1838, pag. 421.)

avait élevé une chapelle en l'honneur de la Vierge et de saint Pierre. L'édifice primitif fit
bientôt place à de nouvelles constructions, successivement renouvelées par les évêques
saint Innocent, au sixième siècle (1), Francon Iᵉʳ, au commencement du neuvième (2), et
saint Aldric, quelques années plus tard (3). Mais exposée, comme tant d'autres, aux
ravages des Normans, la cathédrale du Mans ne sortit complétement de ses ruines que
sous l'épiscopat de Mainard (951-970) (4). Dans le siècle suivant, elle fut reconstruite
par l'évêque Vulgrin, ancien abbé et architecte de Saint-Serge d'Angers (5). Entraîné sans
doute par le prodigieux succès de sa première construction (6), Vulgrin voulut, comme
prélat, faire mieux encore qu'il n'avait fait comme abbé. Mais cette fois sa hardiesse ne
fut pas si heureuse : l'édifice élevé par ses soins lui survécut de peu, et fut bientôt
remplacé par une nouvelle construction que l'évêque Hoël termina vers la fin du onzième
siècle. Il en décora, dit-on, les fenêtres de superbes vitraux (7). Cependant la nouvelle
église ne devait pas durer plus longtemps que celles qui l'avaient précédée; deux incendies consécutifs la réduisirent en cendres, et ses fenêtres vitrées furent, à ce qu'on rapporte, calcinées par l'action du feu (8). La plus grande partie de la nef résista seule à
l'incendie; mais le chœur et la croisée, entièrement détruits, ne furent réédifiés, tels que
nous les voyons aujourd'hui, que sous le règne de Philippe-Auguste (9). Les vitraux qui
s'y trouvent encore ne sauraient donc remonter à une date antérieure. Toutefois, je dois
rapporter ici qu'une des fenêtres du chœur étant tombée en 1822, on la remplaça avec
les débris incomplets d'une verrière qui restait dans la nef; cette verrière représente la
légende de saint Julien, patron du lieu. Quelques personnes ont pensé que sa fondation
pouvait être antérieure aux incendies du douzième siècle, puisque la partie de la nef où
elle se trouvait avait été épargnée par le feu (10); et, dans ce cas, il ne resterait guère en
France de plus ancien monument de la Peinture sur verre. Mais entre cette opinion, que
le style du dessin est loin de démentir, et le témoignage d'autres auteurs qui semblent
impliquer la ruine totale de la vitrerie primitive, il reste un doute si complet, que je n'ai

(1) Histoire des Evesqves du Mans, par A. Le Corvaisier de Courteilles. In-4°, Paris, 1648, pag. 115.

(2) Ibid., pag. 274.

(3) On lit dans une vie de saint Aldric, écrite par
ses disciples, et recueillie par Baluze, que cet évêque
fut le premier qui fit construire des bas-côtés (*de-
ambulatoria*) dans son église. (Baluzii Miscellanea.
4 vol. in-folio, Lucæ, 1761. Tom. I, pag. 81.)

(4) Le Mans ancien et moderne et ses environs.
In-16, le Mans, 1830, pag. 50.

(5) Recherches historiques sur l'Anjou et ses monuments, par F. Bodin. In-8°, Saumur, 1823. Tom. I,
pag. 207.

(6) J'en ai déjà parlé à la page 23.

(7) Le Mans ancien et moderne, pag. 51. — Ce passage n'est malheureusement appuyé d'aucune citation.
Je regrette d'ignorer les sources où l'auteur a pu puiser
un fait si intéressant en lui-même, s'il est bien authentique.

(8) Ibid., pag. 54.

(9) L'autorisation donnée par le roi Philippe-
Auguste pour la reprise des travaux porte la date de
1217.

(10) Je dois ces renseignements et beaucoup d'autres à l'obligeance de M. A. Espaulart, qu'un long
séjour au Mans et les connaissances les plus variées
ont mis à portée d'étudier, mieux que personne, les
monuments de cette ville.

cru pouvoir me permettre de trancher la question. Je me borne donc à dire que cette vitre est la plus ancienne de l'église du Mans. Quant à celles qui l'entourent, il est facile de les reconnaitre pour des vitres du treizième siècle; et, d'ailleurs, le nom du bienheureux Geoffroy de Loudun, qui s'y trouve, ainsi que ses armoiries, donne une date certaine : cet évêque occupa le siége de 1269 à 1277 (1).

Les hautes fenêtres du chœur renferment un certain nombre de grandes figures (probablement les apôtres); on y distingue saint Philippe, saint Jacques, etc.

Celles des bas-côtés représentent diverses légendes tirées de la vie des saints, et dont quelques-unes se trouvent également reproduites dans les verrières de Chartres. L'une d'elles, sans doute offerte par un abbé d'Évron, concerne l'origine de cette abbaye (2); et la plupart des autres paraissent avoir été données par diverses corporations, telles que les drapiers, les vignerons, les boulangers, les tisserands, etc.

Quant aux vitraux qui décorent les fenêtres de la croisée, leur fondation ne remonte qu'au quinzième siècle, et ce sera seulement alors que j'aurai à m'en occuper.

Mais il est temps enfin que j'arrive à la description des églises où j'ai pu recueillir des monuments encore entiers, et de nature à servir de type pour l'époque à laquelle ils se rapportent. Et d'abord, remarquons que deux caractères nouveaux viennent frapper nos yeux dans les peintures du treizième siècle, savoir :

1° L'emploi très-général des figures colossales, dont on rencontre à peine quelques exemples dans les derniers monuments du siècle précédent;

2° La disposition toute nouvelle des vitres en forme de *roses*, qui décorent les portails des grandes églises, ou viennent couronner, dans des proportions plus modestes, l'ogive des fenêtres. Cette dernière innovation, bien que caractéristique, ne doit être considérée

---

(1) « Il enrichit le chœur de vitres émaillées de « diverses couleurs, où ses armes sont encore peintes. » (Histoire des Evesqves du Mans, pag. 509.)

(2) Je lis dans l'Histoire des évêques du Mans, qu'un pèlerin, qui voyageait au temps de Clovis II, vint une fois se reposer au lieu où s'éleva depuis l'abbaye d'Évron. Accablé de fatigue, il s'endormit au pied d'un arbre, après avoir accroché à l'une des branches une petite fiole pleine de lait de la sainte Vierge, qu'il avait enlevée d'une église; mais lorsqu'à son réveil, il voulut la reprendre, l'arbre et le reliquaire avaient tellement grossi, que notre voyageur fut obligé d'aller chercher une hache pour abattre la branche. Nouveau miracle; et quel n'est pas son étonnement de voir la hache, dont le tranchant s'émousse sur la branche, grossir elle-même entre ses mains! Non moins confus qu'émerveillé, le pèlerin s'en vient alors trouver Hardouin, évêque du Mans, à qui il s'empresse de conter son aventure; puis ils retournent ensemble sur le lieu du miracle, où le prélat célèbre une messe au pied de l'arbre, qui se courbe aussitôt et dépose doucement le reliquaire entre ses mains. Il n'en fallait pas tant pour expliquer la fondation de l'illustre abbaye, qui bientôt s'éleva à cette même place. — L'auteur où j'ai lu cette histoire affirme que la fiole, précieusement conservée, avait une vertu particulière pour faire venir le lait aux femmes qui en manquaient. « Je sçai, » ajoute-t-il, « qu'il y a « quelques légendes qui racontent le fait d'vne autre « façon ;... quant à moy, ie raconte ce miracle con- « formément à la représentation que i'en ai veüe dans « la peinture des vitres de cette église. » (Le Corvaisier, pag. 228.) Cette vitre, transportée d'une église dans une autre, pourrait bien être celle qu'on voit aujourd'hui au Mans; mais il est du moins probable que cette dernière n'en est que la reproduction.

elle-même que comme une conséquence naturelle de la révolution qui s'opéra, vers cette
époque, dans l'architecture religieuse. Ce n'est pas ici le lieu de rechercher l'origine
et les causes du nouveau style d'architecture qu'à défaut d'autre nom, nous appelons
encore *gothique*, bien qu'on ait souvent, et à juste titre, réclamé contre une dénomination si inexacte. Que nous l'ayons reçu des artistes d'Orient, des Maures d'Espagne, ou
qu'il ait pris tout simplement naissance parmi nous, c'est ce que je laisserai à d'autres le
soin d'examiner. Une seule observation doit trouver place ici : c'est qu'une révolution
de cette nature influa nécessairement sur la forme et la disposition des verrières. La
terminaison ellipsoïde de l'ogive exigeait impérieusement un genre d'ornement qui vînt
remplir le sommet de la fenêtre jusqu'à l'angle rétréci que dessinent les voûtes, et la *rose*,
qui se prête aux découpures les plus hardies, dont la circonférence s'inscrit sans
peine au milieu des innombrables courbes que peut inventer le caprice de l'architecte,
la *rose*, dis-je, était le meilleur lien qui pût unir la fenêtre à la voûte. Pour ceux qui, dans
nos temples aux colonnes sans nombre, veulent voir le symbole des antiques forêts où
Dieu reçut un premier culte, la rose qui couronne les meneaux des fenêtres, est la fleur
au sommet de l'arbre; elle l'est encore pour ceux qui, moins préoccupés d'expliquer des
symboles souvent imaginaires, ont seulement constaté que certaines époques du style
gothique ont emprunté tout leur système d'ornementation au règne végétal.

Peut-être aurais-je tort d'insister davantage sur ce point, après ce qu'en a dit le savant
archéologue dont les recherches ont jeté un jour si nouveau sur la classification des
monuments du moyen âge (1). Souvent, dans le cours de cet ouvrage, j'aurai à
reproduire des exemples du même genre de décoration, qui en démontreront, je crois,
toute l'importance. C'est par ce motif que j'ai cru devoir placer en tête des planches
relatives au treizième siècle, un des monuments les plus anciens de cette espèce
(planche X). Loin d'égaler en étendue, en légèreté et en richesse de contours, les grandes
roses de Paris et de Soissons que je décrirai plus tard (2), celle que j'ai recueillie dans
la cathédrale de Séez (Orne), couronne simplement une fenêtre latérale, aujourd'hui
dépouillée de son ancienne vitrerie. L'ornementation en est des plus simples; point de
figures, point de dessin. Le verre coloré se présente ici sous la forme d'une mosaïque
primitive, dont la symétrie fait, à elle seule, presque tous les frais (car il est même assez
douteux que l'agneau placé au centre de la rose soit de la même époque que le
reste); et pourtant l'œil est frappé de l'heureuse harmonie des couleurs, tant il est vrai
que la moitié de l'art est dans leur combinaison.

Cette verrière, selon moi, présente un double intérêt : d'une part, l'extrême simplicité
de sa composition donne une idée de ce que pouvait être l'art dans son origine,

(1) M. de Caumont, auteur du Cours d'anquités mo-   en six livraisons in-8°, accompagnées de planches.
numentales professé à Caen, en 1830, et publié depuis   (2) Planches XXI et XXV.

et rappellerait presque le *tenui pariete fenestellis vitreis pleno* de Sainte-Sophie ; d'autre part, et sous le rapport économique, la verrière de Séez ne nous indique-t-elle pas ce qu'il y aurait peut-être de mieux à faire aujourd'hui dans nos églises, dont les troncs, le plus souvent, sont assez mal garnis ? Et certes, une pareille leçon d'économie ne peut mieux se trouver que dans une cathédrale qui fut toujours au nombre des plus pauvres et des moins illustres. A peine sait-on quelle fut son origine (1). Reconstruite au dixième siècle par l'évêque Azon, puis ruinée, réédifiée et consacrée à la fin du douzième (2), elle compte au nombre de ses bienfaiteurs Thomas d'Aulnou, qui siégea de 1258 à 1278 (3); mais rien n'indique toutefois qu'on doive lui attribuer la fondation de ses verrières.

Du reste, la vitrerie de cette église est beaucoup moins intéressante que ne l'ont cru certains archéologues, et se compose uniquement de quelques débris de grandes figures coloriées, parmi beaucoup de lacis en grisaille. J'ai le regret de n'avoir pu me procurer aucun document précis sur leur origine.

Plus heureux à Chartres, j'y ai trouvé toutes sortes de facilités pour étudier convenablement les innombrables verrières que renferme cette superbe basilique. D'obligeantes indications et la lecture des principaux ouvrages relatifs à la cathédrale m'ont mis en mesure de sonder avec quelque profit cette inépuisable mine archéologique.

Depuis le onzième siècle jusqu'à nos jours, on n'a cessé d'écrire sur l'église de Chartres (4); mais le défaut de méthode dans la plupart de ces ouvrages, non moins que les découvertes récentes et les progrès de la science historique, faisaient sentir le besoin de réunir ces immenses matériaux dans un ouvrage complet et mieux coordonné. Cette vaste et utile entreprise doit bientôt, dit-on, s'accomplir sous les auspices du gouvernement, et le nom des artistes à qui elle est confiée est, à coup sûr, la meilleure garantie du soin avec lequel elle sera conduite. Je n'ai sur eux qu'un peu d'avance : puissé-je

---

(1) *Nec ipsamet ecclesia Sagiensis a quo primum ædificata fuerit scitur.* (Gallia Christiana, tom. IX, col. 674.)

(2) Ibid., col. 674 et 675.

(3) *Anno 1278 obiit Thomas de Aunoto, episcopus Sagiensis, 17 junii, qui multa dedit et multum dilexit nos.* (Ibid., col. 695.)

(4) Parmi les anciennes histoires de la cathédrale de Chartres, il faut citer celle de Sablon, écrite en 1671, et surtout la *Parthénie* de Sébastien Rouillard, publiée à Paris en 1609. D'autres notices, sans nom d'auteurs, ont paru en 1807, 1808 et 1835. En 1824, M. Gilbert, à qui l'on doit la description de plusieurs basiliques célèbres, en publia une de Notre-Dame de Chartres, qui se recommande sous divers rapports, et particulièrement par un catalogue fort détaillé des verrières de cette église. D'après lui, Langlois (du Pont-de-l'Arche), et longtemps avant lui, le Père Montfaucon ont fait mention de ces verrières. Les bibliothèques de Paris et de Chartres renferment aussi divers manuscrits relatifs à cette église. Le plus ancien, intitulé *Chroniques de Chartres*, est un poëme du onzième siècle, mis en vers français par Jehan le Marchand, en 1262; mais le plus intéressant, surtout pour la spécialité qui nous occupe, est un manuscrit de Pintar, souvent consulté et rarement cité, dont je dois la communication à l'obligeance de M. Lejeune, bibliothécaire honoraire de la ville de Chartres, et qui me servira à rectifier beaucoup d'erreurs émises par mes devanciers.

profiter de ce faible avantage pour éclairer une partie de la route qu'ils ont à parcourir !

Par elle-même, l'histoire de la cathédrale de Chartres est fort intéressante. Son origine remonte aux premiers siècles du christianisme. La tradition rapporte qu'au lieu même où elle a été construite, les druides, éclairés par une révélation surnaturelle, avaient élevé un autel à une vierge qui devait enfanter *(virgini pariturœ)*. Mais, écartant ces fables que repousse une saine critique, on peut, je crois, attribuer la fondation de Notre-Dame de Chartres à saint Aventin, disciple de saint Savinien, et le premier de ses pasteurs (1).

Tour à tour incendiée dans l'invasion des Normans, au neuvième siècle, et dans les guerres civiles du dixième, la nouvelle église semblait chaque fois renaître de ses cendres comme par enchantement. La nature même de ces périssables édifices, construits presque entièrement de bois, devait contribuer à leur ruine fréquente, et un nouvel incendie, qui eut lieu en 1020, démontra la nécessité d'élever un monument plus durable (2). Ce fut alors que l'évêque Fulbert, usant avec un zèle infatigable de l'influence que le clergé exerçait à cette époque sur le peuple des fidèles, et non content d'implorer l'assistance des princes et des grands, fit un appel à la ferveur des populations circonvoisines. Un spectacle sans exemple vint, dans cette circonstance, édifier le monde chrétien. De toutes parts, à la voix du pieux prélat, on vit des caravanes de pèlerins quitter leurs foyers, riches des indulgences de l'Église, arriver à Chartres en chantant des cantiques, et concourir par de pénibles travaux à l'érection de la basilique nouvelle. Attelés, tout le jour, à de pesants chariots, comme des bêtes de somme, ils travaillaient silencieusement, et puis, le soir venu, des cierges s'allumaient sur les chariots, et les chants de la prière succédaient au silence du recueillement (3). Ainsi put s'élever, en peu de temps, cette immense et magnifique basilique, qui étonne également aujourd'hui, et par sa masse, et par ses prodigieux détails. Ainsi fut érigé, des mains du peuple, ce monument complet, véritable musée où tous les arts des

---

(1) Description historique de l'église de Notre-Dame de Chartres, par Gilbert. In-8°; Chartres, 1824. — p. 6.

(2) Ibid., pag. 8.

(3) Les Annales bénédictines de D. Martène renferment, à ce sujet, un document contemporain et d'une grande autorité; c'est une lettre écrite par Hugues, archevêque de Rouen, à Théodoric, évêque d'Amiens. J'y trouve le passage suivant :

... *Apud Carnotum cœperunt in humilitate quadrigas et carpenta trahere ad opus ecclesiœ construendœ, eorum humilitas etiam miraculis coruscare. Hæc fama celebris circumquaque pervenit, nostram denique Normanniam excitavit. Nostrates igitur, benedictione a nobis accepta, illuc usque profecti sunt... sub tali proposito, quod nemo in eorum comitatu veniret, nisi prius data confessione et pœnitentia suscepta, nisi deposita ira et malivolentia.... His præmissis, unus eorum princeps statuitur, cujus imperio in humilitate et silentio trahunt quadrigas suas humeris suis, et præsentant oblationem suam non sine disciplina et lacrymis..... Factæ sunt hæc anno incarnati Verbi MCXLV.* (Annales ordinis S. Benedicti, auctore D. J. Mabillon, publiées par E. Martène en 1739, in-f°. Tom. VI, pag. 392.)

On lit, à la page suivante, une lettre d'Haimon, abbé de Saint-Pierre-sur-Dives, qui parle de travaux exécutés, bientôt après, dans son église de la même manière et avec le même enthousiasme.

douzième et treizième siècles se trouvent si glorieusement représentés, et réunis avec la puissance de l'unité chrétienne. Là brille la Peinture sur verre dans le plus vaste et le plus superbe cadre qui jamais lui ait été donné, et ses effets magiques semblent une âme qui viendrait animer ce noble corps.

La cathédrale de Chartres offre au peintre verrier un des plus parfaits modèles qu'il puisse étudier; et si, comme exécution de détail, on a été beaucoup plus loin, il n'existe, j'ose le dire, rien de plus complet, rien de plus admirable comme décoration et entente des effets. Chartres est un type; c'est un type parfait, et, comme tel, nous devons en faire l'objet d'une étude minutieuse et approfondie.

Et d'abord jetons un coup d'œil sur l'effet général de la vitrerie. Cet effet, soyons-en convaincus, n'est pas le simple résultat du jeu de la lumière à travers l'assemblage fortuit de verres colorés. C'est un effet produit sciemment et savamment cherché par l'artiste; tout en est rationnel et symbolique. Voyez, l'obscurité pieuse qui règne au seuil du temple, se dissipe légèrement en approchant du centre de la croix, emprunte des couleurs plus vives à la palette du peintre en tournant autour du chœur, puis, enfin, fait place, dans le sanctuaire, aux tons vifs et brillants qui s'échappent de la voûte. Que de poésie dans cette immense gamme de tons si habilement ménagée, admirable symbole de la lumière chrétienne, qui s'échappe à grands flots du sommet de la croix, et jette encore une lumière amoindrie sur ceux qui s'en éloignent!

Le génie, je le sais, échappe à l'analyse; et pourtant je ne connais pas d'étude plus intéressante que de rechercher par quels moyens un grand artiste a pu produire les effets qui nous frappent. Presque toujours ces moyens sont fort simples.

A Chartres, que trouvons-nous? — Dans les nefs latérales, des verrières aux tons froids, chargées de nombreux sujets dont les personnages se pressent en foule dans des cadres fort rétrécis. Les fonds eux-mêmes, couverts de divers ornements, sont formés d'un nombre infini de morceaux de verre, dont les joints rapprochés ajoutent encore à l'obscurité de la teinte générale. C'est une habile application du style *légendaire*, et le choix même des sujets se trouve ici d'accord avec la place qu'ils occupent. — Les mêmes tons dominent dans les hautes fenêtres de la nef centrale; mais là, les figures plus grandes et les fonds plus unis livrent au jour plus d'accès, et laissent une lumière vague circuler sous la voûte.

Lorsqu'on arrive au centre de la croix, le bas des ailes latérales est également plongé dans une obscurité que la masse des portails rend plus complète. Mais, des roses placées au sommet des transepts, une lumière harmonieuse et irisée descend obliquement jusqu'à l'entrée du chœur, pour s'y confondre avec les teintes mystérieuses de la nef; et la galerie qui règne au-dessous de ces roses semble elle-même destinée à établir une transition entre leurs parties diaphanes et les masses opaques qui les supportent.

Autour du chœur sont les chapelles. Là règne encore, si je puis le dire, une lumineuse obscurité. Là nous trouvons encore les vitres légendaires aux fonds si richement ornés ; mais le ton général du tableau n'est déjà plus le même ; il se colore de teintes plus chaudes, et là, pour me servir enfin d'une expression souvent employée, le peintre a répandu à profusion la topaze, l'émeraude et le rubis, immortelle couronne destinée à briller au front du roi des cieux, représenté par son Église.

Au milieu de l'auréole de ces saintes chapelles, s'élève le sanctuaire éblouissant de clarté, comme Jésus radieux au milieu des apôtres, et des torrents de lumière chaudement colorée descendent dans le chœur, à travers les figures gigantesques qui couvrent ses verrières. Il semble ici que l'artiste ait dérobé un rayon de lumière divine pour animer son œuvre ; rayon éblouissant d'abord, et dont l'harmonie décroissante vient mourir à l'entrée du sanctuaire, comme pour indiquer la place où le chrétien entre en communion avec son Dieu.

Mais si de simples paroles ont peine à rendre les prodigieux effets dont l'œil est frappé sous les voûtes de Chartres, comment pourraient-elles rendre la pieuse impression que l'âme éprouve à cette vue ? Comment pourraient-elles indiquer les nuances toujours nouvelles d'un tableau qui varie à toutes les heures du jour, selon toutes les circonstances de lumière ou de saisons ?

Laissons donc cet ensemble que ma plume ne pourrait jamais décrire, comme mon âme l'a senti, et passons à des détails, dont la description n'est pas moins digne d'intérêt.

Dans l'impossibilité où je me trouve de décrire, une à une, les innombrables verrières qui existent encore dans nos monuments nationaux, il ne me reste rien de mieux à faire que de choisir quelques-uns de ces monuments qui résument, à eux seuls, une époque tout entière, et de les analyser minutieusement dans leurs détails. Ceux qui servirent de modèle aux travaux des artistes contemporains, ne doivent-ils pas également servir de type à nos études ?

Je crois donc pouvoir ici parler avec quelque détail des verrières de Chartres. Il en existe déjà, à la bibliothèque de cette ville, une description manuscrite assez moderne, qu'on attribue généralement au chanoine Piutar ou Pintart ; mais, d'une part, elle renferme de nombreuses erreurs, malheureusement répétées dans la plupart des ouvrages qui ont été publiés depuis, et d'autre part, l'inspection des lieux m'a permis de reconnaître combien elle était incomplète. Il devenait donc nécessaire de remplir les lacunes et de rectifier les erreurs du manuscrit de Chartres. Tel est le but que je me suis proposé, et que j'espère avoir atteint, en grande partie du moins, en publiant ici une description *entièrement nouvelle*. L'importance même du sujet me fera pardonner l'étendue de ce long catalogue.

DESCRIPTION DES VERRIÈRES DE LA CATHÉDRALE DE CHARTRES.

Étage supérieur (1).

(Les formes de vitres de l'étage supérieur sont accouplées deux par deux, à l'exception de celles qui garnissent le rond-point du chœur; une petite rose occupe l'amortissement de chacune des ogives dans lesquelles ces verrières jumelles se trouvent inscrites.)

Verrières de la nef.

I. Trois sujets relatifs à la tentation de Notre-Seigneur.

II. Trois figures de prophètes, avec ces inscriptions : ABACVC, DANIEL et IONAS (2).

Rose. Un évêque assis. L'inscription est détruite.

III. S. LAVRENCIVS. — Le panneau inférieur, représentant saint Laurent sur le gril, a été remanié maladroitement.

IV. S. STEPHANVS (S. Étienne). — Au-dessous, son martyre, — et, tout à fait dans le bas, un tisserand travaillant à son métier. Les détails de ce panneau sont fort intéressants (3).

Rose. Un évêque avec cette inscription : S. LEOBIN. C'est sans doute saint Lubin, vingtième évêque de Chartres, dont nous retrouverons la légende à la deuxième verrière de l'étage inférieur.

V. Les quatre évangélistes, — et dans le bas, un fourreur, marchand d'aumusses.

VI. S. NICOLAVS. — et dans le bas, des ouvriers mégissiers. Aux coins de la bordure, on aperçoit des escarcelles, qui y ont été placées, sans doute, comme étant un des principaux objets de leur industrie.

Rose. S. TOMAS, en costume d'évêque (4). — Ce doit être saint Thomas de Cantorbery qu'on a voulu peindre ici.

VII. Plusieurs prophètes ou apôtres, sans désignation.

VIII. Un prophète, — et dans le bas, trois personnes qui comptent de l'argent sur une table; ce sont probablement des changeurs.

Rose. La sainte Vierge assise, et tenant son divin fils renfermé dans un médaillon, vers lequel viennent converger six rayons terminés par autant de pigeons blancs (5).

IX. S. EGIDIVS (saint Gilles). — Le panneau inférieur, où l'on voyait saint Gilles visité par le roi Childebert, est actuellement en fort mauvais état.

---

(1) Pour éviter toute confusion, j'ai numéroté en chiffres romains les verrières de l'étage supérieur, réservant les chiffres arabes pour l'étage inférieur. Chaque série commence toujours par la première fenêtre à gauche de la nef, en regardant le sanctuaire.

(2) Les phrases ou les mots reproduits ici en petites capitales figurent les inscriptions qui se lisent encore sur les verrières. J'ai dû en conserver scrupuleusement l'orthographe.

(3) Un grand nombre des verrières de Chartres ont été données par des corps de métiers. L'usage était, en pareil cas, que les fondateurs se fissent représenter dans l'exercice de leur profession, usage très-heureux puisqu'il nous vaut aujourd'hui des documents si précieux pour l'histoire des arts industriels.

(4) Pintart et M. Gilbert ont lu saint Nicolas; mais un examen attentif m'a convaincu de leur erreur.

(5) La disposition de cet emblème est parfaitement identique à ce qu'on voit dans un des panneaux du vitrail de Saint-Dénys, que j'ai reproduit planche III.

X. S. GEORGIVS, — et plus bas, son martyre; le saint est attaché sur une roue garnie de pointes d'épées.

Rose. Saint George à cheval.

XI. Jésus-Christ, — et plus bas, le sacrifice d'Abraham. Une grande partie de cette verrière a été remplacée par du verre blanc (1).

XII. Mêmes sujets ayant subi la même mutilation.

Rose. Trois personnages conduisant une charrue attelée de deux chevaux. L'inscription est en si mauvais état que je n'ai pu en déchiffrer que les derniers mots.........
... DATHACVITREA (*dat hanc vitream*), d'où l'on peut conclure que c'était une inscription votive.

XIII. S. MARTINVS. — Plusieurs panneaux ont été remplacés par du verre blanc.

XIV. Jésus-Christ, — et dans le bas, saint Martin partageant son manteau avec un pauvre. — Plusieurs panneaux en verre blanc.

Rose. La Vierge et l'enfant Jésus, entre deux donataires, homme et femme. L'inscription, très-mutilée, se trouve ainsi coupée par le dessin : VIRI TVRONV DED / E R VTH AS .... inscription votive que je ne puis reconstruire que par ces mots : *Viri Turonum dederunt has* (*vitras*); mais il reste difficile d'expliquer quels ont pu être ces *viri Turonum.*

Verrières de la croisée septentrionale.

XV. Dans trois tableaux superposés, on voit la mort de la Vierge, puis son âme que des anges portent au ciel, où elle est enfin reçue par son divin fils.

XVI. La naissance de Notre-Seigneur, l'adoration des anges, et l'annonciation aux bergers (2). — Un homme, à genoux, dans le bas, porte une cotte blasonnée de France, au lambel de cinq pendants de gueules. D'après l'inscription PH : COMTE DE BOLOGNE (3), il est facile de reconnaître que cette figure est celle de Philippe, dit *le Hurepel* ou le Rude, comte de Beaumont en Beauvoisis, de Mortain, d'Aumale, de Boulogne et de Dammartin, fils du roi Philippe-Auguste et d'Agnès de Méranie. Il naquit en 1200, et fut tué en 1233, au tournoi de Corbie (4).

Rose. Le même prince à cheval (5).

XVII. L'annonciation, la visitation, et, dans le bas, une femme à genoux, portant le même blason que la figure précédente; c'est MAHAVT, comtesse de Boulogne et de

---

(1) Plusieurs panneaux de vitres peintes furent ainsi remplacés pendant les années 1791 et 1792. Le vitrier Roche posa, vers cette époque, deux vitraux blancs de 24 pieds chacun; son confrère Tubeuf en plaça un de 19 pieds, et un autre de 21.

(2) Pintart voit ici la naissance de la Vierge, et deux anges qui l'annoncent à saint Joachim et à sainte Anne. Mais son erreur est suffisamment indiquée par le costume des bergers et la présence de leurs moutons.

(3) M. Gilbert s'est trompé en rapportant ainsi cette inscription : P.V. COMTE DE CLERMONT EN BEAUVOISIS.

(4) Cette figure a été reproduite par le P. Montfaucon, dans ses *Monumens de la monarchie française,* tom. II, pl. 14, fig. 3.

(5) L'auteur du MS. de Chartres, et ceux qui l'ont copié, ont confondu cette rose avec la suivante.

Dammartin, mariée en 1216 à Philippe le Hurepel, et qui épousa en secondes noces Alphonse III, roi de Portugal (1).

XVIII. Vitres blanches (2).

Rose. Vierge en grisaille, très-médiocre, et très-postérieure aux vitres qui l'entourent.

XIX, XX et la *rose* qui surmonte ces deux formes. — Lacis en grisaille, au simple trait, et qu'on peut rapporter, comme le reste, au treizième siècle.

GRANDE ROSE *du portail septentrional*, dite *Rose de France.* — Dans la rosette du milieu se voit la sainte vierge, tenant dans ses bras le Sauveur du monde. Elle est entourée de trois grands cercles de médaillons ménagés dans les nombreux compartiments de la rose. Huit anges et quatre pigeons planant sur sa tête forment le cercle le plus rapproché. Le second se compose de douze rois de l'Ancien Testament : DAVID, SALOMON, ABIAS, IOSAPHT (Josaphat), OZAS, ACHAS, MANASES, EZECHIAS, IOATAM, IORAM, AZA, ROBOAM. Puis viennent les douze petits prophètes : OSAS (Osée), AMOS, IONAS, NAHVM, SOPHONIAS, ZACHARIAS, MALACHIAS, AGEVS, ABBACVC, MICHEAS, ABDIAS, IOHEL (Joel). Entre ces deux derniers cercles sont percés douze compartiments aux armes de France.

Huit formes d'inégales grandeurs, ménagées dans les angles qui restaient au-dessous de la rose, représentent les blasons de France et de Castille.

Enfin, la galerie qui règne sous la rose est éclairée par cinq grandes formes de vitres, contenant autant de figures colossales, au-dessous desquelles sont d'autres personnages plus petits. Elles sont disposées dans l'ordre suivant (3) :

A — MELCHISEDECH, et au-dessous NABVCHODONOSOR.

B — DAVID, et au-dessous CAVL (Saül).

C — SANCTA ANNA (4), et dans le bas un écu aux armes de France.

D — SALOMON (5), et au-dessous IEROBOAM.

E — AARON, et au-dessous FARAON englouti dans la mer Rouge, dont ici la couleur justifie, on ne saurait mieux, le nom.

---

(1) Montfaucon a donné cette figure sur la même planche que la précédente.

(2) La verrière détruite représentait la Vierge et saint Joseph, sainte Anne et saint Joachim. On voyait dans le bas une figure de femme vêtue comme la précédente, et que le P. Montfaucon a reproduite également, tom. II, pl. 14, fig. 6. C'était Jehanne, comtesse de Boulogne, fille de Philippe et de Mahaut, mariée en 1245 à Gaucher de Chastillon, comte de Chartres, et morte en 1251. (Pintart.)

(3) Ces cinq formes devraient prendre rang dans la série des fenêtres hautes. Mais, en suivant l'ordre de numéros établi dans d'autres descriptions, mon intention est de rendre ici l'étude plus commode et de faciliter les comparaisons qu'on voudrait établir entre la description que je donne et celles qui l'ont précédée.

(4) Cette inscription est en caractères gothiques allongés très-différents des autres. C'est à tort qu'on avait cru y lire : AVE MATER ANNA.

(5) Cette figure a été reproduite dans les *Monumens français inédits* de feu Willemin, ouvrage précieux que M. Pottier, bibliothécaire de la ville de Rouen, vient de compléter par un texte plein de curieuses recherches. Ce savant archéologue fait justice de l'absurde tradition selon laquelle le roi saint Louis se serait fait peindre ici sous les traits de Salomon.

XXI. s : TOMAS. — s : BARN... (Barnabé.)—Le panneau inférieur représente un prêtre à genoux devant un autel, sans aucune inscription, ni indication d'aucun genre.

XXII. s : IVDAVS — s : TOMAS. — Même figure de donataire.

Rose. La création : le Père éternel, ayant le soleil à sa droite et la lune à sa gauche, tient en main le globe du monde. Ce dernier est blasonné aux armes de Castille. Si ce n'était en France, on pourrait voir ici un emphatique emblème de la puissance castillane. Mais n'est-ce plutôt pas le fait d'une maladroite restauration? le vitrier à qui elle fut confiée, pouvait bien ignorer qu'au treizième siècle le soleil se couchait encore sur les Espagnes.

XXIII. s : FILIPVS — s : ANDREAS. — Même figure de donataire qu'aux formes **XXI** et **XXII.**

XXIV. s : IVDAS — s : PHILIPVS (1). — Encore le même donataire.

(Il est à remarquer que les quatre formes XXI, XXII, XXIII et XXIV sont peintes d'après un même carton. Le dessin en est identique, et il n'y a de différence que dans les couleurs ou les inscriptions.)

Rose. Un prêtre à genoux devant un autel, sans autres indications.

XXV. Trois sujets tirés de la vie de saint Eustache : — Au milieu d'une partie de chasse, le saint rencontre un cerf, qui porte un crucifix entre ses cornes. — Eustache se fait baptiser. — Il refuse d'adorer les idoles. — Dans le bas de la verrière, on voit un guerrier à cheval, dont la cotte est gironnée d'argent et de gueules, de douze pièces, au lambel de cinq pendants d'azur brochant sur le tout (2). On a faussement attribué ces armoiries à Jean, duc de Bretagne, fils de Pierre Mauclerc, dont le blason héréditaire était trop noble pour qu'il ait jamais eu l'idée de l'échanger contre celui dont il s'agit. Je trouve que ce dernier était d'Estampes ancien (3).

XXVI. L'annonciation, — la nativité de Notre-Seigneur, — l'adoration des Mages, — et dans le bas, une femme, dont la robe porte le même blason que la précédente figure. Par suite de l'erreur signalée plus haut on l'avait désignée jusqu'ici comme étant Yolande de Bretagne, qui, après avoir été promise aux comtes de Cornouailles et d'Anjou, fut mariée, en 1238, avec Hugues de Lusignan, et mourut en 1272.

Rose. La création du monde, représentée comme j'ai dit plus haut.

Verrières du chœur.

XXVII. La sainte Vierge et l'enfant Jésus. — Dans le bas, un écu parti au premier de Bar, qui est d'azur à deux barres ou barbeaux d'or adossés, semé de croix recroisetées du même; et au deuxième, de gueules à trois annelets d'or, 2 et 1. Ce sont, probablement, les armoiries du donataire représenté dans la vitre suivante.

---

(1) Il suffit de comparer les inscriptions de ces quatre fenêtres, probablement sorties de la même main, ou tout du moins contemporaines, pour se convaincre combien l'orthographe était, à cette époque, une affaire de fantaisie, même en fait de noms propres.

(2) Cette figure a été reproduite dans les *Monumens de la monarchie française*, tom. II, pl. 32, fig. 1.

(3) Paillot. Vraie et parfaite science des armoiries.

XXVIII. Deux groupes de pèlerins, et au-dessous un ecclésiastique à genoux, ayant un manipule au bras. M. Gilbert le désigne sous le nom de Robert de Baron, et le manuscrit de Pintart sous celui de Robert de Berou, chancelier de l'église de Chartres, ce que sembleraient mieux justifier les restes de l'inscription, malheureusement fruste en cet endroit : ROBERTVS DE BER.....CARN : CACELARIVS.

Rose. Jésus-Christ sur son trône céleste.

XXIX et XXX. Vitrerie blanche (1). — Le groupe en marbre de l'assomption de la Vierge, par Bridan, ayant été placé dans le chœur de la cathédrale, en 1769, on n'imagina rien de mieux que d'enlever huit grandes verrières et les bordures de quelques autres, pour lui donner un plus beau jour; Roussel, vitrier, fut chargé de ce travail, et reçut cinq cents livres pour ses peines, le 13 mai 1769. Ainsi fut rompu l'ensemble de cette admirable vitrerie; ainsi fut décomplétée la curieuse collection des grands guerriers de la croisade; ainsi enfin l'église de Chartres sacrifia, sans hésiter, l'image de ses bienfaiteurs à un groupe d'un mérite justement contesté, et dont le moindre défaut est de ne point se trouver à sa place.

Rose. Un cavalier armé, suivi d'un lévrier et portant un guidon aux armes de Castille (de gueules au château sommé de trois tours d'or, ajouré et maçonné de sable) : c'est Ferdinand III, roi de Castille, mort en 1252, et canonisé par le pape Clément X, en 1671 (2).

XXXI. Deux sujets de la vie de saint Martin, — et dans le bas, un chevalier à genoux, dont le blason est d'azur semé de croix pommetées d'or à la bande d'argent coticée d'or. C'est Thibaut le Jeune, comte de Blois, de Chartres et de Clermont, qui, selon Rouillard, « fut infecté de lèpre, » et mourut vers l'an 1218 (3).

XXXII. Deux autres sujets de la vie de saint Martin, — et dans le bas, un seigneur à genoux portant les mêmes armes que le précédent (4).

Rose. Le comte Thibaut le Jeune à cheval, portant un guidon aux mêmes armes (5).

---

(1) Selon le manuscrit de Chartres, la vingt-neuvième verrière représentait une reine, aux pieds de saint Jean-Baptiste, avec l'inscription DOMINA IOHANNES BAPTISTA. Ce devait être Jehanne de Dammartin, deuxième femme de Ferdinand III, roi de Castille, qui contracta une nouvelle alliance après la mort de ce prince, et mourut elle-même en 1279. — Ferdinand III était représenté sur la verrière suivante.

(2) Le P. Montfaucon a reproduit (tom II, pl. 29, fig. 2) le dessin de cette rose, qui se trouve aussi dans les *Monumens français inédits* de Willemin (pl. 97).

(3) Je ne sais pourquoi on a désigné sous le nom de Louis, comte de Sancerre, ce personnage en tout conforme au portrait de Thibaut, comte de Blois,

qu'on voit dans la rose dont cette verrière est surmontée. J'ai cru devoir admettre l'identité de ces deux figures jusqu'à preuves contraires.

(4) Pintart en parle, et le P. Montfaucon l'a représenté (tom. II, pl. 17, fig. 4) sous le nom de Bouchard de Marly, cadet de la maison de Montmorency. S'il en était ainsi, je ne comprendrais pas pourquoi ce seigneur porterait ici le blason des comtes de Blois, tandis qu'au dire de Moréri, sa branche conserva toujours les anciennes armes de Montmorency, d'or à la croix de gueules cantonnée de *quatre* alérions d'azur seulement.

(5) Reproduit dans les *Monumens de la monarchie française*, tom. II, pl. 16, fig. 1.

XXXIII et XXXIV. Vitrerie blanche (1).

Rose. Saint Louis à cheval. J'ai reproduit (planche xxvi) cette intéressante figure, dont j'aurai plus tard à m'occuper sous un autre rapport (2).

XXXV. Trois sujets tirés de la vie de saint Pierre. — Notre-Seigneur lui remet les clefs du paradis. — Un ange le délivre de sa prison. — Jésus-Christ lui apparaît en personne. — Dans le bas, quatre personnages qu'on reconnaît pour des orfévres.

(Cette verrière et les six fenêtres suivantes garnissent le rond-point du chœur. Elles ne sont point accouplées, comme dans la nef et le reste du chœur, ni surmontées de roses.)

XXXVI. L'ange couvert d'yeux de l'Apocalypse. — REX DAVIT. — EZECHIEL. — Et dans le bas, un boucher assommant un bœuf, tableau assez curieux, dont j'ai donné une reproduction, planche x, fig. 2.

XXXVII. Un ange encensant la Vierge qui se voit à la fenêtre suivante (3). — AARON. — Et dans le bas, un homme, sa femme et deux enfants, en habits civils. L'un des enfants tient une bannière blanche sur laquelle est peinte une chausse rouge. On serait tenté de croire que cette vitre fut donnée par la corporation des chaussiers; le nom de GAVFRIDVS, qu'on y distingue, est, il est vrai, celui de deux chanoines, qui furent doyens de l'église de Chartres au treizième siècle; mais le costume des figures et la présence d'une femme prouvent assez que cette fondation ne saurait leur être attribuée. Quelle est donc cette famille de donataires? L'inscription et le singulier emblème qui l'accompagne n'ont pu jusqu'ici me procurer la clef de ce problème; mais si l'on en juge d'après les autres verrières du rond-point, qui, toutes, paraissent avoir été fondées par des corps de métiers, il reste assez probable que le groupe qui nous occupe représente des artisans.

XXXVIII. Cette verrière est située au chevet du chœur. La sainte Vierge, patronne de l'église, y est représentée, selon l'usage, comme à la place la plus honorable. — Dans le bas sont deux boulangers portant du pain dans un grand panier.

XXXIX. Un ange encensant la Vierge de la verrière précédente. — ISAIAS. — MOYSES apercevant Dieu dans un buisson ardent. — Au-dessous, deux boulangers semblables aux précédents, mais qui ont déposé leur panier à terre.

XL. L'ange couvert d'yeux de l'Apocalypse. — IEREMIAS — DANIEL. — Le panneau inférieur représente des marchands drapiers et des fourreurs.

---

(1) Selon le manuscrit de Chartres, la trente-troisième forme représentait deux sujets tirés de la vie de saint Denys, et plus bas la figure à genoux du roi saint Louis, telle qu'elle a été reproduite par le P. Montfaucon (tom. II, pl. 21, fig. 5), et par Willemin (pl. 96). — La forme suivante était également relative à l'histoire de saint Denys, et l'on voyait dans le bas, le portrait de Louis de France, fils de saint Louis, mort en 1260, et enterré à l'abbaye de Royaumont.

(2) Le dessin que le P. Montfaucon en a donné (tom. II, pl. 21, fig. 4) m'a paru tellement inexact, que j'ai cru bien faire de le reproduire sur de nouveaux frais.

(3) Le dessin de cette figure se voit à la planche 95 des *Monumens français inédits* de Willemin.

XLI. Le baptême de Notre-Seigneur. — Saint Jean accompagné de deux disciples. —
L'ange parlant à Zacharie, qui encense dans le sanctuaire. — Dans le bas, des orfévres
ou changeurs.

XLII et XLIII. Vitrerie blanche (1).

Rose. Un cavalier portant un écu de gueules au lion d'argent. C'est Amaury, comte de
Montfort, connétable de France, qui fut prisonnier à Babylone, mourut à Otrante,
en 1241, comme il revenait en France, et fut enterré à Saint-Pierre de Rome (2).

XLIV. Deux sujets de l'histoire de saint Vincent. — Son corps, jeté à la mer, surnage,
bien qu'on lui ait attaché une pierre au cou; — sa dépouille mortelle est respectée
par les bêtes sauvages et les oiseaux de proie. — Un prêtre, à genoux, se voit au bas
de cette verrière, avec ce débris d'inscription : PETRVS BAL.... Quelques archéologues ont pensé que ce pouvait être la figure du célèbre Abailard; mais la date de
sa mort, arrivée en 1142, prouve clairement que la vitre dont il s'agit ne saurait lui
être attribuée. Cette dernière est bien évidemment contemporaine de celles qui l'entourent et qui représentent des personnages du treizième siècle. Nous avons vu,
d'ailleurs, qu'au douzième siècle, les grandes figures n'étaient pas encore en usage
dans la peinture sur verre. Je serais donc plus disposé à croire, comme M. Gilbert,
que le donataire, ici représenté, est un chanoine, du nom de Balard, mais dont la
mort a été fixée, par cet auteur, à une époque beaucoup trop reculée.

XLV. Saint Paul, — et au-dessous, des marchands d'escarcelles.

Rose. Un cavalier, en tout semblable à celui de la rose précédente (3).

XLVI et XLVII. Vitrerie blanche (4).

Rose. Un cavalier portant un écu d'or à trois tourteaux de gueules, 2 et 1, et au lambel
de cinq pendants d'azur brochant sur le tout, qui est de Courtenay. Ce blason semble
indiquer Pierre de Courtenay, seigneur de Conches, qui, ayant suivi saint Louis à la
terre sainte, mourut à la suite de la bataille de la Massoure (5).

---

(1) Le manuscrit de Chartres nous apprend que la
quarante-deuxième forme représentait saint Barthélemy, et au-dessous un personnage à genoux, derrière
qui un écuyer tenait un cheval, et un écu de gueules
à trois besans d'argent, 2 et 1. Ce blason et l'inscription VILLELMVS indiquaient Guillaume de la Ferté Her-
naud, au pays du Perche. — La forme suivante représentait la vierge Marie, et l'on voyait dans le bas un
écu d'azur diapré d'or à la bande d'argent coticée d'or,
au lambel de cinq pendants de gueules.

(2) *Monumens de la monarchie française*, tom. II,
pl. 33, fig. 1.

(3) Ibid., fig. 3, et Willemin, pl. 96. — Pintart et
les deux auteurs que je cite, donnent ce personnage

pour Simon de Montfort; mais j'ignore complétement
à quel signe ils le distinguent de son frère le connétable.

(4) Suivant Pintart, la quarante-sixième forme représentait le martyre de saint Eustache, et au-dessous
le même Pierre de Courtenay, dont je parle dans le
texte. — Dans la forme suivante, on voyait le martyre
de saint Laurent et la figure de Raoul de Courtenay,
frère du précédent, qui suivit le comte d'Anjou à la
conquête du royaume de Naples, et mourut en 1271.
Un troisième frère de cette famille était, à la même
époque, doyen de l'église de Chartres.

(5) Cette rose et les figures qu'on voyait aux deux
formes qu'elle accouple se trouvent reproduites dans
Montfaucon, tom. II, pl. 32, fig. 4, 5 et 6.

XLVIII. L'adoration des mages. — Saint Jean l'évangéliste; par suite d'une maladroite
restauration, l'inscription se trouve ainsi intervertie : ENGELIST. S. IOHES EV. — Dans
le bas, se voit un homme à genoux avec les anciennes armes de Montmorency,
plus haut décrites. C'est probablement Bouchard de Marly, cadet de cette maison,
qui passa un accord avec le chapitre de la cathédrale, au mois de juillet 1212.

XLIX. La fuite en Égypte. — La sainte crèche. — Et dans le bas, deux hommes jouant
à un jeu de tables (1). Entre leurs têtes, on aperçoit une inscription ainsi coupée :
VITREA : COLINI : D / E CAMA REGI S, qu'on a cru pouvoir rétablir de la manière suivante : *Vitrea Colini de
camera regis* (littéralement : *Vitre de Colin, de la chambre du roi*). En acceptant
cette version, donnée pour la première fois par M. Lejeune, il reste encore à savoir
si l'inscription a eu pour objet d'indiquer que cette verrière fut fondée par quelque
officier de la maison royale, ou peinte par un artiste nommé Colin, et attaché
également à la personne du roi. La dernière hypothèse serait, sans contredit,
beaucoup plus intéressante; mais c'est, à mes yeux, une raison de plus pour ne pas
l'accueillir trop légèrement.

Rose. Un cavalier portant un écu d'or à deux léopards ou lions passants de gueules. Ce
blason se voyait aussi sur un sceau rapporté dans un autre manuscrit de Pintart,
et attribué, par cet auteur, à Robert de Beaumont, qui vivait en 1239 (2).

Verrières de la croisée méridionale.

L. SXPOFOR. (saint Christophe). — S. NICHASIVS (saint Nicaise). — Et au-dessous, un prêtre devant un autel, avec cette inscription : IEFROI. J'avais pensé d'abord que ce nom,
répété dans une verrière voisine, était celui de Geoffroy Souboulin, doyen de l'église
de Chartres, de 1263 à 1292. Mais cette hypothèse, toute spécieuse qu'elle paraisse,
s'évanouit, à mes yeux, devant un passage des *Actes capitulaires* du chapitre de
Chartres (3), où je trouve qu'en 1316, une restauration générale des verrières de la
cathédrale eut lieu par les soins d'un nommé *Gaufridus* ou Geoffroy (4). Le costume
ecclésiastique que porte le personnage dont il s'agit, ne diminue en rien la vraisem-

(1) Pintart s'était contenté de parler d'une « pièce
échiquetée d'argent et d'azur. » M. Gilbert en fait des
armoiries. Il y a là une erreur, dont je me suis convaincu par l'inspection attentive de la verrière, et surtout en la comparant avec une autre vitre de la cathédrale de Bourges, où le même sujet est exprimé encore
plus clairement, bien que d'une façon toute identique.
(J'ai reproduit cette intéressante peinture à la planche
XI de cet ouvrage.) La seule différence est qu'à Bourges
les dés sont déjà sur l'échiquier, tandis qu'à Chartres
ils sont encore au fond des vastes cornets rouges que
les joueurs tiennent en main.

(2) Histoire chronologique de la ville de Chartres,
manuscrit in-f° de la bibliothèque de cette ville, 5. C.
22. — Pag. 877.

(3) Manuscrit du quatorzième siècle, conservé à la
bibliothèque de Chartres. B. 47.

(4) Voici le texte de ce passage, tel qu'il se trouve au
folio xlvij : *Die sabbati post reminiscere... fuit actum ut
idem* Gaufridus, *ejusdem* Gaufridi *sumptibus et expensis, omnes vitrias ecclesiæ carnotensis reficiet et in
bono statu ponet, tam in plumbo, stagno, vitro, quam
aliis materiis... pro anno presenti, pro viginta libris
carnotensibus ab ecclesia reddendis,* etc....

blance de cette conjecture. Les verrières de la croisée méridionale ont, il est vrai, le caractère des peintures du treizième siècle, et les divers blasons qui s'y trouvent remontent évidemment à cette époque; mais, d'autre part, quelques-unes de ces verrières portent des traces d'une restauration fort ancienne, qui s'accordent à merveille avec le passage précité des *Actes capitulaires* (1). D'après toutes ces considérations, je n'hésite pas à dire que la figure qui nous occupe, bien que placée au bas d'une vitre du treizième siècle, doit être celle du Geoffroy qui restaura, en 1316, la vitrerie de Chartres. Peut-être est-ce le même personnage que nous avons trouvé, sans indication, mais sous une forme analogue, au bas des fenêtres XXI, XXII, XXIII et XXIV, et dont le nom se trouve si singulièrement placé parmi les figures votives de la fenêtre XXXVII. A l'appui de ces conjectures, j'ai reproduit l'image dudit Geoffroy, qui servira, d'ailleurs, de transition entre le treizième et le quatorzième siècle (2).

LI. Henry Clément, deuxième du nom, seigneur du Mez et d'Argentan, et maréchal de France, recevant l'oriflamme des mains de saint Denys; il porte une cotte armoriée d'azur à la croix ancrée d'argent, et à la bande de gueules brochant sur le tout. Henry Clément du Mez accompagna saint Louis dans son premier voyage à la terre sainte (3).

Rose. Saint Jean-Baptiste.

LII. PROTASIVS — GERVASIVS (S. Protais et S. Gervais). — Dans le bas, une figure de prêtre devant un autel, sans aucune indication, mais où, par analogie avec les verrières voisines, on peut reconnaître le même Geoffroy qui se trouve à la forme L. (4).

LIII. S : COSMA — S. DAMIANVS (S. Côme et S. Damien), — et, dans le bas, encore le même Geoffroy, dont le nom est écrit ici, par abréviation, IEFOI.

Rose. La Vierge entre un saint qui lui présente un cierge, et une princesse dont le manteau est seulement *doublé* d'hermine. M. Gilbert avance à tort qu'elle est *vétue* d'hermine, et en tire la conclusion que c'est Alix de Bretagne, première femme de Pierre Mauclerc. Cette hypothèse est fort douteuse (5).

LIV. Un prophète, sans désignation, — et au-dessous, un homme à genoux, dont la cotte est échiquetée d'or et d'azur à la bordure de gueules, et au franc quartier d'hermine. C'est la figure de Pierre de Dreux, dit *Mauclerc,* qui devint duc de Bretagne par le fait de son mariage avec Alix, et mourut en 1250 (6).

---

(1) Voir ce que j'en dis à propos de la fenêtre LVII.

(2) Voyez planche XXXVI.

(3) Figure reproduite dans les *Monumens de la monarchie française,* tom. II, pl. 33, fig. 4, et dans l'ouvrage de Willemin, pl. 98.

(4) M. Gilbert, en copiant Pintart, a commis l'erreur d'intervertir l'ordre des deux verrières LII et LIII.

Il s'est également trompé, avec son guide, en plaçant ici la figure de Pierre Mauclerc, duc de Bretagne.

(5) C'est toutefois sous ce nom que la figure dont je parle est reproduite dans les *Monumens de la monarchie française,* tom. II, pl. 30, fig. 5.

(6) Cette figure a été également reproduite par le P. Montfaucon, même planche, fig. 2.

LV. Le prophète osee, — et au-dessous un écu aux armes de Dreux-Bretagne.

Rose. La sainte Vierge sur un trône incrusté d'ivoire.

Grande rose *du portail méridional,* dite *Rose de Dreux.* — La rosette centrale est occupée par l'image de Notre-Seigneur donnant au monde sa bénédiction. Les médaillons les plus voisins représentent huit anges, et les symboles des quatre évangélistes; et dans les médaillons qui se rapprochent le plus de la circonférence, le peintre a figuré les vingt-quatre vieillards de l'Apocalypse. Tous les compartiments ménagés entre ces deux grands cercles de figures sont aux armes de Dreux, telles que je les ai blasonnées plus haut.

Cinq grandes verrières, placées au-dessous de la rose, complètent la vitrerie de ce transept. La sainte Vierge y est représentée au milieu des grands prophètes et des évangélistes, dont les uns sont portés sur les épaules des autres, comme pour figurer la nouvelle loi qui repose sur l'ancienne. Les princes donataires de ces vitraux se sont fait peindre dans le bas, et s'y trouvent dans l'ordre suivant :

A — Jérémie portant saint Luc, — et dans le bas Artus, deuxième fils de Pierre Mauclerc et d'Alix de Bretagne (1).

B — Isaïe portant saint Matthieu, — et dans le bas, Alix de Bretagne, première femme de Pierre Mauclerc. — J'ai reproduit dans son entier (planche XI) cette verrière, où le portrait contemporain de l'héritière de Bretagne vient ajouter un intérêt de plus à celui que présentait déjà le symbole des deux figures superposées.

C — La sainte Vierge; — au-dessous d'elle, un écu aux armes de Dreux.

D — Ézéchiel portant saint Jean, — et dans le bas, la figure de Pierre Mauclerc, premier duc de Bretagne de la maison de Dreux.

E — Daniel portant saint Marc, — et au-dessous, Yolande de Bretagne, fille de Pierre Mauclerc.

LVI. Le prophète Malachias, malachies. p. — Dans le bas un écu aux armes de Dreux.

LVII. Un prophète. Autour de sa tête on lit : zacharias pfete, et, en même temps, il tient à la main un phylactère, où le nom de michee se trouve écrit. Cette double inscription peut s'expliquer en admettant que la figure ici représentée est réellement celle du prophète Michée, et que le nom de Zacharie, placé sur la même verrière, ne s'y rencontre que par le fait d'une maladroite restauration; hypothèse qui acquiert un nouveau poids, si l'on considère qu'à côté de ce personnage à deux noms se trouvent d'autres figures de prophètes, où l'inscription manque. Toutefois la teinte générale du verre doit faire penser que, si, en effet, il y a eu restauration, ce n'a pu être qu'à une époque déjà fort reculée (2). — Dans le bas, Alix de Bretagne.

---

(1) C'est encore dans Montfaucon (même planche, figure 6) que je trouve l'indication, toutefois un peu douteuse, d'Artus de Bretagne.

(2) Voyez ce que j'en dis plus haut (pag. 65).

Rose. Pierre Mauclerc, duc de Bretagne, représenté à cheval et armé de toutes pièces.

LVIII. Vitrerie blanche (1).

LIX. Deux prophètes ou deux saints. Au-dessous de la figure de droite, on lit : SANTOEIN. Serait-ce saint Ouen ? — Dans le bas, un donataire vêtu d'une soutane rouge.

Rose. Une figure d'évêque sans inscription.

LX. Saint Paul; bordure moderne à fond blanc, où l'on a seulement figuré la sainte chemise de la Vierge (2).

LXI. Saint Pierre; même bordure.

Rose. Un saint tenant un livre. L'inscription est aujourd'hui complétement fruste.

Suite des verrières de la nef (en retour).

LXII. Blanche (3). — LXIII. Masquée par l'orgue. — *Rose.* SANCTVSILARIVS (S. Hilaire) (4).

LXIV et LXV. Masquées par l'orgue. — *Rose.* S. GREGORIVS.

LXVI. Masquée par l'orgue.

LXVII. S. CALETRICVS. Saint Caletric occupa le siége de Chartres de 557 à 572, et assista au concile de Tours en 567 (5). — Le panneau inférieur représente un tourneur.

Rose. S. AVGVSTINVS.

LXVIII. S. PHILIPPVS, — et au-dessous un saint tenant une légende effacée, et indiquant du geste les personnages de la verrière suivante.

LXIX. S. IACOBVS (saint Jacques), — et au-dessous une famille de donataires avec la bannière blanche, chargée d'une chausse rouge, telle que je l'ai décrite à la forme XXXVII, avec cette seule différence qu'ici l'on ne retrouve point le nom de *Gaufridus* (6).

Rose. S. HIERONIMVS (saint Jérôme).

LXX. SA. FIDES (sainte Foy), — et dans le bas, le martyre de cette sainte. Le Saint-Esprit descend sur elle, tandis qu'on la tient sur le gril, et lui apporte la couronne céleste.

---

(1) Pintart nous apprend que cette verrière représentait deux prophètes ou apôtres. La partie inférieure était occupée par un écu aux armes de Dreux, qu'ont remplacé depuis les débris informes d'une verrière légendaire.

(2) Le chapitre de Chartres se vantait de posséder la chemise de la sainte Vierge. (Voir ce qui en est dit plus loin, à propos de la forme 24.)

(3) Selon le manuscrit de Chartres, cette verrière représentait la figure de saint Symphorien; son martyre était peint dans le bas.

(4) Pintart et M. Gilbert rapportent ici une figure de saint Ambroise. Elle devrait en effet s'y trouver, à côté de saint Grégoire, saint Augustin et saint Jérôme qui occupent les roses suivantes, d'après l'ancien usage qui faisait réunir presque constamment ces quatre Pères de l'Église, et il se pourrait bien qu'il en eût été ainsi dans l'état primitif de la verrerie de Chartres.

(5) Le passage suivant de l'épitaphe de saint Caletric, composée par Fortunat, évêque de Poitiers, nous apprend qu'il n'était pas moins distingué par son éloquence que par sa piété :

Ecce sub hoc tumulo pietatis membra quiescunt,
Dulcior ac melle lingua sepulta jacet....

(Histoire de la ville et de l'église de Chartres, par J. B. Souchet, chanoine de ladite église, MS. in-f° de la bibliothèque de Chartres — pag. 115.)

(6) Pintart et M. Gilbert ont confondu les formes LXVIII et LXIX, et ont commis une autre erreur en donnant pour des pèlerins les quatre personnages représentés au bas de la seconde de ces verrières.

LXXI. sancta maria. — Le panneau inférieur représente l'apparition de Jésus-Christ à sainte Marie-Madeleine, sous la forme d'un jardinier.

Rose. s. solle.. (saint Solein ou Soulein, évêque de Chartres au temps de Clovis, et qui contribua beaucoup, dit-on, à la conversion de ce grand prince).

LXXII. s. petrvs (saint Pierre), — et dans le bas, deux marchands de galettes.

LXXIII. s. iacobvs (saint Jacques), — et dans le bas, un pâtissier. Pintart le désigne comme boulanger; mais à côté du four et du pétrin, on distingue l'écuelle à la pâte armée de sa cuiller, ainsi qu'un moule assez semblable à nos moules à gaufres, qui ne laisse aucun doute sur la nature des produits qu'il doit contenir. — Tout en bas de la verrière, deux garçons transportent les gâteaux sortant du four.

Rose. Le Père éternel entre les deux lettres symboliques A et Ω.

LXXIV. Un saint dont le nom est presque effacé. Le manuscrit de Chartres nous apprend que c'est saint Laumer, qui vivait au septième siècle. — Dans le bas, saint Laumer reçoit le Viatique de saint Malard, évêque de Chartres.

LXXV. segiptiaca (sainte Marie l'Égyptienne). — La partie inférieure, divisée en deux tableaux, représente la sainte faisant pénitence aux pieds du bienheureux Zozime; et plus loin, ce saint ermite lui donnant la sépulture, avec l'aide d'un lion.

Rose. Saint Jérôme. — L'inscription de cette rose est en partie détruite.

Verrières du Grand Portail.

Grande rose *du Portail occidental,* dite *Rose royale.* — Cette rose, placée au-dessus de la principale porte d'entrée, qu'on appelle ordinairement *Porte royale,* représente le Jugement dernier. Autour de Dieu, qui occupe le centre, sont groupés huit anges et les symboles des quatre évangélistes. Les médaillons plus rapprochés de la circonférence contiennent des âmes de toutes conditions, s'échappant du tombeau.

Trois grandes fenêtres sont pratiquées sous cette rose, dans l'ordre suivant :

A — Verrière légendaire formée de quatorze sujets relatifs à l'histoire de Jésus.

B — Autre verrière plus grande et du même style, renfermant vingt-cinq sujets tirés de la vie de la Vierge ou de celle de Notre-Seigneur. Les bordures de cette fenêtre et de la suivante sont d'un style fort ancien; leurs enroulements à filets perlés et à larges feuillages de forme byzantine, parfois entremêlés d'animaux chimériques, semblent indiquer que cette partie de la vitrerie est la plus ancienne de l'église. Il se pourrait qu'elle remontât aux dernières années du douzième siècle.

C — Arbre de Jessé, entouré de quatorze figures de prophètes, et très-évidemment contemporain des deux formes précédentes (1).

(1) Le savant auteur d'un ouvrage sur les *couleurs symboliques,* que j'ai déjà eu l'occasion de citer, M. Frédéric Portal, poussant jusqu'à l'abus l'ingénieux talent des rapprochements mystiques, a cru

DESCRIPTION DES VERRIÈRES DE L'ÉTAGE INFÉRIEUR.

(Ces verrières sont toutes légendaires, et représentent une infinité de sujets tirés de l'Ancien Testament ou de la Vie des Saints. — Elles ne sont point accouplées, comme celles de l'étage supérieur; la hauteur de chacune d'elles est d'environ sept mètres, et la largeur varie entre deux mètres et deux mètres et demi.)

Nef latérale de gauche.

1. Histoire de Noë et de l'arche d'alliance (40 sujets). On voit, dans le bas, la famille de Noë occupée à faire du vin et à cercler des tonneaux, ce qui a fait penser que cette verrière avait pu être fondée par la corporation des tonneliers.

2. Légende de saint Lubin, évêque de Chartres (21 sujets). — Né à Poitiers de parents pauvres, Lubin reçut sa première instruction d'un ermite de Noaillé. Sa piété le mit en rapport avec saint Avit, dans le Perche, et le bienheureux Hilaire, dans le Gévaudan, avec saint Aubin, évêque d'Angers, et enfin avec Éthère, évêque de Chartres, qui, après l'avoir ordonné diacre, le nomma abbé du monastère de Brou. Ce fut à ce même évêque que Lubin succéda, en 544. Il occupa douze ans le siége de Chartres, et passe pour avoir, le premier, fixé les limites du diocèse (1). La bordure de cette verrière est ornée de dix-huit petites figures d'hommes.

voir ici représentée la cosmogonie indienne, telle qu'elle est décrite dans le Bavagadam. Voici comment s'exprime M. Portal (page 273 et suivantes) :

« Sur le vitrail de Chartres, Vischnou, drapé de « bleu et de rouge, est couché sur la mer de lait, d'un « blanc jaunâtre. Au-dessus de lui est l'arc-en-ciel « rouge. Du sein de Vischnou sort le lotus blanc. La « verrière supérieure représente Brahma, avec sa qua- « druple face et la couronne sur la tête... Il repose « sur le lotus, et de chaque main il en tient une tige. « Les verrières supérieures représentent *des sujets qui* « *correspondent à Brahma;* enfin sur la dernière et la « plus élevée, paraît Jésus, vêtu d'une robe bleue et « portant un manteau bistre; au-dessus de sa tête des- « cend le Saint-Esprit sous la forme d'une colombe « blanche. Le lotus, qui sort du sein de Vischnou, « s'élève jusqu'à Jésus-Christ, où il acquiert toute sa « floraison. »

S'il avait su se mettre en garde contre sa brillante imagination, M. Portal eût reconnu sans peine que le sujet de la verrière ainsi décrite était tout simplement un arbre de Jessé. Dans le personnage qu'il désigne comme Vischnou couché sur la mer de lait, il aurait reconnu le vieux Jessé lui-même étendu sur un lit en- tr'ouvert; le lotus blanc, d'où sortent Brahma et *les sujets qui y correspondent*, eût fait place, en même temps, à la tige symbolique que couronnent des fi- gures de rois de l'Ancien Testament, et cette explica- tion bien simple eût épargné à Notre-Seigneur Jésus-

Christ l'embarras de figurer comme dernier échelon d'une cosmogonie indienne.

Je ne suivrai pas M. Portal dans le développement d'un système qu'il base trop souvent sur des faits inexacts. Un exemple suffira pour démontrer les dan- gers de cette manière de procéder : « Jésus, » continue le même auteur, « Jésus, apparaissant dans la partie « la plus élevée de la verrière, montre quel est le but « vers lequel doivent tendre les fidèles; sa robe *bleue* « indique qu'il est le dieu de vérité... Le manteau « *bistre* du Seigneur témoigne qu'il est descendu sur « cette terre pour vaincre l'esprit du mal. » Or, sur la vitre de Chartres, la robe de Notre-Seigneur est verte et non pas bleue, comme l'a cru M. Portal; faut-il donc en conclure que Jésus n'est plus le dieu de la vérité? ou n'est-il pas plus raisonnable de penser que l'essence de sa divinité est indépendante de la couleur d'une robe? — Enfin le *bistre* (plus ordinairement nommé *couleur tannée*), où l'auteur s'efforce de dé- couvrir quelque rapport avec le génie du mal, n'était autre chose qu'une couleur de convention, qui a tenu lieu du violet sur la palette des peintres verriers jus- qu'à l'invention des pourpres de Cassius.

(1) *Diœcesis Carnotensis primus terminasse fines di- citur in veteri codice* (Gallia Christiana, tom. VIII, col. 1229). On lit dans le même paragraphe, que Lubin occupa l'emploi de cellerier dans un monastère du Perche, et la verrière de Chartres le représente effec- tivement dans l'exercice de cette charge.

3. Légende de saint Eustache (33 sujets). Le nom d'EVSTACIVS, et celui de PLACIDAS qu'il portait avant son baptême, se lisent en plusieurs endroits.

Placidas occupait une charge importante à la cour des Césars. Comme il chassait, un jour, éloigné de sa suite, Notre-Seigneur lui apparut sous la forme d'un cerf, qui portait, entre ses cornes, l'image du Christ en croix. Ayant ouï la parole de Dieu, Placidas revint à Rome, où sa femme avait eu, de son côté, une vision par laquelle Jésus-Christ s'était également manifesté à elle. Les deux époux reçurent le baptême, ainsi que leurs enfants, et Placidas porta dès lors le nom d'Eustache. A peine converti à la foi chrétienne, de grandes épreuves l'attendaient. La perte de tous ses biens l'ayant obligé à s'enfuir au delà des mers, sa femme lui fut ravie par des pirates, et plus tard, au passage d'un fleuve, un lion et un loup lui enlevèrent successivement ses deux enfants. Ce n'était là pourtant qu'une épreuve passagère : Eustache, rappelé à Rome pour être mis à la tête des légions de l'empire, ne tarda pas à retrouver, dans les rangs mêmes de son armée, sa femme et ses enfants miraculeusement sauvés par la main de Dieu. A ce bonheur inespéré étaient venus se joindre des succès militaires, qui valurent à Eustache les honneurs du triomphe. Mais ses lauriers devaient bientôt se changer en palmes du martyre. Le refus de sacrifier aux idoles servit de motif à la persécution dont il devint l'objet, et ce fut en raison de sa courageuse résistance, qu'après avoir échappé à la férocité des lions, Eustache et sa famille expirèrent, par les ordres de l'empereur Adrien, dans les flancs rougis d'un taureau d'airain. Leur mort est rapportée à la cent vingtième année de l'ère chrétienne (1).

J'ai reproduit, comme scène de mœurs, un groupe de chasseurs qui se voit au bas de cette verrière (Pl. XIII, fig. 1re). Le peintre ne paraît avoir éprouvé aucun scrupule de peindre les chevaux, les chiens ou les cerfs, des couleurs les plus invraisemblables ; ce qui ne doit pas étonner à une époque où la vérité de détail était complétement sacrifiée à l'effet d'ensemble. Il est bon néanmoins de remarquer que l'artiste verrier, réduit encore à se servir de verre teint dans sa masse, se voyait obligé, en raison du nombre limité des couleurs, à employer souvent des teintes de convention, telles que le brun pour le violet, le jaune pour les cheveux, etc., usage qui s'est prolongé, à l'égard de quelques couleurs, jusqu'aux meilleurs temps de la Peinture sur verre.

4. Histoire de Joseph (30 sujets). Cette verrière paraît avoir été fondée par les changeurs, à en juger par les panneaux du bas, qui représentent des individus pesant de l'argent, comme on peut le voir d'après le dessin que j'en ai donné (Pl. XII, fig. 5 et 6).

5. Légende de saint Nicolas (24 sujets). Cette légende, qui paraît n'avoir été comprise par aucun des historiens de Chartres (2), se reconnaît particulièrement aux deux

----

(1) *Légende dorée* de Jacques de Voragine.   (2) Pintart et M. Gilbert la passent sous silence.

traits suivants de la vie du saint. — Un juif sortant de sa maison, avait préposé l'image de saint Nicolas à la garde de ses trésors; de retour au logis, le juif s'aperçoit que cette précaution n'a pas empêché des voleurs d'enlever tout son bien, et dans sa rage impie, il brise l'impuissante image (1). Mais bientôt Nicolas apparaît mutilé et sanglant aux voleurs, et leur reproche, en termes si persuasifs, les maux qu'il a soufferts par suite de leur crime, que les bandits repentants s'empressent de restituer les trésors enlevés; juif et voleurs se raccommodent entre eux, et se convertissent ensemble à la foi du Christ. — L'autre trait qui m'a frappé sur la vitre de Chartres, est relatif au vœu qu'un homme avait formé d'offrir un superbe hanap (2) à saint Nicolas, s'il obtenait du ciel la grâce d'avoir un fils. Ses vœux ayant été exaucés, le père trouva si beau le hanap qu'il avait fait fabriquer, qu'il le garda pour soi, et en fit faire un autre à l'intention du saint. Pendant la traversée qu'il entreprit pour accomplir son vœu, cet homme ayant ordonné à son fils d'aller puiser de l'eau dans l'élégante coupe qu'il s'était injustement appropriée, l'enfant se laissa choir en la mer. Inconsolable de cette perte, le pauvre père voulut du moins expier son premier tort, en allant déposer le deuxième hanap sur l'autel du saint; mais quelle ne fut pas sa joie, lorsque, après quelques nouvelles épreuves, il vit paraître, au pied de l'autel même, son enfant qu'il croyait perdu et que saint Nicolas lui avait si miraculeusement conservé! — Les panneaux inférieurs de la verrière où cette histoire est peinte représentent des changeurs, comme ceux de la verrière précédente.

6. Vingt-huit sujets disposés en trois colonnes. Celle du milieu, dont plusieurs panneaux manquent, représentait la passion de Notre-Seigneur. Les deux colonnes latérales se composaient de sujets puisés dans les prophéties relatives à la venue du Christ. — Cette verrière paraît avoir été fondée par la corporation des maréchaux ferrants. J'ai reproduit (Pl. XIII, fig. 4) un des panneaux inférieurs, assez bien dessiné pour cette époque, et où l'on voit plusieurs hommes occupés à ferrer un cheval, placé lui-même dans un *travail*.

Verrières de la croisée septentrionale.

7. Parabole de l'enfant prodigue (27 sujets). On lit en divers endroits PRODIGO FILIO. Dans l'un des panneaux, deux hommes sont occupés à un jeu de table, et plus loin, on voit l'enfant prodigue assis entre deux femmes, dont l'une le baise au visage, et l'autre le couronne de fleurs.

---

(1) Voici, d'après une très-vieille traduction de la *Légende dorée*, en quels termes le juif apostropha l'inhabile gardien de ses trésors : « Sire Nicolas ie vous « auoye mis en ma maison pour garder mes choses « des larrons pourquoy ne les auez vous gardées vous « en receures crueulx tormens et aures la paine pour « les larrons : et ie vengeray mon domage en tes tour- « mens et resfraindrai ma forcennerie pour toy batre. »

(2) Coupe, vase avec anses et pied (tom. IV du supplément au Glossaire de du Cange).

8. Verrière aujourd'hui détruite (1), et dont il ne reste que la bordure, au milieu de laquelle on distingue encore vingt et une petites figures d'anges.

9. Les anciennes descriptions comprennent, sous ce numéro, diverses figures de vierges, dont on ne retrouve plus même aujourd'hui la trace (2).

Verrières du Pourtour du Chœur.

(Les fenêtres 10 et 11, 12 et 13, 14 et 15 sont jumelles et surmontées de petites roses.)

10. Légende inconnue. Elle se compose de 20 sujets, dont la plupart sont masqués par les boiseries dont on a entouré l'image de la Vierge au pilier (3). Ceux qu'on peut encore distinguer dans le haut semblent tirés de la vie d'un saint évêque.

11. Légende de saint Nicolas, composée de 18 sujets, et reconnaissable particulièrement à l'histoire du hanap que j'ai racontée plus haut, ainsi qu'à une image de Diane (DIANA) que le saint fait détruire, conformément à la légende (4).

On distingue dans le bas (mais non sans peine, à cause de la boiserie) un prélat à genoux devant l'image de la Vierge, avec cette inscription : REG... CARDINALIS DEDIT HAC VTREA, qui me semble devoir être lue ainsi : *Reginaldus* ou *Regaldus cardinalis dedit hanc vitream*. Je ne vois, parmi les évêques revêtus à cette époque de la pourpre romaine, qu'un seul prélat à qui puisse s'attribuer la fondation de cette verrière : c'est Eudes Rigault, qui occupa le siége de Rouen de 1248 à 1275 (5).

---

(1) M. Gilbert se contente d'indiquer vingt-cinq sujets, sans dire ce qu'ils représentaient et sans parler de leur destruction. Le manuscrit de Chartres en donne bien le détail, mais n'indique aucunement à quelle légende ils pouvaient se rapporter.

(2) Le manuscrit de Pintart parle de figures représentant les vierges sages, parmi lesquelles on lisait l'inscription : VIRGINES PRVDENTES.

(3) Cette Vierge, qui fut, de tout temps, l'objet d'une vénération particulière, était placée primitivement au côté gauche de l'antique jubé, construit au commencement du douzième siècle par l'évêque Yves. Lorsqu'en 1722 le chapitre de Chartres eut la barbarie de détruire ce jubé pour faire place à la clôture de si mauvais goût qui ferme aujourd'hui le chœur, l'image de la Vierge, ainsi que le pilier sur lequel elle repose, furent portés au lieu où on les voit maintenant. On trouve une preuve déjà ancienne de la dévotion dont cette image est encore l'objet, dans le passage suivant de la *Parthénie* publiée en 1609 par Sébastien Rouillard : « Feu maistre Vastin des Fugerets, en son « viuant chanoine de ladicte Eglise, y ha cent ans « enuiron, fit ériger ladicte image, afin que sans trou- « bler le diuin seruice du chœur, elle fust librement « exposée à la vénération de tout le peuple. Aussi l'af-

« fluence y est si commune, la déuotion si grande, que « la coulomne de pierre qui soustient ladicte image, « se void cauée des seuls baisers des personnes déuotes « et catholiques. » (Pag. 134.)

(4) « Et si comme celle contrée seruoit aux ydoles « et le peuple adouroit le faulx ymage de lescommu- « nie Diane, que jusques au temps de lomme de « Dieu plusieurs de icelle excommuniée region han- « toient aucunes coustumes des payens soubz ung « arbre sacré à Diane. lomme de Dieu chassa hors « celles coustumes de toute la contrée. » (Légende dorée, édition gothique de Vérard, Paris, 1493. — Fol. xij.)

(5) Gallia christiana, tom. XI, col. 66. — Le manuscrit de Chartres et ceux qui l'ont copié ont donné à tort le nom de *Thomas cardinalis*. D'une part, l'inspection attentive des débris de cette inscription démontre qu'elle ne renferme pas une seule des lettres du nom de Thomas; et, d'autre part, il est à remarquer que les seuls prélats de ce nom qui aient reçu le chapeau, depuis le commencement du treizième siècle jusqu'à celui du quatorzième, sont Thomas, cardinal de Sainte-Sabine, de 1216 à 1227, Thomas de Capoue, légat en Lombardie, de 1212 à 1243, et Thomas d'Ocra, de 1294 à 1300, tous trois Italiens, et parfaitement étrangers à l'église de Chartres.

Rose. Le Père éternel entre les symboles des quatre évangélistes.

12. Lacis en grisaille.

13. Vitres blanches, à bordure aux armes de Castille.

Rose. Notre-Seigneur entre les symboles des quatre évangélistes.

14 et 15. Vitres blanches. — *Rose,* comme la précédente.

16. Légende de saint Thomas (28 sujets). — Les panneaux inférieurs ont été remplacés par un ornement bleu à fleurs de lis d'or, d'un dessin fort riche.

17. Légende de saint Julien, martyr (30 sujets) (1). Cette verrière paraît avoir été fondée par des corporations d'artisans, à en juger par diverses figures fort intéressantes de charpentiers, de charrons et de tonneliers, qui y sont représentés dans l'exercice de leurs états. Elles font partie de celles que j'ai reproduites Pl. XII, fig. 1re.

18. Lacis en grisaille, rehaussés par des filets courants en couleur, dans le genre de la verrière de S. Urbain de Troyes, représentée Pl. XXXI.

19. Légende de saint Savinien et saint Potentien (20 sujets). Les noms de SAVINIANVS et POTENCIANVS se lisent en divers endroits. — J'ai reproduit (Pl. XII, fig. 2 et 3) les deux figures d'un tailleur de pierre occupé à la construction d'une église, et d'un évêque consacrant cette église après sa construction, telles qu'on les voit au bas de cette verrière. Pintart croit que l'artiste a voulu peindre ici la première fondation de l'église de Chartres, qui remonte, en effet, selon la tradition, à saint Aventin, disciple de saint Savinien et de saint Potentien.

20. Légende de saint Cheron (32 sujets). Ce saint, dont le diocèse de Chartres possède les reliques, vivait au troisième siècle, comme saint Aventin. Un jour qu'il se rendait à Paris pour y visiter saint Denys, son collègue, il fut arrêté, près du Gué-de-Longroy, par des voleurs qui lui tranchèrent la tête. Cheron l'ayant ramassée, continua sa route en tenant sa tête entre ses bras, comme on le voit sur la verrière de Chartres. C'est là sans doute ce qui a porté plusieurs auteurs à le confondre avec le saint évêque de Paris; erreur d'autant plus étonnante de la part de Pintart, qu'il rapporte lui-même l'inscription STVS CARAVNVS, placée sur cette verrière. — Le panneau inférieur renferme quelques figures pleines d'intérêt, représentant des architectes, des maçons, des tailleurs de pierre et des sculpteurs-imagiers. Je les ai reproduites (Pl. XII, fig. 4). — Les parties supérieures paraissent avoir été restaurées.

21. Légende de saint Étienne, premier martyr (23 sujets). — Dans les deux panneaux qui occupent la partie inférieure, on distingue des cordonniers travaillant de leur état, et d'autres figures de donataires présentant le modèle de la fenêtre, ce qui ne

---

(1) Pintart prétend que le saint porte un écu de sinople au ray fleuronné de six pièces d'argent, à la bande d'or chargée de trois flèches de sable. Quant à moi, je n'ai pu distinguer ces armoiries, d'ailleurs assez mal blasonnées, et j'ignore, en tout cas, à quelle famille on pourrait les attribuer.

permet guère de douter qu'elle n'ait été fondée par la corporation des cordonniers.

22. Cette verrière qui fait partie, comme les trois précédentes et la suivante, de la chapelle autrefois dite des Martyrs (1), représente les plus célèbres d'entre eux, et les divers genres de tortures qu'ils ont subies. On y distingue saint Blaise, fixé sur une croix et déchiré avec des râteaux de fer; le corps de saint Vincent jeté à l'eau avec une meule au cou; saint Georges attaché sur une roue toute garnie de lames d'épées, etc. — Le panneau inférieur contient une figure votive, avec cette inscription : NICOLAVS LESCINE (2).

23. Légende de saint Théodore (38 sujets). Théodore, natif d'Amasie, servait dans les légions de l'empire, lorsqu'un édit de proscription vint frapper les chrétiens. Non content d'avouer hautement sa croyance, Théodore ne craignit pas d'incendier un temple de Cybèle, et vint braver le ressentiment des gentils, en se déclarant lui-même coupable de ce crime. Tant d'audace ne pouvait manquer de faire tomber sur lui les plus cruels traitements. Après une captivité, pendant laquelle il reçut, à diverses reprises, la visite des anges, son corps fut déchiré avec des crochets de fer, puis ensuite brûlé avec des flambeaux ardents; enfin, jeté sur un bûcher en feu, Théodore expira saintement en chantant les louanges du Seigneur. On rapporte sa mort aux premières années du quatrième siècle (3). Toute cette légende est fidèlement reproduite sur la verrière que je décris, et le nom de THEODORVS s'y lit en plusieurs places. — On y trouve, en outre, quelques panneaux qui se rapportent évidemment à l'histoire de saint Vincent, particulièrement aux passages où il est dit que des oiseaux vinrent défendre le cadavre du saint contre la voracité des bêtes féroces, et que son corps, jeté à la mer, revint miraculeusement à sa surface (4). L'un de ces panneaux contient l'inscription suivante, écrite en lettres onciales minuscules :

TERRA ⋮ A ⋮ CEST ⋮ AVSTEL ⋮ TES ⋮ LES ⋮ MES

SES ⋮ QEN ⋮ CHARE ⋮ SONT ⋮ ACOILLI ⋮ EN ⋮ TON

... ERET ⋮ CESTE ⋮ VERRIERE CENT ⋮ CIL ⋮ Q

VI ⋮ DO LI ⋮ CONFRERE ⋮ SAINT ⋮ VINC . . .

Cette inscription, fort difficile à déchiffrer, et bien plus encore à expliquer, ne se trouve, par ce motif peut-être, mentionnée dans aucun livre, ni dans le manuscrit de Pintart. Si j'osais, toutefois, hasarder une opinion à ce sujet, voici, sauf quelques lacunes que je ne puis remplir, l'explication qui me paraîtrait la plus

---

(1) Aujourd'hui celle du sacré cœur de Marie.

(2) Dans la plupart des descriptions de Chartres, la même inscription se trouve ainsi rapportée : NICOLAVS DECAMPIS. Mais cette version est inexacte.

(3) L'Idée de la vie chrétienne, tom. IV, pag. 363.

—Jacques de Vorragine rapporte la mort de saint Théodore à l'an de N. S. 287. (Légende dorée, éd. goth. de 1493, fol. ccxlix.)

(4) Voir cette légende, telle qu'elle a été rapportée plus haut, page 35, note 1.

soutenable : . . . . . *à cet autel, toutes les messes qui en charge sont accueillies,* . . . . . *et cette verrière, sont ceux que donnent les confrères de saint Vincent.* La présence de plusieurs panneaux relatifs à l'histoire du saint martyr de Saragosse, me semble donner quelque vraisemblance à cette version. — Je dois dire, néanmoins, qu'on voit aussi, dans le bas de la même verrière, une figure de tisserand ou de fabricant de serge. Mais peut-être, après tout, deux légendes d'origines différentes auront-elles été réunies dans une même fenêtre, par suite de quelque restauration.

24. Cette verrière, formée de 24 sujets, représente, au dire de presque tous les auteurs, l'histoire de la sainte chemise de la Vierge. S'il faut en croire le témoignage des plus anciens historiens de l'église de Chartres, cette célèbre relique étant devenue, on ne sait trop comment, la propriété d'une juive, deux patriciens de Constantinople usèrent, pour l'enlever à cette femme, d'un subterfuge, qu'on pourrait même qualifier tout autrement, si la fin n'excusait ici les moyens. De leurs mains, la sainte chemise passa dans celles de l'empereur d'Orient, dont les successeurs la conservèrent précieusement jusqu'au jour où l'un d'eux, Nicéphore, en fit hommage à Charlemagne. Elle fut alors portée à Aix-la-Chapelle (1), d'où Charles le Chauve la tira, en 877, pour en faire présent à l'église de Chartres (2). Objet d'une vénération toute particulière, cette précieuse relique servit d'étendard aux Chartrains qui repoussèrent, en 908, les attaques du duc Raoul de Normandie (3), et, depuis cette

---

(1) On voit encore, dans l'église de cette ville, une vitre où la même légende se trouve reproduite.

(2) La bibliothèque de Chartres possède un vieux manuscrit in-4, intitulé : *Poëme des miracles de N.-D. de Chartres, lesquels translata de latin en françois mestre Jehan Le Marchant, l'an mil cclxij.* Je dois à l'obligeance si souvent éprouvée d'un des bibliothécaires de cette ville, le vénérable M. Hérisson, d'avoir pu compulser sur ce manuscrit le passage suivant, assez inexactement rapporté par Sablon, et relatif à la tunique de la Vierge :

> Lors prindrent la seinte chemise,
> A la mere Deu qui fu prise,
> Jadis dedens Constentinoble.
> Precieus don en fist et noble,
> A Chartres un grant roi de France.
> Challes le Chauf ot non denfauce.
> Cil Rois a Chartres la donna,
> Dont len croit que guerredon a,
> De la dame qui la vestoit,
> Quant le fils Dieu en le estoit.   (Page 171).

(3) Le même auteur s'exprime ainsi à ce sujet :

> Li Chartrains la chemise pristrent,
> Sus les murs au quarneaus la mistrent
> En leu denseigne et de banniere.
> Quant la virent la gent aversiere
> Si la pristrent moult a despire,
> Et entre le a chufler et rire.
> Quarreaus i trestrent et saetes,
> Et dars turquois et darbalestes.
> Mes Dex qui vit lor mescreance,
> Y mostra divine venchance,
> Si les avougla quil perdirent
> La veue que il point ne virent...
> Quant li Chartrain aperceu
> Orent le miracle et veu,
> Que leur fist la dame chartraine,
> Meintenant fu la joie pleine.
> Si sapareillent de issir hors
> Et garnissent darmes leurs cors,
> Vestent haubers et lacent les aumes,
> Avec leur esvesque Gousceaumes,
> Qui portoit la seinte chemise
> Por defense et por garantise,
> Aveques une autre banniere
> Qui du voile de la Vierge y ere.
> De Chartres sen issirent tuit
> O grant effors o grant bruit.
> En lost des paiens tost se mirent.
> Si grant occision en firent,
> Com il leur vint a volente.   (Page 173).

époque reculée jusqu'à celle encore récente, où le trésor de Chartres fut pillé, elle n'a cessé, dit-on, de donner lieu à des miracles, dont la nombreuse série ne saurait trouver place dans cet ouvrage.—Quelques personnes ont pensé que les sujets représentés sur la verrière qui nous occupe, se rapportaient plutôt à l'histoire de Charlemagne lui-même qu'à celle de la sainte chemise. Le nom de KAROLUS qui se lit en plusieurs endroits, a pu faire naître cette opinion; mais ce nom, également applicable à Charlemagne et à Charles le Chauve, peut figurer, à double titre, dans l'histoire de la chemise, et l'examen attentif de notre verrière me fait pencher plutôt vers cette dernière version.

25. Légende de saint Jacques (30 sujets). On lit en divers endroits les noms de s. IACOBVS et d'ALMOGINES. Almogine, ou mieux Hermogènes, était, suivant les vieilles traditions, un magicien qui se fit l'instrument de la haine des juifs, lorsque ceux-ci eurent résolu la perte de saint Jacques. Mais les démons qu'il avait déchaînés contre le disciple de Jésus, s'étant tournés contre leur maître, par un effet de la puissance divine, ce fut à Jacques lui-même qu'Hermogènes dut sa délivrance; et le magicien, touché de reconnaissance pour son libérateur, s'empressa d'embrasser la foi du Christ(1).—Au bas de cette verrière, on distingue des figures de marchands d'aumusses et de marchands de drap, que j'ai reproduites Planche XIII, fig. 2 et 3. —Quelques passages des *Registres capitulaires* et des *Comptes de l'œuvre* de l'église de Chartres me donnent lieu de penser que cette fenêtre et la précédente ont dû être restaurées, aux frais du chapitre, vers le milieu du dix-septième siècle (2).

---

(1) L'histoire d'Hermogènes et l'aventure à peu près semblable de Philote, son disciple, se trouvent rapportées en grand détail dans la Légende dorée (Éd. goth. de 1493, fol. cxliv.)

(2) Le *Registre capitulaire* de l'église de Chartres, de l'année 1654 à l'année 1658 (MS. in-fol. de la bibliothèque de Chartres, coté 6. C. 24), contient, sous la date du 6 février 1658, une délibération ainsi conçue :

« Led. S.ʳ Soubzdoyen avec Messieurs les Com-« mis à l'œuvre feront faire un estat de ce à quoy pour-« ront monter les réparations des vistres et de la cou-« verture de l'Église, poʳ sur icelluy faire une offre sur « chacun de Messieurs les Dignités et Chanoines. »

Les *Comptes de l'œuvre*, actuellement dans les archives de la préfecture d'Eure-et-Loir, nous apprennent que les travaux dont il s'agit s'exécutèrent en effet vers la fin de la même année 1658. J'en trouve la mention suivante à la *sepmaine de saint Gilles*, commençant le 1ᵉʳ septembre :

« Payé à deux hommes, pour avoir apporté quantité « de grosses pierres et disposé le moulinet *pour refaire* « les grandes vistres de l'Église. . . . . xx ˢ. »

« Plus, payé à deux aultres hommes, le lendemain, « pour avoir démaré et transporté ledict moulinet...... « à une aultre vistre qui est *proche l'autel Sainct-Jean-* « *Baptiste*, la somme de quinze sols, cy. . . . . xv ˢ. »

Quelques jours plus tard, à la *sepmaine des octaves de la Nativité de Nostre-Dame, commençant le 15 septembre*, je trouve encore :

« Payé à trois hommes qui ont travaillé au susdict « moulinet diuerses fois à une *aultre forme de vistre* « *proche la première*. . . . . xij ˢ. »

Or, l'autel Saint-Jean-Baptiste étant jadis placé au-dessous des deux verrières ici décrites sous les numéros 24 et 25, c'est à ces deux verrières que s'appliquent évidemment les dépenses du présent compte.

Enfin, les comptes de l'année suivante nous font connaître le nom du verrier que le chapitre avait chargé de toutes les restaurations. L'article ci-après s'y trouve rapporté à la *sepmaine des octaves du sainct sacrement*, commençant le 15 juin 1659 :

« Payé à *Nicolas Guinchester*, Mre vistrier demeu-« rant à Chartres, la somme de quarante-deux liures « quinze sols contenues en ses parties. . . xlij¹. xv ˢ.»

(Les formes 26, 27, 28, 29 et 3o sont comprises dans l'ancienne chapelle des apôtres, qui forme une sorte d'abside située au chevet de l'église.)

26. Lacis en grisaille d'un dessin très-simple, entourés d'une bordure aux armes de Castille.

27. Légende de saint Simon et de saint Jude (20 sujets, dont quelques-uns sont cachés par les boiseries de la chapelle). On lit les noms de SANCT SIMONS ET ST IVDAS. Un des panneaux du bas représente un ecclésiastique aux pieds de la Vierge, avec cette inscription : HENRICVS NOBLET. C'est sans doute le donataire de cette verrière.

28. Les actes des Apôtres (34 sujets, dont 18 sont cachés par le retable de l'autel). — Pintart parle de boulangers qui sont représentés, dit-il, sur la partie inférieure de la fenêtre. C'est précisément celle qui est masquée.

29. Verrière en partie murée, et composée de 20 sujets qui paraissent également relatifs aux actes des Apôtres. On peut y distinguer, entre autres, le crucifiement de saint Pierre.

3o. Cette verrière, en partie murée comme la précédente, se compose également de 20 sujets qui paraissent tirés de diverses légendes.

31. Cette forme de vitres, placée au-dessus de la porte qui mène à la chapelle de Saint-Piat (1), ne représente d'autre figure que celle de saint Piat lui-même, accompagnée de deux écussons aux armes de France. La forme, aussi bien que le nombre, réduit à trois, des fleurs de lis, semble indiquer que la fondation de cette verrière ne remonte pas plus haut que la fin du quatorzième siècle. — La bordure est également fleurdelisée.

32. Légende de saint Sylvestre (31 sujets). — Sylvestre se fit remarquer, dès sa jeunesse, par une extrême pitié et le zèle courageux avec lequel il accueillait les pèlerins étrangers qui venaient visiter Rome. De ce nombre fut saint Timothée que Sylvestre assista jusqu'au jour de son martyre. Les vertus de notre saint devinrent bientôt un objet de si grande admiration, qu'après la mort du pape Melchiades ou Miltiade, il se vit appelé à le remplacer par les vœux de toute l'Église. Ce fut sous son pontificat qu'eut lieu la conversion de l'empereur Constantin. Les légendes rapportent que ce prince, atteint de la lèpre, eut une vision dans laquelle les apôtres saint Pierre et saint Paul se manifestèrent à lui, et lui conseillèrent de faire appeler Sylvestre, qui pourrait, mieux que tous les médecins, assurer le salut de son corps et de son âme (2).

---

(1) Saint Piat, apôtre de Tournay, passe pour avoir souffert le martyre vers la fin du troisième siècle. Sa dépouille mortelle ayant été transportée à Chartres, où elle opérait de nombreux miracles, le chapitre se décida, vers l'an 1349, à faire construire une chapelle en son honneur, sur le produit des offrandes des fidèles. Cette chapelle, qui se trouve hors d'œuvre, bien qu'attenante au chevet de l'église, renfermait des vitraux aujourd'hui détruits, dont plusieurs ont été reportés à la chapelle de Vendôme (n° 51). J'en ai aussi retrouvé ailleurs quelques autres débris.

(2) Légende dorée (édition de 1493), fol. xxvij.

Cette prédiction se réalisa bientôt, et l'empereur, devenu chrétien, conserva toujours les plus grands égards pour le digne pontife qui l'avait mis dans la voie du salut. On rapporte la mort de saint Sylvestre à l'an 335 de Notre-Seigneur (1). — Toute cette légende se trouve reproduite sur la verrière de Chartres, où les noms de s. TIMOTHEVS, MELEIADES (Melchiades), PAVLVS et CONSTANTINVS se trouvent à côté de celui de s. SILVESTER. Dix médaillons plus petits renferment des têtes de rois, à l'exception d'un seul, où l'on voit réunis une équerre, un niveau, un marteau et d'autres instruments, dont la disposition rappelle, d'une manière frappante, les emblèmes de la franc-maçonnerie.

33. Lacis en grisaille, assez anciens et entourés d'une bordure aux armes de Castille. Au milieu se trouve une figure de saint Nicolas plus moderne, et qui paraît être de la première moitié du quinzième siècle; les petits enfants, qu'on représente ordinairement dans un baquet, sont ici dans un coffre carré.— Cette fenêtre et les quatre suivantes font partie de la chapelle autrefois dite des Confesseurs (2).

34. Légende composée de 22 sujets, que quelques personnes ont attribuée à saint Nicolas. Je n'y ai pas trouvé, quant à moi, d'indications bien précises.

35. Légende de saint Nicolas (23 sujets, dont le retable cache la plus grande partie). On reconnaît ici l'histoire de l'enfant qui tombe dans la mer avec son hanap (3); celle où saint Nicolas secourt secrètement de sa bourse trois malheureuses filles que leur père voulait prostituer pour échapper à l'indigence (4), etc., etc.

36. Double légende de sainte Catherine et de sainte Marguerite (22 sujets). — Au bas de cette verrière sont deux hommes en costume guerrier, dont l'un porte un écu de gueules à la bande d'argent, accompagnée de six merlettes du même; et l'autre, un écu de gueules fretté d'or de trois traits. Le premier de ces blasons se rapporte à Jean, vicomte de Chartres, qui vivait en 1297, et paraît être un des donataires de cette vitre (5). Je n'ai pas été assez heureux pour reconnaître l'autre blason, qu'accompagne un débris d'inscription, où l'on ne distingue plus que ces lettres......
ECABINDEF.....

37. Légende de saint Thomas de Cantorbury (22 sujets). — On distingue dans le bas quelques figures de tanneurs. Elles représentent probablement la corporation à laquelle est due la fondation de cette verrière.

(1) Jacques de Vorragine la fixe à l'an 320.

(2) Actuellement consacrée au sacré cœur de Jésus.

(3) Voyez plus haut, pag. 72.

(4) « Or, est-il que ung sien voisin estoit noble « homme qui auoit trois filles vierges. et pour la pou- « reté dicelles ensemble furent contraintes de aller « en peché, affin que de leur gaing et de leur infameté « elles fussent soustenues, et quand le saint homme le « sceut il eust horreur de ceste felonnie. Et getta la « nuyt secretement en la maison de celuy une masse « d'or enueloppée en ung drapeau. Et quant lomme se « leua au matin il trouua celle masse et rendit graces « à Dieu, si en maria son aisnée fille.» (Légende dorée, édition gothique de 1493, fol. xi.)

(5) Histoire chronologique de la ville de Chartres, MS. de Pintart, pag. 836. (Bibliothèque de Chartres.)

38. Cette fenêtre, comprise, ainsi que les deux suivantes, dans la chapelle autrefois dite de Saint-Gilles (1), est la seule des trois qui ait conservé son ancienne vitrerie : elle représente la légende de saint Martin de Tours, s. MARTINVS (40 sujets). J'y remarque une grande analogie avec une verrière de la cathédrale de Tours, où se retrouve la même légende, et que j'ai reproduite en grande partie (Pl. XVI.) — Celle de Chartres paraît avoir été fondée par la corporation des cordonniers, autant qu'on en puisse juger par quelques figures placées dans le bas, et que la saleté de cette vitre rend aujourd'hui difficiles à découvrir.

39 et 40. Vitres blanches.

(Les fenêtres 41 et 42, 43 et 44, 45 et 46, sont jumelles et surmontées de petites roses.)

41. Lacis en grisaille, paraissant du quatorzième siècle, et sur lesquels se trouvent deux blasons assez grossiers soutenus par des anges. L'un est écartelé au 1 et 4 d'argent à la croix potencée d'or, cantonnée de croisettes du même, qui est de Jérusalem ; au 2 et 3 burelé d'argent et d'azur, au lion rampant de gueules brochant sur le burelé, qui est de Chypre. L'autre écu est coupé au 1 comme le précédent, et au 2 de France à la bande de gueules, chargée de trois lions d'argent, qui est de Bourbon-la-Marche. Ces blasons, qui se trouvent aujourd'hui retournés par suite d'une maladroite restauration, sont ceux de Jean II de Lusignan, roi de Chypre et de Jérusalem, mort en 1431, et de sa femme, Charlotte de Bourbon, morte en 1434. Ils étaient jadis placés dans la chapelle de Vendôme, que je décrirai plus loin sous le numéro 51.

42. Lacis semblables aux précédents, au milieu desquels se trouve une Annonciation assez médiocre, qui paraît être de la même époque. — Bordure fleurdelisée.

Rose. Jésus-Christ entre le symbole des quatre évangélistes.

43. Cette verrière, très-remarquable et composée de 24 sujets, représente (en grande partie du moins) les signes du zodiaque, ainsi que les mois qui y correspondent, et les travaux de la campagne pour chaque saison. De tels zodiaques ne sont pas rares, en sculpture, dans les monuments religieux du moyen âge, et la cathédrale de Chartres en offre elle-même deux exemples (2); mais on en trouve moins souvent la représentation sur les verrières des anciennes églises, et celle que je décris ici est, sans contredit, la plus curieuse que je connaisse. Les noms des divers signes et des mois de l'année s'y trouvent écrits dans leurs médaillons respectifs.

---

(1) Aujourd'hui la chapelle de tous les Saints.

(2) J'en pourrais citer beaucoup d'autres exemples, très-variés quant à la forme et à la disposition générale, particulièrement le beau zodiaque de Vézelay (Yonne), ceux d'Autun, de Paris, de Saint-Denys, d'Avalon, etc., etc.; mais j'aime mieux renvoyer les personnes curieuses de ces objets à l'intéressante dissertation publiée dans les Mémoires de l'Académie des inscriptions et belles-lettres (Tome XIV). Elles y trouveront une foule d'observations pleines d'intérêt, mais qui, en raison de leur nature toute spéciale, ne sauraient prendre place dans cet ouvrage.

Enfin, une inscription votive existait dans le panneau inférieur, qui représente un guerrier à cheval, portant un écu d'azur à la bande d'argent; bien que ce panneau ait été fort maltraité par le temps, on y peut déchiffrer encore le commencement et la fin de l'inscription tracée en lettres onciales minuscules, et l'on y retrouve ces mots : COMES TEOBALD[s] DAT HOC. . . . . AD PRECES COMITIS PTICENSIS (*perticensis*). (*Le comte Tibauld* ou Thibaut *a donné cette* . . . . *à la prière du comte du Perche*). Selon toute vraisemblance, ce personnage paraît être Thibaut II, dit le Jeune, comte de Chartres, qui succéda à son père en 1205, et mourut en 1218 (1), et le comte du Perche, *à la prière* de qui il fonda notre verrière, serait alors Thomas, qui suivit le roi Louis VIII en Angleterre, et fut tué, en 1217, à la bataille de Lincoln. On peut ainsi fixer, d'une manière presque certaine, l'époque où fut peint le curieux zodiaque de Chartres. Cette verrière paraît avoir joui depuis d'une grande réputation, car je trouve dans un vieux catalogue des trente-sept autels ou chapelles autrefois existants, que l'autel adossé au pilier qui fait face à cette fenêtre, bien que placé sous l'invocation de Notre-Dame des Neiges, s'appelait communément l'Autel de la Belle-Verrière.

44. Sujets tirés de la vie de la sainte Vierge, au nombre de 24. On remarque, dans le bas, un vigneron taillant la vigne, que j'ai reproduit planche XIII, fig. 5 (2).

Rose. Le Christ en croix, entouré de sa sainte mère, de saint Jean et de plusieurs anges.

45. Les principaux traits de l'enfance et de la vie de Jésus-Christ (11 sujets).

46. Légende de saint Antoine, ANTONIVS (20 sujets). Au bas de cette verrière sont des vanniers qui vendent des paniers ou corbeilles. Je les ai reproduits pl. XIII, fig. 6.

Rose. La sainte Vierge debout, tenant son fils.

Verrière de la croisée méridionale.

47. Le manuscrit de Chartres et toutes les autres descriptions font mention, sous ce numéro, d'une verrière représentant la légende de saint Blaise. Il n'en reste plus aujourd'hui la moindre trace; et si je la mentionne ici, c'est uniquement, comme je l'ai déjà fait à l'occasion de la 9e verrière, pour que l'ordre de la présente description puisse coïncider avec celui des autres notices auxquelles on voudrait la comparer.

48. L'ancienne verrière a été remplacée par des vitres blanches, entourées d'une bordure où l'on distingue l'image de la sainte chemise, et quelques fleurs de lis

---

(1) Je n'hésite pas, quant à moi, à lui rapporter le blason qui se trouve sur son bouclier. Ce blason, il est vrai, diffère de celui des comtes de Blois et de Chartres, tel que je l'ai rapporté plus haut (p. 62), par l'absence du semé de croix tréflées, que le temps et les restaurations peuvent bien avoir effacé, ou même que l'espace trop restreint a peut-être empêché de figurer ici.

(2) Cette fenêtre, au dire de Pintart, renfermait le même blason que la précédente. Bien que je ne l'aie point aperçu, ce fait me paraît d'autant plus probable, que ces deux fenêtres, accouplées ensemble, ont dû faire partie de la même fondation.

couronnées, à la façon de celles qui remontent au temps du roi Louis XII (1).

49. Légende de saint Apollinaire, s. APOLLINARIVS (2), de sainte Julitte et de saint Cyr, son fils (29 sujets). Au bas de cette verrière, se voient huit figures de saints en grisaille, dont les noms sont devenus à peu près illisibles. Mais il reste, à côté, une inscription presque entière, qui nous fait connaître la date de fondation de cette verrière. On y lit encore : MONSEIGNE : G : TYERRI : CHANOINE : DE : CEANS : SEIGN : DE : LOY : FONDA : CEST : AVTEL : AN : LANEVR : DE : NRE : DAME . . . . . DES : SAINTES . . . . LAN : DE : GRACE MILCCCXXVIIII . . . . DE : TOVZ : SES : . . . . . . II CHAPELAINS : PERPETVES. (*Monseigneur G. Thierry, chanoine de céans, seigneur de Loy, fonda cet autel en l'honneur de Notre-Dame* et *des saintes . . . . l'an de grâce mcccxxix*, et dota *de tous ses* biens *deux chapelains perpétuels*) (3). Cette date est d'autant plus intéressante que je ne connais aucun autre exemple aussi ancien de dessin de figures en grisaille. C'est là ce qui m'a déterminé à reproduire (Pl. **XXXVII**) cette curieuse verrière, sur laquelle je reviendrai, en temps et lieu, avec plus de détails.

Nef latérale de droite (en retour).

50. Légende autrefois composée de 28 sujets, dont les quinze principaux ont été remplacés par du verre blanc. La confusion de ce qui reste et l'absence d'inscriptions m'ont mis dans l'impossibilité de reconnaître quelle était cette légende. Pintart, qui paraît l'avoir également ignoré, *croit* y avoir distingué un écu d'argent au chevron de sable, accompagné de deux alérions du même, l'un en chef et l'autre en pointe ; mais il n'indique pas à qui pourrait se rapporter ce blason. Les petites figures des panneaux inférieurs seraient, selon le même auteur, des marchands de poissons ; quant à moi, j'ai plutôt cru y reconnaître des charcutiers.

51. (Chapelle de Vendôme.) Cette chapelle, construite en dehors de l'œuvre, ne fut achevée et vitrée qu'au commencement du quinzième siècle, en sorte que sa vitrerie, d'ailleurs fort belle pour cette époque, présentait des caractères d'un aspect tout différent du reste de l'église. Elle n'existe plus aujourd'hui, ou du moins il n'en reste plus, à leur ancienne place, que des débris fort incomplets. Mais M. Gilbert se trompe en mettant cette perte sur le compte des excès révolutionnaires. Il aurait

(1) Le manuscrit de Chartres nous apprend qu'on voyait jadis sur cette verrière les trois figures de saint Michel, de saint Lubin et de saint Martin, ainsi que la représentation de deux chapelles.

(2) Il s'agit, sans doute, ici d'Apollinaire, apôtre de Ravenne et disciple de saint Pierre, qui souffrit le martyre sous l'empire de Vespasien. Toutefois, il a existé un autre saint du même nom, qui fut évêque de Valence sur le Rhône, et mourut en 525. Enfin, le martyrologe romain fait mention d'un troisième Apollinaire, évêque d'Hiéraple en Phrygie, et qui composa, vers le deuxième siècle, quelques écrits contre les païens et les juifs.

(3) Je trouve, en effet, dans une ancienne histoire de Chartres, qu'il existait, en cet endroit, un autel placé sous l'invocation de saint Martin, et fondé de trente livres de rente, *vers* l'an 1328, par Me Guillaume Thierrin, chanoine. Quant à la verrière dont il s'agit, M. Gilbert a copié une erreur de Pintart, en donnant la date de 1228 pour celle de 1329.

pu savoir comment l'église de Chartres fut préservée, à cette époque, par l'heureuse influence du conventionnel Sergent-Marceau (1) ; tandis, au contraire, que la dévastation dont il s'agit eut lieu sous les yeux même de l'autorité, dans les premiers temps de la Restauration. Ce fut en 1816 que, pour donner, à ce qu'on prétendait, plus de lumière à la chaire, on enleva la plupart des vitres de la chapelle de Vendôme. M. de Breteuil, alors préfet d'Eure-et-Loir, désirant sans doute préserver ces précieux débris d'une ruine complète, les fit transporter à son château, dont on m'assure qu'ils ornent aujourd'hui la chapelle. Cependant les vides que laissa cette déplorable opération, furent bientôt remplis par d'autres fragments provenant de la chapelle de saint Piat, et tout ce remaniement produisit une confusion au milieu de laquelle il est assez difficile de se reconnaître aujourd'hui.

Voici, cependant, ce que j'ai pu recueillir sur la vitrerie primitive de cette chapelle. Les anciennes vitres représentaient :

1° Saint Jean-Baptiste. Cette figure existe encore.

2° Saint Louis, évêque de Toulouse, fils de Charles le Boiteux, roi de Naples, et petit-neveu de saint Louis, roi de France, présentant à Dieu Louis, comte de Vendôme, et Blanche de Roucy, sa femme, mariés en 1414. Cette vitre, actuellement enlevée, a été remplacée par une figure colossale de martyr du treizième siècle, provenant sans doute des hautes fenêtres du chœur.

3° Ce panneau contenait un écu d'alliance de la maison de Bourbon-la-Marche.

4° La sainte Vierge couronnée par deux anges, panneau conservé.

5° Ici se trouvait, selon les anciennes descriptions, une figure de sainte portant la palme du martyre. Elle a été remplacée par une vierge placée sous un dais fort élégant, qui se rapproche, par son style, du genre de la renaissance, et pourrait bien n'avoir pas fait partie de la vitrerie primitive. La bordure de cette vitre est blasonnée de France à la bordure de gueules clouée d'argent (qui est Alençon), et de Bretagne plein. Ce sont les armoiries de Marie de Bretagne, morte en 1446, après avoir été mariée à Jean le Sage, duc d'Alençon, qui périt à la bataille d'Azincourt (2).

6° Deux anges tenant deux écus, dont l'un de France à la bande de gueules chargée de trois lions d'argent, qui est de Bourbon-la-Marche ; et l'autre parti du même, et d'argent au chef de gueules, et au lion d'azur brochant sur le tout, qui est de Vendôme. Ce sont les blasons de Jean de Bourbon, mort en 1393, et de Catherine

---

(1) Historique de la cathédrale de Chartres ; premier appendice comprenant ses sinistres, par M. Lejeune, bibliothécaire, in-8°. Chartres, 1839, page 35.

(2) Pintart donne ce blason pour celui de *Jeanne* (qu'il nomme par erreur *Alix*) de Chatillon, fille de Jean de Chatillon, comte de Chartres, et d'Alix de Bretagne, mariée en 1272 à Pierre de France, comte d'Alençon, et morte en 1291. (Histoire chronologique de la ville de Chartres, page 835.) Mais le style bien plus récent de cette vitre, non moins que les armes pleines de Bretagne qui s'y trouvent, prouve bien clairement que Pintart s'est trompé.

de Vendôme, morte en 1412, dont l'alliance forma la branche de Bourbon-Vendôme.

7° Dieu le Père, panneau détruit.

8° Saint Louis présentant à Dieu deux de ses enfants, probablement les auteurs de la branche des ducs de Bourbon, d'où est sortie celle de Bourbon-Vendôme. La tête du roi reste seule aujourd'hui.

9° Deux anges portant le double écu de Jean de Lusignan, roi de Chypre et de Jérusalem, et de Charlotte de Bourbon, sa femme. Ainsi que je l'ai déjà dit, ces armoiries ont été maladroitement reportées à la 41e verrière du chœur, où on les voit encore.

10° Saint Jean l'Évangéliste, figure détruite.

11° Saint Remy portant la sainte Ampoule, et présentant à Dieu Louis, comte de Vendôme, et Blanche de Roucy, sa femme. Également détruits.

12° Au dire de M. Gilbert, ce dernier panneau représentait deux anges tenant un écu d'armoiries, attribué à Blanche de Roucy (1).

Enfin, l'amortissement ogival de la fenêtre qui renferme ces douze panneaux, représente lui-même le Christ en croix, environné d'un concert céleste.

52. Cette verrière, toute légendaire, se compose de 25 sujets, parmi lesquels on distingue la mort, les funérailles et l'assomption de la sainte Vierge. La mère de Notre-Seigneur est enveloppée dans un nimbe amandaire. Un des panneaux inférieurs, aujourd'hui très-confus, représente, selon Pintart, deux personnages tenant des sacs ou ballots de papiers. Pour moi, j'ai cru y reconnaître un boucher dans l'action d'ouvrir un veau, ce qui pourtant ne se ressemble guère.

53. Les panneaux supérieurs contiennent l'histoire d'Adam et Ève, et les autres représentent diverses paraboles tirées des Évangiles. On y lisait, au dire de Pintart, les mots PHARISEVR et PEREGRINVS. Dans le panneau inférieur, on voit encore des cordonniers travaillant de leur état, comme l'indique l'inscription SVTORES. L'un d'eux présente le modèle d'une verrière, emblème caractéristique des donataires. (24 sujets.)

54. Légende de sainte Marie-Madeleine (22 sujets). On lit les mots MARIA MAGLNA. Au bas de cette verrière, sont trois figures de verseaux, qui représentent, sans doute, les fleuves du Paradis terrestre.

55. Légende de saint Jean l'Évangéliste (18 sujets). J'y ai distingué les lettres IHS, qui, dans le cas présent, ne peuvent être qu'une abréviation du nom de *Johannes*; mais je n'ai reconnu aucune trace de l'inscription ECCE AGNVS DEI, rapportée par Pintart. Cet auteur parle aussi d'une figure de peintre (peut-être celle de saint Luc), que je n'ai pas non plus retrouvée.

----

(1) M. Gilbert, d'après Pintart, décrit ainsi ce blason : parti au premier coupé, burrelé d'argent et d'azur au lion de gueules brochant sur le tout, qui est de Chypre, au deuxième d'argent au lion d'azur, au chef de gueules, qui est de Vendôme ; au deuxième parti d'or au lion d'azur, qui est de Roucy.

Ici finit la liste des verrières de Chartres, aussi complète, aussi exacte que de scrupuleuses recherches m'ont permis de la recueillir. Je ne me dissimule pas, toutefois, les lacunes nombreuses qui s'y font encore sentir; mais de nouveaux travaux, et peut-être quelques-uns de ces hasards heureux que les archéologues ne doivent jamais mépriser, donneront sans doute à quelque autre, ou à moi-même, les moyens de remplir un jour le cadre ainsi tracé.

Maintenant, si nous résumons cet immense catalogue, nous trouverons, en quelques lignes de statistique, que la cathédrale de Chartres renferme cent-quarante-six fenêtres, dont cinquante-cinq à l'étage inférieur, et quatre-vingt-onze à l'étage supérieur, y compris les roses et les verrières des trois grands portails. Le nombre total des sujets représentés sur ces vitres, sans compter les panneaux d'armoiries ou de simples ornements, est de treize cent cinquante-neuf, dont mille et un à l'étage inférieur, et trois cent cinquante-huit seulement à l'étage supérieur, différence qu'explique, du reste, le style légendaire appliqué à presque toutes les verrières des bas-côtés. Cette nombreuse suite de sujets se résume en vingt-huit légendes de saints, plus, dix autres légendes tirées de l'Ancien ou du Nouveau Testament, trente-deux figures de personnages contemporains, la plupart historiques, et une foule de figures de saints et de prophètes. Enfin, ce qui n'est pas le moins digne d'intérêt, sous le double rapport des indications d'usages et de costumes, les corps de métiers s'y trouvent représentés au nombre de vingt-huit. On ne saurait nier, à coup sûr, que ce ne soit là une des sources les plus précieuses, les plus riches en documents archéologiques qu'on puisse trouver dans les monuments de cette époque. Peut-être cependant ce motif n'aurait-il pas suffi pour m'entraîner dans d'aussi longs détails, si la vitrerie de Chartres, considérée au point de vue de l'ensemble et de la composition, ne m'avait paru mériter une attention au moins égale, et présenter, comme je l'ai dit plus haut, une des plus poétiques applications de l'art symbolique et mystérieux, qui formait la tradition du moyen âge.

Il me reste, pour compléter une étude dont tout le monde saisira l'importance, à comparer la cathédrale de Chartres avec quelques autres basiliques, dont la vitrerie peinte, également conçue dans un plan rationnel et symbolique, présente toutefois des différences notables, quant au choix des sujets ou à la place assignée à chacun d'eux. Un tel rapprochement, pour être de quelque valeur, doit avoir lieu entre des monuments d'une importance à peu près égale, et je n'en vois pas qui satisfasse mieux à toutes ces conditions que la cathédrale de Reims.

Reims a toujours passé pour un des plus anciens évêchés de France. Je ne prétends pas discuter ici la tradition au moins douteuse, selon laquelle saint Sixte, premier apôtre du christianisme dans ces provinces, aurait fondé une chapelle auprès de Reims, dès l'an 57 de notre ère, et l'aurait décorée du titre de métropole, comme étant le premier siége de la Gaule Belgique (1). Bientôt, au dire de Flodoard, une autre chapelle se serait élevée en l'honneur des martyrs saint Sixte et saint Sinice (2). Ce qu'on sait plus positivement, c'est que l'évêque Bétause, ayant fait construire, en 314, une église consacrée aux saints apôtres, obtint du pape Sylvestre la permission d'y transférer son siége épiscopal (3). Mais le titre de cathédrale ne lui fut pas longtemps conservé, et, dès le siècle suivant, il passa à une nouvelle église, construite par saint Nicaise, et placée sous l'invocation définitive de la sainte Vierge (4). Ce fut dans cette église que Clovis reçut le baptême des mains de saint Remi, en l'an 496.

Les constructions de cette époque, où le bois entrait dans une beaucoup trop grande proportion, n'avaient, en général, qu'une courte durée. Celle-ci subit donc le sort commun, et, lorsqu'en 822, l'évêque Ébon vint occuper le siége de Reims, elle présentait déjà un aspect si délabré, que ce prélat crut nécessaire de la remplacer par une nouvelle cathédrale, dont les travaux, quelque temps suspendus, furent repris et achevés, en 846, par les soins de son successeur Hincmar (5). Les anciens historiens parlent avec admiration de la décoration intérieure de cette basilique, que son généreux fondateur avait ornée de fenêtres vitrées (6).

L'église d'Hincmar devait encore être la proie des flammes; un dernier incendie, survenu en l'an 1210, ayant complété sa ruine, les premières fondations de l'édifice actuel furent enfin jetées, l'année suivante, sous l'épiscopat d'Albéric de Humbert (7). La conduite des travaux fut confiée à un célèbre architecte de Reims, nommé Robert de Coucy, qui eut, dit-on, le rare bonheur de pouvoir mener à fin, par lui-même, cette immense entreprise (8). La nouvelle église fut livrée au culte la veille de la Nativité de la sainte Vierge de l'an 1241 (9). Quelques parties, entre autres les deux tours, ne furent terminées que plus tard; mais, dès cette époque, la nef et le chœur, qui doivent particulièrement nous

---

(1) Description de l'église métropolitaine de Reims, par Povillon-Piérard, in-8°. Reims, 1823. — Pag. 3.

(2) *Quorum postmodum meritis Basilicæ domus ipsorum claris illustrata miraculis, nonnullis dotata ditatur muneribus.* (Flodoard. Historiæ Remensis ecclesiæ, in-8°. Douay, 1617, lib. I, cap. III, pag. 12.)

(3) Povillon-Piérard, pag. 3.

(4) *Is namque sedis hujus sanctæ basilicam in honore perpetuæ Virginis Dei genitricis Mariæ, divina traditur admonitus revelatione, fundasse, quam proprio quoque consecravit sanguine. Cathedra siquidem Pontificalis antiquitus in Ecclesia quæ ad Apostolos dicitur, extitisse fertur.* (Flodoard, lib. I, cap. VI, p. 23.)

(5) *Templum Dei genitricis Mariæ quod a fundamentis Ebo renovare cœperat, iste pace gratiaque fruens regia, præclari consummavit decoris eminentia.* (Ibid., lib. III, cap. V, pag. 291.)

(6) *Ipsumque templum pictis decoravit cameris, fenestris etiam illustravit vitreis, pavimentis quoque stravit marmoreis.* (Ibid., pag. 292.)

(7) *Lugubris hic casus refertur ad annum 1210, vi maij, ab auctore chronici Nicasiani, qui, et anno sequenti, effossa humo jacta fuisse fundamenta præclarissimæ hujus structuræ adhuc stantis, asserit.* (Marlot, Metropolis Remensis Historia, in-f°. Reims, 1679, lib. III, cap. XXI, pag. 470.)

(8) Je regrette de ne pouvoir reproduire ici l'intéressante note publiée par M. Gilbert, sur le compte de cet artiste trop peu connu. (Description historique de l'Église de Reims, in-8°. Reims, 1825, pag. 5.)

(9) *Chronicon auctoris cœtani, quod penes me habeo, refert canonicos Remenses novum suum chorum ingressos vigiliâ Nativitatis Beatæ Mariæ, anno 1241.* (Marlot, lib. III, cap. XXI, pag. 471.)

occuper, étaient, selon toute apparence, dans le même état où nous les voyons aujourd'hui.

Je ne pense pas que ce soit ici le lieu d'examiner, même succinctement, les beautés architecturales de la cathédrale de Reims. Il est d'ailleurs peu de monuments qui aient été l'objet de plus nombreuses descriptions (1), et dont le mérite réel soit mieux connu. C'est donc uniquement sous le rapport de sa vitrerie peinte que nous avons à étudier cette superbe basilique.

La vitrerie de Reims n'est pas aussi complète que celle de Chartres. Les nefs latérales et le pourtour du chœur ne renferment plus que du verre blanc, si j'en excepte la chapelle située au chevet de l'église, où quelque vitrier barbare a récemment installé des panneaux de verre violet, chargé d'un réticulaire jaune. Quant à la nef principale, et à l'intérieur du chœur, la décoration primitive y est complète, et l'ensemble en est encore si admirable, qu'on oublie facilement, à la distance où l'on se trouve, les imperfections, pourtant bien grandes, du dessin.

Si l'on compare l'effet général de cette vitrerie avec celui des verrières de Chartres, on n'y trouvera pas, sans doute, autant d'habileté dans la dégradation des tons, autant de variété, surtout, dans les nuances. Mais, si l'harmonie lumineuse de la cathédrale de Reims, moins riche, moins accidentée que l'autre, n'admet qu'un seul genre d'effet, il faut avouer que sa simplicité, pleine de grandeur, est, on ne peut mieux, d'accord avec l'unité de la composition. C'est une tragédie de Racine à côté d'un drame fantastique de Goëthe. Si l'un jette notre âme dans les extases de l'enthousiasme, l'autre commande au cœur et à l'intelligence une pieuse admiration.

Reims offrait à l'artiste une série complète de vingt-neuf fenêtres, toutes semblables de grandeur et de forme (2), et l'artiste, frappé de la régularité d'un si beau cadre, a voulu que son œuvre ne fût pas moins régulière. Esclave ingénieux de la tradition chrétienne, il a su répandre sur l'ensemble de sa composition une symétrie toute rationnelle, qui en fait un des modèles les plus parfaits en ce genre.

Au centre du rond-point, Jésus en croix brille de toute sa gloire, entouré de sa divine mère, du prince des apôtres, du disciple bien-aimé, et de deux saintes femmes. Les dix autres apôtres sont groupés dans le haut des fenêtres les plus proches, tant à droite qu'à gauche, et dans le bas des mêmes fenêtres se trouvent la sainte Vierge, quatre prélats, et les images de cinq églises. L'une de ces dernières, aujourd'hui déplacée, devait représenter la métropole de Reims (c'est celle où l'on voyait l'image de Marie) (3), et les

(1) Outre les auteurs que j'ai déjà cités, je pourrais encore renvoyer les lecteurs curieux aux sources suivantes : Bergier, Histoire de Reims, in-8°. Reims, 1635. — Pierre Coquault, Table chronologique de l'Histoire de l'église, ville et province de Reims, 1650. — Anquetil, Histoire de Reims, 1756. — Geruzez, Description historique et statistique de Reims, in-8°. Reims,

1817. — Almanach de Reims pour l'année 1780, etc.

(2) Chacune de ces fenêtres, haute environ de quatre-vingt-un décimètres et large de vingt-neuf, se trouve partagée en deux formes de vitres, et renferme quatre figures, deux en haut, deux en bas.

(3) Les mots ECCLESIÆ REMENSIS METROPOLIS, qui se lisaient dernièrement encore sur une verrière du

quatre qui restent représentent les églises suffragantes, ainsi que l'indiquent les inscriptions suivantes, qu'on peut encore distinguer en grande partie :

ECCLIA : : CATALANENSIS — EPS CATALAVNENSIS — (l'église et l'évêque de Châlons).

ECCLIA : : SVESSONIENSIS — EPS SVESSONIENSIS — (l'église et l'évêque de Soissons).

ECCLIA : : LADVNENSIS — EPS LAVDVNENSIS — (l'église et l'évêque de Laon).

D'autres inscriptions devaient porter les mots *Ecclesia Bellovacensis* et *Episcopus
Bellovacensis* (l'église et l'évêque de Beauvais). Il se pourrait que les quatre figures de
prélats eussent été faites comme portraits des évêques qui régissaient alors les diocèses suffragants de Reims ; mais rien pourtant ne justifie cette hypothèse. Du reste, ces figures
sont beaucoup moins curieuses, à mes yeux, que les modèles d'églises qui s'y trouvent
joints. A part l'idée si ingénieuse de l'artiste, qui a voulu que chaque église suffragante
fût ainsi représentée par son image dans le sanctuaire de la métropole, on ne saurait nier
l'intérêt d'un dessin d'architecture, remontant au commencement du treizième siècle. Je
ne prétends pas dire que ceux dont il s'agit fussent l'image bien exacte des monuments qui
existaient alors ; mais, tels qu'ils sont, ils m'ont paru, toutefois, renfermer des indications
de style assez intéressantes pour motiver la reproduction d'une de ces verrières. Celle que
je donne (planche XV) est la mieux conservée : elle représente, dans le haut, les apôtres
saint Philippe et saint Thomas, dans le bas, l'église de Châlons et son évêque. Comme type
de figures, celles-ci sont très-caractéristiques de l'époque. Leur position de face assise, où
le sentiment du raccourci est encore ignoré, leurs larges extrémités finies tout carrément,
sont autant de particularités choquantes qui frappent dès l'abord. Comme costume, la
figure de l'évêque n'est pas non plus sans intérêt. Le dessin réticulaire de son surplis, la
forme de sa chasuble, la simplicité de sa crosse et le peu d'élévation de sa mitre, indiquent,
tout aussi clairement que le caractère même de cette peinture, l'époque reculée à laquelle
elle remonte.

Après avoir ainsi compris la décoration du sanctuaire, l'habile verrier, à qui restait
encore à remplir une longue suite de fenêtres uniformes, y a placé l'image des prélats,
qui jusqu'alors avaient occupé le siége épiscopal de Reims, voulant ainsi rappeler leurs
vertus aux fidèles, et les proposer pour exemple à la piété du peuple (1). Les noms de
quelques-uns d'entre eux se lisent encore aux verrières du chœur ; ce sont ceux de DONA-
TIANVS, DISCOLIVS, VIVENTIVS, BARVCH, BARNABE, BENNADIVS, qui, du reste, comme l'observe
fort bien M. Gilbert (2), ne se trouvent pas rapportés ici dans l'ordre chronologique.

transept méridional représentant une Vierge, indiquent positivement l'existence de ce tableau, très-
maladroitement déplacé et nécessaire, en tout cas, pour
compléter la pensée du peintre.

(1) *In his vetustiores Archiepiscopi ordinatè reprœ-*
sentantur pontificalibus induti cum pallio, ut intuen-
tium animos ad horum sanctitatem et exempla provo-
cent. (Marlot, lib. III, cap. XXI, pag. 472.)

(2) Description historique de l'église Notre-Dame
de Reims, pag. 137.

Ce que j'ai déjà dit des quatre figures d'évêques suffragants, s'applique également à celles des prélats ici représentés. Je ferai seulement remarquer que ces dernières occupent, deux par deux, le bas de chaque verrière, tandis que la partie supérieure renferme un nombre égal de figures de rois. Aucune inscription, aucun attribut particulier ne vient, cette fois, nous révéler la pensée de l'artiste : a-t-il voulu reproduire, à côté des archevê-ques de Reims, la longue suite de monarques qui reçut l'huile sainte des mains de ces prélats? ou bien, plus occupé des traditions de l'histoire religieuse que de celles de l'his-toire locale, est-ce tout simplement la suite des rois d'Israël qu'il a voulu représenter? C'est là une question que, pour ma part, je crois fort difficile de résoudre.

Outre les verrières dont je viens de parler, la cathédrale de Reims est encore éclairée par quatre grandes roses. Il y en a deux à la grande façade du portail occidental, qui sont superposées l'une à l'autre, et séparées entre elles par une galerie vitrée, dont les pan-neaux, malheureusement restaurés avec du verre d'une fâcheuse transparence, représen-tent des figures de saints et de saintes plus grandes que nature. La rose supérieure, la plus remarquable des deux par ses dimensions, l'est également par la richesse, la légèreté de son architecture, l'harmonie de sa composition, et le prodigieux éclat des verres dont elle se compose. Elle renferme une nombreuse suite de rois de l'Ancien Testament, parmi les-quels on reconnaît David à sa harpe d'or. L'ensemble de cette rose, avec la galerie vitrée dont j'ai parlé, et l'autre rose du même portail, était, à coup sûr, une des plus belles productions de l'art du verrier au treizième siècle. Il est à regretter que la restauration trop évidente, quoique déjà ancienne, de la rose inférieure, soit venue rompre cet en-semble. Les couleurs pâles et douteuses de cette dernière, sa disposition en rayons formés de longs panneaux sans élégance, suffiraient à l'œil d'un observateur tant soit peu exercé, pour en rapporter la confection à une époque de décadence fort éloignée de sa fondation primitive. Mais, à l'appui de présomptions si fortes, s'il fallait un document de nature à dissiper le moindre doute, je croirais l'avoir trouvé dans un manuscrit de la biblio-thèque royale, intitulé *Diverces pourtraictures, par Jacques Cellier, Reims,* 1583-1587. Au nombre des curieux dessins à la plume que renferme ce manuscrit, se trouve une vue très-détaillée du portail de Reims, où la rose qui nous occupe est représentée sous une tout autre forme que celle que nous lui voyons aujourd'hui. Il est donc permis d'affirmer qu'elle a dû être restaurée depuis la fin du seizième siècle; ce qui s'accorderait parfaite-ment avec les caractères de décadence que présente sa composition actuelle.

La grande rose placée à l'extrémité du transept septentrional, au-dessus du portail, est entièrement du treizième siècle. Parmi les nombreux sujets qu'elle renferme, on re-marque une infinité d'animaux de toute espèce, divers médaillons relatifs à l'histoire des premiers temps du monde, le sacrifice de l'agneau sans tache, quelques traits de la vie de Notre-Seigneur, et même plusieurs scènes de martyrs. L'assemblage un peu confus de tant de sujets différents a donné lieu à plus d'une interprétation incomplète ou fautive. C'est ainsi qu'un auteur, uniquement frappé de la présence répétée des figures d'Adam et d'Ève, n'a cru voir dans cette rose que l'histoire de nos premiers pères (1), tandis que M. Géruzez l'avait prise pour un zodiaque, à cause des nombreux médaillons qui représentent des animaux (2). Il est vrai que ce dernier, reconnaissant lui-même son erreur, émet, dans le supplément de son ouvrage (3), l'opinion infiniment plus vraisemblable, que le peintre n'a eu d'autre objet, dans cette composition, qu'un rapprochement mystique entre la chute de l'homme et les mystères de sa rédemption. Cette opinion, adoptée littéralement par M. Gilbert (4), est la seule, en effet, qui me paraisse s'accorder avec les différents sujets que je viens d'énumérer. Sous le rapport de la valeur artistique, la rose dont il s'agit participe également des qualités et des défauts de son époque. Si l'ensemble se recommande par l'éclat des couleurs et la richesse de l'harmonie, d'un autre côté, l'incorrection du dessin et l'absurdité des costumes sont des défauts qui se retrouvent à chaque instant dans les détails. Quelque naïfs que nous aimions à nous représenter nos pères, il est difficile de penser que l'artiste, qui a si bien vêtu la famille d'Adam et l'a chaussée de souliers jaunes, ait eu la prétention de faire de la vérité historique.

La rose qui fait face à celle-ci et surmonte le portail méridional, fut détruite par un ouragan, en 1580. Les admirables peintures qu'elle renferme aujourd'hui, sont donc d'une époque très-postérieure à celle qui nous occupe, et par ce motif je m'abstiens en ce moment d'entrer dans des détails qui trouveront mieux leur place dans la suite de cet ouvrage.

Quant aux deux transepts qui se terminent si brillamment, le peu de fragments anciens qu'ils renferment sont trop incomplets pour mériter une description particulière, et je me crois dispensé de parler du badigeonnage à la colle, dont on a eu récemment l'idée aussi malheureuse que bizarre de revêtir une partie des vitres blanches.

A l'exception de la grande rose méridionale reconstruite vers la fin du seizième siècle, l'histoire ne nous a point conservé les noms des artistes à qui sont dues les peintures sur verre de la cathédrale de Reims. Le seul document que je connaisse à cet égard, se trouve rapporté par M. Gilbert, qui, d'après d'anciennes inscriptions aujourd'hui détruites, place au nombre des *maîtres des ouvrages* employés à la construction de la cathédrale, *Bernard de Soissons, qui fit cinq voustes, et travailla à la grande rose du portail* (5). Encore est-il probable qu'il s'agit ici de l'architecture, plutôt que de la vitrerie de cette rose.

Les peintures de Reims, ainsi que je l'ai déjà dit, paraissent appartenir à la même

<hr>

(1) Povillon-Piérard. Description de l'église métropolitaine de Notre-Dame de Reims, pag. 141.

(2) Description historique et statistique de la ville de Reims, in-8°. Reims, 1817, tom. I, pag. 314.

(3) *Ibid.*, tom. II, pag. 711.

(4) Description historique de l'église métropolitaine de Notre-Dame de Reims, pag. 23.

(5) *Ibid.*, pag. 26.

époque que celles de Chartres. Quelle que soit la différence de la composition, l'analogie de style en est frappante; et, s'il est permis de s'autoriser de cette analogie constante pour rétablir, par la pensée, ce qui n'existe plus, je n'hésiterai pas à ajouter que les fenêtres, aujourd'hui blanches, des nefs latérales et du pourtour du chœur, devaient être garnies de verrières légendaires du même genre que celles dont la cathédrale de Chartres est si abondamment pourvue.

Cette disposition s'observe dans presque toutes les grandes églises de cette époque. Mais l'ensemble en est rarement aussi complet qu'à Chartres; dans quelques-unes, comme à Reims, une partie entière de la vitrerie a disparu, purement et simplement; dans d'autres, elle a fait place à des peintures d'une époque postérieure, ou du moins, elle s'est complétée petit à petit dans les siècles suivants. En tête de cette dernière catégorie, je ne trouve pas de meilleur exemple à citer que la cathédrale de Bourges, l'un des monuments les plus admirables du moyen âge, et l'un de ceux, en même temps, où la peinture sur verre a déployé successivement les plus brillantes ressources de ses différentes manières.

L'époque où cette superbe église fut construite n'est indiquée d'une manière précise par aucun des nombreux auteurs qui s'en sont occupés. La Thaumassière, qui a recueilli dans un si grand détail tout ce qui concerne la ville de Bourges, avoue très-franchement n'avoir trouvé, dans les archives de la cathédrale, aucune pièce qui concerne sa fondation (1). Quant à sa première origine, on l'attribue généralement à saint Ursin, apôtre du Berry, qui aurait obtenu de Léocade, sénateur romain, une partie de son palais, à Bourges, pour y construire une chapelle (2). Ce serait, selon la même tradition, sur l'emplacement de cette chapelle que saint Palais, neuvième évêque, aurait, au quatrième siècle, élevé une nouvelle cathédrale, placée, comme la première, sous l'invocation de saint Étienne, proto-martyr. Quant à l'existence de ce nouvel édifice, elle se trouve constatée par les paroles de Grégoire de Tours (3), et célébrée par les vers que lui consacra, vers le même temps, le poëte-évêque Venance-Fortunat (4). On ignore quel événement amena la ruine de cette seconde cathédrale; mais ce qui paraît certain, au dire de Catherinot (5), « c'est qu'une troisième église a été commencée par Raoul de « Turenne, titulaire de plusieurs abbayes et archevêque de Bourges, avec l'aide de

(1) G. Thaumas de la Thaumassière. Histoire de Berry, in-folio, 1689, livre II, chap. VII, pag. 103.

(2) Description historique et monumentale de l'église de Bourges, par Romelot, in-8°. Bourges, 1824, chap. I, pag. 4.

(3) *Hæc est nunc ecclesia apud Biturigas urbem miro opere composita, et primi martyris Stephani reliquiis illustrata.* (Histor., lib. I, cap. 29.)

(4) Lib. I, cap. 4.

(5) Nicolas Catherinot, avocat du roi au présidial de Bourges, mort en 1689, était un homme très-laborieux, qui publia une foule d'opuscules sur l'histoire du Berry et divers autres sujets. On raconte que pour les répandre plus aisément, il avait l'habitude, lors de ses voyages à Paris, de les semer sur les quais, en feignant de regarder les livres qui y sont étalés. (Biographie universelle, publiée par une société de gens de lettres, in-8°. Paris, 1813, tom. VII, pag. 391.)

« Charles le Chauve, empereur, son proche parent, et achevée par Gauzlin, aussi arche-
« vêque de Bourges et abbé de Fleury, fils d'Hugues Capet, et frère du roi Robert (1). »
Plusieurs auteurs, et particulièrement Catherinot (2), et après lui l'abbé Romelot (3),
ont confondu cette troisième église avec celle qui existe aujourd'hui, et dont la dédicace
eut lieu seulement en 1324 ; mais il me suffira, pour démontrer l'erreur d'une pareille
opinion, d'avoir recours au témoignage de ceux-là même qui l'ont émise. L'abbé Romelot
fait observer que la grande voûte a été achevée au treizième siècle, sous le pontificat
de Jean ou de Guy de Sully, ainsi que l'indique la présence de leurs armoiries à la dernière arcade (4). Catherinot, de son côté, rapporte qu'en 1313, Philippe le Bel contribua
à l'achèvement de cette même partie de l'église (5). Or, n'est-il pas bien improbable
qu'un édifice commencé au neuvième siècle soit parvenu à peine, en cinq cents ans, à
la hauteur des voûtes, et n'est-il pas plus naturel de penser que les travaux exécutés à la
fin du treizième siècle, ou même au commencement du quatorzième, s'appliquaient à
une autre construction plus récemment entreprise ?

Enfin, passant à l'examen du monument en lui-même, la forme tout ogivale de ses
cinq nefs et des arcades qui les séparent suffirait pour caractériser un monument du
treizième siècle, si l'on n'en avait une preuve plus irrécusable encore dans la présence
d'une de ces grandes roses si légèrement découpées, dont l'usage était absolument
inconnu avant cette époque. A peine pourrait-on trouver quelques vestiges d'une architecture antérieure dans les cryptes, dont nous n'avons point ici à nous occuper ; mais, pour
ce qui est de constructions remontant au siècle du bienheureux Raoul de Turenne,
j'ose affirmer qu'il n'en reste plus rien aujourd'hui, et que leurs dernières traces ont dû
disparaître pour faire place à l'édifice actuel. A quelle époque la construction de ce dernier a-t-elle été entreprise ? C'est là, je le répète, ce qu'aucun historien ne s'est chargé
de nous apprendre d'une manière certaine. Je trouve seulement, dans un des opuscules
de Catherinot, qu'en 1174, Louis VII permit de fermer le parvis de Saint-Étienne et
de le fortifier (6), ce qui s'accorderait difficilement avec la disposition des lieux, tels que
nous les voyons aujourd'hui ; d'où je conclus, aussi bien que des caractères très-positifs
de l'architecture actuelle, que l'église Saint-Étienne ne peut guère avoir été commencée
avant les premières années du treizième siècle.

Cela une fois posé, j'admettrai plus difficilement encore que les vitraux de Bourges
puissent être comptés au nombre de ceux du douzième siècle. Que cette opinion se trouve
émise dans le livre de l'abbé Romelot (7), cela n'a rien d'étonnant de la part d'un homme

---

(1) Les Églises de Bourges, in-4°, 1683.

(2) *Ibid.*

(3) Description historique et monumentale de l'é-
glise de Bourges, chap. I, pag. 14.

(4) *Ibid.*

(5) Les Églises de Bourges.

(6) *Ibid.*

(7) Description de l'église de Bourges, pag. 83.

qui paraît avoir été complétement étranger à tout ce qui tient aux arts. Mais je comprends moins facilement qu'elle ait été reproduite par un auteur recommandable, dont les travaux pratiques se sont toujours appuyés sur des études approfondies et consciencieuses (1). M. Thévenot, à qui j'ai déjà adressé ce reproche (2), sait pourtant, mieux que personne, combien il faut se tenir en garde contre des présomptions d'ancienneté qui ne se justifient par aucune preuve, et ne se basent trop souvent que sur des analogies trompeuses. La disposition des verrières légendaires de Bourges se retrouve dans une foule de monuments du treizième siècle, et j'en citerai particulièrement, comme exemple, les intéressantes verrières de la cathédrale de Clermont, à la restauration desquelles M. Thévenot lui-même a concouru avec un talent si remarquable.

Quoi qu'il en soit, les verrières de Bourges sont certainement fort intéressantes. Sans m'occuper ici des chefs-d'œuvre nombreux qu'on doit reporter à des époques postérieures, je m'arrêterai uniquement, quant à présent, à l'examen de la partie importante de cette vitrerie, que je rapporte, comme je viens de le dire, au treizième siècle. Les verrières dont elle se compose sont de deux sortes : les unes, représentant en petit nombre des figures de taille naturelle ou de grandeur colossale, occupent l'étage supérieur ou la galerie des secondes nefs; les autres, uniquement formées de médaillons légendaires semés sur des fonds diversement ornés, occupent, au nombre de vingt-cinq, le pourtour du chœur et les fenêtres des chapelles adjacentes. Ces dernières étant les seules qui présentent une date à peu près certaine, c'est par elles que je commencerai la description succincte que je crois devoir donner ici (3).

1. La première de ces fenêtres, située entre la chapelle des Cœurs et celle de la Sainte-Croix, représente la parabole du riche, telle qu'elle se trouve rapportée au chapitre XII de l'Évangile de saint Luc. A côté de l'inscription explicative, HIC EST DIVES, se trouve une autre inscription tirée du texte même des saintes Écritures : HAC NOCTE ANIMA TVA....... A TE QVE PARASTI CVIVS ERVNT (*Hac nocte animam tuam repetunt a te. Quæ* autem *parasti, cujus erunt?*) Ce sont les paroles que l'évangéliste met dans la bouche de Dieu, lorsqu'il apparaît au riche (4). Plus loin, et comme contraste, le peintre a représenté, d'abord le pauvre couvert de plaies et de misère, puis

(1) Essai historique sur le vitrail, par E. H. Thévenot, in-8°. Clermont-Ferrand, 1837, pag. 7 et 20.

(2) Voyez ci-dessus, pag. 41.

(3) L'action du temps et de nombreuses restaurations ont rendu ces verrières si confuses, que l'étude des sujets qu'elles renferment semble avoir rebuté la plupart des historiens de la cathédrale de Bourges. C'est sans doute pour cacher l'insuffisance de son savoir, que Romclot s'écrie, d'un ton si ridiculement dédaigneux : « Je laisse ces *vieilles friperies gothi-* « *ques* dans la poussière qui les couvre, et je passe « rapidement sur *ces objets qui repoussent l'œil* par « leurs figures massives et grossières, et qui fatiguent « l'attention par la quantité de personnages ridicules « dont ils sont chargés (page 112). » Une telle fin de non-recevoir est sans doute fort prudente; mais ne vaut-il pas mieux encore s'exposer à commettre quelques erreurs de détail, que de se rendre coupable d'un pareil blasphème?

(4) Evangil. sec. Lucam, cap. XII, § 20.

son âme portée aux cieux par des anges. Enfin quelques figures, placées dans le bas, semblent indiquer que cette verrière a été donnée par le corps des maçons.

2 et 3. Ces deux fenêtres, comprises, ainsi que la suivante, dans la chapelle de la Sainte-Croix, renferment des fragments fort confus de diverses légendes. Plusieurs d'entre eux paraissent relatifs à l'histoire des premiers temps du monde.

4. Nombreux sujets tirés de la vie de Notre-Seigneur.

5. Légende de saint Étienne, patron de l'église de Bourges. — Personne n'ignore qu'Étienne, l'un des sept diacres choisis par les apôtres, fut la première victime des persécutions dirigées contre les chrétiens. On sait peu de chose de sa vie, si ce n'est qu'après avoir lutté avec succès contre la science des docteurs, et confondu l'audace de plusieurs faux témoins, il fut sacrifié à la haine des juifs, et lapidé des mains de ceux-là même qui l'avaient dénoncé. Jacques de Vorragine rapporte sa mort à l'année où Notre-Seigneur expira sur la croix. A l'exemple de son divin maître, Étienne « pria, » dit-il, « pour ses lapideurs à genoulz, ainsi comme se il fist plus « oraisons pour eulx que pour soy. » Mais la plus grande partie de la légende de ce saint se rapporte aux miracles qui suivirent sa mort. Les fleurs placées sur son autel prenaient, dit-on, une vertu curative, et l'on cite, au nombre des merveilleux effets de sa sainteté, six morts ressuscités, et une foule d'infirmes guéris de tous leurs maux (1). Dans les panneaux de la verrière qui représente ces miracles, se trouvent quelques détails assez intéressants sur la manière d'ensevelir les morts. En général, les jambes sont enveloppées de bandelettes, et le suaire est chargé d'une croix à l'endroit de la figure.

6. Cette verrière, qui paraît avoir été fondée par les tisserands, représente, d'après le texte de la Genèse, divers sujets relatifs à l'histoire du Paradis terrestre et des premiers temps qui ont suivi le déluge. On y reconnaît Adam, Ève, Noë, etc.

7. Légende de saint Denys. On y voit le saint emprisonné, décapité, portant sa tête dans ses mains, etc. (2). — Deux panneaux relatifs à l'histoire de sainte Cécile et provenant de quelque ancienne verrière, ont été reportés, par erreur, à cette fenêtre.

---

(1) La Légende dorée, édition d'Antoine Vérard, in-f°. Paris, 1498, fol. xx.

(2) La légende de ce saint est une de celles où la tradition s'est le plus altérée. Ainsi, l'opinion accréditée par Hilduin, abbé de Saint-Denys au neuvième siècle, que l'apôtre de Paris était le même que saint Denys l'Aréopagite, ne se trouve justifiée par le témoignage d'aucun auteur antérieur; et le peu de confiance qu'elle obtint ressort des paroles mêmes du pape Innocent III, qui déclare, dans une lettre adressée aux religieux de l'abbaye royale, « laisser à chacun la liberté de croire en son particulier ce qu'il lui plaira, touchant cette tradition. » Saint Denys l'Aréopagite, converti par saint Paul, devint évêque d'Athènes, et passe pour avoir souffert le martyre sous le règne de Domitien, tandis que l'autre saint Denys, envoyé dans les Gaules pour y répandre la foi du Christ, eut la tête tranchée auprès de Paris, en compagnie de saint Rustique, prêtre, et de saint Éleuthère, diacre. Leurs restes furent recueillis par une pieuse femme nommée Catule. Quant à la promenade que saint Denys aurait faite en tenant sa tête entre ses

8. Sujets divers, parmi lesquels on distingue le martyre de saint Pierre, et une inscription en assez mauvais état, qui paraît être un nom de saint.

9. Cette verrière, comprise, comme les deux précédentes, dans la chapelle de la Conception, représente la suite de la légende de saint Denys.

10. Parabole de l'Enfant prodigue, verrière fondée par les marchands peaussiers.

11. Jésus portant sa croix, la mort et la résurrection de Notre-Seigneur, trois sujets principaux entourés de figures de prophètes et de légendes tirées de l'Ancien Testament.

12, 13 et 14. Ces trois fenêtres, situées dans la chapelle de la Vierge, sont décorées de peintures du seizième siècle, dont je n'ai point encore à m'occuper.

15. Jugement dernier, composition fort importante et bien conservée.

16. Histoire de Notre-Seigneur depuis son entrée à Jérusalem, donnée par les fourreurs.

17. Légende de saint Laurent (1). — Cette verrière et les deux suivantes font partie de la chapelle de Sainte-Catherine.

18. Légende de saint Étienne.

19. Légende de saint Vincent. On y lit en divers endroits le nom de DACIANVS (2).

20. Divers sujets tirés de l'Apocalypse de saint Jean.

21. Légende de saint Thomas, apôtre.

22. Légende de saint Jacques (3). On y lit le nom de IACOBVS.

23. Débris d'une légende de saint Jean-Baptiste.

24. Légende de saint Jean l'Évangéliste. — Cette verrière se trouve comprise, ainsi que les deux précédentes, dans la chapelle de Saint-François, dont on attribue la décoration à Eudes de Sully, sous-chantre de Bourges, puis évêque de Paris, mort en 1268.

25. Histoire de Joseph, verrière fondée par les charpentiers, charrons et tonneliers ; elle est située entre la chapelle de Saint-François et celle de Sainte-Solonges.

Quant aux chapelles suivantes, elles sont ornées de vitraux du seizième siècle.

bras, c'est encore un fait dont on ne trouve aucune trace dans les Actes de ce saint, et dont on doit attribuer l'invention à Hilduin. Du reste, ici comme toujours, la tradition la plus erronée et la moins vraisemblable est celle qui fut le plus généralement adoptée.

(1) Ayant raconté en son lieu (page 35, note 1re) l'histoire de saint Vincent, je ne puis m'abstenir, sans motifs, de rapporter ici en quelques mots celle de saint Laurent, qui était son cousin. Natif d'Espagne, ce dernier fut emmené à Rome par saint Sixte, dont il devint l'archidiacre. Ce fut en ce temps-là que les empereurs suscitèrent une si furieuse persécution contre les chrétiens. Laurent, voyant ainsi l'Église bouleversée et son chef mis à mort, prit sur lui de distribuer aux pauvres tous les trésors et les vases sacrés dont la garde lui avait été confiée ; puis, pour répondre aux perfides soupçons dont il était l'objet, le saint homme convoqua tous ceux dont il avait soulagé la misère, et se présenta avec eux devant ses persécuteurs. Mais la rage impie de ces derniers ne fut que plus irritée de sa bonne contenance, et après l'avoir fait tenailler sans pouvoir lui arracher une plainte, ils le condamnèrent à être brûlé à petit feu. Laurent fut donc mis sur le gril. Cependant, rien ne put faire fléchir son courage, et lorsqu'il se sentit cuit d'un côté, il demanda tranquillement à ses bourreaux de le retourner sur l'autre. On rapporte sa mort à l'an 258 de notre ère. (Légende dorée, Moréri, etc.)

(2) Voyez plus haut, page 35, note 1re.

(3) Voyez ce qui en est dit, page 77.

Les autres verrières de la même église, dont j'ai à m'occuper en ce moment, sont d'abord celles de l'étage supérieur.

Les deux premières fenêtres, dans la partie de la nef, sont blanches; on y voit seulement, dans les roses, 1° les armoiries du chapitre (1), et 2° celles d'un cardinal, dont j'ignore le nom. Le reste de la nef est garni de verrières à dessins d'entrelacs en grisaille et à bordures de couleurs. Les petites roses qui les surmontent représentent divers saints personnages : on y reconnaît, en continuant à gauche, 3° saint Guillaume (2) et un autre évêque; 4° un saint sans désignation; 5° une figure entièrement mutilée; 6° saint Brice (3) et saint Martin (4); 7° saint Étienne et saint Vincent; et à droite, 1° la Vierge assise à côté de son divin Fils; 2° Samuel; 3° une Annonciation; 4° une figure en très-mauvais état; 5° saint Jean; 6° une autre figure mutilée; 7° des fragments de verrières légendaires des chapelles du pourtour, maladroitement rapportés en cet endroit.

Dans le chœur, les hautes fenêtres sont toutes chargées de figures colossales, placées dans un ordre beaucoup plus rationnel. Ce sont d'abord :

A gauche, les prophètes qui ont annoncé ou précédé la venue de Notre-Seigneur, dans l'ordre suivant indiqué par des inscriptions assez bien conservées : ABACVC, ZACHARIAS, MALACHIAS, SOPHONIAS, AMOS, NAVM, MICHA, JONAS, ADDIAS, AGGEUS, IOHEL, OSÉE, DANIEL, EZECHIEL, JEREMIAS, YSAIAS, MOÏSES, DAVIT REX, et saint Jean, S. IOHANNES.

Au centre, la sainte Vierge, et saint Étienne à ses côtés, SANCTA MARIA, S. STEPHANVS.

Et à gauche, en retour, les apôtres, les évangélistes, et quelques-uns des saints de la primitive Église, dans l'ordre suivant, qu'indiquent des inscriptions pour la plupart bien conservées : S. PETRUS, S. PAUL, S. ANDREAS, S. Jude, S. THOMAS, S. PHILIPPVS, S. IACOBUS, S. BARTHOLOMEUS, S. MATHEUS, S. SIMON, S. IACOBUS, S. BARNABAS, S. Jean l'Évangéliste, S. Marc, S. LUC, S. MATHIAS, S. CLEOPHAS (5), S. SILA (6), et un saint évêque dont le nom manque.

Enfin, entre ces grandes fenêtres qui éclairent la partie supérieure de l'église, et celles qui en occupent la partie inférieure, se trouve une galerie intermédiaire également ornée de peintures du treizième siècle. Toute la partie de cette galerie, qui correspond à la nef (c'est-à-dire, les dix premières et les dix dernières verrières), était jadis garnie de lacis à fonds blancs, et les roses seules contenaient des figures. Maintenant, les deux premières

---

(1) De gueules au saint Étienne d'argent.

(2) Saint Guillaume, neveu de Pierre l'Ermite, occupa le siége de Bourges jusqu'en 1209. On raconte qu'après la mort de Henri de Sully, son prédécesseur, les voix du clergé s'étant partagées également entre trois candidats, leurs trois noms furent placés dans une urne, d'où le sort fit sortir celui de saint Guillaume.

(3) Évêque de Tours, successeur immédiat de saint Martin, occupa le siége épiscopal jusqu'en l'an 444.

(4) Évêque de Tours vers la fin du quatrième siècle.

(5) Cléophas, au dire d'Eusèbe, était le frère de saint Joseph, et par conséquent l'oncle de Notre-Seigneur. Saint Jérôme assure que ce fut dans sa maison que Jésus fut reçu au bourg d'Emmaüs, et les Grecs le rangent au nombre des apôtres.

(6) Sila ou Silas fut, à ce qu'on croit, l'un des premiers disciples; il s'attacha d'abord à saint Pierre, puis à saint Paul, et assista avec ce dernier au concile de Jérusalem, en l'an 51.

sont en verre blanc, à l'exception de deux ou trois panneaux d'armoiries; la 3ᵉ et la 4ᵉ sont garnies de lacis en grisaille, et surmontées de roses contenant diverses figures de rois; il reste aussi quelques lacis à la 5ᵉ, mais sa rose est remplie de fragments légendaires, provenant sans doute des chapelles du bas; la 6ᵉ est murée; les 7ᵉ, 8ᵉ, 9ᵉ et 10ᵉ sont en verre blanc.

Les verrières placées au rond-point, au nombre de six seulement, renferment de grandes figures, quelques-unes accompagnées de sujets plus petits.

Elles se présentent dans l'ordre suivant, à la suite des fenêtres que je viens d'énumérer :

11. Deux saints évêques de Bourges, sans aucune inscription, ni aucun signe distinctif.

12. Deux autres personnages semblables, et dans le bas, un homme tenant une aumusse; ce qui semblerait indiquer que cette verrière a été donnée par les fourreurs.

13. Saint Sulpice Sévère (1), avec l'inscription s. svlpicivs severvs, et un autre évêque de Bourges, sans indication. — Dans le bas, un boucher assommant un bœuf (2), et représentant sans doute le corps d'état qui donna cette verrière.

14. Saint Ursin, premier évêque de Bourges, et saint Laurent, avec la double inscription : s. vrsinvs — s. lavrentivs, et dans le bas deux hommes jouant ensemble à un jeu de tables. Ce dernier sujet, qui se trouve également représenté, comme je l'ai déjà dit (3), sur les vitres de Chartres, m'a paru mériter une attention particulière; et, bien que la tête d'un des deux personnages figurés sur la verrière de Bourges ait été maladroitement remplacée par un morceau de verre uni, il m'a semblé intéressant de reproduire cette peinture plutôt que celle de Chartres, par le motif que les détails du jeu y sont beaucoup plus nettement indiqués. On verra, par la figure première de la planche XIV, qu'il se joue avec des dés sur un échiquier; les dés sont au nombre de trois, et l'enjeu paraît être un soufflet, que le perdant reçoit ici de l'air le plus piteux. Quant à la désignation précise de ce jeu, et à ses règles particulières, je dois avouer qu'elles me sont inconnues; mes recherches à ce sujet ont été sans résultat, et tout ce que je puis dire, c'est qu'il rentre dans la classe des *jeux de tables*, dont Rabelais donne une si longue nomenclature (4). On comprenait sous ce nom générique tous les jeux qui se jouent sur des tableaux divisés en compartiments réguliers, tels que l'échiquier, le trictrac, le tableau de mérelles, et autres du même genre, qui se prêtent à une variété infinie de combinaisons (5).

---

(1) Sulpice Sévère, évêque de Bourges, souscrivit au concile de Mâcon, en l'an 585, et siégea jusqu'en 591. Grégoire de Tours nous apprend qu'il avait de l'esprit et de l'érudition, et qu'il était bon poëte. On ne doit pas le confondre avec le célèbre auteur de la Vie de S. Martin, que j'aurai à citer prochainement.

(2) Le même sujet se trouve reproduit sur une vitre de la cathédrale de Chartres, dont j'ai donné le dessin, planche XIV, fig. 2, et la description page 63.

(3) Voyez page 65.

(4) Livre Iᵉʳ, chapitre xxii. — Peut-être s'agit-il ici de ce que Rabelais appelle *les trois dés*. La place qu'il donne à ce jeu dans sa nomenclature pourrait le faire supposer.

(5) Du Cange donne les définitions suivantes : *Tabularum ludus, vel alearum, alveolus in quem tesseræ jaciuntur.... alea in qua luditur pirgis, calculis et tesseris. Tabula lusoria.* (Glossarium ad scriptores

15. La sainte Vierge et Notre-Seigneur Jésus-Christ, dans des nimbes de forme amandaire.

16. Saint Étienne et un saint archevêque de Bourges.—Dans le bas, une figure de femme portant le nom de Mathilde.

Les dix dernières fenêtres placées à la suite de celles-ci, paraissent, ainsi que je l'ai déjà dit, n'avoir jamais contenu de vitres colorées. Les entrelacs en grisaille dont elles étaient ornées ont même disparu, à l'exception de ceux des trois dernières fenêtres. On aperçoit seulement dans les roses quelques têtes de rois, et l'une de ces roses, la plus rapprochée du portail, représente un religieux touchant de l'orgue.

Toutes les figures que je viens de décrire sont exécutées dans un style très-primitif, et qui témoigne d'une origine fort ancienne. Les bordures et les ornements, ainsi qu'on en peut juger par la planche précitée, conservent même encore, pour la plupart, le caractère des monuments dits byzantins. Mais les défauts de ce style se rachètent ici par une brillante couleur, d'heureux effets, et une bonne entente de la décoration.

Un éclat de couleurs non moins remarquable, et toutes les qualités de cette époque se retrouvent également dans la grande rose du portail occidental, qui est sortie assez intacte des diverses restaurations dont elle a été l'objet (1). On ne saurait en dire autant des belles vitres du seizième siècle, placées au-dessous de cette rose. J'y reviendrai plus tard, lorsque j'aurai à faire l'examen des admirables peintures sur verre, dont l'église de Bourges s'enrichit par la suite. Mais, pour le moment, je dois me borner à ce que j'ai dit de la partie ancienne de sa vitrerie, et continuer l'étude des autres monuments de la même époque.

Je ne connais, dans l'ancienne province de Berry, qu'une seule ville, après Bourges, qui ait conservé jusqu'à ce jour quelques vitraux du treizième siècle : cette ville est Châteauroux. Encore le peu de fragments qu'on y voit, sont-ils incomplets et fort insignifiants, de sorte que je n'en parle ici que pour mémoire. Mais si, en quittant le Berry, nous descendons le cours de la Loire, les célèbres monuments religieux dont ses rives sont abondamment pourvues, nous fourniront encore, çà et là, des restes fort importants de la vitrerie peinte du treizième siècle.

L'un de ces monuments, la cathédrale de Tours, mérite de nous arrêter quelques instants. Parmi les édifices du second ordre, où ses dimensions restreintes, et surtout le manque d'unité de sa structure extérieure viennent classer cette église, elle occupe peut-être une place aussi importante que la place occupée par la cathédrale de Bourges entre les édifices du premier ordre. Ce n'est pas là d'ailleurs le seul genre d'analogie

---

mediæ et infimæ latinitatis.) On ne saurait donc admettre l'opinion de certains commentateurs, qui, prenant la partie pour le tout, traduisent *tabularum ludus* par jeu de dames, et *tabularium* par damier.

(1) Une tradition, que je ne puis, du reste, appuyer d'aucune preuve, porte que cette rose aurait été restaurée pour la dernière fois, en l'année 1622, par un maître verrier de la Rochelle, nommé Bouvilliers.

qui existe entre ces deux monuments. Tours fait partie, comme Bourges, des édifices dont la vitrerie, commencée dès le treizième siècle, ne s'est complétée que dans les siècles suivants, et présente ainsi, réunis dans une même enceinte, des exemples des divers caractères que la Peinture sur verre affecta à ses différentes époques. Là, comme il arrive presque toujours, le chœur, qui est la partie la plus ancienne de l'église, est aussi celle qui contient les plus anciens vitraux.

Tours eut des évêques dès le troisième siècle, et c'est à saint Lidoire, le deuxième de ces prélats, qu'on attribue la fondation de la première basilique construite dans la ville. Toutefois ce ne fut que sous le pontificat de saint Martin (de 371 à 397) que cette église devint le siége de l'évêché (1). On pense même qu'elle n'obtint le titre de métropole que dans le siècle suivant (2). Reconstruite à diverses reprises, et placée d'abord sous l'invocation de saint Maurice, elle passa, vers le onzième siècle, sous celle de saint Gatien, son premier évêque ; mais l'édifice actuel ne fut terminé (du moins quant à la partie du chœur) que vers le milieu du treizième siècle. On voit par les peintures qui décorent les fenêtres dans cette partie de l'église, qu'elle a dù être livrée au culte vers l'an 1266 (3).

La cathédrale de Tours renferme des verrières du treizième siècle, tant aux chapelles du pourtour du chœur, qu'aux fenêtres qui éclairent l'intérieur du sanctuaire. Mais, par une exception dont les exemples sont fort rares, ces dernières fenêtres, d'ordinaire occupées par de grandes figures isolées, ou des sujets fort simples, sont ici divisées en une foule de tableaux, la plupart sur des fonds réticulaires, qui en font de véritables verrières légendaires. Elles sont au nombre de quinze, et les sujets qu'elles représentent se trouvent placés dans l'ordre suivant :

I et II. Verrières composées de sujets tirés de la vie de différents saints, et que de maladroits remaniements ont rendus presque indéchiffrables. — Au bas de la première de ces fenêtres se trouvent deux écus vairés contrevairés d'or et de gueules (4).

III. Sujets tirés de l'histoire de saint Laurent et de quelques autres martyrs.

(1) *Sedem, quæ antea vaga erat et loco incerta, fixit in basilica sancti Lidorii.* (Jean Maan, Sancta et metropolitana ecclesia Turonensis, in-f°. Paris, 1667 — parte prima, cap. III, pag. 12.)

(2) Le grand Dictionnaire géographique de Bruzen de la Martinière, in-f°. Paris, 1768. Tom. VI, p. 1002.

(3) *Peracta videtur ea ætate Turonensis ecclesiæ pars illa præcipua, quæ sacram cellam, odeum, septumque transversum cingit ambitu. Cum enim illam totam uno eodemque ductu et opere factam esse, et vitrea claustra quæ hanc sublime obsepiunt, non addititia apposita lapidariæ structuræ, sed fabricando inserta, pateat intuenti ; hanc absolutam esse circa annum* 1266 *indicant satis Adonis abbatis Cormaricensis, Jacobi Nannetensis episcopi et ecclesiæ ipsius decani, ac Godofridi Cenomanensis incausticæ imagines, quæ medio in vitreo specularis hemisphærij visuntur expictæ, quod ij fortasse qui pariter sedebant eo ipso anno, vitreum id suis sumptibus edi curavissent.* (Jean Maan, part. prim., cap. LXVII, pag. 139.)

(4) Ce blason ressemble fort à celui de la maison de Beauffremont ; mais comme rien n'en expliquerait ici la présence, quelques personnes ont pensé que c'était celui de Vincent de Pirmil, qui siégea de 1257 à 1270, époque où ces verrières paraissent avoir été faites. Je ne sais si cette opinion est bien fondée.

IV. Histoire des premiers temps du monde. — Dans le bas se voit une figure de saint Martin, avec l'inscription s. MARTINVS.

V. Huit figures d'évêques, dont quatre saints, sur un fond de lacis en grisaille. Ce pourrait bien être une suite des plus illustres prélats de l'église de Tours, dont les premiers furent saint Gatien ou Gratien, saint Lidoire, saint Martin et saint Brice.

VI. Cette verrière, qui représente divers sujets tirés du Nouveau Testament, a été donnée par Jacques de Guérande, évêque de Nantes, et doyen de l'église de Tours. On le voit dans le bas de la fenêtre, tenant le modèle de la verrière dont il est le fondateur. Son identité se trouve constatée par l'inscription IACOB : EPC : NAÑET (*Jacobus, episcopus Nannetensis*); et comme son épiscopat fut de courte durée (1), la date de cette fondation se trouve fixée d'une manière très-précise. C'est en effet d'après cette inscription, et celles qui suivent, qu'un auteur cité plus haut (2), a cru pouvoir déterminer l'époque où le chœur de la cathédrale fut vitré, tel que nous le voyons aujourd'hui.

VII. Cette verrière, qui se rapproche beaucoup de la précédente, tant par la disposition que par la nature des sujets, est un don de Geoffroy, évêque du Mans, ainsi que l'indique l'inscription G : EPC : CENŌM (*Gaufridus, episcopus Cenomanensis*). Il s'agit probablement ici de Geoffroy de Loudun, qui fonda de si beaux vitraux dans sa propre cathédrale, et qui siégeait dans le même temps que Jacques de Guérande était évêque de Nantes (3). Il se pourrait toutefois que le prélat dont parle l'inscription, fût Geoffroy d'Assé, qui occupa le siége du Mans après Geoffroy de Loudun (4).

VIII. Sur cette fenêtre, placée au chevet de l'église, on a représenté l'arbre généalogique de Notre-Seigneur.

IX. Verrière votive, au bas de laquelle se trouvent deux figures de donataires. Sous la première on lit ces mots incomplets : MATHEDE ..... DAT ISTĀVITRĀ (*Matheus de ..... dat istam vitram*); j'ignore quel a pu être ce Mathieu. Sous l'autre était une inscription qui a été tellement remaniée depuis, qu'on n'y distingue plus que ce peu de lettres retournées : AVИOSИ, qui paraissent provenir du nom de Monsorau ou Montsoreau. Un archevêque de ce nom siégea en effet de 1270 à 1295 (5).

X. Douze sujets tirés de la vie de saint Martin. Dans le bas se voit la figure d'Albon ou

---

(1) Trois ans, de 1267 à 1270, s'il faut en croire la Chronologie des Evesques des neuf Eveschez de Bretagne, qu'Augustin du Pas a placée à la fin de son Histoire généalogique de plusieurs maisons illustres de Bretagne. (In-f°. Paris, 1620.)

(2) Voyez la troisième note de la page précédente.

(3) Voyez l'Histoire des Evesques du Mans, par Le Corvaisier, et ce que j'ai eu occasion de dire plus haut, à la page 52, au sujet des verrières de la cathédrale du Mans.

(4) Le Mans ancien et moderne, page 55.

(5) Ni l'une ni l'autre de ces deux inscriptions ne se trouvent rapportées dans le passage de Jean Maan, que j'ai déjà cité plusieurs fois.

Albouin, abbé de Cormery, offrant le modèle de cette verrière. Le reste d'inscription ALB : CORM .... (*Alboinus Cormaricensis abbas*) donne lieu de penser que le nom de cet abbé était bien Albouin, et non Adon, comme l'ont écrit quelques auteurs.

XI. Fenêtre en grisaille à larges entrelacs, chargée de huit panneaux de figures. Le premier représente la sainte Vierge ; les trois suivants contiennent six figures d'abbés groupées deux par deux ; trois autres figures d'abbés viennent ensuite isolément, et enfin le huitième panneau représente un petit château pavoisé de deux étendards fleurdelisés. Dans ce dernier sujet, quelques personnes ont cru voir les anciennes armoiries de la ville de Tours ; ce qu'il est d'autant plus difficile d'admettre, que le mot PRESBITERI ......, reste d'une inscription placée au-dessous de ce petit château, s'accorderait assez mal avec une pareille explication.

XII et XIII. Les deux fenêtres suivantes, peu remarquables quant aux sujets, sont ornées de bordures aux armes de Castille, qui sembleraient indiquer un monument dû à la munificence de la pieuse mère de saint Louis, ou du moins érigé en reconnaissance des bienfaits qu'elle aurait répandus sur l'église de Tours.

XIV. Légende dont les principaux sujets sont relatifs à l'histoire de saint Jean.

XV. L'histoire peinte sur cette verrière paraît être celle de saint Eustache (1).

On voit, comme je l'ai dit en commençant, qu'ici, par exception, le style légendaire a envahi les hautes fenêtres du chœur. Il devrait, à plus forte raison, se retrouver aux chapelles du pourtour ; mais la plupart de ces chapelles ne contiennent aujourd'hui que du verre blanc. Trois seulement, situées au chevet de l'église, renferment encore des verrières plus ou moins bien conservées du treizième siècle.

Celles de la chapelle Saint-Lidoire ont été si maladroitement remaniées, qu'à peine pourrait-on y retrouver trois sujets entiers dans toute la légende. Un des panneaux encore intacts représente l'hérésie, sous la forme d'un serpent écrasé dans un mortier.

Les verrières de la chapelle de la Vierge sont en meilleur état, et les sujets qu'on y retrouve ont trait généralement à la vie de Notre-Seigneur, depuis le massacre des Innocents jusqu'à l'Ascension.

Enfin, la chapelle suivante est garnie de trois verrières où la vie de saint Martin est représentée dans le plus grand détail. J'en ai donné, Planche XVI, la partie la mieux conservée, et peut-être ne sera-t-il pas hors de propos de rapporter ici sommairement les principaux traits de cette légende, tant pour servir d'explication à la planche dont il s'agit, que pour faciliter l'intelligence des nombreuses verrières dont les sujets ont été puisés à la même source.

Saint Martin naquit, au commencement du quatrième siècle, à Sabarie (2), aujourd'hui

(1) Voyez la légende de ce saint, page 71.

(2) La vie de saint Martin, évêque de Tours, avec l'histoire de la fondation de son église, par Nicolas Gervaise, in-4°. Paris, 1699. — Ce Gervaise, succes-

Stein, en Hongrie. Sa vocation se déclara de si bonne heure qu'à dix ans il fut fait
catéchumène, et déjà il aspirait à la vie monastique, qu'il eût embrassée dès cette époque, si son père n'eût exigé qu'il entrât au service militaire. La nouvelle profession de
Martin n'apporta aucun changement aux pieuses dispositions de son âme; sa charité
était inépuisable : on en trouve une preuve dans ce trait si connu du partage qu'il fit de
son manteau avec un pauvre presque nu, qui implorait la charité des passants, aux
portes de la ville d'Amiens (1). Cet acte de charité fut si agréable à Dieu, que, la
nuit suivante et pendant le sommeil de Martin, il lui apparut accompagné de plusieurs anges, auxquels il dit : « Voyez, Martin encore catéchumène, m'a donné ce
manteau (2). » Tel est le premier sujet qu'on aperçoit au bas de la verrière, reproduite à la Planche XVI. Sur cette verrière, comme il arrive presque toujours, la légende
doit être lue de bas en haut.

Ce ne fut qu'au bout de vingt-cinq ans de service que saint Martin put renoncer
à la carrière des armes, et suivre enfin sa vocation religieuse. Son premier soin fut
alors de se rendre à Poitiers, auprès de saint Hilaire, qui lui conféra l'ordre d'exor-
ciste (3), seul grade que sa modestie lui permît d'accepter. Puis, désireux de revoir
sa famille, Martin quitta les Gaules, traversa les Alpes où il fut arrêté par une bande
de brigands dont il convertit le chef, et rendu chez lui, eut également le bonheur de
faire entrer sa mère dans le giron de l'Église. La persécution qui régnait alors à
Poitiers, l'obligea de passer en Italie, où il eut encore beaucoup à souffrir de la part
des évêques ariens. Enfin, lorsque saint Hilaire, après plusieurs années d'absence, put
retourner dans son diocèse, Martin l'y vint rejoindre, et se livra dès lors complétement à la vie monastique.

Le saint homme passa ainsi quelque temps dans une retraite absolue. Mais bientôt le
siége de Tours étant venu à vaquer, les fidèles du diocèse, d'une commune voix, le
demandèrent pour pasteur. Quelques-uns seulement objectèrent sa mauvaise tenue, sa
laideur et sa malpropreté, comme autant de défauts incompatibles avec la dignité de
l'épiscopat (4). Mais de pareilles objections durent céder devant la réputation de sainteté que Martin s'était acquise par ses vertus. Le deuxième panneau de la fenêtre que je

sivement prévôt de Suèvre au diocèse de Tours, évêque d'Horren, puis massacré, en 1729, par les Caraïbes
de la Guyane, ne doit pas être confondu avec son
frère Armand-François Gervaise, abbé de la Trappe.

(1) Sulpice Sévère, de Vita Beati Martini, cap. II.

(2) Vie de saint Martin, par Gervaise, livre I, pag. 8.

(3) C'était un des ordres mineurs, venant après les
acolytes. Leurs fonctions, dans la primitive église,
consistaient uniquement à exorciser les énergu-
mènes et les catéchumènes, et même les Grecs ne
les considéraient pas comme étant dans les ordres.

(4) *Pauci tamen.... impiè repugnabant, dicentes :
contemptibilem esse personam, indignum esse episco-
patu, hominem vultu despicabilem, veste sordidum,
crine deformem.* (Sulpice Sévère, de Vita B. Martini,
cap. VII.) — Un autre historien de saint Martin,
Paulin de Périgueux, prétend que sa laideur tenait
uniquement à ce qu'il avait les cheveux coupés trop
court. Il faut se rappeler qu'en effet à cette époque
on attachait une grande importance à la chevelure.

décris, représente la cérémonie du sacre de cet illustre prélat ; le panneau suivant rappelle la première entrevue qu'il eut à Trèves, avec l'empereur Valentinien, et le singulier miracle qu'on rapporte à cette occasion. « Valentinien », dit un historien moderne, « sur-« pris de le voir, malgré la défense qu'il en avait faite, ne put retenir son indignation « et le traita avec le dernier mépris ; mais Dieu, qui se sentit méprisé par ce prince, en « la personne de son serviteur, fit descendre tout d'un coup un feu du ciel, qui, ayant « environné son trône, le contraignit d'en sortir (1). » La leçon était bonne ; l'empereur en profita, et ce miracle ne contribua pas peu à inspirer dans tout le pays, en faveur de saint Martin, une considération que les païens eux-mêmes partageaient. L'un d'eux, homme considérable, nommé Tétrade, ayant un serviteur obsédé du démon, s'en vint prier notre saint de vouloir bien l'exorciser, et se convertit lui-même après le succès de l'exorcisme, dont les victorieux résultats sont très-matériellement représentés au qua-trième panneau de la verrière de Tours (2). Je n'en finirais pas, si je devais raconter ainsi tous les miracles que fit encore saint Martin. Une fois, par ses seules prières, il apaise un violent incendie ; plus tard le diable lui fait faire une chute très-grave, et cette fois encore, il doit à ses prières une guérison miraculeuse (3).

Tant de vertus ne pouvaient manquer d'attirer à Martin l'amour et la vénération de tout ce qui l'entourait. Les empereurs eux-mêmes se plaisaient à le recevoir à leur table ; mais la splendeur des cours n'apporta jamais le moindre changement à la sévé-rité de ses mœurs, et ne put le détourner un instant des devoirs auxquels il avait consacré toute son existence. Martin était à Candes, où il s'était rendu pour apaiser quelques discussions entre les membres du clergé, lorsque se firent sentir les premières atteintes du mal qui devait le conduire au tombeau. Sa fin fut digne de sa vie. Mais à peine cette triste nouvelle se fut-elle répandue, qu'une affluence énorme de religieux et de laïques vint de toutes parts pour lui rendre les derniers devoirs. En même temps, une contestation assez vive s'éleva entre les Tourangeaux et les Poitevins, qui faisaient valoir d'égales prétentions à la possession de ces précieuses dépouilles. La nuit survint sans que le débat fût vidé, et les Poitevins faisant bonne garde à la porte de la maison qui renfermait le corps, se croyaient bien en sûreté, lorsque les habitants de Tours étant parvenus à pénétrer dans l'intérieur, firent sortir par une fenêtre le glorieux dépôt qu'ils embarquèrent en un bateau, pour le ramener triomphalement dans leur cité (4). C'est cette double action que représentent les deux panneaux supérieurs de la verrière

(1) Vie de saint Martin, par Gervaise, liv. II, pag. 119.
(2) *Ibid.*, pag. 129.
(3) Cet épisode, représenté sur un grand nombre de verrières, se trouve mentionné dans un vieux poëme manuscrit sur les archevêques de Tours, que possède la bibliothèque de cette ville. On y lit :

Les diables enragez qu'il esuentoit leurs mines,
Le firent trebuscher reuenant de matines.

(4) Le même poëme contient les vers suivants :

Les Poitevins Candois prétendoient ses reliques,
Les Tourangeaux veillans par subtiles pratiques,
Les voyant endormis, le prirent, l'emportèrent,

reproduite à la Planche XVI : d'abord l'enlèvement du corps par une croisée, puis son transport sur la Loire (1).

Martin, ainsi ramené à Tours, reçut les honneurs de la sépulture, au milieu d'une telle affluence de fidèles, qu'on porte à plus de deux mille le nombre des moines seulement, qui assistèrent à ses funérailles (2). Saint Brice, son successeur, en retint un certain nombre pour desservir la chapelle qu'il fit aussitôt construire sur le tombeau même de l'illustre défunt. Dès le siècle suivant, cette chapelle devenant insuffisante, saint Perpétue, évêque de Tours, fit construire à la même place un édifice beaucoup plus important (3), dont il nous reste encore de pompeuses descriptions (4). Cette église, dès lors si célèbre et qui l'a toujours été depuis, éprouva à différentes époques les plus cruelles vicissitudes. C'est d'abord le roi Clotaire Ier qui, follement irrité de la juste résistance que le clergé opposait à ses exactions, puis bientôt repentant de ses propres violences, fait incendier le temple de saint Martin, puis le fait reconstruire plus magnifique encore qu'auparavant (5). Plus tard, viennent les Normans, ici comme partout destructeurs sans pitié, devant lesquels fuyaient des populations consternées, traînant après elles les châsses de leurs saints. Celle de saint Martin fut portée à Auxerre (6), d'où elle revint plus tard pour reprendre sa première place, lorsque le fléau fut passé, et qu'une église nouvelle s'éleva sur les ruines de l'ancienne. Cette église, que l'abbé Hervé fit construire dans les premières années du onzième siècle (7), ne devait subsister elle-même

Aydez de nostre Dieu, tous ioyeux l'emmenèrent.
Fauorisez du vent, ou bien plustôt des Anges,
L'aconduirent chantans les diuines loüauges,
Dans le Bourg des Chrestiens mis reposer par eux
Au petit Saint-Martin en l'an quatre cens deux,
Ou Dieu fit apparoir quantité de miracles
Sur les estropiez et les demoniacles :
L'on a bien emporté ce corps de là dedans :
Mais la déuotion depuis douze cens ans
A tousiours demeuré dans icelle chapelle......

(1) Quelques auteurs pensent que ce fut sur la Vienne que le corps de saint Martin fut d'abord embarqué. Le bourg de Candes, si remarquable par sa belle église, est en effet situé au confluent de ces deux rivières. Mais, selon les mêmes auteurs, ce serait seulement depuis quelques siècles, que, par suite d'un de ses fréquents changements de lit, la Loire se serait rapprochée de Candes. Je ne crois pas cependant que cette opinion soit généralement admise.

(2) *Quanta præcipue lamenta monachorum : qui eo die fere ad duo millia convenisse dicuntur.* (Sulpice Sévère, Epist. tertia ad Basullam.)

(3) *Cellulam quæ super eum fabricata fuerat videns parvulam... ibi magnam basilicam fabricavit.* (Gregor. Turon. Histor. Franc., lib. II, cap. 14.)

(4) La Sainteté de l'état monastique, où l'on fait l'histoire de l'abbaye de Marmoutiers et de l'église royale de Saint-Martin de Tours, in-12. Tours, 1700 (par Badier), pag. 178.

(5) On trouve, dans la charte de fondation de Sainte-Radegunde de Poitiers, la confession suivante : *Volui tunc temporis habere tertiam partem proventuum Ecclesiæ, sed mihi obstiterunt Episcopi : quapropter a me combusta est Ecclesia beati Martini Turonensis : sed postea ad preces dicti Germani refici feci pulchriorem quam antea.*

La même charte contient plus loin des paroles de contrition d'une humilité si emphatique, que rien ne peut mieux faire connaître l'esprit du temps. C'est toujours le roi Clotaire, qui, cette fois, s'adressant à soi-même, s'écrie : *O Clotari, miserabilium infimus, jam decrepitus et morti propinquior, et quasi ad mortis januas ! O peccator compos mentis, gravi tamen morbo detentus ! Quid ultra proferam ? Stupefactus nunc erubesco. O Prior mi charissime, in te confidit anima mea ! O inclyta et amabilis Congregatio Clericorum, in te consolor !*

(6) Vie de saint Martin, par Gervaise, liv. IV, pag. 311.

(7) *Ibid.*, pag. 320.

qu'un temps fort court : une révolte des habitants du bourg de Châteauneuf (1) fut cause de sa ruine. Mais un prompt repentir vint effacer leur faute, et les mêmes hommes s'employèrent avec le zèle le plus ardent à réparer les ravages de l'incendie qu'ils avaient allumé naguère. Cette dernière construction date de l'année 1157 (2), et si, depuis, l'église de Saint-Martin eut encore à souffrir de la part des Anglais sous Richard cœur de Lion, ou de celle des huguenots au seizième siècle, du moins l'édifice resta-t-il toujours debout jusqu'à la terrible époque des destructions révolutionnaires. Les vitraux de couleur qu'il renfermait alors furent presque tous détruits (3); quelques-uns cependant paraissent avoir échappé à la dévastation, et l'on m'a dit à Tours que de ce nombre étaient les verrières qui garnissent aujourd'hui les chapelles situées au pourtour du chœur de la cathédrale. La légende de saint Martin en fait partie, et c'est pour cela que je me suis cru autorisé à rappeler ici, en quelques mots, l'histoire de la célèbre abbaye dont elle provient, abbaye doublement illustre par son antique origine, et par les grands priviléges dont elle fut honorée (4).

Quant à la cathédrale de Tours, où se trouvent aujourd'hui les verrières qui ont donné lieu à cette longue digression, sa vitrerie se compléta peu à peu dans les siècles suivants; mais, fidèle à l'ordre chronologique adopté pour cet ouvrage, je dois m'abstenir d'examiner en ce moment des peintures exécutées à une époque plus avancée. Me bornant donc, quant à présent, à l'examen des monuments du treizième siècle, il ne me reste plus qu'à quitter Tours pour aller chercher ailleurs d'autres débris de cette époque.

Si nous nous laissons entraîner au courant de la Loire, bientôt Candes nous apparaîtra, église sans vitraux, mais admirable et pleine encore du souvenir de saint Martin; puis Fontevrault, avec toutes ses profanations, qui nous ont déjà arraché de si justes expressions de regrets; puis, descendant toujours à travers un pays où les charmes d'une délicieuse nature viennent ajouter encore à la magie des souvenirs, nous arriverons à Angers, la ville aux vieilles basiliques, le point de départ de nos études; nous rentrerons sous les voûtes de cette noble cathédrale, dont les antiques verrières ont jeté pour la première fois une lumière directe sur l'objet de nos recherches.

---

(1) On appelait Châteauneuf le bourg qui s'éleva autour de l'église de Saint-Martin, et fut ensuite réuni à la ville de Tours.

(2) Vie de saint Martin, par N. Gervaise, liv. IV, p. 325.

(3) M. Fougère, vitrier à Tours, qui a exécuté de fort habiles restaurations aux vitres de la cathédrale, m'a raconté que, tout jeune encore à l'époque de la révolution, il avait vu enlever de l'église de Saint-Martin un grand nombre de vitres, qu'on plaçait dans des paniers, pour les piler ensuite en petits morceaux.

(4) Entre autres distinctions particulières à cette église, on ne doit pas oublier que les rois de France prenaient le titre d'*abbés séculiers*, *chanoines* et *protecteurs de l'abbaye de Saint-Martin*. Cela provient, dit-on, de ce que la dignité abbatiale avait été réunie à la couronne en la personne de Hugues Capet, qui avait succédé dans cette abbaye à Hugues le Grand, son père, à Robert II, son aïeul, et à Robert le Fort, son bisaïeul. Le chapitre de Saint-Martin comptait aussi les Dauphins, et les principaux princes de la France, parmi ses chanoines d'honneur. (Grand Dictionnaire géographique de Bruzen de la Martinière, tom. VI.)

27

Il serait superflu de répéter ici ce que j'ai déjà dit de l'église d'Angers, de l'époque de sa fondation première et de la date de fondation de l'édifice actuel (1). Je rappellerai seulement que les premiers travaux du chœur ne furent commencés que vers la fin du douzième siècle, ce qui explique parfaitement comment il se fait que les nombreuses verrières contenues dans cette partie de l'église se trouvent postérieures d'un siècle au moins à celles de la nef.

Le plan tout à fait simple et primitif de la cathédrale d'Angers n'admet aucune chapelle autour du chœur, en sorte que celui-ci n'est éclairé que par un seul rang de fenêtres. En revanche, elles sont nombreuses, fort grandes et garnies de vitraux également remarquables par l'éclat des couleurs et l'harmonie de la disposition générale. Les sujets sont tous légendaires, à l'exception de quelques figures du seizième siècle, qui sont venues, par la suite, envahir la place des vitres du treizième.

Ces intéressantes verrières se présentent dans l'ordre suivant :

I. Six sujets tirés de l'histoire de saint Pierre, et, dans le bas, deux grandes têtes fort belles du seizième siècle, représentant les apôtres saint Pierre et saint André.

II. Six sujets tirés de l'histoire de saint Éloy, dont on lit en plusieurs endroits le nom diversement écrit : s. ELOUS, s. ELOIUS. — Le souvenir de ce saint (2) occupe une trop grande place dans l'histoire des arts au moyen âge, pour que je puisse me dispenser d'entrer ici dans quelques détails sur sa personne et ses ouvrages.

Né de parents obscurs, dans un petit village nommé Châtelat, qui fait actuellement partie du département de la Haute-Vienne, Éloy fréquenta d'abord les écoles de Limoges, puis il fut mis en apprentissage auprès d'Abbon, orfévre et maître de la monnaie de cette ville. Là, ses progrès furent tellement rapides, qu'il eut bientôt dépassé son maître. Il vint alors à Paris, où Bobbon, trésorier du roi Clotaire II, lui ménagea un accès à la cour. « Vers ce temps-là, » nous dit un historien de saint Éloy (3), « Clotaire voulait faire faire un trône d'or, enrichi de pierres « précieuses, et il ne se trouvait personne parmi ses officiers qui pût mettre son « dessein à exécution. Cela fut cause que Bobbon proposa Éloy à Sa Majesté, qui « lui donna une certaine quantité d'or pour travailler à cet ouvrage ; Éloy fit deux « trônes de l'or qui lui avait été donné pour la construction d'un seul, avec tant « d'adresse, qu'il était incroyable comment il pouvait les avoir faits. » Ce que voyant, le roi, plein d'admiration pour l'adresse de l'ouvrier, et surtout pour son intégrité, vertu fort rare à cette époque, s'écria : « Ceci me fait connaître

---

(1) Voyez page 17.

(2) La vie de saint Éloy a été écrite par saint Ouen, archevêque de Rouen, son contemporain et son ami ; elle se trouve imprimée en entier dans le tome III du *Specilegium* de D. Luc d'Achery.

(3) C. Lévesque, chapelain du corps des orfévres et joailliers de Paris, qui publia une traduction abrégée de la vie de saint Éloy par saint Ouen, in-8°, 1693.

« que l'on pourra désormais vous employer dans des affaires plus importantes (1). »

A partir de ce jour, notre saint occupa en effet une brillante position à la cour, et, loin d'être passagère, la faveur dont il y jouit ne fit que s'accroître sous le règne suivant : Dagobert le combla de biens et d'honneurs, le nomma d'abord son monétaire, puis maître de la monnaie de Paris. On conserve encore un certain nombre de sous ou de tiers de sou, qui portent l'empreinte de son nom, en cette qualité (2). Enfin, peu de temps après la mort de Dagobert, Éloy, que la sainteté de ses mœurs et son savoir profond désignaient tout naturellement à l'admiration des fidèles, se vit appelé à l'évêché de Noyon. Son sacre eut lieu à Rouen, le même jour que celui de saint Ouen, et la troisième année du règne de Clovis II.

Parvenu à la dignité épiscopale, saint Éloy sut conserver là, comme à la cour, l'esprit d'humilité et les habitudes charitables qui lui valurent plus tard les honneurs de la canonisation, et il continua à se distinguer également par ses vertus et sa science. Les sermons, les homélies qu'il composa, et dont une partie nous a été conservée, annoncent un talent remarquable pour cette époque, talent qui lui valut le dangereux honneur d'être envoyé parmi les peuples encore idolâtres de la Belgique, quelques-uns même disent jusqu'en Danemark et en Suède, pour y porter la parole du Christ. Il se fit également remarquer au concile tenu à Orléans, en 645 (3).

Cependant, les soins de son état ne purent jamais distraire le saint évêque de sa vocation pour les arts, et il se fit au contraire comme un devoir de piété de travailler à décorer de son mieux les châsses des saints. Ses plus beaux travaux furent consacrés à orner les tombeaux de saint Martin et de saint Denys. Saint Ouen cite en outre, comme étant de lui, les châsses de saint Germain, de saint Séverin, de saint Piaton ou Palaton, de saint Quentin, de saint Lucien (4), de sainte Geneviève,

---

(1) La Vie et les sermons de saint Éloy, par C. Levesque, liv. Ier, chap. 2.

(2) Voici la liste complète de ces pièces, telle que je la dois à l'obligeance d'un des archéologues les plus versés dans ce genre d'étude :

1 ✠ CLODOVCVS. Tête à droite, N dans le champ.
  ℞ ELIGIVS MO. Croix haussée avec les lettres AR (Arles) et le chiffre VII, indice du tiers de sou.
2 ✠ CHLODOVEVS REX. Croix ancrée avec ELIGI. dans le champ.
  ℞ PARISIVS IN CIVET. Tête tournée à droite.
3 ✠ CHOTOVCHVS. Tête à droite diadémée.
  ℞ PALATI MONETA. Croix avec *chrisme* ; dans le champ ELIGI.
4 ✠ CHLODOVEVS R. Buste à droite.
  ℞ PARISIN N CIV. Croix chrismée accostée de ELIGI.
5 ✠ CHLODOVIVS RE ✠. Profil à droite, diadémé, les cheveux longs.
  ℞ ......IVS IN CIVIT. Croix ancrée du haut avec EL IGI.

6 DAGOBERTVS ..X. Buste à droite.
  ℞ ELEGIVS M. Croix ; dans le champ MA (Marseille).
7 DAGOBERTVS REX. Buste à droite.
  ℞ MONETA ELIGIV. Croix avec MA (Marseille).
8 DAGOBERTVS RE. Croix ancrée du bas ; dans le champ EL IGI.
  ℞ PARISI CIV. Profil tourné à droite.
9 DAGOBERTVS REX. Croix ancrée du haut ; dans le champ EL IGI.
  ℞ CEALIT. Buste à droite (ce sou d'or paraît être de Dagobert Ier).
10 MASSILIA (Marseille). Buste à droite. — ℞ ELIGIVS. Croix.
11 PARISIS. Tête à droite. — ℞ ELIGIVS M. Croix.
12 PARISIVS FIT. Tête à droite.
  ℞ ELIGIUS MONE. Croix ancrée du haut.
13 MONETA PALATI. Tête à droite.
  ℞ IAREIA ...SCO. Croix ancrée et EL IGI.

(3) Audoën., Vita sancti Eligii episcopi, lib. 1, c. 34.

(4) Cette châsse fut placée à Paris, sur le grand pont, où elle resta un certain temps. (Légende dorée.)

de sainte Colombe (1), de saint Maximien, de saint Lolien et de saint Julien (2).
A cette liste, Jacques de Vorragine ajoute la châsse des saints Crépin et Crépinien.
dont saint Éloy découvrit les corps à Soissons (3).

La plupart des historiens rapportent la mort de saint Éloy au 1er décembre 659.
Elle fut, dit-on, prédite par lui, et annoncée par la présence d'un météore (4).
L'auteur de sa vie raconte également que la reine Bathilde, ayant voulu enrichir
son abbaye de Chelles des reliques de saint Éloy, le corps du saint prit tout à coup
une telle pesanteur, qu'on ne put parvenir à l'enlever de la place qu'il occupait (5).
On dit enfin que bientôt on vit sortir de son tombeau une liqueur merveilleuse,
douée des plus précieuses vertus médicinales. A ces détails, basés du moins sur
quelques témoignages contemporains, la tradition ne pouvait manquer d'ajouter
une foule d'histoires surnaturelles, qui furent facilement admises à une époque
où le goût du merveilleux régnait si généralement. Le peintre de la cathédrale
d'Angers ne fit que suivre l'usage du temps, en reproduisant de préférence les
traits les plus bizarres de la légende. En voulez-vous un exemple? — Un jour que
saint Éloy forgeait, le diable se permit d'importuner de sa présence le pieux artisan :
que fait celui-ci? Il prend avec ses pincettes une braise ardente qu'il applique
lestement sur le nez de Satan. Le diable ne demanda pas son reste. — L'histoire,
il faut en convenir, était trop jolie pour échapper au pinceau de l'artiste angevin;
aussi n'a-t-il eu garde de l'omettre.

Après une aussi longue digression, peut-être n'est-il pas inutile de rappeler que
nous en étions à la seconde fenétre du chœur de la cathédrale d'Angers. Elle
renferme, outre la légende de saint Éloy, deux belles têtes du seizième siècle,
représentant les apôtres saint Jean et saint Jacques.

III. Malgré les remaniements assez maladroits que cette fenétre a éprouvés, on y reconnaît encore saint Maurille, évêque d'Angers, contemporain de saint Martin (6), et saint Martin lui-même partageant son manteau avec un pauvre.

(1) On lit dans la Légende dorée, qu'un vol important ayant été commis dans l'église de Sainte-Colombe, les habitants du lieu vinrent demander assistance à saint Éloy. Celui-ci se rendit immédiatement en l'oratoire de ladite église, puis, s'adressant à sa sainte patronne, il dit : « Escoute, Colombe, que ie te vueil « dire : mon redempteur veult que tantost vous « m'apportez les ioyaulx de ceste esglise, qui ont esté « pris, ou ie feray tellement clourre l'uis d'espines « que iamais d'icy en auant en ce lieu cy ne seras « seruie ne adorée. » Il va sans dire que la sainte, sensible à une pareille menace, fit aussitôt retrouver les objets perdus.

(2) Audoën., Vita sancti Eligii episcopi, lib. I, cap. 32.
(3) Légende dorée.
(4) Audoën., Vita sancti Eligii episcopi, lib. II, c. 35.
(5) *Ibid.*, lib. II, cap. 36.
(6) Saint Maurille, natif de Milan, fut au nombre des disciples de saint Martin de Tours. Après la mort de ce prélat, Maurille se retira à Chalonnes, sur les rives de la Loire; il fut ensuite placé sur le siége d'Angers, qu'il occupa longtemps avec éclat, et mourut en 437, âgé de quatre-vingt-dix ans. On lui attribue l'institution de la fête de la nativité de la sainte Vierge. (F. Bodin, Recherches historiques sur l'Anjou, in-8°, Saumur, 1821, tom. Ier, pag. 72.)

IV. Légende de saint Laurent (1). Le panneau qui représente le martyre du saint a
été reporté par erreur à la huitième fenêtre.

V.   Un arbre de Jessé.

VI et VII. Légende de saint Julien, évêque du Mans. — Tout porte à croire que saint
Julien fut le premier apôtre qui se soit présenté dans la province du Mans; mais,
comme le fait très-bien remarquer Moreri (2), on n'a aucun monument certain
qui puisse fixer ses actes, ou même le temps auquel il a vécu. Au dire de certains
légendaires, saint Julien appartenait à une famille distinguée de Rome. Élevé
dans le culte des faux dieux, sa conversion fut l'œuvre du pape saint Clément
qui l'aurait envoyé prêcher l'Évangile dans les Gaules; mais Jacques de Vorragine
lui-même ne dit que quelques mots de ce saint, qui a été souvent confondu avec
d'autres du même nom. L'inscription scs ivlianvs se lit sur la verrière d'Angers,
où l'on distingue également une figure d'évêque donataire, avec son écusson che-
vronné d'or et de gueules à deux crosses d'argent brochant sur le tout. C'est
Guillaume Le Maire, élu en 1291 (3). Les deux lettres wi qu'on distingue encore
ont évidemment appartenu à son nom willelmvs.

VIII. Saint Jean, figure colossale du seizième siècle.

IX. Saint Christophe, autre figure colossale de la même époque.

X.   Verrière légendaire du treizième siècle, ainsi que les suivantes. Malgré de nombreux remaniements et la confusion qui en est résultée, on distingue encore plusieurs panneaux relatifs à l'histoire de saint Martin.

XI. Autres sujets tirés de la même légende. On peut y lire le nom de saint Martin.

XII. Un calvaire, et quelques autres sujets très-confus.

XIII. Sujets tirés de la vie de Notre-Seigneur, parmi lesquels on reconnaît le massacre
des Innocents.

XIV. Sujets du même genre; on y distingue une sainte Cène.

XV. Cinq panneaux fort sales, dont l'un représente le baptême de Notre-Seigneur. Au bas
de la verrière sont deux têtes d'apôtres du seizième siècle, semblables à celles des
première et deuxième fenêtres. On voit encore à la bordure un écusson palé d'or et
de gueules de huit pièces à la bande d'azur. J'ignore à qui se rapportent ces armoiries.

XVI. Sujets guerriers qui paraissent appartenir à l'histoire de saint Louis. — Au bas,
deux têtes d'apôtres du seizième siècle, et, à la bordure, le blason, déjà cité, de
Guillaume Le Maire, qui donne lieu de penser que cette partie de la vitrerie a été
exécutée vers la fin du treizième siècle, comme semble d'ailleurs l'indiquer également l'histoire du monument en lui-même.

(1) Cette légende a été décrite à la page 95, note 1.   (3) L'Anjou et ses monuments, par V. Godard-
(2) Tom. VI, pag. 490 de l'édition de 1759.   Faultrier, in-8°. Angers, 1840. — Tom. Ier, pag. 282.

Quant aux transepts de l'église, dont il nous reste encore à parler, ils furent probablement vitrés à la même époque; mais cette décoration n'a pu survivre à l'incendie qui dévora les transepts en 1451 (1). La vitrerie actuelle est postérieure à cette date, de sorte que nous n'avons point à nous en occuper pour le moment.

Maintenant, avant d'aller plus loin, jetons un regard en arrière pour embrasser du même coup d'œil les différents monuments du treizième siècle, à l'aide desquels nous avons cherché jusqu'ici à constater l'état de la Peinture sur verre à cette époque. Ces monuments appartiennent tous aux anciennes provinces qui constituèrent originairement la France, et j'ai cru pouvoir les donner comme des types excellents en ce qui concerne les pays où ils sont situés. Toutefois, ces types deviendraient insuffisants, et seraient même bientôt une source d'erreur, si l'on avait la prétention d'y rapporter également les monuments, assez rares, il est vrai, qui s'élevèrent, à la même époque, sur d'autres points du territoire actuel de la France.

Il est incontestable qu'en fait d'art, les styles varient suivant les pays ; or, en ce qui touche la Peinture sur verre, ces différences sont tellement tranchées qu'on pourrait, en quelque sorte, les retracer graphiquement, comme on indique sur une carte la délimitation des provinces. Je ne parle pas ici des nuances qui se multiplient à l'infini, et peuvent résulter de tant de causes diverses qu'il y aurait imprudence à vouloir les classer d'une manière trop absolue. Mais ce qu'il est facile de constater, c'est que tel style qui, dans le Nord, représente invariablement telle époque, ne prend naissance dans le Midi qu'à une époque postérieure; que tel caractère auquel on reconnaîtrait toujours une peinture du douzième siècle en Normandie, peut se retrouver, aux bords du Rhin, dans une peinture du treizième siècle. Il est donc utile, nécessaire même, pour procéder avec méthode aux études subséquentes, de poser, avant tout, en principe les caractères invariables auxquels les monuments de chaque époque se reconnaissent dans chaque province ; après quoi, il restera encore à chercher les causes d'où proviennent ces différences entre les styles, et les influences particulières sous lesquelles chacun d'eux s'est formé.

Un pareil travail ne peut se baser que sur l'étude et la comparaison des monuments entre eux. Mais malheureusement encore, ceux qui nous restent du treizième siècle sont répartis sur le sol de la France, d'une façon tellement inégale, que le petit nombre de documents sur certains points pourrait occasionner des erreurs, ou nous jeter complétement dans le champ des conjectures, si les preuves émanées de l'histoire même de ces monuments ne permettaient d'en préciser la date avec certitude. Il existe d'ailleurs une telle connexion entre les caractères de la Peinture sur verre et ceux de

(1) Voir les registres manuscrits de la fabrique de la cathédrale, tom. III, fol. 9 et suivants.

l'architecture qui lui sert de cadre, que les indications fournies par l'une, peuvent presque toujours servir à l'étude de l'autre, et qu'ainsi l'on pourrait arriver, par induction, à se faire une idée assez exacte de certains monuments détruits, dont il ne reste même aucune description.

Les différents pays qui aujourd'hui constituent la France, étaient divisés, au treizième siècle, en une foule de petits États distincts par leurs lois, leurs usages, les mœurs de leurs habitants, par tout ce qui constitue enfin la nationalité. Toutefois, si l'on rapproche les divers caractères des monuments que ces peuples nous ont légués, et qu'on les soumette à une étude comparative, on peut arriver, je crois, en faisant disparaître d'inutiles fractionnements, à les réunir en quatre groupes principaux, représentés sur la carte par quatre grandes divisions territoriales.

L'une, bordée par la mer d'une part, les Vosges et la Loire de l'autre, et comprenant aussi le Berry et le Bourbonnais, était régie depuis longtemps par les rois ou des princes français relevant tous de la couronne de France.

La seconde se composait des provinces germaniques relevant de l'Empire, telles que l'Alsace, la Lorraine, etc.

La troisième, ayant pour limite au sud la Méditerranée, embrassait tout le pays où les Goths avaient d'abord fondé leur empire, la Provence, le Languedoc, et toutes les terres qui composaient alors le comté de Toulouse.

La dernière enfin était l'Aquitaine, qui, après avoir eu, tour à tour, ses rois particuliers, puis ses ducs, avait fait retour à la couronne de France, pour passer presque aussitôt au pouvoir des rois d'Angleterre, qui en occupaient encore la plus grande partie.

Soumis à des influences si diverses dans chacune de ces provinces, à une époque surtout où l'échange des idées de peuple à peuple se faisait encore si lentement, l'art dut nécessairement affecter, dans chaque localité, une expression différente, se revêtir d'une forme, d'un cachet particulier, subir une progression toujours en rapport avec les circonstances au milieu desquelles il se produisait.

Étudions les faits d'abord, et nous rechercherons ensuite de quelles causes ils ont pu dériver (1).

Tous les monuments du treizième siècle dont j'ai donné jusqu'ici la description, et, en quelque sorte, l'analyse, appartiennent à la première division que je viens de tracer.

---

(1) Au premier abord, il peut sembler indifférent de commencer par établir une théorie, et de la justifier ensuite par des faits, ou bien de constater les faits avant tout, pour en tirer ensuite les conclusions qui doivent servir de base à la théorie. Pour ma part, j'incline à croire qu'il vaut mieux, lorsqu'on le peut, adopter la seconde de ces méthodes. En effet, celui qui a commencé par mettre en avant un système, est si intéressé à y faire entrer les faits pour s'en servir comme de preuves, qu'il se laisse souvent entraîner à les dénaturer selon sa convenance. Le *compelle intrare* est une méthode toujours dangereuse en fait d'histoire, et qui ne peut manquer de produire de fâcheux résultats.

Ils se trouvent situés dans cette partie de la vieille France, dont la Normandie semble être le prototype en fait d'art. La Champagne, la Bourgogne, le Berry, l'Anjou en sont de brillants corollaires, et leurs monuments, empreints d'une grande analogie entre eux, quant aux caractères principaux, constituent ce qu'on peut appeler le *style franco-normand.*

Mais pour peu qu'on s'avance vers l'est, ces caractères changent; l'aspect des monuments diffère, quoique l'époque de fondation soit la même; on reconnaît enfin l'influence *germanique,* qui constitue à son tour un style tout différent, et forme la seconde division dont j'ai parlé. Arrétons-nous donc pour étudier celle-ci comme nous avons étudié la première, pour découvrir en quoi ce style consiste, et pour en rechercher les principaux caractères dans les monuments de l'époque.

Ces monuments sont peu nombreux. Autant l'Alsace et la Lorraine renferment de verrières des quatorzième, quinzième et seizième siècles, autant les verrières du treizième siècle y sont rares aujourd'hui. Je serais même porté à croire qu'elles l'ont toujours été, puisqu'en fait de monuments de ce genre, il n'y a guère que la cathédrale de Strasbourg qui renferme des peintures assez nombreuses et assez entières pour servir de base à une étude un peu sérieuse. Encore l'époque où la plupart de ces peintures ont été exécutées se rapproche-t-elle si fort du quatorzième siècle, qu'on ne saurait y chercher des témoignages de quelque autorité pour préciser l'état de l'art au treizième siècle dans ces provinces.

La cathédrale de Strasbourg, dont la plupart des auteurs attribuent la première fondation au roi Clovis (1), ne fut d'abord bâtie qu'en bois; Charlemagne, dit-on, fut le premier qui la reconstruisit en pierre, et l'on pense généralement que certaines parties du chœur, particulièrement le dôme, telles qu'on les voit aujourd'hui, remontent à cette époque (2). Ce qui est certain, c'est que l'architecture en est fort ancienne et toute différente du reste de l'église. Cependant l'édifice ne fut achevé qu'en 1275 (3). Il est probable qu'il était alors complétement vitré; mais un incendie, survenu en 1298, dévora la plus grande partie des bâtiments (4), de telle sorte que la vitrerie de la nef dut être entièrement renouvelée à cette époque, ainsi que l'atteste le témoignage d'un des plus anciens historiens de la cathédrale (5).

---

(1) Description nouvelle de la cathédrale de Strasbourg, par Joseph Schweighaüser, in-8°, Strasbourg, 1770, chap. Ier, pag. 8. — Essai historique et topographique sur la cathédrale de Strasbourg, par l'abbé Grandidier, in-8°, Strasbourg, 1782, liv. Ier, ch. I, p. 5.

(2) Grandidier, liv. Ier, chap. II, pag. 10.

(3) *Eodem anno* 1275 *fabrica majoris ecclesiæ antè annos* 260 *inchoata, feliciter absoluta fuit* (Gallia christiana, tom. V, pag. 806).

(4) *Verum anno* 1298, *die* 14 *augusti, magna pars ecclesiæ cathedralis conflagravit* (ibid.).

(5) Dans la description de la cathédrale, par Schadée, on lit, à la date de 1298 : « Damalen machte « man die Obernfenster mit dem Umbgang..... *Ce fut alors « qu'on fit les fenétres de l'étage supérieur, ainsi que « celles de la galerie.....* » (Beschreibung des Münsters zu Straßburg, durch M. Ofeam Schabáum. In-4°, 1617, pag. 15.)

Il ne faut donc plus chercher la moindre trace de la vitrerie primitive dans cette partie de l'église. Le peu qui nous en reste aujourd'hui se trouve aux ailes de la croisée. Dans celle du nord, on reconnait les figures de Jésus-Christ, de saint Laurent, de la sainte Vierge et de saint Jean. Dans celle du midi, il reste plusieurs figures de saints en costume guerrier, dont j'ai reproduit les deux plus intéressantes à la planche XVII. Elles représentent saint Victor et saint Maurice. Si je les ai choisies de préférence à celles qui les environnent, ce n'est pas seulement à cause de leur bonne conservation, mais c'est principalement parce que les détails du costume, joints à ceux de l'exécution, peuvent servir très-utilement, dans cette circonstance, à déterminer une date que, sans cela peut-être, on aurait assez de peine à fixer.

A ne considérer que l'aspect général de ces figures et le caractère de l'ornementation, on serait d'abord conduit à les croire du douzième siècle. La plupart des détails du costume s'accorderaient même assez bien avec cette hypothèse ; l'armure toute de mailles, sans surcot ou cotte d'armes, le casque à nasal, la targe allongée, semblent en effet appartenir à une époque antérieure au treizième siècle. L'arcade qui surmonte chacune de ces figures est à plein cintre, et l'ornementation des boucliers, comme celle du cadre, présente des caractères assez marqués du style byzantin. Enfin, l'exécution même de cette vitre, sans demi-teintes, et composée de fragments de verre si petits que chaque maille de l'armure est, pour ainsi dire, formée par les contours du plomb, l'exécution de cette vitre, dis-je, prête une nouvelle vraisemblance à l'opinion de ceux qui la feraient remonter au douzième siècle.

Mais, en même temps, il y a lieu de remarquer, ainsi que je l'ai dit ailleurs(1), que la Peinture sur verre n'admettait guère de figures d'aussi grandes dimensions avant le treizième siècle. Ajoutez à cela, que le costume des deux saints reproduits à la planche XVII se trouve dans diverses peintures qui nous restent de cette dernière époque. Je me contenterai de citer le Raoul de Beaumont reproduit dans la collection de costumes de M. le comte de Viel-Castel (2). Raoul de Beaumont, qui fit diverses fondations dans la province du Maine, vivait au commencement du treizième siècle, et son costume est pourtant complétement identique à celui de saint Maurice. Comme ce dernier, il porte le jacques ou cotte de mailles, la targe et le casque à nasal. C'est qu'en effet l'usage du jacques se continua exclusivement jusqu'à l'époque encore assez éloignée où furent adoptées les armures à pièces mobiles, et que le bouclier conserva également longtemps sa forme allongée et pointue, qui ne se raccourcit que graduellement. Quant au casque, c'est réellement là la partie caractéristique de l'armure. M. Allou, à qui l'on doit un travail si intéressant sur ce sujet, décrit ainsi le casque antérieur au treizième siècle :

(1) Voyez à la page 40.
(2) Collection de costumes, armes et meubles, pour servir à l'histoire de France, par le comte H. de Viel-Castel, in-4°. Paris, 1830, planche 173.

« 1° Absence de visière.... 2° *forme conique*, très-faiblement arrondie au sommet,
« terminée sur le devant, et quelquefois derrière, par des appendices dont le premier
« porte le nom de *nasal*; 3° absence de jugulaires et de tout ornement analogue au
« cimier (1). »

Puis, passant au casque qu'il appelle le *casque des croisades*, et dont l'usage ne se
répandit, selon lui, qu'au treizième siècle, le même auteur le caractérise à son tour
de la manière suivante :

« 1° *Forme cylindrique* ou faiblement arrondie vers le haut; 2° *suppression* totale
« et définitive *du nasal*; 3° fermeture complète de la face antérieure..... 4° apparition
« des cimiers (2). »

Cette classification étant ainsi établie, il est bien évident que le casque de notre
saint Maurice n'appartient ni à l'une, ni à l'autre de ces deux espèces, mais qu'il participe
du caractère de chacune d'elles. L'absence de visière et le nasal le rattachent à la
première; mais il en diffère par le caractère le plus essentiel, qui est la forme principale
du casque, cette forme cylindrique tout à fait particulière à ceux de la dernière époque.
De là, n'y a-t-il pas lieu de conclure que le casque dont il s'agit appartient à l'époque
de transition où s'opéra le changement de forme, c'est-à-dire aux premières années du
treizième siècle? J'en ai déjà cité un analogue, qui remonte à cette époque, et je pourrais
citer encore un bas-relief de l'église St-Nazaire, en la Cité de Carcassonne, représentant
un sujet de la guerre des Albigeois, où les deux formes de casques indiquées ci-dessus se
trouvent reproduites simultanément.

Admettant donc comme prouvé que les deux figures de la planche XVII appartiennent
aux premières années du treizième siècle, on se trouve tout naturellement conduit à
remarquer combien l'adoption du style ogival et de l'ornementation qui s'y rattache a
été tardive dans les contrées qui forment aujourd'hui les départements de l'Est. En effet,
si l'on compare le saint Maurice et le saint Victor que je publie ici, avec d'autres figures
de mêmes dimensions exécutées, à la même époque, dans d'autres parties de la France,
comme, par exemple, l'Isaïe de Chartres, les évêques de Reims, ou même les guerriers de
Troyes (3), il est impossible qu'on ne soit pas frappé des différences sensibles qui se
feront remarquer dans le style, aussi bien que dans l'exécution de ces diverses peintures.

Celle de Strasbourg n'admet encore aucune des formes anguleuses et parfois un peu
maigres, qui caractérisent ailleurs la première période de l'art ogival; point de ces bordures à feuillages légèrement découpés, bordées elles-mêmes de filets de diverses couleurs.
De simples lisérés perlés encadrent ici le dessin, que couronne une arcade à plein cintre.

---

(1) C. N. Allou, Mémoire sur les casques du moyen âge, pag. 45.

(2) *Ibid.*, pag. 63. Le type parfait de ce genre de casque se trouve dans la figure du roi saint Louis, que j'ai reproduite planche XXVI, et décrite page 63.

(3) Planches XI, XV et XXX.

Mais, en revanche, il n'est pas une partie du tableau qui ne soit couverte, ou même surchargée d'ornements. Il règne dans toute cette décoration une richesse, une ampleur de formes qui présentent un singulier contraste avec la barbarie des figures, ce qui parait être le propre de l'art byzantin que les artistes de Constantinople avaient répandu depuis quelques siècles dans le reste de l'Europe.

Plusieurs faits attestent la présence de ces artistes sur les bords du Rhin. On pense généralement qu'ils y vinrent à la suite de l'impératrice Théophanie, fille de Romain le Jeune, qui épousa l'empereur Othon II, au dixième siècle (1). Mais quelle que soit la date précise de leur venue dans ces provinces, on en trouve la trace matérielle dans plusieurs monuments fort anciens. Je citerai particulièrement, à Cologne, le cloitre de Saint-Pantaléon, où le nom d'un architecte byzantin se trouvait écrit, *en lettres grecques,* sur le chapiteau d'une colonne. La cathédrale de Mayence présente un autre exemple du même fait; et, enfin, si j'avais besoin de citer encore un monument analogue existant dans les mêmes contrées, et d'étayer mon opinion de celle d'un savant archéologue du pays, je citerais l'intéressante verrière de Heimersheim, près de Remagen (2), qu'a publiée M. F. H. Müller, directeur de la galerie de Darmstadt (3), et qui représente, comme la verrière de Strasbourg, deux saints guerriers, saint Maurice et saint Georges, revêtus d'un costume singulièrement empreint du goût oriental (4).

Ainsi l'influence, si ce n'est le cachet personnel des artistes grecs, se retrouve partout dans les innombrables monuments qui s'élevèrent à cette époque sur les bords du Rhin. Et ici, l'on ne peut s'empêcher de remarquer combien leur action a dû être puissante, pour conserver une expression si particulière en présence des influences rivales, pour leur résister pendant des siècles entiers, tandis que le reste des pays situés en deçà du Rhin s'étaient déjà pliés aux modifications de style qui venaient de créer une architecture nouvelle. Faut-il attribuer un pareil fait au génie même de ces peuples, chez qui la progression en toutes choses est constante, il est vrai, mais d'ordinaire assez lente? ou bien est-ce à la supériorité même des artistes de l'Orient qui seuls conservèrent le feu sacré pendant les siècles de barbarie, qu'on doit reporter l'honneur d'avoir laissé des traditions si durables là où ils plantèrent leurs étendards? C'est, sans doute, ici une question qui pourrait être étudiée avec fruit; mais elle m'entrainerait trop loin. Si même j'ai cru devoir chercher dans les pays voisins des monuments analogues à ceux qui se trouvent dans le nôtre, c'est uniquement pour établir, en rapprochant leurs caractères, l'époque

---

(1) Moreri, tom. VIII, pag. 147.

(2) Village situé dans la partie de la Prusse rhénane, qui formait rotre ancien département de Rhin-et-Moselle.

(3) Beiträge zur teutschen Kunst- und Geschichtskunde durch Kunstdenkmale, in-4°. Leipzig, 1837; première partie, planche IX.

(4) Bemerkenswerth ist dabei das morgenländische, vielleicht saracenische Costüm dieser beiden christlichen Helden. *Le costume oriental, peut-être même sarrasin, de ces deux héros chrétiens, est tout à fait digne de remarque.* (Ibid., 1re part., pag. 38.)

précise où furent exécutées les remarquables peintures dont j'avais à m'occuper; car la cathédrale de Strasbourg contient elle-même une autre verrière très-belle, très-bien conservée, placée tout à côté des premières, et très-évidemment contemporaine de celles-ci, ainsi que l'attestent l'exécution et le style du dessin.

Cette verrière représente la figure colossale de saint Christophe, la plus grande que je connaisse, en fait de Peinture sur verre. Elle n'a pas moins de huit mètres de hauteur, ce qui s'explique, du reste, par le préjugé répandu à une certaine époque, que ceux qui avaient vu l'image de saint Christophe, ne couraient aucun risque de mourir dans les vingt-quatre heures (1). On pense généralement que c'est à cette superstition qu'il faut attribuer le grand nombre d'images colossales de ce saint qui furent érigées au moyen âge. La plupart étaient des statues en pierre. La cathédrale de Paris en possédait une, qui exista jusqu'en 1786 (2). Celle de la cathédrale d'Auxerre était la plus remarquable par ses dimensions (3). Mais, quelque propre que paraisse la Peinture sur verre à la reproduction d'une image qui devait frapper de loin les regards, il est à remarquer que la figure de saint Christophe se rencontre rarement sur les verrières des églises. Nulle part, je crois, elle ne s'y trouve dans les mêmes proportions qu'à Strasbourg.

Les quatre verrières situées dans le transept septentrional, et dont j'ai parlé plus haut, paraissent être de la même date que celles que je viens de décrire. Je ne pense pas qu'il y ait dans tout le reste de la cathédrale d'autres vitres qu'on puisse croire antérieures à l'incendie de 1298.

Pour constater plus sûrement encore quel était, au treizième siècle, l'état de la Peinture sur verre dans les provinces de l'Est, j'aurais voulu pouvoir citer un certain nombre de monuments de ce genre. Mais, quelles qu'aient été mes recherches à cet égard, je n'ai pu en trouver d'autres en Alsace, dont l'authenticité m'ait paru suffisamment constatée. Laissant donc de côté, jusqu'à nouvel ordre, ce qui concerne cette province, il me reste à jeter un coup d'œil sur celles qui l'avoisinent le plus immédiatement.

La Lorraine n'est guère plus riche que l'Alsace en vitraux du treizième siècle. Je n'ai à citer que deux cathédrales, celles de Metz et de Toul, qui en contiennent quelques fragments d'une importance très-secondaire. M. Bégin a reproduit les principaux dans son *Histoire de l'église de Metz*, actuellement sous presse, dont il a bien voulu me donner communication. Ces débris de l'ancienne vitrerie garnissent en partie les découpures des

---

(1) Molanus, qui condamne cette croyance, rapporte un quatrain, où elle se trouve ainsi formulée :

Christophore sancte, virtutes sunt tibi tantæ :
Qui te mane vident, nocturno tempore rident.
Christophori sancti speciem quicunque tuetur
Istâ nempè die non morte malâ morietur.

(De Hist. sacrar. imag., in-4°. Louvain, 1771, pag. 318.)

(2) Description historique de la basilique métropolitaine de Paris, par M. Gilbert, in-8°. Paris, 1821, pag. 177.

(3) Voyez le *Mémoire historique sur les statues de saint Christophe, et en particulier sur celle d'Auxerre*, inséré par André Mignot au journal de Verdun du mois d'août 1768, page 119 et suivantes.

fenêtres qui éclairent le collatéral de la nef, du côté gauche. La forme ogivale de celles-ci indique assez qu'elles ne sont pas du temps de l'évêque Thierry II, qui jeta les premières fondations de la nef au onzième siècle (1), et qu'elles ne peuvent même remonter au douzième, ainsi que l'ont pensé quelques personnes. D'autre part, le caractère des fragments de vitres qu'elles renferment leur assigne évidemment une origine antérieure à la reconstruction définitive de la nef, qui eut lieu de 1330 à 1332, sous l'épiscopat d'Adhémar de Monteil (2); d'où je conclus que ces fragments doivent appartenir à une époque intermédiaire, c'est-à-dire au treizième siècle. C'est ce que semblent d'ailleurs indiquer les parties de verrières un peu mieux conservées, qui se voient dans les deux chapelles ouvertes sur le collatéral de droite. L'une d'elles, la plus rapprochée du portail, faisait partie primitivement de l'église Notre-Dame de la Ronde, qui fut réunie à la cathédrale lors du prolongement de la nef (3). Cette église avait été consacrée, en 1148, par le pape Eugène III, qui revenait du concile tenu à Reims au mois de mars de la même année (4).

Du reste, ces débris bien incomplets sur lesquels il n'existe, que je sache, aucun document positif, n'ont, je le répète, qu'une importance fort secondaire, surtout si on les compare aux autres parties de la vitrerie dont la cathédrale de Metz fut décorée dans le cours des siècles suivants. C'est pourquoi je me contente de les indiquer aujourd'hui, me réservant d'entrer plus tard dans quelques détails sur l'histoire d'un monument si riche en Peintures sur verre du plus incontestable mérite.

Ce qui reste de vitraux du treizième siècle dans la cathédrale de Toul, n'a pas non plus une grande importance. Mais ici, du moins, les documents sont plus certains.

L'église de Toul, qui reconnaît pour pasteur saint Mansuet, et pour patron saint Étienne (5), fut plusieurs fois détruite et réédifiée, ainsi qu'il arriva presque partout dans ces temps de barbarie. L'édifice actuel ne remonte pas au delà du douzième siècle. Ce fut encore le pape Eugène III qui le consacra, lors de son voyage en France, l'an 1147 (6). Cependant les travaux ne furent achevés que longtemps après. La plus grande partie de la vitrerie parait être du quatorzième siècle, et, si je ne me trompe, les chapelles situées aux deux côtés du chœur renferment seules quelques vitraux du treizième. C'est là, sans doute, tout ce qui reste des verrières que l'évêque Roger de Marcey, mort en 1252, fit construire à ses frais, ainsi que la preuve s'en trouvait dans un ancien nécrologe cité par les auteurs de la *Gallia christiana* (7). Le passage qu'ils rapportent

---

(1) Histoire générale de Metz, par des religieux bénédictins, 5 vol. in-4°. Metz, 1775; tom. Ier, livre III, pag. 117.

(2) Ibid., tom. Ier, livre III, pag. 533.

(3) Ibid, tom. Ier, livre III, pag. 119.

(4) Ibid., tom. Ier, livre III, pag. 273.

(5) Gallia Christiana, tom. XIII, col. 957.

(6) Ibid., col. 1000.

(7) *Elogium Rogerii legitur in necrologio his verbis : Fenestras vitreas coloribus depictas variis in cancellario hujus ecclesiæ sitas fieri jussit ex suis sumptibus.* (Gallia Christiana, tom. XIII, col. 1015.)

semble indiquer, il est vrai, que ces verrières furent placées dans le chœur même; mais, d'une part, on ne saurait l'appliquer à celles qui occupent aujourd'hui cette place, puisque l'une d'elles, évidemment contemporaine des autres, porte la date de 1567; et, d'autre part, le mot *cancellarius*, qu'on trouve dans le texte précité, avait, au moyen âge, une acception si vague (1), qu'on peut, je crois, l'appliquer à tout ce qui dépend du chœur, presque aussi bien qu'au chœur lui-même.

Quelques débris de verrières, en apparence de la même époque, ont été rapportés au milieu de la vitrerie du transept méridional. J'ignore d'où ils proviennent.

Le peu de vitraux du treizième siècle que renferment les cathédrales de Metz et de Toul, sont, je le répète, les seuls que je connaisse en Lorraine. J'ai dû, par cela même, en faire mention; mais, en même temps, je dois faire observer que les peintures de cette époque ne conservent pas ici un caractère aussi distinct, aussi marqué qu'en Alsace, et qu'en un mot, les Vosges, ainsi que je l'ai déjà dit, semblent être la véritable limite où s'est arrêté le *style germanique* proprement dit.

La forme légendaire à laquelle se rattachent les plus anciens vitraux de Toul et de Metz, paraît d'ailleurs avoir été, à peu de chose près, la même dans les provinces de l'Est que dans celles de l'Ouest. La différence, à son égard, consiste, tout au plus, dans la durée qu'elle a pu atteindre dans ces diverses provinces. Mais c'est dans les grandes figures seulement qu'on peut reconnaître des différences de styles basées sur le caractère même du dessin et de l'ornementation.

Peut-être, en jetant les yeux sur des contrées plus éloignées, trouverons-nous à établir, par la comparaison, d'autres distinctions également tranchées. Continuons donc cette curieuse étude en parcourant successivement les régions si diverses dont se compose notre territoire, et que j'ai déjà cherché à grouper d'une manière générale.

Si les monuments de la Peinture sur verre s'élèvent encore nombreux, et forment une suite non interrompue de documents pour l'étude de l'art dans le Nord de la France, il n'en est pas de même du Midi.

Dans toute la Provence et la moitié du Languedoc, je ne connais pas un seul vitrail du treizième siècle. Est-ce à dire qu'il n'en ait jamais existé? Voilà sans doute ce qu'il serait impossible d'affirmer, mais ce qu'il est permis d'admettre, en thèse générale du moins, pour la Provence. Là, comme en Italie, il ne paraît pas que la Peinture sur verre ait été cultivée à cette époque. Les monuments du temps ne portent aucunes traces de verrières peintes, et les archives locales ne contiennent rien à ce sujet.

Cela, du reste, s'explique par la nature même du climat. La Peinture sur verre paraît surtout appropriée aux pays froids, dont la pâle lumière a besoin de larges ouvertures

---

(1) Voyez les diverses et nombreuses définitions rapportées par Du Cange, aux mots *Cancellarius* et *Cancellus* de son Glossarium ad scriptores mediæ et infimæ latinitatis.

pour pénétrer dans le temple, et d'un prisme puissant pour se colorer des feux qui lui manquent. Dans le Midi, au contraire, où le soleil embrase et la lumière inonde, on conçoit, d'une part, que l'architecte en ménage l'accès par des ouvertures de plus petites dimensions, et, de l'autre, qu'il accepte, sans vouloir en modifier la coloration, les rayons de ce soleil doré, plus riche que toutes les dorures et les ornements dont il pourrait charger son œuvre. De là, sans doute, cette absence de toutes Peintures sur verre dans les provinces du Sud, jusqu'au moment où les idées individuelles vinrent se fondre dans la transformation de la pensée commune, où les types si variés du moyen âge vinrent subir la discipline et l'unité d'un style nouveau.

Le Languedoc cependant, et même la Provence, contiennent quelques églises édifiées au treizième siècle, et dont l'architecture toute septentrionale annonce une origine particulière. Je citerai, par exemple, l'église d'Hyères, ce monument élevé par la piété des derniers croisés à l'endroit même d'où était montée vers le ciel la prière de tant de héros qui ne devaient jamais revoir leur patrie, à l'endroit d'où leurs frères d'armes, plus heureux, avaient adressé leurs actions de grâces au Tout-Puissant, en revoyant la terre de France après un long et dangereux pèlerinage (1). L'église d'Hyères est une église ogivale, de style pur et très-simple de lignes, telle qu'on les bâtissait alors dans le nord de la France. Il me semble évident qu'elle doit être sortie des mains d'un de ces architectes qui, sous le titre modeste de *maçons* ou de *maîtres de l'œuvre*, couvraient alors la Normandie, l'Anjou et la Champagne, des plus admirables monuments. Charles, comte de Provence, qui était en même temps duc d'Anjou, avait sans doute fait venir quelques bons artistes de cette dernière province, pour construire et décorer la nouvelle église de sa ville d'Hyères (2); et, dans ce cas, il serait possible qu'habitués à employer si heureusement la Peinture sur verre dans la décoration des édifices religieux, ces artistes en eussent fait ici un usage que justifierait également le goût très-prononcé de saint Louis et de ses frères pour ce genre de fondations.

Ce que je dis de l'église d'Hyères s'applique aussi bien à celle de Saint-Maximin (Var), dont la construction est due au même Charles, duc d'Anjou et comte de Provence (3).

Du reste, je le répète, rien ne prouve qu'il ait jamais existé de vitraux peints dans ces églises. A plus forte raison doit-on penser qu'il n'en existait nulle part ailleurs au

(1) Hyères était alors un port de mer très-fréquenté par les pèlerins et les croisés. (Dictionnaire historique de Moréri, tom. VI, pag. 3.)

(2) La tradition du pays porte que cette église fut fondée par saint Louis, qui en effet débarqua dans cette ville, au retour de sa première croisade (Chronique de Joinville, chap. LXXIX). Mais le fait est qu'elle ne fut fondée qu'en 1271 (le grand Dictionnaire géographique de La Martinière, tom. III, pag. 364). Or, comme le roi saint Louis était mort l'année précédente, c'est tout au plus à son frère Charles, duc d'Anjou et comte de Provence, qu'on pourrait faire honneur de cette fondation.

(3) Moréri, tom. IX, II\\u1d49 part., pag. 48.

treizième siècle, dans la Provence; et cette observation s'étend à presque tout le littoral de la Méditerranée. Depuis l'embouchure du Rhône jusqu'aux frontières d'Espagne, je ne connais guère que l'ancienne cathédrale de Béziers, où l'on puisse retrouver la trace probable de quelques vitraux du treizième siècle. Les fenêtres qui les renferment ont subi, dans leur forme, d'étranges modifications, d'où a dû résulter le remaniement qui a si complétement dénaturé ces verrières (1). Les fragments les plus incomplets de toutes les époques ont été réunis pêle-mêle, et l'on en a fait une sorte de marqueterie des plus misérables. C'est au milieu de tout cela qu'on aperçoit encore quelques pièces de vitraux légendaires, qui pourraient bien remonter à la fin du treizième siècle, mais qui offrent d'ailleurs si peu d'intérêt, que, dans toute autre contrée, on n'y ferait pas la moindre attention. Ils se trouvent encadrés au milieu d'autres fragments de vitres en grisaille couvertes d'entrelacs.

A Carcassonne, l'église de Saint-Nazaire, en la Cité, possède des verrières mieux conservées, dont quelques-unes, je crois, peuvent bien remonter au treizième siècle. On serait même tenté de rapporter à cette époque la plus grande partie des fenêtres, surtout de celles du chœur, si on se laissait uniquement guider par l'analogie de ces peintures avec celles des églises franco-normandes; mais les blasons de plusieurs évêques du quatorzième siècle, qui entrent comme partie intégrante dans les bordures ou l'ornementation de diverses verrières, ne laissent aucun doute sur l'époque de leur fondation. Une seule fenêtre me paraît bien incontestablement du treizième siècle : c'est celle qui est située au chevet du chœur. Dans toute autre province, je l'aurais prise pour une verrière du douzième siècle, tant elle conserve un aspect de haute vétusté. Mais l'histoire même du monument se refuserait, je pense, à une pareille conjecture; et procédant encore ici par analogie, on peut admettre facilement qu'avec l'apparence d'une verrière du douzième siècle, celle-ci ne soit que du treizième, puisque dans la même église, les peintures du quatorzième siècle conservent encore l'aspect que présentent ailleurs les peintures du siècle précédent. Tout ce qu'on en peut conclure, c'est que dans ces contrées le style légendaire se conserva plus longtemps qu'ailleurs, avec ses caractères primitifs, tels que nous avons eu déjà l'occasion de le constater plusieurs fois, et particulièrement à propos de la vitrerie de Notre-Dame de Chartres.

La vieille verrière de Carcassonne représente l'histoire de la Passion de Notre-Seigneur. Mais les panneaux inférieurs appartiennent à la légende de saint Celse, ainsi que l'indique l'inscription SANCTUS SELSIVS tracée sur un de ces vitraux. Ils proviennent évidemment d'une autre verrière, ainsi que le blason qui s'y trouve encadré. Ce blason

---

(1) M. Reboul, dans une intéressante notice qu'il a insérée au bulletin de la Société archéologique de Béziers, se plaint en termes énergiques, mais avec raison, des restaurations toutes récentes de la grande rose. C'est en effet le coup de grâce donné à la vitrerie de cette église.

est écartelé aux 1 et 4 d'argent au lion d'azur; et aux 2 et 3 fascés de gueules et d'or. J'ai vainement cherché à quelle famille il pouvait avoir appartenu.

C'est là, du reste, je le répète, la seule verrière de cette église à laquelle on puisse raisonnablement assigner une date aussi ancienne que le treizième siècle. Je n'en connais aucune autre de la même époque, non-seulement à Carcassonne, mais même dans le reste du Languedoc. Cette partie de la France possède de très-beaux monuments des douzième et treizième siècles; mais les uns, tels que la magnifique église de Saint-Sernin, à Toulouse, offrent des caractères assez différents de ceux de notre architecture normande, pour qu'il soit permis de croire qu'ils en différaient également quant aux éléments mêmes de leur décoration; et les autres, qui présentent, au contraire, beaucoup d'analogies avec les églises du Nord, n'ont rien conservé de la vitrerie dont ils étaient probablement ornés autrefois.

Parmi ces derniers, il en est quelques-uns où l'on retrouve cependant des traces assez curieuses des verrières qui n'existent plus. Je citerai l'ancienne église des Dominicains, à Toulouse, aujourd'hui consacrée au service de l'artillerie (1). On y voit encore, sur quelques fenêtres simulées, la trace de peintures imitant des dessins de vitraux, avec l'intention bien évidente de continuer, autant que possible, la décoration des fenêtres voisines. Ces peintures imitent des lacis en grisaille, de l'espèce de ceux qu'on faisait à la fin du treizième siècle et au commencement du quatorzième, d'où il me semble permis de conclure que tel était le genre d'une partie au moins de la vitrerie dont l'église des Dominicains fut primitivement décorée.

Je pourrais signaler un fait du même genre dans l'église Saint-Nazaire de Carcassonne, dont je viens de parler, il n'y a qu'un instant.

Mais de tout cela il ne résulte pas moins que les monuments de Peinture sur verre du treizième siècle sont trop rares, tant en Languedoc qu'en Provence, pour qu'il soit possible de fixer, dès cette époque, les caractères du *style méridional*. En avançant que le genre légendaire paraissait avoir conservé sa forme primitive plus longtemps dans ces provinces que dans celles du Nord, j'ai fait une observation qui se rapporte peut-être plus encore au quatorzième siècle qu'à celui qui l'a précédé; et c'est cependant la seule qui soit résultée pour moi de l'examen de fragments si rares et de documents si incertains.

Ce n'est qu'en se rabattant vers le centre de la France, qu'on trouve un nouveau

---

(1) Cette église, qui fut autrefois l'une des plus belles de Toulouse, se fait remarquer par une disposition fort singulière. L'édifice est coupé dans sa longueur par une rangée de colonnes très-hardies, qui le divisent en deux nefs, ce que la Martinière explique par la nécessité où l'on se serait trouvé de donner un point d'appui aux voûtes, dont la hauteur est excessive. L'église des Dominicains est attenante à des cloîtres jadis couverts de peintures à fresque du plus haut intérêt. Maintenant les cloîtres servent d'écuries pour l'artillerie, et les peintures, exposées à de continuelles dégradations, ont disparu presque entièrement.

31

groupe de monuments, cette fois plus nombreux, mieux connus, et, par conséquent, plus propres à l'étude.

Les *lacis* ou entrelacs en grisaille y occupent une grande place. Aussi est-ce le lieu d'entrer ici dans quelques détails sur un genre de décoration qu'on retrouve dans un si grand nombre de monuments des treizième et quatorzième siècles. Voici comment Le Vieil en explique la dénomination :

« *Lacis*, » dit-il, « est le nom qu'on donne à ces ouvrages de fil ou de soie faits en forme « de filets ou de *réseuil*, dont les brins sont entrelacés les uns dans les autres. C'est de « là vraisemblablement qu'ont pris le nom de *lacis*, en fait d'architecture, ces orne- « ments composés de listels et de fleurons liés les uns avec les autres en différents « sens, de manière que le même listel passe quelquefois par-dessus et quelquefois « par-dessous celui qu'il lie. Les vitriers, pour exprimer cette sorte d'assemblage, se « servent du mot *entrelacs* (1). »

Ces entrelacs, indiqués par de simples traits noirs, se détachent en blanc sur un fond de grisaille, tantôt formé de verres unis et simplement teints d'une légère couche blanche très-faiblement opaque (2), tantôt couvert d'une multitude de petites hachures noires croisées à angle droit, de manière à lui donner de loin l'aspect d'une teinte grise tout unie. Cette dernière disposition paraît avoir été la plus fréquente.

Les plus anciennes peintures de cette espèce dont il soit fait mention, sont celles qu'on voyait encore dans l'église métropolitaine de Paris, vers le milieu du siècle der- nier, et qui dataient, à ce qu'il paraît, de la fin du douzième siècle. Bientôt ce genre de décoration devint très-commun et se répandit dans un grand nombre d'églises.

« On se demande, » dit Langlois du Pont-de-l'Arche, « si cette froide monochromie, à « des époques où les couleurs les plus brillantes enrichissaient les temples de leur éclat « magique, tenait à de simples raisons d'économie, ou si, comme nous l'avons dit plus « haut, on avait exclu, à raison de leur plus ou moins grande opacité, ces verres « vigoureusement teints, qui ne laissaient pénétrer dans l'intérieur de l'édifice qu'une « lumière beaucoup moins vive et moins franche ; c'est, selon toute apparence, à cette « dernière raison qu'il faut s'en tenir (3). »

Dans le plus grand nombre des cas, la monotonie de la grisaille est relevée par quel- ques parties colorées, ainsi qu'on peut en juger par la planche XVIII, où j'ai cherché à réunir quelques échantillons de ce genre de peinture.

Tantôt ce sont de simples fleurons de couleur, jetés au milieu d'une ornementation en grisaille, comme dans la petite rose reproduite au haut de la planche précitée, d'après une des verrières de la nef de la cathédrale de Tours.

---

(1) L'art de la Peinture sur verre, Ire part., pag. 25.

(2) Essai historique et descriptif sur la Peinture sur verre, par E. H. Langlois du Pont-de-l'Arche, p. 151.

(3) Ibid., pag. 152.

Tantôt ce sont des petits panneaux d'armoiries, comme à Saint-Pierre de Chartres, où les armes de Castille (de gueules au château d'or sommé de trois tours du même) forment le fond de l'ornementation. J'en ai également donné quelques fragments sur la même planche. Ce blason, qui est celui de Blanche de Castille, mère de saint Louis, semble indiquer que cette pieuse reine fut au nombre des bienfaitrices de l'abbaye de Saint-Pierre.

Enfin, dans d'autres cas, la plupart des listels qui courent sur les panneaux sont eux-mêmes en verre de couleur, ainsi qu'on en voit particulièrement de nombreux exemples dans l'église Saint-Urbain de Troyes, dont je reproduis une fenêtre (planche XXXI). J'en ai déjà cité une autre qui fait partie de la cathédrale de Chartres (1). La grisaille, ainsi combinée avec des verres de couleurs découpés en listels, produit un effet très-élégant, et serait, je crois, d'une utile application dans les travaux de vitrerie, qu'on est souvent obligé d'exécuter aujourd'hui avec des ressources très-bornées. Ce genre de décoration, qui n'exige tout au plus qu'un talent d'ouvrier, aurait l'avantage d'être à la fois moins dispendieux et moins barbare que les prétentieuses peintures qui s'exécutent au rabais dans une foule de localités.

Après avoir ainsi passé en revue les différentes espèces d'*entrelacs* usitées au treizième siècle, il me reste à signaler quelques monuments où ce genre d'ornementation a reçu une application exceptionnelle. Là, par une étrange combinaison de la grisaille et de la peinture polychrome, des sujets légendaires se trouvent jetés, sans aucun cadre, sur un fond de lacis en grisaille. C'est dans une des églises de Poitiers, à Sainte-Radegonde, que j'ai particulièrement observé cette singulière disposition.

La fondation de cette église remonte à une époque très-reculée, et l'édifice actuel est lui-même fort ancien.

Son premier fondateur fut Clotaire, qui la fit ériger, à la prière de sainte Radegonde, sa femme, et en expiation du meurtre de son fils Chramne (2). Elle était alors sous l'invocation de la sainte Vierge. Quelques années après, sainte Radegonde y reçut la sépulture. On y voit même encore son tombeau, dans la curieuse crypte creusée sous le sanctuaire; mais ses reliques, cachées à Quinçay, pendant l'invasion des Normands, et ensuite rapportées à Poitiers, furent brûlées par les huguenots, en 1562 (3). Quant à l'église

---

(1) Voyez ci-dessus, page 74.

(2) Qu'on me permette de rapporter ici, comme un curieux monument des mœurs de cette époque, quelques passages de la charte de fondation, dans laquelle le roi Clotaire raconte son crime, et en formule ainsi l'expiation :

Et cum preces fudissem in Dominum, ut contereretur filius meus, sicut contritus fuit Absalon, devictus est filius, et ipse cum uxore et filiis in parva domo li-gatus, in eadem combustus est. Quamobrem ad preces charissimæ Radegundis sponsæ et consortis nostræ, Basilicam beatæ Mariæ prope Pictavis construi feci miro ædificio.... Et hæc omnia vobis relinquo ad implenda sub damnatione animæ meæ, in die Judicij de illa responsuri....

(3) Les Annales d'Aquitaine, Faicts et gestes en sommaire des roys de France et d'Angleterre, par Jean Bouchet, augmentées par A. Mounin, I⁰ partie, pag. 20.

elle-même, elle fut rebâtie par Louis le Débonnaire (1), puis brûlée, réédifiée au onzième siècle, et consacrée définitivement le 18 octobre 1099 (2). C'est à cette époque éloignée que remonte la construction actuelle, dont la place est marquée parmi les monuments les mieux caractérisés de la période romane.

Mais c'est seulement de la vitrerie, malheureusement fort dégradée, que nous avons ici à nous occuper. Les deux fenêtres à propos desquelles je me suis permis cette digression, sont situées dans la nef de l'église. Leur forme très-simple et à plein cintre rappelle celle des verrières de la cathédrale d'Angers. J'ai reproduit (planche XIX) ces intéressantes verrières, qui représentent la légende de sainte Radegonde (3).

Radegonde était fille de Bertaire, roi de Thuringe (4). Ramenée fort jeune en France par Clotaire, elle devint plus tard son épouse, malgré la répugnance qu'elle éprouvait à quitter le célibat (5). Mais l'humeur changeante de ce prince lui fit bientôt répudier celle qu'il avait appelée à l'honneur de sa couche, ce dont Radegonde se consola par l'exercice d'une haute piété. Elle reçut le voile des mains de saint Médard, évêque de Noyon (6), se retira près de Chinon, puis enfin à Poitiers, au milieu d'une communauté dont elle était la fondatrice. A partir de cette époque, et même auparavant, sa vie fut honorée par une longue suite de miracles, qui font le sujet des peintures dont il me reste à donner la description.

La première fenêtre renferme six tableaux, que j'examinerai, en procédant de haut en bas, selon l'ordre indiqué par la nature des sujets.

Le premier, qu'on pourrait prendre pour un baptême à l'ancienne mode, si le personnage qui l'administre n'était pas une femme, représente la guérison merveilleuse d'une religieuse de Poitiers, à qui la sainte fit prendre un bain, et versa sur la tête une huile odoriférante (7).

Dans le second tableau, Radegonde lave les pieds des pauvres, pour qui elle avait fondé un hôpital. « Elle visitoit leurs playes, » dit la Chronique, « les nectoioit, mondiffioit « et faisoit autres petites humanitcz et services, voire telz que plusieurs seruantes et « chamberieres auroient grant horreur de voir ce quelle ne desdaignoit toucher (8). »

Le sujet du troisième tableau me parait être une conférence entre Radegonde et un religieux du nom de Jean, dont elle alla chercher les conseils à Chinon (9).

(1) De l'ancien Poitou et de sa capitale, par Dufour. Poitiers, 1826, pag. 354.

(2) Chronic. Malleac., pag. 212.

(3) Cette légende se trouve rapportée dans un très-grand détail, et sous une forme souvent pittoresque, dans un petit livre intitulé : Histoire et cronicque de Clotaire premier de ce nom, roy des François, et monarque des Gaules, et de sa tres illustre espouse : madame saincte Radegonde (in-4°. Poitiers, 1517).

En tête du volume se trouvent une introduction en vers français et une curieuse suite d'oraisons, les unes en rondeaux, les autres en ballades.

(4) Voyez la chronique précitée, fol. v.

(5) Ibid., fol. xxiiij.

(6) Ibid., fol. xxxvij.

(7) Ibid., fol. lxxij.

(8) Ibid., fol. xxvij.

(9) Ibid., fol. xxxix.

Vient ensuite un nouveau miracle. Une nuit qu'elle visitait son monastère, Radegonde fut avertie par sa servante qu'elle apercevait un grand nombre de chèvres sautant sur les murailles. La sainte comprit sans peine que c'étaient autant de diables, qui étaient venus là pour tenter les religieuses. Mais elle n'eut qu'à faire le signe de la croix, et l'infernale cohorte disparut aussitôt (1).

Le cinquième tableau nous montre Radegonde recueillant un enfant abandonné.

Dans le tableau suivant, elle opère la guérison miraculeuse d'une aveugle, en faisant le signe de la croix sur ses yeux (2).

La deuxième fenêtre fait suite à la première.

En commençant également par en haut, nous trouvons d'abord un tableau qui représente un miracle fort remarquable. Une femme de Poitiers avait eu le malheur d'accoucher d'un enfant mort. Le père inconsolable, et plein de foi dans les vertus de Radegonde, s'empresse de porter son enfant dans l'oratoire de la sainte, et celle-ci étant absente, l'enveloppe dans un grossier tapis en poil de cheval, sur lequel Radegonde avait coutume de s'agenouiller pour faire ses dévotions. Le pauvre enfant reprend aussitôt l'existence, et son père tout joyeux en rend grâce au Seigneur (3).

Le panneau suivant est en si mauvais état, qu'il est assez difficile d'en préciser le sujet. Ce qui en reste cependant paraît se rapporter au miracle que sainte Radegonde fit en faveur d'une femme démoniaque, et dont, pour ma part, j'aime mieux laisser raconter les résultats à notre vieux chroniqueur : « Radegonde, » selon lui, « mist le pié sur la teste « de la demoniacle, et incontinant le diable sortit par le fondement, sans lui faire aucun « mal (4). »

Dans le troisième tableau, sainte Radegonde est en oraison. La Vierge Marie lui apparait, tenant son fils entre ses bras.

Le quatrième panneau nous montre des bateliers qui invoquent la sainte. C'est un nommé Flerejus, que Radegonde avait envoyé à la pêche, avec deux de ses camarades. Surpris par une tempête effroyable, les pauvres pêcheurs réclament l'assistance de la dame qui les a exposés à un pareil danger. Ils étaient dans leur droit ; aussi leur prière fut-elle promptement exaucée (5).

Le tableau suivant est relatif à la guérison merveilleuse d'une fille *de bonne et grosse maison,* comme dit la chronique. Cette fille, atteinte de fièvres dont rien ne pouvait la débarrasser, fit faire un cierge grand comme elle, qu'elle alluma, en adressant une oraison à sainte Radegonde. Or, il advint que le mal sortit petit à petit du corps, à mesure que le cierge brûlait ; et la fille entièrement guérie se fit religieuse (6).

(1) Voyez la chronique précitée, fol. lxx.
(2) Ibid., même feuillet.
(3) Ibid., fol. lxxi.

(4) Ibid., même feuillet.
(5) Ibid., fol. lxxi.
(6) Ibid., fol. lxxij.

Le sixième sujet est relatif à un miracle que Radegonde fit longtemps avant de prendre le voile. Elle s'était rendue, avec sa cour, au château de Péronne, dont le donjon renfermait quelques prisonniers, victimes des vengeances de son royal époux. Ceux-ci, ayant invoqué sa pieuse assistance, reçurent dans la nuit la visite d'un ange, qui vint rompre leurs chaînes et les rendre à la liberté (1).

Ici finit, pour nous, la série des miracles de sainte Radegonde, dont la liste, pourtant, est encore bien loin d'être épuisée (2). Un seul tableau nous reste : il représente ses funérailles, qui furent célébrées par saint Grégoire, évêque de Tours (3).

Tous ces sujets, comme je l'ai déjà dit, se détachent sur un fond de grisaille, dont j'ai donné séparément le dessin (planche XVIII). A voir le mauvais effet de cette disposition, on comprend sans peine que l'usage ne s'en soit pas répandu ailleurs. On trouve bien quelquefois des petits sujets légendaires jetés sur un fond d'entrelacs; mais alors ils sont encadrés dans des médaillons ou cartouches de formes quelconques, ainsi qu'on en rencontre des exemples dans d'autres verrières de la même église, et dans celle de saint Urbain (planche XXXI), que j'ai déjà citée. Ce qui choque et établit une confusion désagréable à l'œil, dans les verrières de sainte Radegonde, c'est l'application immédiate de figures découpées sur un fond d'ornements en grisaille.

L'époque où furent exécutées ces verrières se trouve indiquée par le blason de la bordure, où les armes de France et de Castille se trouvent réunies. Ces armes accouplées ne doivent point être attribuées à la reine Blanche, mais bien au frère de saint Louis, Alphonse, comte de Poitiers et de Toulouse, qui adopta le blason de sa mère. Le père Anselme dit que ce prince portait l'écu parti de France, et de gueules à six châteaux d'or,

---

(1) Voyez la chronique précitée, fol. xxxi.

(2) Parmi ceux que le peintre a omis, il en est un qui, en raison de sa singularité, mérite bien une mention particulière. « Ung iour aduint, » dit la chronique, « que la dicte saincte auoit laissé sa quenouille droite « et le fuseau pendant au fil quelle auoit fillé. Lequel « fil une souriz sefforça à rompre et ronger. Mais diui- « nement elle mourut et demoura pendue audict fil. » (Fol. lxxij.)

Le pouvoir de Dieu se manifesta, une autre fois, en faveur de Radegonde, dans une circonstance beaucoup plus grave. Son royal époux, qui l'avait assez brutalement délaissée, ne tarda pas à en éprouver du regret : « Suis-ie bien mauldit et malheureux, » se dit-il un beau jour, « dauoir perdu la compaignie de celle qui « mendormoit de ses bons propos au lieu secret de noz « amoureuses alliances!.... » Que ce fût repentir ou caprice, Clotaire ne pensa plus dès lors qu'à rentrer en possession de son épouse répudiée, et résolut d'aller l'arracher à la solitude, où elle s'était retirée. Mais

Radegonde, que des liens récemment contractés retenaient loin du monde, ne put envisager sans frémir la violence sacrilége dont elle était menacée. Dans cette conjoncture difficile, elle prit le parti de la fuite. Or, comme elle traversait un champ qu'un paysan était en train d'ensemencer, elle aperçut les gens du roi qui la cherchaient. S'adressant alors au paysan : Mon ami, lui dit-elle, au cas où quelqu'un viendrait vous demander si vous avez vu par ici des gens passant, répondez que vous n'en avez point vu *depuis l'avoine ensemencée*, et vous ne mentirez point. A peine ces paroles achevées, l'avoine se mit à croître si rapidement que la reine put s'y cacher avec sa suite, mettant ainsi à couvert et sa pudeur et la conscience du paysan (Ibid., fol. xli). Ce dernier miracle était représenté sur une des fenêtres en retour de la nef, dont il ne reste plus aujourd'hui que quelques débris en fort mauvais état. Ailleurs on aperçoit des fragments également incomplets de la légende de saint Blaise.

(3) Ibid., fol. lxxxiij.

3, 2 et 1 (1). C'est ce que je trouve, en effet, sauf le nombre des châteaux, et ce qui se voit encore mieux dans une autre verrière de l'église Sainte-Radegonde, que j'ai reproduite à la planche XX.

La partie supérieure de cette verrière représente un Jugement dernier. On y aperçoit, en deux endroits, la figure de l'auguste fondateur revêtue d'une robe blasonnée : d'abord au centre de la rose inscrite dans l'amortissement de l'ogive, et plus bas, dans la petite rose de droite, faisant pendant à celle où l'artiste a représenté sainte Radegonde elle-même. Entre ces deux dernières figures se trouve encore reproduit le blason du comte Alphonse, et là surtout il est aisé de se convaincre que le nombre des châteaux n'y est pas plus limité que celui des fleurs de lis.

Je dois aussi faire remarquer que, dans ce blason, les deux éléments du parti sont renversés : ce qui devrait être à dextre se trouve à senestre. Or, je ne vois de motif à ce renversement que l'ignorance du peintre, qui, étant obligé de placer le paradis de son Jugement dernier à la gauche de l'observateur, pour qu'il fût à la droite de Dieu, s'est trouvé conduit ainsi à retourner également les armoiries.

Quant à la composition en elle-même, tout y est à sa place, selon les règles immuables de la tradition.

La partie supérieure de la rose est occupée par la figure de Dieu, la tête ornée du nimbe crucifère, assis sur un trône, et portant en main le globe du monde. A ses côtés, sont des anges qui l'encensent, et plus bas, d'autres anges portant les instruments de la passion ; immédiatement après, les saints qui composent la cour céleste, et près d'eux les anges du Jugement, ceux qui sonnent de la trompette.

Ici le tableau se partage :

La droite est réservée aux bienheureux de toutes les classes, hommes, femmes, moines, évêques ou rois.

A gauche, les damnés sont repoussés du céleste séjour, et entraînés dans la région des larmes par des diables de toutes les couleurs.

Le bas de la rose offre à nos yeux une foule de morts ressuscitant aux accords de la musique des anges, et soulevant avec peine leurs pierres sépulcrales.

Enfin, sur les côtés, en dehors de la rose, et dans l'espace qui reste libre sous l'amortissement de l'ogive, on aperçoit : à droite, le séjour des élus ; à gauche, l'enfer peuplé de diables, et de damnés auxquels ceux-ci font souffrir toute espèce de tourments. Après maintes malices, ces terribles démons précipitent leurs victimes dans une vaste marmite, placée sur un feu des plus ardents. Ce feu lui-même jaillit d'une gueule monstrueuse où viennent s'engloutir d'autres damnés, dernier symbole qu'on retrouve dans presque toutes les représentations de l'enfer que nous a léguées le moyen âge.

(1) Histoire généalogique et chronologique de la maison de France. In-f°, 1726. — Tom. I⁰, pag. 83.

La tradition, comme on le voit, est suivie pied à pied, dans cette vaste composition. Mais ce genre de régularité est le seul qu'elle présente. Comme harmonie des couleurs, elle laisse beaucoup à désirer, et le manque absolu de symétrie dans la distribution des figures s'y fait d'autant plus sentir, que c'est, partout ailleurs, une règle dont les artistes du moyen âge semblent ne s'être presque jamais écartés, lorsqu'ils ont eu à composer des verrières en forme de *roses*. Ici, le sujet se poursuit sans avoir aucun égard à la forme du cadre. Le peintre semble n'avoir eu d'autre pensée que de remplir tous les vides laissés par l'architecte, sans chercher le moins du monde à harmoniser sa composition avec le dessin si régulier, si élégant de la fenêtre qui lui était confiée. Déjà, en décrivant les deux verrières légendaires de Sainte-Radegonde, j'ai eu l'occasion de signaler ce manque d'harmonie, cette confusion, qui se font remarquer dans les œuvres de l'artiste poitevin, défauts très-sensibles sans doute, mais qui pourraient n'être que l'exagération d'un des caractères particuliers du style qu'affectait alors la Peinture sur verre dans ces provinces. Nous voyons, en effet, quelques traces de cette confusion et de cette absence de règles pour les proportions, dans l'une des meilleures peintures de la cathédrale de Poitiers, dont j'ai donné la description, en parlant de ce monument. Il ne faudrait pas tirer de là des conséquences trop absolues. Cependant, je crois qu'on peut trouver jusqu'à un certain point, des exemples assez caractérisés du *style poitevin* dans les trois verrières de Sainte-Radegonde, que je viens de décrire. Elles ont d'ailleurs l'avantage de présenter une date certaine. Le blason de leur fondateur indique en effet qu'elles ont dû être exécutées vers le milieu du treizième siècle (1). On remarquera seulement, en examinant la forme de ces diverses verrières, que la dernière d'entre elles a pour cadre une fenêtre de construction beaucoup plus récente que les deux autres. L'ogive y remplace le plein cintre, et l'architecture paraît ici contemporaine de la vitrerie.

Poitiers était certainement un des centres artistiques de la France. Tous les monuments qui s'y voient encore, ont un cachet propre, qui semble de nature à démontrer l'influence exercée par les vieilles traditions sarrasines sur l'architecture normande. Mais l'étude des différents caractères de cette architecture nous entraînerait trop loin de notre sujet, et je dois me borner à constater ici que la cathédrale, l'église de Montierneuf (2), celle de Sainte-Radegonde, et surtout Notre-Dame de Poitiers, sont des édifices d'un type tout particulier. Or, comme la Peinture sur verre paraît avoir subi partout l'influence de l'ar-

---

(1) Alphonse, comte de Poitiers, reçut cette province en apanage, vers le temps de son mariage avec Jeanne de Toulouse, qui eut lieu en l'an 1241. Associé à la régence de sa mère, pendant la première croisade de saint Louis, il quitta bientôt la France pour aller rejoindre le roi, son frère, en Palestine. Fait prisonnier, mais promptement racheté, il revint prendre possession du comté de Toulouse. Enfin, son zèle religieux lui ayant fait entreprendre un nouveau voyage d'outre-mer, il mourut au retour, le 21 août 1271. C'est donc dans cet espace de trente années qu'ont dû être accomplies les fondations dont il est l'auteur (Moréri, tom. Ier, pag. 366).

(2) Dérivé du latin *Monasterium novum*.

chitecture destinée à lui servir de cadre, il est permis de conclure qu'elle a pu affecter, dans les monuments du Poitou, des caractères particuliers, qu'on arriverait sans doute à constater d'une manière moins vague, s'il en restait des exemples plus nombreux. Peut-être même pourrait-on trouver, dans les provinces voisines, quelques faits de nature à prouver, jusqu'à un certain point, qu'elles subissaient l'influence de ce foyer artistique. Ainsi, dans la cathédrale de Limoges, les hautes fenêtres du chœur sont chargées de grandes figures, plus modernes à la vérité que celles de Saint-Radegonde, différentes de ces dernières quant aux proportions et à la forme, mais dont la masse colorée se détache également sur un fond de grisaille.

Déjà, en décrivant la cathédrale de Tours, j'avais eu occasion de signaler un autre exemple de ce genre mixte (1). Mais, je le répète, dans les provinces de l'Ouest, comme dans celles du Sud et de l'Est, les verrières du treizième siècle sont trop rares, pour qu'on puisse établir, avec quelque certitude, les caractères, plus tard sensibles, qui durent distinguer, dès cette époque, le style propre à chacune de ces contrées.

A peine sommes-nous arrivés à constater que, dans l'une, les monuments de la Peinture sur verre affectent des caractères propres ailleurs aux monuments du siècle précédent; que dans l'autre, l'absence presque absolue de tout vestige peut faire soupçonner qu'au treizième siècle, cet art y était à peine pratiqué; que, dans la dernière enfin, l'étude est restreinte à un si petit groupe de faits, qu'on ne sait vraiment à quoi s'en tenir sur le plus ou moins de généralité des caractères parfois bizarres qu'il présente.

Pour établir des règles, il faut que l'observation puisse porter sur un certain nombre de faits qui se contrôlent les uns par les autres. Or, cette condition n'existe, quant aux monuments du treizième siècle, que dans la partie septentrionale de la France. C'est donc là seulement que nous pouvons trouver les éléments de l'étude qui nous occupe; c'est donc là qu'il nous faut revenir, après une excursion sur des terrains moins bien connus, où j'ai dû cependant aller planter, dès à présent, les jalons d'un travail postérieur.

Dans le nord de la France, Paris est la première ville qui attire notre attention. Sa vieille cathédrale, bien qu'aujourd'hui dépouillée de son ancienne vitrerie, conserve encore néanmoins quelques vitraux d'une importance majeure, dont il est temps que je m'occupe.

L'église de Paris compte de nombreux historiens (2). Commençons par résumer en peu de mots les faits dont ils nous ont laissé la trace.

(1) Voyez pag. 101, fenêtre XI.

(2) Sauval, dans ses Antiquités de Paris; Jaillot, dans ses Recherches historiques et topographiques; Germain Brice, dans sa Description de Paris; les bénédictins Félibien, Lobineau, et, de nos jours, l'historien Dulaure, ont consacré une place importante, dans leurs ouvrages, à la description de Notre-Dame. On peut encore citer les histoires de Paris de Corrozet, de Dubreul, de Malingre, la description anonyme des curiosités de l'église de Paris, les monographies de Gérard Dubois, du docteur Delaunoy, de Charpentier, habilement résumées dans la description histo-

33

Tout le monde sait que ce fut saint Denys qui apporta la parole du Christ dans cette partie des Gaules. Personne ne lui conteste le titre de premier évêque de Paris. Mais Lebeuf, dont l'excellente critique peut faire loi en pareille matière, démontre qu'on ne saurait prouver l'existence d'une église bâtie dans la cité de Paris, avant l'épiscopat de Prudentius ou Prudent, qui occupait le siége vers l'an 375 ou 38o (1). Ce qu'on sait positivement, c'est que le roi Childebert, à la prière de saint Germain (2), fit édifier une nouvelle cathédrale, avec tout le luxe que comportait l'état des arts à cette époque. Le poëte-évêque Fortunat en donne une brillante description, dont j'ai déjà cité un passage (3); on y trouve la preuve que, dès ce temps, l'église de Paris possédait une brillante vitrerie.

Je n'entrerai pas ici dans la discussion du titre sous lequel furent placées ces premières églises, ni de l'époque précise où elles quittèrent le vocable de Saint-Étienne pour prendre celui de Notre-Dame; et, passant rapidement sur ces temps obscurs, d'ailleurs fort peu intéressants pour l'histoire de l'art, je me bornerai à dire qu'au neuvième siècle, la cathédrale de Paris eut beaucoup à souffrir des ravages des Normans. Une première fois, en 857, elle s'était rachetée moyennant rançon (4). Mais elle n'eut pas le même bonheur quelques années plus tard. Aussi trouve-t-on, dans les deux siècles suivants, la trace de nombreuses concessions faites au clergé de Paris, pour lui donner les moyens de réparer son église (5).

Quant à l'édifice actuel, presque tous les historiens sont d'accord pour en attribuer la fondation à Maurice de Sully, prélat d'une basse extraction (6), mais d'un esprit supérieur, qui appliqua toute son activité à l'accomplissement de cette grande œuvre. Il parvint en effet à édifier le chœur jusqu'à la hauteur des voûtes (7), et eut la satisfaction d'assister à la consécration du maître-autel, qui fut faite le mercredi après la Pentecôte de l'an 1182, par Henri de Château-Marçay, cardinal évêque d'Albano et légat du saint-siége (8).

---

rique de M. Gilbert; puis la *Gallia christiana*, inépuisable source, où l'on ne cherche jamais en vain, et surtout l'excellente histoire du diocèse de Paris, par l'abbé Lebeuf.

(1) Histoire de la ville et de tout le diocèse de Paris, par M. l'abbé Lebeuf, 15 vol. in-12. Paris, 1754. — Tom. 1er, pag. 4.

(2) Histoire de la ville de Paris, par D. Michel Félibien, revue par D. Lobineau, 5 vol. in-f°. Paris, 1725. — Tom. 1er, livre 1er, pag. 26.

(3) Voyez le texte de cette citation, page 7, note 5.

(4) Lebeuf prétend que cette église avait un dôme à l'antique, pour la conservation duquel les Parisiens payèrent un lourd tribut. D'accord avec M. Gilbert, je ne puis m'empêcher de voir une erreur dans la signification donnée au mot *Domus*, employé dans les Annales de S. Bertin. Il doit évidemment s'entendre dans le sens de *Domus Dei*, la maison de Dieu, l'église elle-même; d'où les Italiens ont pris le nom de *Duomo* qu'ils donnent à leurs cathédrales.

(5) Gilbert. Description historique de la Basilique métropolitaine de Paris, in-8°, 1821, pag. 15 et 16.

(6) L'évêque Maurice n'avait rien de commun avec l'illustre maison de Sully. C'était tout simplement du lieu de sa naissance qu'il tirait son surnom.

(7) Ce fait est attesté par Robert du Mont, auteur contemporain, dont les œuvres ont été recueillies par D'Achery, à la suite de celles de Guibert de Nogent.

(8) La chronique de Geoffroy de Vigeois, dans la bibliothèque du P. Labbe, tom. II, pag. 33o.

« Il est incertain, après tout, » fait cependant observer Félibien, « si l'on n'avait
« point commencé auparavant la réédification de cette église par la nef, qui est d'un
« gothique plus grossier, et par conséquent plus ancien que le chœur et la croisée (1). »

Ce passage coïncide avec l'opinion de l'auteur des *Curiosités de Notre-Dame* (2) :
« On voit, » dit celui-ci, « que les premiers fondements de l'église de Notre-Dame, telle
« qu'on la voit aujourd'hui, furent jetés, en l'année 1010, sous le règne du roi Robert....
« Mais n'ayant régné que trente-six ans, le bâtiment ne fut élevé que jusqu'au rez-de-
« chaussée (3). »

J'ignore complétement sur quelles autorités l'auteur de ce passage peut appuyer son
assertion. Tout ce que je sais, c'est qu'aucun autre auteur ne vient confirmer son
témoignage. D'ailleurs, si l'on examine attentivement l'église Notre-Dame, il est facile
de se convaincre que l'étage inférieur de la nef et celui du chœur présentent des caractères tellement identiques, qu'il ne peut rester aucun doute sur la simultanéité de
leur construction. Il est bien vrai que, dans quelques églises construites à cette époque,
la nef paraît être plus ancienne que le reste de l'édifice; mais ce n'est pas ici le cas.
En admettant même, d'après l'auteur des *Curiosités de Notre-Dame*, qu'il y eût, dans
les fondations de cette église, quelques parties qui remontassent au onzième siècle,
cela ne saurait contre-balancer les indications beaucoup plus précises que donne l'ensemble du monument, ni affaiblir le témoignage de Jean de Saint-Victor (4), d'où il
résulte que le pape Alexandre III, alors réfugié en France, posa, en 1163, la première
pierre de la nouvelle église.

Aussi, je le répète, tous les auteurs sont-ils d'accord pour considérer Maurice de
Sully comme le véritable fondateur de l'édifice actuel. Que l'achèvement de toutes les
parties ne remonte pas à la même époque, que la façade et les transepts n'aient été
construits que dans le siècle suivant, et les chapelles encore plus tard, cela n'enlève rien
au mérite qu'eut l'évêque Maurice de pousser les nouvelles constructions avec assez
d'activité pour être le premier à y célébrer l'office divin.

L'histoire de la vitrerie de Notre-Dame remonte à une époque antérieure à la fondation de l'église actuelle. Je ne parle plus des verres de couleur que célèbre Fortunat en
termes peu précis; mais l'auteur de l'*Éloge de Suger* (5) rapporte que cet abbé avait donné
à l'église Notre-Dame un vitrail d'une grande beauté, et nous avons vu, par l'exemple de

---

(1) Histoire de la ville de Paris, tom. Ier, livre V,
pag. 200.

(2) Description historique des curiosités de l'église
de Paris, par M. C. P. G. (Gueffier), in-12. Paris,
1763. — M. Gilbert affirme que la personne qui a
écrit sous ce pseudonyme, est un certain François
Guillot de Monjoie, chanoine de la cathédrale, dont

Le Vieil parle avec une grande considération, vante
l'esprit, le bon goût et le profond savoir.

(3) Pag. 12.

(4) Memoriale historiarum Johannis, canonici
Sancti-Victoris, manuscrit de la Bibliothèque royale,
coté n° 306, fonds de Saint-Victor.

(5) Wilhelmus, monachus sancti Dyonisii.

ceux de Saint-Denys, que Suger s'y connaissait. Fondé si peu de temps avant la reconstruction de la cathédrale, il serait impossible de dire ce que devint ce vitrail. Les plus anciens dont on trouve la trace sont ceux dont j'ai déjà donné plus haut la description, d'après Le Vieil, en exposant l'état de la Peinture sur verre au douzième siècle (1). La fondation de ces verrières remontait au temps de Maurice de Sully. Maintenant il resterait à savoir quels en avaient été les fondateurs. L'évêque en eut sans doute sa part; mais ce qui parait le plus probable, c'est qu'ici, comme dans beaucoup d'autres églises, le haut clergé, les dignitaires du chapitre et peut-être même ceux de l'État, se cotisèrent pour décorer les fenêtres du nouvel édifice. A l'appui de cette opinion, je citerai un document qui n'a été recueilli, je crois, par aucun des historiens de Notre-Dame, mais qui se trouve rapporté dans les actes des évêques du Mans. Il s'agit de l'article suivant, extrait d'un ancien nécrologe de l'église de Paris :

Obiit Bardedaurus decanus et sacerdos, qui...... fecit fieri vitream quindecim libris comparatam (2). (Mort de Bardedaur, doyen et prêtre, qui fit faire une vitre, au prix de quinze livres).

Ce Bardedaur ou Bardedor figure sur la liste des doyens de l'église de Paris de 1168 à 1184 (3). S'il était parfaitement certain que la verrière fondée par lui, fût une de celles qui occupent le rond-point du chœur, la mention que je viens de rapporter, serait un des documents les plus curieux sur la valeur des vitres à cette époque.

Le chœur de Notre-Dame fut terminé au douzième siècle ; mais les transepts ne furent édifiés que dans le cours du siècle suivant. Une inscription placée au portail méridional, et où l'on retrouve encore le nom de l'architecte, Jean de Chelles, témoigne que les travaux de ce portail ne furent entrepris qu'au mois de février 1257 (4). On ne saurait donc faire remonter à une époque antérieure la fondation de la magnifique verrière placée au-dessus de ce portail. Je n'ai vu nulle part de roses aussi grandes que celles de Notre-Dame ; celle du sud ne porte pas moins de treize mètres et demi de diamètre. Son éclat est admirable, et malgré les maladresses commises dans une restauration assez moderne, toutes les couleurs les plus vives y brillent à la fois sans aucune confusion.

La composition de cette rose renferme quatre-vingt-cinq médaillons à sujets, dont il est à regretter qu'une grande partie soient devenus méconnaissables, ou bien même aient été remplacés par des peintures d'une tout autre époque.

Autant qu'on en puisse juger par les figures qui l'entourent, le panneau central devait être occupé par l'image du Sauveur, à laquelle un vaniteux prélat, le cardinal de Noailles,

<hr>

(1) Voyez ci-dessus, pages 41, 42 et 122.

(2) In actis Episcoporum cenomanentium, pag. 305-379.

(3) Description historique de la Basilique métropolitaine de Paris, par M. Gilbert, page 420.

(4) † Ann. Dni. M.CC.LVII. MENSE. FEBRUARIO. JDUS. SECUNDO. HOC. FUIT. INCEPTUM. CHRISTI. STE. GENITCIS. HONORE. KALLENSI. LATHOMO. VIVENTE. JOHANNE. MAGISTRO.

eut l'outrecuidance de substituer son blason, au commencement du siècle dernier (1).

Autour de ce panneau règnent quatre rangées de figures disposées circulairement.

La première, qui contient douze médaillons, représente les apôtres.

La seconde, composée de vingt-quatre sujets, représente autant de saints, la plupart martyrs, parmi lesquels on reconnaît le premier évêque de Paris, portant sa tête entre ses bras, et saint Laurent appuyé sur son gril. Huit de ces figures sont devenues méconnaissables.

La troisième rangée se compose également de vingt-quatre médaillons, dont une moitié se trouve inscrite dans le grand cercle festonné formé en cet endroit par l'architecture, et l'autre moitié remplit les vides laissés en dehors de ce cercle par les festons dont il se compose.

Dans les médaillons intérieurs, le peintre a placé les saintes qui ont reçu la palme du martyre. Une de ces figures a été refaite à une époque beaucoup plus récente, et une autre a été remplacée par une figure du Père éternel, rapportée ici fort mal à propos.

Les douze médaillons extérieurs représentaient la parabole des vierges sages et des vierges folles (2), reconnaissables aux lampes qu'elles portent à la main. Plusieurs de ces figures ont également été refaites aux quinzième et seizième siècles, ou remplacées par des sujets qui ne devraient point se trouver là, tels que la fuite en Égypte et une résurrection. Mais le nombre des vierges n'étant que de dix, d'après les saintes Écritures, le peintre a dû remplir les deux panneaux restants, par des sujets tirés de quelque autre légende. Il a puisé de préférence dans celle de saint Mathieu, sans doute, afin de compléter les sujets de la même légende qui font partie de la quatrième et dernière rangée. L'un de ceux-ci, situé tout à fait dans le bas, représente le baptême du roi Egypus, dont saint Mathieu avait ressuscité le fils (3); on y lit les mots : rexegipv (*Rex Egypus*) et smathesv (*S. Matheus*). Le frère de ce prince, qui ne s'était point converti avec lui, s'empara bientôt du trône que la mort d'Egypus avait laissé vacant, et voulant épouser une de ses nièces, qui, par les conseils de saint Mathieu, avait embrassé la vie monastique, il fit venir le disciple du Christ pour l'engager à seconder ses vues (4). C'est là ce que représente un des deux panneaux qui complètent le troisième cercle de médaillons. On y lit les mots : maths venit adrege (*Matheus venit ad regem*). La résistance de Mathieu fut cause de sa perte (5), comme on le voit dans le panneau voisin, représentant le tyran, au moment où il donne ses ordres pour que le saint soit mis à mort.

---

(1) Le Vieil nous apprend que ce panneau si déplacé a été peint, en 1726, par Benoît Michu, l'un des peintres les moins inhabiles de cette époque de décadence. (L'Art de la Peinture sur verre, in-f°, 1744, 1re partie, page 76.)

(2) *Tunc simile erit regnum cœlorum decem virginibus : quæ accipientes lampades suas, exierunt obviam sponso et sponsæ.* (Math., XXV —1).

(3) L'Idée de la vie chrétienne, in-8°. Paris, 1688, tom. III, pag. 827.

(4) Ibid.

(5) Ibid.

Onze autres sujets, la plupart devenus indéchiffrables (1), mais qui paraissent se rattacher également à la légende de saint Mathieu, sont répandus dans la dernière rangée de médaillons que renferme le contour extérieur de la rose; et les douze médaillons restants sont occupés par autant de figures d'anges qui chantent les louanges du Seigneur.

La disposition de ces diverses figures se ressent beaucoup de la restauration exécutée, dans le dernier siècle, par des ouvriers qui paraissent n'avoir eu aucune connaissance des sujets représentés, et qui, par suite, commirent de déplorables erreurs, en les remettant en place. Ce fut pourtant au sieur Boffrand, qualifié d'architecte du roi, que le cardinal de Noailles confia la reconstruction de cette rose, dont la ruine paraissait imminente (2). Les travaux de vitrerie furent exécutés par Guillaume Brice, maître vitrier de Paris, dont Langlois fait un éloge que ne justifie pas cette restauration (3).

L'architecture entière de la rose a été gravée, dans le siècle dernier, par Aveline, et reproduite plus récemment dans le bel ouvrage de Willemin (4).

Après avoir décrit tous les sujets qu'elle renferme, j'aurais dû entrer aussi dans quelques détails sur le système d'ornements qui les relient entre eux. Mais une pareille description se fait difficilement comprendre, lorsqu'elle n'est pas rendue en quelque sorte palpable par une représentation de l'objet dont il s'agit. Or, comme la rose du sud de Notre-Dame rappelle complétement, pour l'harmonie de son ornementation, celle du nord, dont la reproduction se trouve dans les planches de cet ouvrage, j'ai mieux aimé reporter sur cette dernière un examen de détail, qui, autrement, eût pu paraître obscur.

Je passe donc à la rose septentrionale. Elle fait le sujet de la Planche XXI.

Cette rose est la seule que je connaisse, qui atteigne des dimensions égales aux dimensions de celle que je viens de décrire; elle les dépasse même de quelques décimètres. Quant à son ancienneté, elle est à peu près la même, et s'il y a une différence, je croirais plutôt que la verrière du nord aurait quelques années de plus que l'autre.

Sous le rapport de l'éclat des couleurs, de l'harmonie des tons, rien ne saurait être mis au-dessus de cette rose. Mieux conservée, moins maltraitée dans les restaurations que la rose voisine, celle-ci brille encore de toutes ses beautés primitives, et je défie le plus ha-

---

(1) L'un de ces médaillons, situé tout à fait au sommet de la rose, renferme une inscription dont il m'a été impossible d'approcher assez près pour la lire.

(2) Gilbert. Description historique de la Basilique métropolitaine de Paris, pag. 170.

(3) Guillaume Brice mourut en 1768. Langlois (du Pont de l'Arche) nous apprend que, « sans être peintre « sur verre, Brice avait une prédilection particulière « pour les produits de cet art; il en possédait une « superbe collection qu'il avait acquise en partie de la « veuve de M. Restaut, avocat au conseil, si connu par « sa grammaire française, et le plus grand amateur de « Peinture sur verre de son temps. » (Essai sur la Peinture sur verre, pag. 211.)

(4) Monuments français inédits, pour servir à l'histoire des arts.

bile de nos peintres, quelque fier qu'il puisse être des progrès de son art, d'inventer aucune combinaison qui arrive à produire une harmonie plus éblouissante et plus tranquille à la fois, plus également répandue et d'un effet plus suave, que celle dont l'artisan inconnu fut un de ces sublimes ouvriers, chez qui le sentiment de l'art tenait lieu si souvent et de science et de talent.

L'ensemble de cette rose renferme quatre-vingt-un sujets.

Au centre, la sainte Vierge tient sur ses genoux l'enfant Jésus.

Autour d'elle, trois cercles de médaillons se développent dans les rayons de la rose. Chaque sujet était accompagné d'une inscription, contenant le plus souvent le nom d'un personnage. Mais beaucoup de ces inscriptions ont été brisées, ou bien elles sont placées à une telle hauteur que la difficulté d'en approcher rend impossible de les lire.

Le premier cercle, composé de seize médaillons, renferme un nombre égal de figures de prophètes. Il serait naturel de penser que cette série se composât des quatre grands prophètes, Isaïe, Jérémie, Ézéchiel et Daniel, et des douze qu'on nomme d'ordinaire les petits prophètes. Parmi les inscriptions que j'ai pu déchiffrer, je trouve, en effet, pour les premiers, EZECHIEL, et pour les autres, † OSEE PP (1), SOP..... (Sophonias) et MICHEAS (Michée); mais j'y trouve aussi HELIAS (Hélie), qui, bien que reconnu comme prophète par les Juifs, n'est point au nombre de ceux dont les écrits font partie de l'Ancien Testament (2).

Le deuxième cercle est formé de trente-deux médaillons, contenant autant de figures de rois ou de pontifes, choisis parmi les plus illustres de ceux qui régnèrent sur le peuple juif. La moitié environ des inscriptions qui les accompagnent sont encore déchiffrables. En commençant par en bas, et en suivant par la gauche, j'ai lu les noms de AJOTH (ou Aod), ...MELEC (sans doute Abimelech), ABYA (Abiam), OTOZIA (peut-être Ochozias), JOAS, .ORA. (Joram), ...EL (peut-être Othoniel), HELY, OZIAS, .AI. (sans doute Jaïr), SAMUEL, Saül avec cette inscription REGES SUPER TOTUM POPULUM SAUL, puis JEPTE (ou Jephté), JOSUE et ABDON. On reconnaît encore les figures de Moïse et de David, l'une à sa harpe d'or, et l'autre aux tables de la loi qu'il porte dans ses bras. J'ai lu enfin deux autres noms, dont l'un MELBORA m'est inconnu, et l'autre ESEBON ne saurait s'expliquer ici (3). Une des figures de rois a été remplacée mal à propos par une figure d'ange.

Le dernier cercle de médaillons, également composé de trente-deux figures, représente les plus célèbres grands prêtres du peuple juif, ainsi que l'indique l'inscription placée

---

(1) L'abréviation PP est souvent employée, dans les inscriptions du moyen âge, pour le mot *propheta*.

(2) Ceux qu'on désigne sous ce nom sont Osée, Joël, Amos, Abdias, Jonas, Michée, Nahum, Habacuc, Sophonias, Aggée, Zacharie et Malachias.

(3) Esebon ou Hesebon était la capitale des Amor-

rhéens, dont le roi Sehon refusa le passage de ses terres à Moïse, ce qui occasionna une guerre entre lui et les Juifs, par qui il fut vaincu. Cela n'explique guère l'inscription ainsi placée parmi toutes ces figures de rois. (Voyez le Dictionnaire de Moreri, aux mots Amorrhéens et Hesebon, tom. 1 et V.)

dans le panneau en bas à gauche, qui semble commencer la série. On y lit SUMJ · SACDOTES :
(*summi sacerdotes*) : AARON : Aaron fut, en effet, le premier des grands prêtres. Les autres noms que j'ai pu lire ne sont pas placés dans l'ordre chronologique. Ce sont BOCEI,
OZI, ZARAIA (sans doute Zararias), ELYACHM (Éliachim) (1), ELLY ou Héli, ...AD.. (sans
doute Joïadas) (2), JOACIM, SADOCH (3), ACHITOB (4), MERAIOT ou Méralot, et AMARIAS. On
trouve aussi le nom de ANAPIAS; c'est peut-être l'un des deux Ananias qui remplirent les fonctions de grands prêtres sous le règne de Néron. Enfin la liste est close par
la figure de SEDECHIAS, dernier roi de Juda, qu'on est étonné de rencontrer ici (5), ainsi
que deux ou trois figures d'anges placées un peu plus haut.

Il est à remarquer que, dans les nombreux médaillons dont se compose cette rose,
le même dessin est souvent répété, et que la différence entre plusieurs personnages ne
consiste que dans la distribution des couleurs.

Les inscriptions sont en lettres onciales. Si je n'ai pu les déchiffrer toutes, celles que
j'ai recueillies suffisent du moins pour indiquer l'ensemble de la composition. On voit
qu'elle est tirée tout entière de l'Ancien Testament, comme la rose opposée est tirée
du Nouveau. Cela m'eût engagé à adopter un autre ordre dans ma description, si,
procédant du connu à l'inconnu, je n'avais cru devoir commencer par le portail dont
il était le plus facile de fixer la date.

Ce qu'il y a d'admirable dans la rose du nord, c'est moins le choix et l'arrangement
des figures, que leur agencement au milieu de l'ornementation générale de la rose, et
le talent avec lequel sont combinées toutes les parties de cette ornementation.

Le premier cercle de figures se relie au médaillon central par un réticulaire blanc
jeté sur un fond bleu, et dont chaque losange renferme un petit dessin rouge en forme
de boucle. Ces couleurs claires donnent au centre de la rose un éclat que vient encore
relever un large cercle à fond rouge placé à l'intérieur de celui que forment les seize figures des prophètes. Celles-ci sont inscrites dans autant de meneaux en forme d'ogive, à
partir desquels chaque rayon de la rose se bifurque, de manière à contenir les trente-
deux figures du deuxième cercle.

Entre ces dernières figures et les premières, le ton de la verrière a complétement
changé. Le réticulaire, qui se détache toujours sur un fond bleu, est rouge dans cette
partie du tableau, et le blanc ne parait plus qu'à l'intersection des bandes du réticulaire, d'où résultent des tons moins clairs, moins lumineux, mais plus chauds et plus

---

(1) Beaucoup d'auteurs lui attribuent le livre de Judith.

(2) Il y eut deux pontifes de ce nom. L'un vivait 882 ans avant Jésus-Christ, et l'autre 441.

(3) Il y eut également deux Sadoch, dont l'un en l'an 1014 avant Jésus-Christ, et l'autre en l'an 730.

(4) La même confusion existe pour les deux Achitob, dont l'un vivait 1116 ans avant notre ère, et l'autre 745 ans.

(5) Cette figure ne devrait-elle pas plutôt être rapportée dans la série des rois, à la place de l'ange, dont rien n'y explique la présence?

riches d'harmonie. Cependant le peintre a senti que l'espace compris entre les deux cercles de médaillons était trop large, pour qu'il ne résultât pas à la fois un peu de nudité et de monotonie de l'uniformité de l'ornementation, et, jetant entre ces deux grands cercles une rangée de trèfles d'un élégant dessin, il a su y rappeler, par l'emploi des couleurs les plus vives, l'harmonie des médaillons à figures. C'est certainement là une des parties les plus remarquables de cette composition.

Quant au dernier grand cercle, il est tellement rapproché du second, que l'architecture de la rose suffit presque à les relier entre eux. Les rayons bifurqués s'y réunissent de nouveau dans une commune ogive, dont le sommet inscrit un trèfle contenant un médaillon à figure. Les espaces qui restent vides entre toutes ces ogives et le bord extérieur de la rose comprennent aussi des trèfles de forme toute pareille. C'est dans les médaillons situés au centre de ces divers compartiments, que le peintre a placé les figures des grands prêtres. Les trois lobes de chaque trèfle sont ornés alternativement d'un dessin vert et jaune se détachant sur un fond rouge, ou d'un réticulaire blanc sur fond bleu, semblable à celui que j'ai décrit en commençant. L'artiste paraît avoir senti le besoin de jeter quelques points lumineux dans des parties que les nombreux détails de l'architecture tendaient à assombrir. Il importait, en effet, qu'il indiquât nettement, par l'emploi de couleurs vives, le contour extérieur de la rose.

Je répéterai ici, et peut-être avec plus de raison encore, ce que j'ai dit à propos de la rose méridionale, c'est que je ne crois pas que l'art de l'ornementation, l'entente des tons et des couleurs, la science enfin de l'harmonie, puissent être portés plus loin que dans la composition de cette rose. Personne n'est plus à même d'apprécier la vérité de cette assertion, que celui qui a eu l'occasion de copier un pareil tableau; c'est par là surtout qu'on peut se convaincre qu'il ne s'y trouve pas un seul détail qui ne concoure puissamment à l'harmonie de l'ensemble.

Par une disposition assez peu commune, les angles compris entre le contour inférieur de la rose, et la galerie en saillie qui permet d'en approcher, sont eux-mêmes garnis de vitraux, où le peintre a représenté deux sujets tirés des Écritures saintes et relatifs à l'Antechrist. Dans l'un de ces tableaux, comme le dit l'inscription, c'est AMTECRIST : QI: FET : TVER + HELIES : et ENOC. Ces deux derniers sont, en effet, suivant la tradition, les témoins envoyés pour combattre l'Antechrist, dont parle l'Apocalypse (1). Dans l'autre tableau, CE · EST · DEX (Dieu)· QVI · TVE · ANTECRIST. Ce double sujet, rarement traité par les peintres sur verre, prend un nouvel intérêt des inscriptions françaises qui l'accompagnent. Les tableaux dont il se compose sont ornés, dans les coins, de figures d'anges.

La rose entière que je viens de décrire fut restaurée dans le cours des années 1782 et 1783.

(1) *Et cum finierint testimonium suum, bestia quæ ascendit de abysso, faciet adversum eos bellum, et vincet illos, et eos occidet.* (Apocalypse de saint Jean, Cap. XI, § 7).

35

Une dernière rose reste enfin, celle du grand portail, dont la composition, moins homogène, et formée de plusieurs parties qui ne sont pas toutes contemporaines entre elles, n'en est pas moins remarquable par la nature des sujets qu'elle renferme.

Le centre de la rose, où l'on a placé, dans une des dernières restaurations, une espèce de soleil aux couleurs blafardes, devait être occupé par une figure de la sainte Vierge, ainsi que l'indiquent les nombreux rameaux portant des figures de rois, qui viennent aboutir à ce point central. Un des rois tient un phylactère sur lequel on lit encore ces mots : AVE REGINA CELORVM. Il est donc facile d'y reconnaître la tige de Jessé, disposée ici circulairement, au lieu de l'être en hauteur, comme nous l'avons vue dans d'autres églises (1). Cette partie de la rose a été presque entièrement refaite au seizième siècle. Les figures de rois sont de cette dernière époque; mais les rameaux auxquels elles se rattachent, témoignent, par leur caractère éminemment byzantin, qu'ils faisaient partie de la composition primitive.

Les deux cercles extérieurs de médaillons portent également les caractères du treizième siècle. Bien qu'ils aient éprouvé de nombreuses mutilations, on reconnaît les sujets qu'ils renferment, avec d'autant plus de facilité, que la série s'en trouve répétée sur les sculptures du grand portail (2).

Ces deux cercles de médaillons, inscrits l'un dans l'autre, et composés chacun de vingt-quatre sujets, sont disposés de telle façon que les médaillons placés, deux par deux, sur le même rayon par rapport au centre de la rose, se trouvent ainsi accouplés d'après l'opposition ou l'analogie des sujets qu'ils représentent.

Ainsi, les douze médaillons supérieurs du cercle le plus rapproché du centre représentent les vices, et les douze médaillons correspondants du cercle extérieur représentent les vertus opposées à ces vices, armées d'une lance pour les combattre, et d'un bouclier portant leur emblème.

Quelques-unes de ces figures ont été détruites, d'autres sont frustes, et toutes ont subi des remaniements nombreux, d'où il résulte que la disposition n'en est plus maintenant bien régulière. Voici dans quel ordre elles se trouvent aujourd'hui, en regard les unes des autres, à commencer par la gauche :

1. Une figure de femme, portant l'image d'un aigle ou d'un griffon.	Figure de femme dont l'emblème manque, et qui semble n'être pas à sa place.
2. Une autre femme, portant un caducée.	Panneau détruit.
3. Autre femme, portant un mouton.	Un homme galopant à cheval (3).

(1) Voyez particulièrement la description d'une verrière de l'abbaye de Saint-Denis, que j'ai donnée pag. 34.

(2) Voyez le Mémoire sur les bas-reliefs de l'église Notre-Dame de Paris, par M. le président Fauris de Saint-Vincens, in-8°. Paris, 1815.

(3) Ce panneau a été refait au seizième siècle. Il est remarquable par le geste du personnage, qui porte sa main ouverte au bout de son nez, grimace encore aujourd'hui très-familière aux enfants mal élevés.

4. Autre femme, portant l'image d'une salamandre ou plutôt d'un phœnix.

Un homme posant une bourse sur une table couverte de pièces d'or.

5. Autre femme, portant une couronne.

Un homme se suicidant avec une épée.

6. Panneau détruit.

Un homme prosterné devant une idole.

7. Une femme portant l'image d'un bœuf.

Un homme jetant son épée et s'enfuyant devant un lièvre.

8. Adam et Ève, panneau rapporté ici par erreur.

Un individu qui tire son épée contre un moine.

9. Une femme portant pour emblème une brebis.

Une femme assise, frappant du pied un homme prosterné devant elle.

10. Autre femme, portant un lis pour emblème.

Un homme et une femme se prenant aux cheveux.

11. Emblème détruit.

Un homme disputant avec un évêque.

12. Une figure de femme, portant une tête de taureau (1).

Le Sagittaire, médaillon rapporté ici par erreur (2).

Au milieu de toutes ces figures emblématiques, il ne se trouve aucune inscription qui aide à en définir la signification. Ce n'est donc qu'en se guidant par l'analogie de figures du même genre qui se rencontrent dans d'autres monuments où elles sont accompagnées

(1) Ainsi que je l'ai dit plus haut, les mêmes figures à peu près se trouvent reproduites dans les sculptures du grand portail; mais elles y sont placées dans un ordre différent, que j'indique ici seulement par les emblèmes :

L'aigle ou griffon.	La chute de cheval.
Le caducée.	Un homme sonnant du cor.
La salamandre.	Un homme penché et tenant une balance.
Le mouton.	Un homme cachant quelque chose.
Un étendard ou guidon.	Le suicide.
Une croix.	L'idole.
Un lion.	L'homme fuyant un lièvre.
Le bœuf.	L'homme qui frappe un moine.
La brebis.	Le coup de pied.
Le lis.	La querelle de ménage.
Un chameau.	L'évêque insulté.
La couronne.	Un moine qui se défroque.

M. Gilbert, qui n'a fait à cet égard que reproduire l'opinion de Fauris de Saint-Vincens, donne de ces figures une explication où se trouvent, je crois, quelques erreurs provenant d'inexactitudes commises dans l'étude de ces bas-reliefs. Voici, en résumé, comment il traduit à peu près ces deux séries de figures allégoriques mises en regard :

La grandeur d'âme.	La témérité.
La prudence.	La folie.
La persistance.	L'insouciance.
La douceur.	La faiblesse.
L'espérance.	Le désespoir.
La piété.	L'idolâtrie.
Le courage.	La lâcheté.
La force.	La violence, abus de la force.
La patience.	La colère.
La candeur.	La discorde.
La sobriété.	L'ingratitude.
L'étude.	L'oisiveté.

Voyez l'explication plus détaillée de ces emblèmes aux pages 12 et suivantes de la brochure du président Fauris de Saint-Vincens; et aux pages 68 et suivantes de la Description de la basilique métropolitaine de Paris, par M. Gilbert.

(2) Il devrait se trouver plus bas, dans la série des signes du zodiaque, qui occupe la partie inférieure de la rose, et où il est remplacé lui-même par un panneau de fabrique plus récente.

d'inscriptions (1), qu'on peut trouver le sens probable de cette allégorie, et même suppléer, jusqu'à un certain point, aux sujets qui ont été détruits.

Je crois pouvoir, en procédant ainsi par analogie, hasarder l'explication suivante :

1. La grandeur d'âme ou la science.	L'intempérance (panneau déplacé).
2. La prudence.	La luxure (panneau détruit).
3. La douceur.	La témérité.
4. La patience.	L'avarice.
5. La générosité.	Le désespoir.
6. La piété (panneau détruit).	L'idolâtrie.
7. La force.	La lâcheté.
8. La justice (panneau remplacé).	L'iniquité.
9. L'humilité.	L'orgueil.
10. La chasteté.	La discorde.
11. La sobriété (emblème effacé).	La sottise.
12. Le travail.	L'oisiveté (panneau remplacé).

Il est aisé de voir que la plupart de ces tableaux ne se trouvent plus à la place qu'ils durent occuper primitivement.

Il en est de même de ceux dont est composée la partie inférieure de la rose.

Ces derniers sont également au nombre de vingt-quatre, dont douze, appartenant au cercle le plus rapproché de la circonférence, représentent les signes du zodiaque, et les douze autres, faisant partie du cercle intérieur, représentent les travaux qui caractérisent chacun des mois de l'année. Plusieurs panneaux ont été détruits, déplacés ou mutilés par suite des remaniements maladroits qui eurent lieu à diverses époques (2).

---

(1) J'en connais particulièrement deux exemples fort remarquables, sur lesquels j'aurai à revenir plus tard.

Le premier existe sur une verrière de l'ancienne cathédrale d'Auxerre, où se trouvent huit vertus mises en regard des vices, avec les inscriptions suivantes :

SOBRIETAS.	EBRIETAS.
SAPIENTIA.	STULTICIA.
CONCORDIA.	DISCORDIA.
JUSTICIA.	DOLOR.
PATIENTIA.	DESPERATIO.
HUMILITAS.	Superbia.
CASTITAS.	LUXURIA.
LARGITAS.	AVARICIA.

Le second exemple, pris dans une verrière de la cathédrale de Strasbourg, est plus applicable au cas présent, par ce motif que les vertus, comme les vices, s'y trouvent également au nombre de douze.

L'ordre dans lequel ils sont placés, est indiqué par des inscriptions disposées comme il suit :

SAPIENTIA.	STULTICIA.
JUSTICIA.	INIQUITAS.
Sobrietas.	GULA (la gueule).
SIMPLICIA.	FRAVS.
FIDES.	IDOLATRIA.
HUMILITAS.	SUPERBIA.
CARITAS.	INVIDIA.
LARGITAS.	AVARICIA.
CASTITAS.	LUXURIA.
CONCORDIA.	DISCORDIA.
FORTITUDO.	ACCIDIA (le découragement).
SPES.	DISPERANTIA.

(2) Cette rose, refaite en partie au seizième siècle, subit une restauration complète en l'an 1731. (Guillot de Monjoie, Description historique des curiosités de l'Église de Paris, pag. 84).

Dans l'état actuel, les signes du zodiaque et les travaux qui y correspondent, se trouvent disposés dans l'ordre suivant, en procédant toujours de gauche à droite :

1. Le Verseau.   Un homme à table.
2. Les Poissons.   Panneau détruit.
3. Le Bélier.   Un vigneron taillant la vigne.
4. Le Taureau.   Panneau détruit.
5. Les Gémeaux.   Panneau détruit.
6. Le Lion (1).   Un homme fauchant du foin.
7. Le Cancer.   Panneau détruit.
8. La Vierge.   Un homme battant du blé.
9. La Balance.   Panneau détruit.
10. Le Scorpion.   Un paysan qui ensemence un champ.
11. Le Sagittaire (2).   Les cochons menés aux glands.
12. Le Capricorne (3).   Des bergers (4).

Les zodiaques de ce genre, accompagnés de sujets allégoriques, ne sont pas rares dans les monuments du moyen âge (5). C'était une sorte de calendriers agricoles, qu'à défaut d'almanachs, le peuple trouvait alors aux verrières, ou aux portails de ses églises.

L'emblème de chaque mois s'y trouve reproduit, à peu d'exceptions près, d'une manière uniforme, de sorte qu'on peut bien reconstituer ici les sujets qui ont disparu. Il suffit encore pour cela de consulter les sculptures du grand portail.

Le premier panneau qui manque est celui qui répond au signe des Poissons, et devait représenter le mois de février. On le trouve généralement figuré par un homme qui se chauffe devant un grand feu.

L'emblème du mois d'avril correspondant au signe du Taureau, devait être une figure de femme tenant des plantes qu'elle vient de sarcler, et revêtue d'une double robe (6).

(1) Le Lion a pris ici la place du Cancer, et réciproquement. De semblables interpositions ne sont pas rares aux fenêtres de nos églises, grâce à l'ignorance des restaurateurs anciens et modernes. Mais dans ce cas-ci, il est permis de croire que l'interposition n'est pas accidentelle, puisqu'elle se trouve reproduite dans le zodiaque sculpté au portail de la même église. On ne saurait toutefois admettre la singulière explication de Dupuis, qui prétend que, si l'artiste a placé le Lion près de la Vierge, c'est pour lui faire honneur (Mémoire sur l'origine des constellations, in-4°, 1781). Ce fait, d'ailleurs, ne se trouve pas répété d'une manière constante dans les nombreux zodiaques qui nous restent de cette époque, et peut-être, après tout, ne doit-on en chercher l'explication que dans l'ignorance même de l'ouvrier.

(2) Ainsi que je l'ai dit plus haut, ce panneau se trouve reporté par erreur au n° 11 de la série des vices, dans la partie supérieure de la rose. Il est remplacé ici par un médaillon repeint au seizième siècle, et qui représente un homme en costume de voyage, entrant précipitamment dans une petite maison. Il est probable que ce n'était pas là le sujet primitif de ce médaillon.

(3) Panneau repeint au seizième siècle.

(4) Autre panneau, également repeint au seizième siècle, et dont le sujet paraît avoir été changé à cette époque.

(5) J'ai déjà eu l'occasion d'en citer un certain nombre, page 58, note 2.

(6) Peut-être pour désigner que le froid règne encore pendant le mois d'avril. (Fauris de S. Vincens).

La figure qui représente le mois de mai, en regard des Gémeaux, tient d'ordinaire un oiseau sur le poing, et un bouquet de l'autre main.

Le septième médaillon, qui manque également, correspondait au mois de juillet. On devait y voir un homme aiguisant sa faux.

Le neuvième, placé en regard de la Balance, devait représenter une scène de vendange, emblème du mois de septembre.

Enfin, le dernier médaillon de la série, correspondant au Capricorne, et qui contient aujourd'hui des bergers, devait, si l'on en juge toujours par analogie, représenter un homme dans l'action de tuer un porc.

Quant à la valeur de tous ces emblèmes, elle a donné lieu à plusieurs dissertations intéressantes, auxquelles je me vois obligé de renvoyer le lecteur, pour ne pas prolonger outre mesure les détails de cette description (1).

Ainsi que je l'ai dit en commençant, l'église de Notre-Dame ne contient pas d'autres verrières importantes que ses trois grandes roses. Les galeries qui règnent au-dessous, et celles qui sont percées tout autour de la nef et du chœur, reçurent, vers la même époque, ou dans le siècle suivant, une vitrerie également brillante; mais il n'en reste plus rien aujourd'hui; et, pour retrouver des exemples de ce genre de décoration, si propre à relever l'éclat des roses, on est forcé de chercher ailleurs.

J'en ai réuni, dans la Planche XXII, quelques panneaux que j'avais vus dans la cathédrale de Châlons-sur-Marne.

Ces galeries, composées de petites fenêtres ogivales fort effilées, ne présentent point de dessins de figures; mais la forme des ornements y est on ne saurait plus variée. L'ornementation du treizième siècle que nous avons déjà pu observer dans un assez grand nombre de bordures et dans quelques roses, se montre ici sous une forme moins fréquente, mais où elle conserve toujours le même caractère : de larges feuilles un peu lourdes, se déroulant le plus souvent sur des fonds bleus ou rouges; de petites bordures à filets unis ou perlés, et l'emploi de quelques tons clairs dans les parties où le verre se trouve en contact avec l'architecture. Une seule de ces verrières, la plus à droite, dont la disposition rappelle un peu l'habit d'arlequin, présente un caractère d'originalité dont on retrouverait difficilement d'autres exemples.

Les quatre panneaux que j'ai reproduits proviennent de la nef de la cathédrale de Châlons. L'élégante galerie qui règne sous les roses, a malheureusement subi de déplorables remaniements. Elle devait s'harmoniser fort bien, surtout avec la rose du nord, qui se fait remarquer par un grand éclat de couleurs et une grande richesse d'ornementation.

___

(1) Je citerai particulièrement un Mémoire de M. Didron, sur la statuaire du treizième siècle, inséré dans la Revue de Paris (Tom. XXVIII de la 2ᵉ série, pag. 157 et suiv.). On y trouvera de curieuses observations, auxquelles on ne peut reprocher que d'être vues à travers le prisme d'une imagination trop féconde.

Quant à ses fenêtres proprement dites, la cathédrale de Châlons conserve encore plusieurs verrières du treizième siècle, mais beaucoup d'autres ont disparu; ce qui s'explique
facilement par le grand nombre de catastrophes qui sont venues fondre sur elle à diverses époques.

Ce fut vers le temps de Clovis, que l'évêque Florent entreprit d'élever une cathédrale
sous l'invocation de saint Étienne, au lieu qu'elle occupe aujourd'hui (1). Jusque-là, le
siége de l'évêché avait été dans la ville haute. L'église commencée par Florent ne fut
terminée qu'en l'an 625, sous l'épiscopat de Félix Ier (2). Un incendie qui survint quelques siècles après, en 1137, détruisit complétement cet édifice (3); mais le désastre qu'il
occasionna fut réparé avec une si merveilleuse activité, que, onze ans après, une nouvelle
église s'élevait à la même place. Au mois de novembre 1148, le pape Eugène III vint en
faire la dédicace (4).

Cette seconde cathédrale ne devait pas durer si longtemps que la première. Le feu y
éclata de nouveau, en 1230, et la détruisit presque complétement (5). L'évêque Philippe
de Nemours, qui occupait alors le siége de Châlons, s'appliqua avec un zèle infatigable
à faire sortir cette fois encore l'église de ses ruines. Ses successeurs continuèrent son
œuvre, et je trouve que, sous l'épiscopat de Pierre de Hans, qui siéga de 1247 à 1262,
chacun des chanoines souscrivit pour une somme de cent sous (6). Ce fut, sans doute,
vers cette époque que la nouvelle cathédrale reçut sa vitrerie. Mais outre les guerres et
les causes de ruine communes à toutes les églises, celle de Châlons éprouva, au dix-
septième siècle, une catastrophe dont ses verrières purent bien se ressentir. Le 19 janvier 1668, la foudre vint écraser la flèche en plomb, haute de quarante-huit toises, que
le cardinal du Luxembourg avait fait élever au-dessus de la tour en l'an 1520 (7).

Ce qui, après tant de catastrophes, reste encore de la vitrerie primitive, suffit pour
démontrer qu'elle devait être d'une certaine importance.

Les verrières les mieux conservées se trouvent dans le chœur. Elles représentent de
grandes figures, parmi lesquelles on distingue Jésus-Christ, la sainte Vierge, saint
Étienne, patron de la cathédrale, les apôtres, et quelques saints que l'église de Châlons

---

(1) Mémoire sur l'établissement du christianisme à
Châlons, et sur les institutions qui s'y rattachent, par
Jules Garinet, in-8°. Châlons, 1837. — Pag. 8.

(2) Ibid.

(3) Annales historiques de la ville et comté-pairie
de Châlons-sur-Marne, par Buirette de Verrières,
2 vol. in-8. Châlons, 1788. — Pag. lxi.

(4) Cette date se trouvait indiquée par une ancienne inscription de la cathédrale, rapportée dans
la première édition de la *Gallia christiana*. Le P. Ra-
pine la fixe au mois de novembre 1147. (Annales ec-

clésiastiques du diocèse de Châlons en Champagne,
in-8°. Paris, 1636. — Pag. 283). J'ignore d'après quel
document M. Garinet l'a fixée au 28 octobre de la
même année. J'ignore aussi où il a vu un tableau, selon lui contemporain, qui représente cette cérémonie,
et dont les principales figures seraient des portraits.

(5) Recherches sur l'histoire chronologique des
évêques de Châlons-sur-Marne, par Povillon Piérard.
Manuscrit de la bibliothèque de Châlons. — Pag. 104.

(6) Ibid., pag. 108.

(7) Ibid., pag. 146 et 193.

compte au nombre de ses premiers évêques. Les noms de MEMMIVS (1), DONATIANVS (2), ELIAFVS (3), y sont tracés en lettres onciales.

Les hautes fenêtres de la nef renferment également de nombreux fragments de la vitrerie du treizième siècle. Elles sont presque entièrement garnies de lacis en grisaille fort remarquables. Sur l'une de celles du côté gauche, on aperçoit une figure d'évêque sans inscription. Du côté opposé, on voit un saint Étienne, aux pieds duquel se prosterne un religieux, tenant en main le modèle de la verrière qu'il offre au saint. A cette attitude, il est facile de reconnaître le fondateur de la verrière, et l'inscription qui l'accompagne, PAGANVS CAPELANVS, peut donner lieu de penser que c'est quelque chapelain de l'église Notre-Dame en Vaux de la même ville, dont la nomination appartenait effectivement au chapitre de Saint-Étienne (4). On aperçoit encore dans la nef quelques blasons que je ne connais pas.

Enfin, les fenêtres de l'étage inférieur, quoique la vitrerie en ait particulièrement souffert, renferment aussi quelques peintures du treizième siècle.

C'est ainsi qu'à la huitième, en commençant par la gauche, on voit, dans le haut, des fragments de lacis avec trois figures de donataires sans inscriptions; et à la neuvième, également des lacis, et de petites figures représentant des fourreurs, ce qui permet de supposer que la verrière a été fondée par ce corps de métier.

La vingt et unième fenêtre renferme un Calvaire, dont l'aspect est si ancien, qu'on serait tenté de le croire échappé à l'incendie de 1230.

Dans la vingt-deuxième, il ne reste que deux figures de saints du treizième siècle, et dans la vingt-troisième la représentation de divers martyrs.

Les autres fenêtres sont en partie murées, ou contiennent des fragments de verrières des seizième et dix-septième siècles, dont j'aurai à m'occuper plus tard.

Parmi les églises suffragantes de Reims, Châlons n'est pas la seule où il reste des fragments plus ou moins importants de vitrerie peinte du treizième siècle. Je pourrais encore citer les cathédrales de Beauvais, de Soissons, de Noyon et d'Amiens.

La première de ces églises renferme des vitraux du plus haut intérêt. Mais, comme la plupart ne furent fondés que dans le siècle suivant, je ne commencerai point ici, pour une ou deux chapelles, une description qui resterait maintenant incomplète.

---

(1) Saint Memmie, le plus ancien apôtre de Châlons, était, au dire de Flodoard, le compagnon de saint Sixte et saint Sinice, premiers évêques de Reims. Cela reporterait son épiscopat aux dernières années du troisième siècle. (Gallia christiana, T. IX, col. 860).

(2) Saint Donatien fut le successeur immédiat de saint Memmie. Il était contemporain d'Imbetause, évêque de Reims, qui assista au concile d'Arles, en l'an 312. (Voyez le Mémoire de M. Garinet, pag. 6).

(3) Saint Éliaf ou Élasius vivait sous le règne de Sigebert Ier, roi d'Austrasie. Grégoire de Tours nous apprend qu'il mourut en Espagne, où il avait été envoyé pour traiter des affaires de la reine Brunehaut. Éliaf avait fait de nombreuses donations à son Église.

(4) Recherches chronologiques sur l'histoire des évêques de Châlons, par Povillon Piérard, pag. 239.

Je ne crois pas non plus devoir m'occuper encore des verrières de Soissons, sur lesquelles j'aurai prochainement à revenir, en parlant des fondations nombreuses que les églises de France durent à la piété de saint Louis ou de sa mère.

Quant à l'ancienne cathédrale de Noyon, il n'y reste que fort peu de verrières du treizième siècle. Les seules qui présentent quelque intérêt, sont celles de la chapelle de la sainte Vierge, où l'on retrouve toute la légende de saint Pantaléon, représentée dans de petits médaillons sur fond réticulaire, à la façon de ce temps-là. Pendant longtemps, ces verrières restèrent oubliées dans une salle attenante à la cathédrale, d'où elles furent exhumées, il y a quelques années, sur le rapport de M. Vitet, alors inspecteur des monuments historiques (1), pour être remises en la place qu'elles occupent aujourd'hui. Il reste aussi deux anges sur un fond de grisaille, à la cinquième fenêtre de la nef.

Mais de toutes les églises de ces provinces, la plus intéressante, à coup sûr, est la cathédrale d'Amiens. Elle a sa place entre les monuments les plus parfaits qui nous restent du moyen âge, et tant de beautés diverses viennent y captiver l'attention, qu'on a peine à restreindre et son admiration et ses études sur une seule partie de ce superbe ensemble. C'est pourtant ce que nous devons faire ici. Aussi, me bornerai-je à quelques lignes, pour rappeler à mes lecteurs quelles circonstances précédèrent l'érection de l'édifice actuel.

Le premier apôtre de la foi chrétienne dans la province de Picardie, fut saint Firmin. Son éloquence y opéra en peu de temps de si nombreuses conversions (2), que le gouverneur d'Amiens en prit ombrage. Jeté dans un cachot, et pressé de renoncer à sa foi, saint Firmin, au contraire, montra une persistance qui lui valut la palme du martyre. Les historiens rapportent qu'il fut décapité en secret, dans sa prison (3), vers l'an 303. Cependant, son corps ayant été recueilli par quelques-uns des nouveaux convertis, fut pieusement enterré hors des murs de la ville, au même lieu qu'occupa plus tard l'abbaye de Saint-Acheul. Là s'éleva bientôt un oratoire, conformément à l'usage de la primitive Église, qui aimait à placer ses premiers temples sur la tombe de ses martyrs (4). Quelques années après, un autre saint Firmin, également évêque, établit en ce lieu le siége de son diocèse (5), qui resta ainsi fixé hors des murs de la ville d'Amiens jusqu'au septième siècle. Alors seulement l'évêque saint Salve, ayant fait construire une nouvelle église

---

(1) Voici en quels termes M. Vitet parle de ces verrières dans un rapport qu'il adresssa au Ministre de l'intérieur, en 1831 : «Je ne dois pas oublier non plus,» dit-il, « deux fenêtres de la cathédrale de Noyon, ou « plutôt d'une salle basse voisine de cette cathédrale. « Ces vitraux sont moins beaux que ceux de Soissons, mais cependant remarquables ; je les crois du « quatorzième siècle. » M. Vitet me semble avoir donné une origine trop moderne à ces verrières. Je les ai revues depuis qu'elles sont en place, et elles m'ont paru présenter les caractères de la fin du treizième siècle.

(2) Au dire de Pierre de Natalibus, il baptisa, en quarante jours, plus de trois mille personnes. (Passio sancti Firmini, teste Baronio, lib. XII, cap. 79.)

(3) *Timens præses seditionem populi, præcepit in carcere decolari.* (Baron., lib. XII, cap. 79.)

(4) Description historique de l'église Notre-Dame d'Amiens, par M. Gilbert, in-8°. Paris, 1833, pag. 3.

(5) Ibid.

dans la ville, y transporta à la fois son siége épiscopal et les reliques de saint Firmin (1).

Placée non loin de la mer et sur les bords d'un fleuve, Amiens ne pouvait échapper aux incursions des Normans. En l'an 881, ces barbares détruisirent complétement l'église fondée par saint Salve (2). Enfin, comme si une déplorable fatalité s'était attachée à cette église, trois fois reconstruite par les soins du chapitre et les sacrifices des fidèles, elle fut trois fois détruite par la foudre (3). Le dernier de ces incendies arriva en l'an 1218, et détruisit l'édifice de fond en comble. Cependant, rien ne pouvait décourager le zèle religieux des habitants et du clergé d'Amiens. Deux ans à peine s'étaient écoulés, qu'une église nouvelle s'élevait déjà sur un plan plus vaste que les précédentes. La première pierre en fut posée par l'évêque Évrard de Fouilloy (4), dont la tombe en bronze se voit encore à l'entrée de la nef (5). La construction, poursuivie avec zèle par Geoffroy ou Gaudefroy d'Eu, dont on conserve également la tombe près de celle d'Évrard (6), et par son successeur Arnoult, ne fut pourtant achevée que sous l'épiscopat de Bernard d'Abbeville, mort en 1278 (7). Une inscription en vieux français, gravée sur une plaque de cuivre, au centre du labyrinthe dont était orné le pavage de la nef, a préservé de l'oubli le nom des architectes Robert de Luzarches, premier ordonnateur des travaux, Thomas de Cormont, et Renault, son fils, qui les continuèrent après lui, et selon ses plans (8).

Me renfermant actuellement dans l'étude et l'histoire des verrières de la cathédrale d'Amiens, je crois pouvoir affirmer, d'après ce qui précède, qu'aucune d'elles n'est antérieure à l'épiscopat de Geoffroy d'Eu (1223-1236), et qu'à bien peu d'exceptions près,

(1) Gilbert, Description historique de l'église Notre-Dame d'Amiens, pag. 4.

(2) Ibid., pag. 5.

(3) Ibid., pag. 5 et 6.

(4) L'an mil deux cens et vingt fut commencé
    Cet œuure, adonc tint Eurard l'Euesché.

(Antiqvitez, histoires et choses plvs remarqvables de la ville d'Amiens, poëtiquement traicté, par Adrian de la Morlière, in-4°. Paris, 1627.—Liv. II, pag. 225.)

(5) L'inscription de cette tombe commence par les vers suivants, qui rappellent la fondation de la cathédrale :

Qui populum pavit, qui fundamenta locavit
Hujus structuræ, cujus fuit urbs data curæ,
Hic redolens nardus fama requiescit Evrardus....

(6) Celle-ci porte également une inscription, dont la fin indique la part que l'évêque Geoffroy prit aux travaux de la construction nouvelle :

Clare vir Augensis (d'Eu), *quo sedes Ambiensis*
Crevit in immensis ; in cœlis auctus, amen, sis.

(7) « Du temps de cet Euesque, et non devant, » dit la Morlière, « la dernière main fut apposée à ce bel « édifice de Nostre-Dame, et l'ouurage conduit à sa « dernière fin quant au premier dessein de la nef et « des chapelles du chœur. » (Antiqvitez de la ville d'Amiens, liv. II, pag. 233.)

M. Gilbert et M. Dusevel (Histoire de la ville d'Amiens) indiquent l'an 1288, comme l'époque où l'édifice fut achevé. Ils se fondent à cet égard sur une ancienne inscription que je rapporte dans la note suivante. Mais cette inscription, qui prouve, à la vérité, qu'on travaillait encore alors à certaines parties de l'église, n'indique en aucune façon le moment où la construction proprement dite fut terminée ; tandis que le témoignage de la Morlière est confirmé par l'existence d'une verrière fondée par Bernard d'Abbeville dans le chœur de son église. Or, cette partie de l'édifice ne pouvant recevoir sa vitrerie que lorsqu'elle est déjà couverte, il est permis de conclure ici que le vaisseau de la cathédrale était achevé, lorsque la verrière dont il s'agit y fut placée.

(8) Voici cette inscription telle que M. Dusevel l'a reproduite d'après un cartulaire déposé aux ar-

elles ont été exécutées entre cette époque et la fin du treizième siècle : c'est du moins ce qui résulte des documents que nous possédons sur la fondation de plusieurs de ces verrières. Il y en a beaucoup de détruites. Je commencerai par décrire celles qui ont résisté aux outrages du temps.

Les trois roses sont encore en bon état, et se recommandent par une brillante vitrerie, aussi bien que par leurs dimensions (1) et l'élégance de leur architecture. Elles ont été soigneusement décrites par M. Gilbert, à qui j'emprunte les citations suivantes :

« La rose du côté du septentrion porte le nom de *Rose du nord* ou *des vents*. Elle a « trente feuilles, et offre, dans sa composition, une grande étoile d'architecture à cinq « rayons. Les panneaux de vitres présentent uniquement des fonds de mosaïque sans « figures (2). »

Cette rose est la plus belle et paraît la plus ancienne. On voit, au-dessous, une galerie vitrée, dont chaque panneau représente une figure de roi. L'une d'elles est accompagnée de l'inscription OLYBRIUS (3).

« La rose placée au fond de la croisée à droite, porte, » selon M. Gilbert, « le nom de *Rose* « *du midi* ou *du ciel*. Le rouge est la couleur dominante des vitres de cette rose, ce qui « indique, dit-on, l'intention de lui faire représenter le feu. Les compartiments en pierre « sont entrelacés, et laissent apercevoir, dans leurs interstices formant vingt-quatre feuil« les, plusieurs tableaux peints sur verre, lesquels représentent des chérubins et des ar« changes, les mains jointes, dans le plus profond recueillement, et dont les regards sont « dirigés vers le centre.

« Dans les panneaux de vitres de la galerie placée au-dessous de cette rose, on distingue « plusieurs évêques d'Amiens, revêtus de leurs ornements pontificaux. Au-dessus de cette « galerie est un autre rang de vitraux peints, représentant une suite de rois (4). »

chives du département (N° 34, fol. ccx) :

EN LAN DE GRACE MIL IIe
ET XX FU LEUVRE DE CHEENS
PREMIERLMENT ENCOMENCHIE
A DONT Y ERT DE CHESTE EVESQUIE
EVRART EVESQUE BENIS
ET ROY DE FRANCE LOYS
Q̄ FU FILZ PHELIPPE LESAGE
CHIL Q̄ MAISTRE Y ERT DE LEUVRE
MAISTRE ROBERT ESTOIT NOM̃ES
ET DE LUSARCHES SURNOM̃ES
MAISTRE THOMAS FU APRES LUY
DE CORMŌT ET APRES SEN FILZ
MAISTRE REGNAULT QUI MESTRE
FIT A CHEST POINT CHI CHESTE LECTRE
QUE L'INCARNACION VALOIT
XIIIe ANS MOINS XII EN FALOIT.

(Histoire de la ville d'Amiens, 2 vol. in-8°. Amiens, 1832. — Tom. Ier, pag. 175.)

(1) Chacune de ces roses a un diamètre d'environ onze mètres.

(2) Description historique de l'église Notre-Dame d'Amiens, pag. 123.

(3) Il y a eu un empereur de ce nom, qui succéda, le 11 juillet 472, à Anthémius, et n'occupa le trône que trois mois et quelques jours. (Le grand Dictionnaire historique de Moréri, tom. VIII, pag. 61.) Mais il est plus probable qu'il s'agit ici d'Olibrius, gouverneur des Gaules sous l'empereur Dèce, plus tard commandant des troupes romaines en Psidie, qui persécuta et fit mettre à mort sainte Marguerite, pour se venger de ses dédains. (Ibid., pag. 53.)

(4) Description historique de l'église Notre-Dame d'Amiens, pag. 123.

« Enfin, la rose occidentale, d'après le même auteur, est appelée la *Rose de mer*, pro-
« bablement à cause de sa position à l'ouest, ou de *Saint-Valery*. Elle est divisée en seize
« compartiments, dont les interstices sont garnis de vitres peintes, représentant des dau-
« phins et des coquillages de mer; on y remarque aussi plusieurs sortes de fleurs et des
« coqs crêtés et becqués, dont le plumage est peint de diverses couleurs. Ce sont les armes
« parlantes de Jean de Coquerel, ancien *mayeur* (1) d'Amiens, qui fit, dit-on, exécuter
« cette rose en 1241. L'écusson de ses armes est placé au centre de la rose, à l'exté-
« rieur (2)...... Il paraît incontestable que les compartiments en pierre ont été refaits pos-
« térieurement à l'année 1241. Leur forme flamboyante, qui diffère de celle usitée à cette
« époque, appartient à un temps bien postérieur à cette date, ce qui donnerait lieu de
« croire que ce n'est pas à Jean, mais à Firmin de Coquerel, chanoine de cette église, et
« chancelier de France, mort en 1349, que l'on en doit l'érection (3). Les panneaux de
« vitres peintes sont d'un travail beaucoup plus récent et datent du seizième siècle (4). »

Il y a encore deux petites roses au-dessous des portiques latéraux de la façade principale. Mais on n'y retrouve plus que des morceaux de verre de toutes couleurs, réunis
très-maladroitement et sans ordre.

La nef, la croisée et le chœur sont éclairés, dans leur partie supérieure, par quarante
et une fenêtres, ayant chacune 15 mètres 59 centimètres de hauteur (5). Leur ancienne
vitrerie a disparu presque entièrement, ainsi que celle de la galerie qui règne tout
autour de l'église, au-dessous des grandes fenêtres. On n'y retrouve plus que quelques
panneaux de vitres peintes, sis au chevet du chœur, et représentant deux figures de vierges,
ayant chacune un évêque à leurs pieds. L'un de ces évêques est Bernard d'Abbeville, qui
occupa le siége d'Amiens de 1259 à 1278. C'est lui qui fonda cette verrière, ainsi que
l'indiquent, d'une part, son attitude de donataire, et, de l'autre, une inscription en grosses
lettres blanches sur fond bleu, portant ces mots : BERNARD EPC (*episcopus*) ME DEDIT (6).

La figure voisine paraît être celle de Guillaume de Mâcon, successeur de Bernard, qui
siégea de 1278 à 1308.

Au-dessus de ces deux figures, on aperçoit quatre anges avec des couronnes.

Il reste des débris plus nombreux de l'ancienne vitrerie aux fenêtres de l'étage inférieur.

---

(1) C'est ainsi qu'on désignait la qualité de maire.

(2) « Chose rare et que ie n'ay peu remarquer ail-
« leurs, » dit la Morlière. (Antiqvitez d'Amiens, liv. III,
pag. 321.)

(3) Presque à la même époque, en 1352, il y avait
un autre Firmin ou Fremin de Coquerel, maire d'A-
miens. (La Morlière, liv. III, pag. 335.)

(4) Description historique de l'église Notre-Dame
d'Amiens, pag. 122.

(5) Ibid., pag. 117.

(6) A la suite de cette inscription on lisait autrefois
la date de M. CC. LXIX, ainsi que l'indique M. Gilbert
d'après le témoignage de la Morlière, qui parle « de la
« première et principale verrière que l'évesque Ber-
« nard donna au-dessus du grand autel, l'an mil deux
« cens soixante et neuf. »(Antiqvitez d'Amiens, liv. II,
pag. 234.) — Cette assertion est d'ailleurs confirmée
par un autre texte que je citerai plus loin.

Les verrières de la nef ont été détruites ; mais on en voit encore plusieurs au pourtour du chœur et dans les deux transepts. Elles appartiennent au style légendaire.

Des trois qui se trouvent dans le transept du nord, la première est en assez mauvais état ; parmi les sujets qu'elles renferment, on distingue une adoration des Mages. Les petits sujets dont se compose la deuxième, se détachent sur un fond de grisaille. Quant à la troisième, elle a perdu son ancienne vitrerie.

En parcourant ensuite les verrières situées au pourtour du chœur, la première qu'on rencontre à gauche se compose de trois baies : celle du milieu représente un arbre de Jessé, ou généalogie de la sainte Vierge ; et dans les deux autres, on distingue divers petits sujets tirés de l'histoire de nos premiers pères.

Les deuxième et troisième fenêtres ne contiennent plus que des vitres blanches.

La quatrième se compose de sujets légendaires que le petit orgue masque presque complétement. L'un des panneaux est orné d'une bordure de gueules chargée de lions d'or.

La chapelle Saint-Jean, qui vient ensuite, renferme trois fenêtres où l'on retrouve les légendes de divers martyrs. Au bas de la verrière de droite, on distingue une figure de marchand, qui semble indiquer que ces verrières furent fondées par une corporation.

Une fondation analogue est indiquée dans la chapelle suivante, où l'on aperçoit deux panneaux représentant des filateurs et des tisserands dans l'exercice de leurs professions. Ces sujets m'ont semblé présenter assez d'intérêt pour en reproduire un dans cet ouvrage. L'atelier de filature que j'ai représenté à la planche xxiii (fig. 2), est d'une simplicité qui pourra paraître curieuse, si on la compare aux procédés mécaniques actuellement en usage.

L'abside est percée de trois fenêtres : celle du milieu a conservé une vitrerie légendaire assez endommagée, et les deux autres ne contiennent que du verre blanc.

Dans la chapelle suivante, il reste quelques vitres légendaires fondées par des marchands, ainsi que l'indiquent deux panneaux représentant des cordonniers et des épiciers. J'ai reproduit (planche xxiii, fig. 1re) le panneau des épiciers, reconnaissable aux paquets de chandelles qui pendent au devant de la boutique. Ce sujet est d'ailleurs intéressant sous le rapport des costumes. D'un côté, l'on y voit le citadin couvert de ses deux robes superposées, et de l'autre un campagnard plus lestement vêtu, à la robe plus courte, qui vient en ville, armé de sa besace, pour y chercher des provisions.

Les verrières de la chapelle suivante sont également légendaires. Le fond en est orné de fleurs de lis, et les bordures sont aux armes de Castille, ce qui semblerait indiquer une fondation pieuse de la mère de saint Louis.

Les fleurs de lis se retrouvent encore à la fenêtre la plus voisine, mais en forme d'échiquier alternativement rouge et bleu, disposition singulière que je n'ai observée nulle part ailleurs.

38

Enfin les trois dernières fenêtres sont en verre blanc. Seulement, dans la petite rose qui surmonte l'une d'elles, on aperçoit encore trois petites figures du treizième siècle.

Le transept méridional est éclairé par trois fenêtres.

La première n'a conservé de la vitrerie primitive qu'un petit sujet placé dans l'amortissement de l'ogive.

La seconde n'en a rien conservé du tout.

La troisième renfermait toute une légende, dont la partie centrale, en forme de croix, a été enlevée et remplacée par du verre blanc, ce qui la rend inintelligible.

Tels sont, en résumé, les seuls débris encore existants de l'ancienne vitrerie de la cathédrale d'Amiens. On ne peut trop déplorer la perte des grandes fenêtres qui décoraient l'étage supérieur et devaient compléter l'harmonie de cet admirable édifice. A ce mérite, d'ailleurs, elles joignaient un intérêt particulier par les nombreuses inscriptions dont elles étaient chargées. On y trouvait la trace de fondations pieuses, qui, toutes, se rattachaient à l'histoire de la commune ou du diocèse d'Amiens. Aussi me semble-t-il qu'il ne sera pas sans intérêt de reproduire ici, d'après un manuscrit de Ducange, conservé à la bibliothèque royale (1), l'inventaire de cette partie de la vitrerie d'Amiens, dressé en 1667. Cela pourra donner une idée fort exacte de l'état primitif de cette vitrerie.

Je reproduis textuellement :

« Le 25 d'avril mil six cens soixante sept, MM. Houllon, chanoines et moy, auons esté dans les galeries de N.-D. pour y lire les inscriptions qui sont aux grandes vitres de l'église.

« 1. Nous avons commencé par la première de la nef, à main gauche en entrant, laquelle contient ces mots en lettres gothiques : CHE FIST FAI^e IE DRIEVS MALERBE ES THVMAS RENIV ET EGRARES DE SAINT FUSCIEN (2). Cet Andrieu de Malherbe estoit majeur (maire) en l'an 1292. Voyez la Morlière p. 285. Il y est aussi parlé des S. Fuscien, majeurs, en la même page et ailleurs (3).

« 2. La deuxième vitre représente quatre escussons consécutifs :

« Le premier est d'azur semé de fleurs de lys d'or ; la face d'argent à trois tourteaux d'azur.

« Le deuxième est d'or au lyon de gueules brisé de trois cheurons de vair.

« Le troisième est comme le premier.

« Le quatrième est de gueules à trois vases couuerts d'or, l'escu parscmé de treffles de même, au lambel d'azur de trois pendans.

« Sur le deuxième escusson est un euesque, et sur le troisième un nauire avec sa uoille.

« Il est sans doute que le quatrième escusson est de la maison de S. Fuscien, d'où il s'ensuit que le premier est d'Andrieu de Malherbe, et le second de Thomas Renieu.

---

(1) MS. de Ducange, suppl. français, 1225 B., p. 436.

(2) Verrière *que fit faire, moi André de Malherbe, Thomas Renieux et Enguérand de Saint-Fuscien.*

(3) Dans la troisième édition que j'ai citée jusqu'ici comme la meilleure, les passages indiqués se trouvent aux pages 328 et suivantes.

« 3. La troisième vitre contient trois escussons, le premier de Malherbe, le deuxième de S. Fuscien, au lambel componné d'argent et d'azur, et le troisième de Renieu, qui est le lion de gueules brisé de trois cheurons de vair, à la bordure engreslée de sable. — Les armes de Conty sont différentes; car elles sont d'or au lyon de gueules à trois bandes de vair. (V. La Morlière, p. 315.)

« 4. La quatrième vitre est comme la troisième.

« 5. La cinquième contient ces mots : CHESTE VERRIERE FIST FAIRE MAISTRE WILLAVME LI OVRS PRIES POVR S'AME (1). — Au deuxième panneau est une Vierge, au troisième un homme qui présente une vitre, et au quatrième un ours d'or dans vn carré d'azur (2).

« 6. La sixième a ces caractères LI MAIEVRS DES WAIDIERS DAMIENS OVNT FAIT FAIRE CHESTE VERRIERES (3). Au-dessus sont quatre escussons de suite de gueules au chef d'azur, à trois fleurs de lys d'or en fasce (4).

« 7. La septième porte ces termes : LI MAIEVR DES WAIDIER DAMIENS ONT FAIT FAIRE CHES VERRIERE. Au-dessus sont quatre escussons de la ville, comme en la précédente.

« En tournant du mesme côté, à l'aisle gauche, sur l'autel et la chapelle de Saint-Pierre :

« 1. La première a ces mots ou ces caractères qui ont esté transposez par les vitriers :

^{1 2 15 16   5 6 7 8   9 10 11 12 13 14   3 4   17 18   31 32 31 32   33 34 35 36 37 38 39 30   19 20}
MADE TRES RAOVLS IS FO EC ES FI STFAIR SS HE SVERRIERES

« (*Maistre Raouls de Fosses fist faire ches verrières*).

« Au-dessus est un chanoine couuert d'une robe bleue auec vne grande couronne cléricale, qui présente vne vitre. Dans les autres panneaux sont les figures de la Vierge, de Saint Pierre et de saint Paul.

« 2. La deuxième a ces termes : MAISTRES RAOVLS DE FOSSES FIST FAIRE CHES VERRIERES. Au-dessus est la figure du mesme chanoine.

« 3. La troisième a ces caractères pareillement transposez :

^{1 2 3 4   5 6   2 3 4 5   1 6 7 8 9}
LI MANT DR RBEA MIENS : KANT NA T : SIBR ST ON NE EVT : DRENT CHESTE VERRERE.

« *Li manant d'Amiens .... donnèrent cheste verrière*) (5).

---

(1) *Maître Guillaume l'Ours fit faire cette verrière, priez pour son âme.*

(2) Il est facile de comprendre que ces vitres représentaient le donataire aux pieds de la sainte Vierge, et près de lui ses armoiries parlantes.

(3) *Les syndics des guèdiers d'Amiens ont fait faire cette verrière.* — Le mot *maieur*, qui le plus souvent signifie le maire d'une ville, veut dire aussi parfois le chef d'un corps de métier (voyez le supplément français au glossaire de Ducange, par Carpentier, in-fol., Paris, 1766, T. IV, col. 399). — *Waide* ou *guède* est l'ancien nom qu'on donnait au pastel employé pour les teintures en bleu (ibid. col. 667); les *waidiers* ou *guèdiers* étaient les artisans qui se consacraient spécialement à ce genre de teinture.

(4) Anciennes armes de la ville d'Amiens, concédées par Philippe-Auguste. Plus tard, Louis XI autorisa la ville à diaprer la pointe de son écu de branches de lierre d'argent, en signe d'union à la couronne. (Dusevel, Histoire de la ville d'Amiens, t. I, p. 415.)

(5) Il est bien rare de retrouver la trace écrite d'une fondation faite à cette époque par le peuple, par *les manans*, comme on disait alors. L'inscription rapportée ici est, sous ce rapport, un curieux monument de l'émancipation vers laquelle tendaient les communes nouvellement affranchies.

« Dans le chœur, à costé gauche, du costé de l'Éuesché.

« 1. La première a ces mots : LE DIANE DE POIS ET DE CONTI ET DE PARVILER ME FIRENT FAIRE (1).

« 2. La deuxième : LA VILLE DE DOVRLENS ET LE DIENNE......... (2). Il y a ces caractères qui semblent transposez : CRENDE CCT CHE VODE LE.....DIER (3).

« 4. La quatrième : CHES VERRIERES... SAVEVES DAMIENS.

« 5. La cinquième a une tour d'or et semble d'une fabrique plus récente et auoir esté donnée par   Latour, pénitencier de N. D., qui a donné les figures qui sont derrière le chœur, qui représentent l'histoire de S. Fuscien et de S. Gentien, où sont ses armes qui sont...... C'est lui qui a fait bâtir la tour et la maison canoniale des sieurs Houllon (4).

« 6. La sixième, qui est vers le fond de l'église, a ces caractères : LE DIENE. E POIS EN EVET DER....ES (5). Au-dessus est la figure de saint Firmin.

« 7. La septième a un escu eschiqueté d'or et d'azur (6).

« 8. La huitième, sur l'autre et dans le fond de l'église, a quatre éuesques, et au-dessous, BERNARD[s] EPC ME DEDIT MCCLXIX (7).

« 9. La neuvième est un escu eschiqueté d'or et d'azur qui semble estre les armes de l'éuesque Bernard (8).

« 10. La dixième représente une Vierge, et au paneau suiuant, vne reyne ayant la teste couuerte d'vn voile blanc auec la couronne et vn habit bleu, et depuis le my-corps jusques au bas est vn espèce d'escusson carré escartelé au 1 et 4 de gueules au château d'or, au 2 et 3 d'argent au lion rampant de sable (9).

« Cette figure est de Blanche de Castille, mère de saint Louys, laquelle décéda l'an 1252, et probablement contribua beaucoup à acheuer le grand vaisseau, ce qui paroit par les fleurs de lys meslez des châteaux de Castille, dont la plupart des vitres sont parsemées (10).

---

(1) *Le doyenné de Poix et de Conti et..... me firent faire.* — L'abréviation DIANE semblerait plutôt indiquer le mot *diaconé* que *doyenné*. Mais il n'y avait dans le chapitre que deux archidiacres, ceux d'Amiens et de Ponthieu. Le mot diaconé ne serait donc point applicable, et je crois qu'on doit lire ici *doyané* ou doyenné. Quant au nom de Parvilliers, j'ignore à quelle localité il se rapporte.

(2) *La ville de Dourlens et le doyenné de......*

(3) Je n'ai pu retrouver le sens de cette inscription, ni de la suivante.

(4) Collaborateurs de cet inventaire.

(5) *Le doyenné de Poix.........*

(6) Voyez plus bas la note 8.

(7) Cette verrière existe encore. J'ai indiqué ci-dessus (pag. 148) l'état où elle se trouve aujourd'hui.

(8) L'auteur de l'inventaire se trompe. Ces armes sont celles des comtes de Vermandois, anciens seigneurs suzerains de la ville d'Amiens. Elles étaient en même temps celles de la ville, jusqu'au jour où la commune fut érigée (la Morlière, liv. Ier, pag. 82). Quant à Bernard d'Abbeville, il portait d'argent à trois écussons de gueules (ibid., liv. II, pag. 234).

(9) Les 1 et 4 sont de la ville. Quant aux deux autres quartiers, je ne pourrais les expliquer que par une erreur dans la description des émaux. Il parait probable que c'étaient les armes de Léon qui se trouvaient écartelées avec celles de Castille. Les deux royaumes, en effet, avaient été réunis en 1217, dans la personne du roi Ferdinand II. Toutefois, il est à remarquer que cette réunion étant postérieure au mariage de Blanche de Castille, elle n'écartelait point les armes de Léon.

(10) Voyez ci-dessus, pag. 149.

« 14. La quatorzième (1) a ces caractères : CHE VD VS FAIRE LE DI AF AIO ABBEVILLE (2).

« 15. La quinzième : CHE DOVNE LE VILE DE SAINNT RIKIER ET LE DIENE FES...... (3).

« *En l'aisle, sur la chapelle N.-D. du Puy.*

« 1. La première a ces mots : EN LĀ DE GARCE(*sic*) MCCLIII^{XX} HVGANS LIENART LE SEC ROBERT DE SCT FVSIEN MAIEVRS DES WAIDIERS FIRENT CHES VERRIERES (4).

« 3. La troisième (5) a, au deuxième panneau, une sainte Catherine, et au troisième vn éuesque auec trois escussons consécutifs :

« Le premier, de France, à la fasce d'argent chargée de trois bezans d'azur.

« Le deuxième, d'or semé de coquilles de sable au lyon de gueules brisé de trois cheurons de vair.

« Le troisième de sable besandé d'or (6).

« 37. La trente-septième (7), qui est la deuxième entrant en la nef, a ces mots : LE VILE DAMIENS DONE CHESTE VERRIERE (8).

« 38. La trente-huitième a ces caractères transposez : LI WAIDINE DO ERNT CHESTE VERRIERE (*Li waidier donent cheste verrière*).

« 41 et 42. La quarante et unième et la quarante-deuxième (9) ont chacune quatre escussons posez alternativement, sçauoir : ceux de la ville et de Malherbe. »

Le curieux document que je viens de reproduire complète tout ce qu'il m'a été possible de recueillir relativement à la vitrerie de la cathédrale d'Amiens.

Maintenant que nous avons passé en revue les principaux monuments de la Peinture sur verre, qui se rapportent au commencement du treizième siècle, il est temps de signaler l'impulsion que cet art, plus qu'aucun autre, dut à la pieuse munificence de saint Louis, de sa mère et des princes de sa famille. La France est encore couverte de monuments érigés par leurs soins, d'églises restaurées à leurs frais, et d'anciennes communautés enrichies par leurs largesses. Les nommer tous serait faire un catalogue presque complet des édifices religieux qui remontent au treizième siècle, et cette nomenclature sera déjà

---

(1) L'inventaire ne dit rien des onzième, douzième et treizième fenêtres.

(2) Il est probable que cette verrière fut fondée par le clergé ou les fidèles d'Abbeville.

(3) Verrière *que donne la ville de Saint-Riquier et le doyenné de........*

(4) *En l'an de grâce* 1280, *Hugues Liénart le Sec et Robert de Saint-Fuscien, syndics de guèdiers, firent ces verrières.* — On trouve un Liénart le Sec parmi les maires d'Amiens, mais pour les années 1296, 1299, 1303, 1308 et 1311, et non pour l'année 1280, où le maire était Jean Godris. (La Morlière, liv. II, pag. 327 et suivante). Il est donc bien évident qu'ici encore le mot *maieur* indique le chef ou le syndic d'une corporation, et non point le premier magistrat de la cité.

(5) Il n'est rien dit de la deuxième fenêtre.

(6) Ces blasons me sont inconnus.

(7) Il y a une erreur dans le compte de l'inventaire. En suivant le même ordre pour toute l'église, cette fenêtre n'est que la trente-sixième, et, par le même motif, la suivante doit prendre le n° 37.

(8) *La ville d'Amiens donne cette verrière.*

(9) Il n'y a que quarante et une fenêtres en tout. Par conséquent, les deux dernières devraient porter les n°* 40 et 41, au lieu des n°* 41 et 42.

bien assez longue, en y comprenant seulement les monuments de la Peinture sur verre.

Et d'abord, entre tous, il m'a semblé juste et curieux à la fois de reproduire un vitrail peu connu, dont je dois la description et le dessin (1) au savant et regrettable Langlois du Pont de l'Arche. Cette verrière, qui fait le sujet de la Planche XXIV, et qui se voit encore dans la petite église de Moulineaux, à quelques kilomètres de Rouen, semble, en effet, réunir les trois figures historiques des princes à qui la Peinture sur verre dut de si grands encouragements.

Pour la décrire, je ne puis mieux faire que de transcrire littéralement les notes inédites que M. Langlois m'avoit remises, l'année avant sa mort :

« La partie peinte de cette vitre peut porter environ six pieds quatre à cinq pouces « de hauteur, sur un pied neuf à dix pouces de largeur (2). Les panneaux inférieurs étant « blancs, on peut considérer comme certain que le vitrail a perdu des rosaces, et que « l'on a remonté celles qui restent, pour atteindre l'amortissement de l'ogive. Ces pein- « tures, évidemment du treizième siècle, sont remarquables par la vivacité de leurs « couleurs, mais principalement par le sujet votif qui en occupe le bas. La bordure, « aux blasons de France et de Castille, semble autoriser à croire que la princesse offrant « ce vitrail à Dieu est Blanche, veuve de Louis VIII, accompagnée de son fils saint Louis, « et de Marguerite de Provence, femme de ce roi. La forme de la vitre tenue par la femme « agenouillée en avant des autres personnages, étant précisément celle qu'ont uniformé- « ment les fenêtres de Moulineaux, on ne peut suspecter cette verrière d'avoir été ap- « portée d'un autre édifice à la place qu'elle occupe aujourd'hui..... Nulle église de « Rouen, sans excepter la cathédrale, n'offre, dans sa vitrerie de couleur, aucun sujet « aussi plein d'intérêt par ses personnages historiques et par son antiquité. Malheureuse- « ment, cette curieuse relique des arts de nos pères est fracturée en plusieurs places, « notamment dans le personnage divin assis sur des nuages.

« J'ai calqué toutes les figures sur la vitre même, pour obtenir toute la fidélité « possible dans la réduction des sujets. »

La verrière dont on vient de lire la description est située au centre de l'abside. A gauche se trouve une autre fenêtre dont la partie supérieure est occupée par une Vierge également du treizième siècle, tandis que la partie inférieure renferme une figure de saint Jean-Baptiste, exécutée, selon Langlois, aux approches du seizième. La fenêtre située à droite n'a conservé aucun vestige de la vitrerie primitive; mais on y voit un saint Jacques le Majeur, contemporain de saint Jean-Baptiste.

---

(1) En reproduisant ici un dessin dont je ne suis pas le premier auteur, j'ai enfreint, il est vrai, la règle que je me suis imposée pour tout le reste de cet ouvrage. Mais ayant pour excuse la garantie d'un nom si respectable, j'ai cru pouvoir me permettre une excep-tion, qui est elle-même un hommage rendu à la mé-moire d'un homme dont l'extrême obligeance égalait le mérite.

(2) De deux cent six à deux cent neuf centimètres de hauteur, sur cinquante-sept à soixante de largeur.

C'est donc au fond d'une humble église de campagne que nous rencontrons le premier monument de la Peinture sur verre qui se rapporte spécialement au règne de saint Louis. Déjà nous avions eu occasion de signaler les traces de la munificence dont la reine, sa mère, fit preuve comme lui. Nous avons retrouvé ses armoiries dans la cathédrale de Tours, dans celle d'Amiens (1); nous les retrouverons dans la plupart des grands édifices de cette époque; mais nulle part elles n'occupent une place plus importante, et ne contribuent plus heureusement à l'ornementation, que dans la belle rose de Soissons, qui fait le sujet de la Planche XXV.

L'église de Soissons avait bien des titres aux libéralités de la mère de saint Louis : d'abord par son ancienneté, puis par le rôle que jouèrent quelques-uns de ses évêques. Les deux premiers furent saint Sixte et saint Sinice, dont la mission paraît remonter à l'an 289 ou 290 (2), et qui, tous deux, après avoir jeté les fondements de l'église de Soissons, siégèrent également à Reims (3). Antérieurement, les saints Crépin et Crépinien avaient déjà prêché le christianisme dans cette partie des Gaules, mais sans être revêtus du caractère ecclésiastique (4).

Quant à la cathédrale elle-même, les commencements de son histoire sont mal connus. Claude Dormay, qui en parle avec plus de détail qu'aucun autre, pense que sa première construction remonte à la fin du quatrième siècle (5). Une nouvelle église, consacrée en 815, fut incendiée par les Normans en l'an 906 (6). Mais il ne se passa pas longtemps sans qu'on cherchât à réparer ce désastre : l'évêque Guy d'Anjou paraît y avoir travaillé dès l'an 960. L'auteur qui rapporte ce fait, et qui, malheureusement, ne fait jamais connaître ses sources (7), semble penser que les fondements de la cathédrale actuelle furent jetés dès cette époque; mais les caractères mêmes de l'édifice rendent cette opinion inadmissible, et c'est avec plus de vraisemblance que Dormay (8) attribue cette

---

(1) Voyez pages 101 et 149.

(2) Dissertation sur l'époque de l'établissement de la religion chrétienne dans le Soissonnais, par Lebeuf; in-12, Paris, 1737, pag. 22.

(3) « Ce serait une erreur », dit l'abbé Lebeuf, « de « croire que les diocèses étaient, dès le second siècle, « sur le pied qu'on les vit au quatrième... Un évêque « envoyé de Rome ne s'attachait à aucune ville en « particulier; il proportionnait son zèle aux circons- « tances. S'il n'avait pas amené avec lui un nombre « suffisant de prêtres, il en ordonnait qui allaient à « la découverte des lieux. C'est ainsi que, vers le mi- « lieu du troisième siècle, plusieurs évêques étant « partis de Rome annoncèrent la foi, et établirent « des ministres en différentes villes; et comme il ne « s'écoula que cinquante ou soixante ans depuis leurs « courses apostoliques jusqu'à la paix de l'Église, les

« pays où ils moururent, et qui avaient été le lieu le « plus ordinaire de leur résidence, les regardèrent « comme leurs premiers évêques. » (Voyez la dissertation précitée, pag. 7 et 8).

(4) Ibid., pag. 11.

(5) Histoire de la ville de Soissons, par Claude Dormay; 2 vol. in-4°, 1643. — Tom. Ier, pag. 120.

(6) *In charta Rotadi episcopi, anno* 815, *matrix ecclesia Suessonensis consecrata legitur SS. martyribus Gervasio et Prothasio, quam, cum claustro canonicorum magnaque urbis parte, à Normannis igne consumtam anno* 906 *vult Flodoardus, lib. IV.* (Gallia christiana, tom. IX, pag. 333).

(7) Histoire de la ville de Soissons, par M. Leroux. 2 vol. in-8°. Soissons, 1839. — Tom. Ier, pag. 343.

(8) Histoire de la ville de Soissons, par Claude Dormay, tom. II, pag. 34.

fondation à Nevelon de Cherisy, qui siégea de 1175 à 1207. Ailleurs, cependant, Dormay se met en contradiction avec lui-même; car il rapporte que l'évêque Josselin fut enterré dans la nef, en 1152, et même qu'un évêque de Laon, Enguerrand de Coucy, dont l'épiscopat remonte aux premières années du douzième siècle, avait donné quelque argent pour les vitres(1). De tout cela que faut-il conclure, si ce n'est qu'ici, comme dans beaucoup d'autres églises, la construction des différentes parties de l'édifice fut loin d'être simultanée, et que la nef fut achevée longtemps avant le chœur?

Ce qui parait certain, c'est que la cathédrale actuelle ne fut terminée que vers l'an 1212, sous l'épiscopat d'Haymard de Provins(2), et que ses verrières les plus anciennes ne remontent pas au delà de cette époque. Dormay rapporte que l'évêque Haymard fonda lui-même deux vitres qui lui coûtèrent trente livres(3). Selon le même auteur, « Philippe-Auguste donna celle qui se voit *à la tête du chœur*(4) », et Guy de Chesy, doyen du chapitre, de 1207 à 1228, aurait fondé celles de la chapelle de saint Jean-Baptiste (5). Les chapelles, en effet, contiennent encore d'assez nombreux fragments de verrières légendaires qui paraissent bien de cette époque.

Quant au chœur, les verrières présentent un mélange de grandes figures et de sujets légendaires, tous tirés de l'histoire sainte. Malheureusement, l'expression employée par Dormay rend assez difficile de reconnaître la verrière fondée, selon lui, par Philippe-Auguste. En parlant de la tête du chœur, veut-il désigner le chevet, ou bien, au contraire, indiquer la première fenêtre qu'on voit en entrant dans cette partie de l'édifice? Dans ce dernier cas, la verrière de Philippe-Auguste serait une des plus curieuses de l'église; car celle qui se trouve à l'entrée du chœur, et qui parait, en effet, fort ancienne, représente l'histoire de nos premiers pères avec une naïveté qui peut servir d'excuse à l'indécence de certaines nudités. Rien de plus grotesque, d'ailleurs, que la figure d'Adam mordant à pleine bouche dans une pomme d'un vert d'émeraude, ou bien dormant tout debout, appuyé contre un arbre, tandis que Dieu tire la femme de sa côte. Cette verrière diffère beaucoup des autres sous le rapport de l'exécution. Il est donc permis de la croire plus ancienne que toutes celles du chœur, et surtout que les grandes roses dont nous avons particulièrement à nous occuper.

La rose septentrionale que j'ai représentée (Planche XXV) est d'une parfaite conservation. Plus simple que celle de Paris, dont j'ai déjà donné la description et le dessin(6), elle n'est pas moins remarquable sous le rapport de l'élégance des formes, de l'éclat et de l'heureuse harmonie des couleurs. Les rayons sont au nombre de douze, inscrivant un

---

(1) Histoire de la ville de Soissons; par Claude Dormay, tom. II, pag. 35.

(2) Histoire de Soissons, par MM. Henri Martin et Paul Lacroix; 2 vol. in-8°, Soissons, 1837.—Tom. II, pag. 87.

(3) Cl. Dormay, tom. II, pag. 194.

(4) Ibid., ead. pag.

(5) Ibid., tom. II, pag. 289.

(6) Pag. 136 et planche xxi.

nombre égal de médaillons à fond bleu, qui se détachent sur un champ de même couleur, recouvert d'un réticulaire semblable à ceux de la rose de Notre-Dame de Paris. Les baguettes de ce réticulaire sont rouges, leur point d'intersection reste blanc, et au centre de chaque maille se détache une sorte de bouton rouge et blanc; trois quatre-feuilles rouges, lisérés de blanc, remplissent la partie extrême de la baie ouverte entre chaque rayon. Les trèfles ménagés dans l'architecture, entre les extrémités de ces différentes baies, sont couverts d'ornements sur fonds alternativement rouges et bleus.

Le sujet central de la rose est une Vierge tenant l'enfant Jésus debout sur ses genoux. Les douze médaillons qui l'entourent représentent la Visitation, l'Annonciation, la Conception, la Naissance de Notre-Seigneur, les Bergers, la Circoncision, la Fuite en Égypte, trois ou quatre sujets des Rois mages et l'Assomption.

Mais ce qui donne à cette rose un éclat et une élégance d'ornementation si remarquable, c'est la double bordure aux armes de Castille dont est entouré chacun des rayons de l'architecture. Comment ces armoiries se trouvent-elles là ? Est-ce comme un hommage rendu aux vertus ou à la puissance de la mère de saint Louis? Est-ce comme un monument de sa munificence envers l'église de Soissons? Bien qu'à l'appui de cette dernière opinion je ne puisse citer aucun texte précis, l'usage suivi à cette époque suffirait pour me la faire adopter de préférence à l'autre. Mais, d'ailleurs, lorsque la reine Blanche répandait de si nombreuses fondations sur tous les diocèses du royaume, comment croire qu'elle eût oublié précisément l'église dont un pasteur avait sacré son fils(1), et dont un autre évêque, Guy de Château-Porcien, l'ayant suivi à la terre sainte, y était mort, après avoir partagé sa captivité(2) ?

Outre la rose qui porte les armoiries de Blanche de Castille, il s'en trouvait une autre d'égale importance au portail occidental. Elle a beaucoup souffert. Mais ce qui en reste encore prouve que sa vitrerie primitive devait être fort brillante.

Les fenêtres de la nef ne contiennent plus que du verre blanc. Seulement, les petites roses qui les surmontent renferment encore des figures de rois. J'en ai reproduit une à la Planche XXVI, pour faire connaître ce genre d'ornement.

L'un des auteurs d'une histoire assez récente, M. Lacroix, prétend qu'une partie des vitraux employés à la restauration des fenêtres de la cathédrale proviennent de l'antique église de Braine(3), dont la vitrerie, ainsi que je l'ai fait voir plus haut, remontait au douzième siècle(4). Mais cette assertion me paraît bien hasardée, et, pour l'admettre, il faudrait au moins qu'elle fût justifiée par quelque preuve.

Laissant donc l'église de Soissons et les fondations qu'on peut attribuer à la reine

(1) Histoire de saint Louis, par Jehan sire de Join-ville, édit. Melot, in-f°, Paris, 1761, chap. II.
(2) *Gallia christiana*, tom. IX, col. 369.

(3) Histoire de Soissons, par MM. Henri Martin et Paul Lacroix, tom. II, pag. 81, note.
(4) Voyez ci-dessus, pag. 41.

Blanche, il nous reste à nous occuper de ce qui touche plus spécialement saint Louis.

Les arts, qui reçurent de lui de si magnifiques encouragements, semblent avoir voulu faire preuve de gratitude en transmettant son image à la postérité. Tandis que la statuaire reproduisait ses traits avec une perfection vraiment extraordinaire pour cette époque, la Peinture sur verre s'attachait à le représenter dans toute la vérité historique de son costume; et si l'église de Saint-Denis est fière à juste titre de posséder la belle statue de son royal bienfaiteur, la cathédrale de Chartres renferme, dans une de ses verrières, une image du saint roi, qui, sous d'autres rapports, n'offre pas moins d'intérêt. Bien que cette vitre eût déjà été reproduite par Montfaucon (1), je n'ai pas cru pouvoir me dispenser de la faire figurer dans cette histoire, une gravure non coloriée, et d'ailleurs peu exacte, étant insuffisante à rendre convenablement un pareil sujet.

Cette figure fait l'objet principal de la Planche XXVI. La vitre dont elle est copiée est une des petites roses situées, dans la cathédrale de Chartres, au sommet des ogives qui inscrivent les hautes fenêtres du chœur, et dont j'ai donné plus haut la description sommaire (2). Sous le rapport du costume, elle mérite une description plus détaillée.

Le casque cylindrique, et complétement fermé, qu'on voit ici, réunit tous les caractères que M. Allou assigne au casque des croisades (3). La surface en est dorée; mais toutes les parties saillantes et les bords de la fente réservée pour les yeux sont renforcés par des bandes d'une autre couleur, probablement en acier.

La pièce principale du costume est un vêtement de mailles complet, qui enveloppe à la fois le corps, les bras et les jambes. Ce vêtement est en grande partie recouvert d'un surcot (ou cotte d'armes) vert, doublé de rouge, sans manches, et fixé à la taille par une ceinture de cuir. Le costume que porte ici saint Louis est le même que portaient généralement tous les chevaliers à cette époque, et dont le comte Horace de Viel-Castel a donné une description parfaitement conforme, dans sa grande *Collection de Costumes* (4). On remarquera seulement que, dans le vitrail de Chartres, la cotte du roi n'est pas armoriée. Nous trouvons, en effet, dans les Dissertations de Du Cange sur l'Histoire de saint Louis (5), que ce prince fut un de ceux qui cherchèrent le plus à réprimer le luxe de cos-

---

(1) Monuments de la monarchie française, tom. II, planche xxi, figure 4.

(2) Pag. 63.

(3) Voyez ci-dessus, à la pag. 114, la citation tirée du Mémoire sur les casques du moyen âge.

(4) « Le blason », dit-il, «ayant été créé peu de « temps avant le règne de saint Louis, plusieurs, sous « son règne, portaient les emblèmes de leurs dignités « sur leurs vêtements; comme aussi les sergents et « hommes d'armes portaient les armoiries de leurs « maîtres brodées sur leurs robes. Ces robes ou tu-

« niques couvraient en partie le costume de mailles; « les mains étoient, pour l'ordinaire, renfermées dans « cette maille, de façon qu'on ne pouvait voir les « doigts. »(Collection des Costumes, Armes et Meubles pour servir à l'histoire de France, par le comte H. de Viel-Castel, trois vol. in-4°, fig.; Paris, 1829. — Tom. II, pag. 70.)

(5) Histoire de saint Louis, par Jehan sire de Joinville, publiée et accompagnée de dissertations historiques, par M. Dufresne du Cange, in-folio, Paris, 1668. — Première dissertation, pag. 128.

tume qui s'était introduit parmi les seigneurs et chevaliers. Joinville raconte que tant qu'il fut outre-mer avec le roi, il ne vit pas une seule cotte brodée (1). Cela n'empêche pas que, dans beaucoup de monuments de cette époque, on ne trouve le surcot blasonné, comme on en voit des exemples sans sortir même de la cathédrale de Chartres (2).

Du reste, si les vêtements de saint Louis ne portent ici aucunes armoiries, il n'en est pas de même de son bouclier. Une large courroie ou baudrier de cuir paraît le suspendre au cou. Sa forme, moins allongée que celle des targes du siècle précédent (3), est celle de l'écu proprement dit. Ce bouclier est blasonné aux armes de France (d'azur aux fleurs de lis d'or sans nombre), ainsi que l'étendard royal placé aux mains de saint Louis, et les petites baies circulaires dont est entouré le panneau principal.

Les pieds sont armés d'éperons fort longs et fort simples; car ils consistent en une pointe de fer tout unie et sans molette, ce qui, du reste, s'accorde parfaitement avec le dire de Joinville (4).

Cette peinture contemporaine, fort incorrecte sans doute, mais dont on ne saurait contester l'exactitude ou l'authenticité, fait revivre, en quelque sorte, saint Louis sous sa forme matérielle. Mais, si on veut le voir revivre dans ses œuvres les plus belles, c'est à la Sainte-Chapelle de Paris qu'il faut se transporter.

Saint Louis n'est pas le premier roi qui ait songé à élever une chapelle dans l'enceinte même du Palais. L'abbé Lebeuf pense que, sous la première race, il en existait déjà une, dédiée à saint Barthélemy (5). Mais c'est surtout sous les premiers rois de la seconde race qu'on voit se succéder très-rapidement les fondations de ce genre. D'abord le roi Robert fit élever une chapelle, qu'il consacra à Notre-Dame de l'Étoile (6). Plus tard, Louis le Gros plaça la sienne sous l'invocation de saint Nicolas (7), et Louis le Jeune, qui avait érigé, en 1154, un nouvel oratoire en l'honneur de la sainte Vierge, paraît avoir confondu,

<hr>

(1) Histoire de saint Louis, par Jehan sire de Joinville, publiée d'après les manuscrits de la bibliothèque royale, par Melot, in-f°, Paris, 1761. — Je cite de préférence cette édition, parce que, ayant été collationnée sur les manuscrits originaux, elle conserve, dans toute son intégrité, le style primitif de l'auteur.

(2) Je citerai particulièrement la figure du maréchal Henry Clément du Mez, décrite ci-dessus (pag. 66), et reproduite, d'après Gaignères, dans la Collection des Costumes de M. de Viel-Castel, pl. 176.

(3) Voyez les deux figures représentées planche xvii, et décrites pages 113 et 114.

(4) On lit dans Joinville : «Après ce que le Roy fut « revenu d'outremer, il se maintint si devotement « que oncques puis ne porta ne vair, ne gris, ne « escarlatte, ne estriers, ne esperons dorez; ses robes

« estoient de camelin ou de pers; les pennes 'pannes, « ou fourrures) de ses couvertouers et de ses robes « estoient de gamites, ou de jambes de lièvre.» (Édition de Melot, pag. 130).

(5) Histoire de la ville et de tout le diocèse de Paris, 15 vol. in-12, Paris, 1754. — Tom. Ier, pag. 354.

(6) Le Théâtre des antiquités de Paris, par le R. P. F. Jacques du Breul; in-4°. Paris, 1612, pag. 13. — Je trouve la même fondation attribuée au roi Henry Ier, à la date de 1056, dans un manuscrit sans nom d'auteur, conservé à la bibliothèque royale (fonds de Baluze; n° 9729—2), sous le titre de Ortus, institucio et dotacio ministrorum sacre capelle regalis palatij parisiensis.

(7) Histoire de la Sainte-Chapelle royale du Palais; par S. J. Morand, in-4°, Paris, 1790, pag. 26.

bientôt après, sa fondation avec celle de son père (1). La chapelle royale, dont il augmenta la dotation, subsista, sous le titre de Saint-Nicolas(2), jusqu'au temps de saint Louis.

Une circonstance particulière détermina alors la construction de l'édifice actuel. Saint Louis ayant acquis de l'empereur Baudouin (3) la sainte couronne et plusieurs autres reliques d'une grande valeur, et voulant les loger dans un lieu qui fût digne du prix qu'il y attachait, résolut d'élever à cet effet, dans l'enceinte de son palais, une nouvelle chapelle, aussi parfaite, sous le rapport de l'architecture, que le comportait l'état des arts à cette époque. Il en confia le soin à Pierre de Montereau ou de Montreuil, le plus habile architecte de son temps (4).

La construction commencée, dit-on, en 1242, fut terminée en 1248 (5), et l'on ne sait vraiment ce qu'on doit le plus admirer de la rapidité extraordinaire avec laquelle fut mené ce beau travail, ou de la perfection de l'œuvre en elle-même, qui est restée le type le plus pur, le plus irréprochable et le plus surprenant du style ogival au treizième siècle.

L'édifice de la Sainte-Chapelle est double ou à deux étages; mais l'étage supérieur étant le seul qui renferme des verrières peintes, c'est aussi le seul dont nous ayons à nous occuper. Rien ne peut donner une idée de la légèreté de cette construction. On a peine à comprendre comment les voûtes peuvent se soutenir sur les minces faisceaux de colonnettes qui séparent entre elles les verrières. Les regards éblouis nagent dans des flots d'harmonie, au milieu de ce superbe vaisseau dont les transparentes parois laissent pénétrer de toutes parts une lumière irisée. Cette vitrerie si riche et si complète, dont l'architecture du temple ne semble être que la monture, présente un ensemble dont on chercherait vainement l'exemple ailleurs. Le charme en est si grand, qu'on craindrait presque d'altérer ses jouissances en passant de l'ensemble aux détails, de la contemplation à l'analyse, si l'on n'espérait parvenir par cette analyse même à la connaissance des moyens qu'employaient les artistes anciens pour arriver à produire de si magiques effets.

---

(1) Voyez les deux chartes de Louis le Jeune, rapportées par Morand, sous les dates de 1154 et 1160 (pièces justificatives, pages 1 et 2).

(2) Félibien pense que la même chapelle a pu être confondue sous la double invocation de la Vierge et de saint Nicolas. (Histoire de la ville de Paris, par D. Michel Félibien, revue par D. G. A. Lobineau, 5 vol. in-folio, Paris 1725. — Tom. 1er, pag. 297).

(3) Les termes de ce pieux marché se trouvent rapportés parmi les pièces originales publiées pour la première fois par Duchesne, dans sa grande Collection des historiens de France.

(4) On ne sait, malheureusement, que fort peu de choses sur ce grand artiste. C'est également par lui qu'avait été construit le réfectoire des moines, à l'abbaye Saint-Germain des Prés, ainsi que la chapelle de la Vierge, qui dépendait du même monastère, bien que séparée de l'église principale par l'espace qu'occupe aujourd'hui la rue de l'Abbaye. On retrouve encore quelques traces de cette chapelle dans la maison qui porte le n° 10. C'est là que fut enterré Pierre de Montreuil avec sa femme. Il était mort le 17 mars 1266. Un des historiens de la Sainte-Chapelle nous a conservé son épitaphe, que voici :

Flos plenus morum, vivens doctor latomorum,
Musterolo natus jacet hic Petrus tumulatus
Quem Rex cœlorum perducat in alta Polorum.
Christi milleno, bis centeno duodeno
Cum quinquageno quarto decessit in anno.
(Histoire de la Sainte-Chapelle, par Morand, pag. 30.)

(5) Histoire physique, civile et morale de Paris, par J. A. Dulaure, 7 vol. in-8°, 1821.—Tom. II, pag. 149.

La Sainte-Chapelle est percée de quinze fenêtres, sans compter la rose du portail, dont la vitrerie est d'ailleurs d'une autre époque. Parmi ces quinze fenêtres, il y en a huit grandes, et sept plus étroites situées à l'abside. Les premières sont divisées, dans le sens de la hauteur, par trois meneaux de pierre d'une extrême légèreté. Leur hauteur totale est de 15^m, 36^c, et leur largeur de 4^m, 658^m. Elles sont terminées à la partie supérieure par trois petites roses, dont une à six lobes. Les fenêtres de l'abside, coupées par un seul meneau, ont, par conséquent, une largeur moitié moindre, et leur hauteur totale est de 13^m, 30^c. Elles sont également terminées dans le haut par trois rosettes, mais d'un dessin plus simple.

La partie inférieure de toutes ces fenêtres a perdu ses vitraux. Lorsque la Sainte-Chapelle, retirée au culte, fut transformée en salle d'archives, un double étage d'armoires ou de casiers fut établi tout à l'entour, masquant ainsi bon nombre de panneaux de vitres, qui furent enlevés ou détruits. Leur monture, laissée vidée, fut simplement bouchée avec du plâtre. Cette perte irréparable se fait sentir bien vivement aujourd'hui, qu'on s'efforce de rendre à la Sainte-Chapelle son aspect primitif, et je doute fort que, malgré leur talent incontestable, les architectes à qui est confié ce travail, puissent parvenir à recomposer ce qui n'existe plus, de manière à produire une entière illusion; mais, quoi qu'il arrive, il ne sera pas, je crois, sans intérêt pour l'avenir d'avoir constaté l'état actuel de cette admirable vitrerie, et d'avoir pu même en reproduire quelques parties, avant qu'une restauration moderne lui ait fait perdre, sinon son caractère, du moins sa précieuse authenticité.

La disposition légendaire appliquée à des fenêtres d'aussi vastes dimensions, donne nécessairement un très-grand nombre de sujets : à l'exception d'une seule verrière de la nef, ils semblent tous tirés des livres de l'Ancien Testament, ou de la légende de quelques saints. Déplacés par suite de nombreux remaniements, la plupart de ces sujets sont devenus fort difficiles à comprendre, et surtout à coordonner entre eux. Je n'ai donc pas la prétention d'en donner un catalogue complet. J'indiquerai seulement l'ensemble de la composition, en signalant certains détails, qui, sous le rapport de l'histoire, des mœurs, des croyances ou du costume, m'ont semblé dignes d'intérêt.

C'est ainsi que j'ai procédé pour les figures, cherchant, dans la planche XXIX, à reproduire en entier une de ces magnifiques verrières, après avoir groupé, dans les planches XXVII et XXVIII, divers détails curieux, qui se trouvent épars entre les différentes fenêtres dont je vais essayer de donner ici une description succincte.

I. — La première fenêtre renferme soixante petits sujets(1), qui se détachent sur un fond d'azur, semé de donjons de Castille (2). Tous ces sujets semblent se rattacher à la

----

(1) Elle en contenait davantage; mais ici, comme pour les fenêtres suivantes, je ne fais entrer en compte que les panneaux encore aujourd'hui existants.

(2) D'or sur champ de gueules. C'est le blason de

création de l'homme et à sa rédemption. Ils représentent tour à tour les premiers temps du monde et le sacrifice de la croix, le baptême et la résurrection, et enfin la psychostasie ou pesée des âmes, emblème de la justice réservée aux mortels dans un monde meilleur. Ce dernier sujet porte si bien le caractère des inspirations mystiques du moyen âge, que je l'ai trouvé digne de figurer en première ligne parmi les panneaux détachés que j'ai réunis pour les reproduire à la planche XXVII. Quelques dissertations plus ou moins curieuses ont été publiées récemment relativement aux psychostasies; j'y renvoie mes lecteurs (1), me contentant de reproduire et de décrire ici le tableau qui se voit encore à la Sainte-Chapelle.

L'archange saint Michel et le démon sont en présence (2), saint Michel suivi d'une bonne âme, et le démon suivi de l'âme d'un pécheur. La bonne âme, abritée par les ailes de l'archange, est représentée sous la forme d'une femme, qui n'a d'autre vêtement que son innocence. Quant à l'âme du pécheur, le peintre lui a donné une figure d'homme, qui est, du reste, également nue, et se blottit, dans une attitude craintive, derrière un diable vert, tacheté de noir, à la tête et à la queue du rouge le plus vif. La balance divine est aux mains de l'archange. Dans l'un des plateaux est placée l'âme, l'autre contient ses vertus et ses bonnes œuvres (3), et déjà la balance incline vers le bien, malgré les efforts d'un petit diable, qui se cramponne du côté opposé (4).

Ce petit sujet se détache sur un fond bleu damassé. Cette singularité, à une époque où l'on ne trouve que des fonds unis, serait très-digne de remarque, si l'on n'était conduit plus naturellement à l'attribuer à quelqu'une des restaurations qu'a subies la verrière. La dernière de celles-ci eut lieu en 1753, comme l'indique la date qui se lit encore sur un des panneaux. Mais il est facile de voir, à la nature du dessin aussi bien qu'à l'épaisseur du verre, que le damassé dont il s'agit est bien antérieur à cette restauration, et remonte même à une époque fort reculée.

II. — Les quatre-vingt-huit sujets dont se compose cette verrière semblent tous tirés

---

Blanche de Castille. On sait que saint Louis, par un sentiment bien touchant d'amour filial, chercha toujours à rattacher le souvenir de sa mère à ses pieuses fondations.

(1) Voyez la *Revue générale de l'architecture*, par MM. Daly et autres, tom. Ier, pages 649 à 664, et 713 à 718; le travail de M. Alfred Maury sur les représentations psychostatiques, publié dans la *Revue archéologique de Paris*, Ier vol., pages 236 et 306; la savante dissertation qui accompagne la planche IX de la *Description des vitraux de Bourges*, par les Pères Martin et Cahier, et les documents épars dans diverses monographies de cathédrales.

(2) C'est à l'archange saint Michel que la tradition chrétienne assigne exclusivement la charge de peser les âmes. *Michael archangelus cum librâ pingitur, ut simplices intelligant cum potestatem habere animas hominum suscipiendi, eorumque merita ponderare* (Joh. Eckius, Homilia XVIII).

(3) *Michaelum archangelum pingunt nonnulli cum librâ, ponderantem in unâ staterâ animam, in alterâ vero ejus virtutes.* (Molanus, de Historia SS. Imaginum, in-4°. Louvain, 1771, — lib. II, cap. XXIII, pag. 71).

(4) *Appingunt etiam nonnulli ad lancem, in quâ est anima, diabolum eam deprimantem. Quo significatur quod ipse sit calumniator et accusator fratrum, et rigidus exactor omnium quæ malè egimus* (Ibid., lib. III, cap. XXXIX, pag. 347).

des premiers livres de l'Ancien Testament, de l'Exode, du Lévitique, des Nombres, etc.
La plupart se rapportent à l'histoire de Moïse. On le voit successivement sur la montagne, recevant de Dieu les tables de la loi(1), parlant face à face au Seigneur(2), frappant un rocher de sa verge pour en faire sortir de l'eau(3). Plus loin, c'est le chandelier d'or à sept branches, dont le Seigneur lui-même a donné le dessin(4). Enfin, quelques architectes ou maçons, dirigés par un prince, semblent représenter la construction de la tour de Babel, ou celle du temple de Salomon. J'en ai donné deux panneaux à la planche XXVII. La bordure de cette fenêtre est aux armes de Castille.

III. — Cette fenêtre renferme soixante-douze sujets, qui semblent tirés des mêmes sources que ceux de la verrière précédente. Ils se détachent sur un fond fleurdelisé, orné de petits médaillons aux armes de Castille. On y retrouve Moïse, accompagnant le chariot qui emporte d'Égypte les os du patriarche Joseph(5). Plusieurs autres représentent des épisodes de la grande bataille entre les Israélites et les Amalécites(6), pendant laquelle Moïse, agenouillé sur la montagne, tint, jusqu'à la fin du jour, ses bras élevés vers le ciel(7); image anticipée du sacrifice qui, plus tard, devait s'accomplir sur la croix(8). C'est sans doute pour mieux faire ressortir cette pensée mystique, que Jésus-Christ et Moïse se trouvent réunis dans un des médaillons de cette verrière. Un autre sujet représente le tabernacle, enveloppé de ses nombreux rideaux, tel qu'il est décrit dans l'Écriture(9). Enfin, dans un panneau répété deux fois, Moïse impose les mains à Josué, désigné pour gouverner après lui le peuple juif. Cette répétition identique du même sujet, évidemment calqué et reproduit d'après le même carton, est-il le résultat d'une simple négligence ou celui d'une petite économie? Le soin autant que la magnificence apportés à la construction de la Sainte-Chapelle, rendent cette dernière hypothèse peu admissible, et je serais plutôt tenté de croire que la répétition de la verrière résulte de la répétition qui a lieu dans le texte lui-même(10).

---

(1) Exode, chap. XX.

(2) Ibid., chap. XXXIII, ℣. 11.

(3) Nombres, chap. XX, ℣. 11.

(4) Exode, chap. XXV, ℣. 31 à 39. — Suivant un commentateur fort érudit, « le chandelier d'or, par sa « figure, marquait le Saint-Esprit. Il était tout d'or, « parce que le Saint-Esprit est figuré par l'or, et qu'il « est l'esprit d'amour. Il avait sept branches pour re- « présenter les sept dons de ce même esprit, et sur « chaque branche il y avait une lampe qui brûlait « toujours, pour nous apprendre que les dons du « Saint-Esprit sont différents dans leurs qualités et « dans leurs effets, mais que c'est l'amour qui les « forme et les entretient tous. » (L'Exode et le Lévitique, traduits en français, avec une explication tirée des saints Pères et des auteurs ecclésiastiques, 5ᵉ édition, in-12. Paris, 1697, — chap. XXV, pag. 353).

(5) Exode, chap. XIII, ℣. 19.

(6) Ibid., chap. XVII, ℣. 13.

(7) Ibid., chap. XVII, ℣. 11 et 12.

(8) Voyez le commentaire déjà cité, ch. XVII, p. 237.

(9) *Tabernaculum verò ita facies : Decem cortinas de bysso retorta, et hyacintho, ac purpura, coccoque bis tincto, variatas opere plumario facies.* (Exode, chap. XXVI, ℣. 1).

(10) On lit au chap. XXVII du livre des Nombres, ℣. 18 : *Dixitque Dominus ad eum : Tolle Josue filium Nun, virum in quo est Spiritus, et pone manum tuam super eum. . . . Et plus loin, aux versets 22 et 23 : Cùmque tulisset Josue, statuit eum coram Eleazaro*

Je ne dois pas négliger de faire mention de certains verres rouges striés de blanc, qu'on trouve dans quelques parties de cette verrière et des suivantes. Généralement, on les regarde comme des verres *manqués,* et l'on attribue ces stries à la grossièreté des moyens de fabrication. Je ne sais si cette opinion est bien fondée; mais, en tout cas, ce qu'il y a de remarquable, c'est le parti que les verriers de la Sainte-Chapelle ont su tirer de ces accidents de couleur. Dans la verrière qui nous occupe, comme dans beaucoup d'autres, les verres striés sont employés pour les figures de combattants; procédé fort imparfait sans doute, mais assez ingénieux, pour imiter les taches de sang sur les tons de chair, à une époque où la peinture en apprêt n'était pas encore pratiquée. Ces verres, du reste, ont été également employés à divers autres usages, comme on peut en voir un exemple dans le bonnet porté par deux des personnages de la procession reproduite à la planche XXVIII.

IV. — Les quarante-quatre sujets que renferme la quatrième fenêtre, paraissent presque tous tirés de l'histoire de Josué et du livre de ce nom. On voit d'abord Josué dirigeant le peuple au passage du Jourdain(1), le fleuve traversé à pied sec par les prêtres qui portent l'arche sainte(2), Josué faisant élever un monument en souvenir de ce miracle(3), les murailles de Jéricho s'écroulant au son des trompettes(4), les soldats d'Israël placés en embuscade pour surprendre le roi Haï(5), Josué faisant pendre ce roi(6) ou quelque autre (car c'était ainsi qu'il avait coutume de traiter les monarques vaincus) (7); enfin, l'un des siéges nombreux auxquels Josué présida en personne (8).

Parmi les sujets que je viens d'énumérer, il y en a plusieurs que j'ai reproduits à la planche XXVII. Ce sont :

1° Les guerriers en embuscade. — Quelques-uns d'entre eux portent des boucliers blasonnés. L'un de ces écus est de gueules, l'autre d'or à l'aigle de sable, et le troisième d'argent à une tête d'aigle de sable. Il est inutile, je pense, d'ajouter que ce ne sont ici que des blasons de fantaisie. Quant à la coiffure, elle consiste en un chaperon de mailles. Le reste du costume est à peu près le même que celui de saint Louis, dans la vitre de Chartres que j'ai décrite un peu plus haut (9); seulement ici les boucliers sont moins pointus.

2° Le supplice du roi Haï. — La forme du gibet est des plus curieuses : au lieu du gibet fixe ordinaire, auquel on fait monter le patient que l'on veut y suspendre, c'est une

---

sacerdote et omni frequentia populi. Et impositis capiti ejus manibus, cuncta replicavit quæ mandaverat Dominus.

(1) Josué, chap. III, ⅟. 1.
(2) Ibid., chap. III, ⅟. 15.
(3) Ibid., chap. IV, ⅟. 8.
(4) Ibid., chap. VI, ⅟. 20.
(5) Ibid., chap. VIII, ⅟. 9.
(6) Ibid., chap. VIII, ⅟. 29.
(7) Ibid., chap. X, ⅟. 26.
(8) Ibid., chap. X, ⅟. 28, 29, 31, 34, 36 et 38.
(9) Page 159 et planche XXVI.

potence à bascule, qui s'incline pour venir chercher à terre le condamné, puis se relève par la force du levier, emportant dans les airs son triste fardeau. On retrouve dans ce petit tableau le guerrier à l'écu d'or chargé d'un aigle de sable, qui, dans l'intention du peintre, pourrait bien être Josué lui-même.

3° Un siége de ville. — Du sommet du donjon, un assiégé précipite un quartier de roche sur les assaillants, tandis qu'un arbalétrier tire sur eux de la plate-forme du rempart, et qu'un autre guerrier repousse à coups de hache les assiégeants qui montent à l'assaut. Ces derniers portent des boucliers plus pointus que ceux des guerriers placés en embuscade.

V. — Cette fenêtre et les quatre suivantes, étant percées autour de l'abside, sont plus étroites de moitié, et contiennent, par conséquent, beaucoup moins de sujets. Celle-ci, entre autres, a éprouvé de nombreuses mutilations. La plupart des panneaux ont été remplacés par des fragments informes d'autres verrières. De la vitrerie primitive, il ne reste plus que dix sujets, qui paraissent tirés du livre des Juges. Plusieurs sont relatifs à l'histoire de Samson. J'ai surtout remarqué le tableau où Dalila coupe les cheveux de son amant endormi (1); la forme des ciseaux qu'elle emploie est à peu près celle des *forces* à tondre le drap, telle qu'on la retrouve dans un petit vitrail de l'église de Semur, que j'ai reproduit Planche XLVIII.

Les petites roses situées au sommet de l'ogive sont ornées de fleurs de lis.

VI. — Cette verrière est divisée par le meneau central en deux parties, qui n'ont entre elles aucune analogie, ni quant à la composition, ni quant à la forme des montures.

L'une de ces parties représente l'arbre de Jessé ou tige généalogique des rois de Juda (2). Il ne reste plus que dix figures de rois.

L'autre semble empruntée à la légende de saint Jacques le Majeur.

Les rosettes du haut de cette verrière, comme celles des quatre suivantes, sont aux armes de France et de Castille.

VII. — Les vingt-six sujets qui restent encore à cette fenêtre sont divisés en deux colonnes, dont la première appartient à une légende de saint, tandis que l'autre commence la série des sujets tirés de la vie et de la passion de Notre-Seigneur.

Le fond du sanctuaire a toujours été considéré comme une place d'honneur dans l'église; les fenêtres percées en cet endroit dominent l'autel sur lequel se célèbre le sacrifice divin; rien n'est donc plus convenable que de figurer dans ces verrières tout ce qui rappelle les mystères de notre Rédemption, depuis l'Annonciation, qui promet aux hommes un sauveur, jusqu'à la Résurrection, où, le sacrifice accompli, Jésus reprend

_____

(1) Le livre des Juges, chap. XVI, ȳ. 19. (2) Voyez-en la définition, pag. 34.

son essence divine. C'est pourquoi dans un très-grand nombre d'églises, surtout dans celles du treizième siècle, où la tradition chrétienne est encore si pure et si complète, l'histoire et la passion de Notre-Seigneur sont représentées de préférence sur cette partie de la vitrerie qui est située au sommet de l'abside. A la Sainte-Chapelle, ces divers sujets sont répartis entre deux fenêtres, la septième et la huitième. Dans la septième, le peintre a réuni toute la partie de l'histoire de Notre-Seigneur qui précède l'accomplissement de sa mission divine, comme la Conception, la Naissance du Sauveur, sa Présentation au temple, l'Annonciation aux bergers, l'Adoration des mages, le Massacre des innocents, la Fuite en Égypte, etc.

Les petites roses du sommet de la fenêtre, toujours ornées des armes de France et de Castille, représentent le Couronnement de la sainte Vierge dans les cieux.

VIII. — C'est dans cette fenêtre, située exactement au fond du sanctuaire, que le peintre a groupé les plus grands mystères de la mission de Jésus-Christ et les principaux détails de la Passion, le tout formant encore quarante-quatre sujets, parmi lesquels on reconnaît aisément : Jésus chez les disciples d'Émaüs, la Madeleine aux pieds de Notre-Seigneur, le Couronnement d'épines, la Flagellation, Ponce-Pilate se lavant les mains après la condamnation de Jésus-Christ, Jésus portant sa croix, le Christ au tombeau, et les Soldats endormis au moment de la Résurrection. Ces sujets sont complétement intervertis; peut-être est-ce par le fait d'une restauration exécutée en 1781, et dont la date se lit encore au sommet de la fenêtre.

Les petites roses représentent deux anges encensant le Sauveur du monde.

IX. — Cette fenêtre ne renferme plus que vingt-quatre sujets. Le meneau central les divise en deux parties qui n'ont entre elles aucune analogie, ni comme forme, ni comme composition.

La première partie se rapporte à l'histoire de saint Jean-Baptiste; on y retrouve le baptême de Notre-Seigneur, la Décollation du saint, sa Tête portée au festin d'Hérode et d'Hérodias, etc.

La Représentation de l'histoire de saint Jean-Baptiste en un lieu si honorable, tout à côté de celle de Notre-Seigneur, s'explique ici d'abord par la grande dévotion dont le Précurseur de Jésus a toujours été l'objet parmi les chrétiens, puis aussi par cette circonstance particulière, que la Sainte-Chapelle se flattait de posséder une partie du chef de saint Jean-Baptiste (1).

Les petits sujets dont se compose la seconde partie de cette verrière se détachent sur un fond blasonné aux armes de Castille. Le mot ÉZÉCHIEL, qui se lit dans un des médaillons, indique à quel livre des saintes Écritures ils se rapportent.

(1) Voyez, dans l'Histoire de la Sainte-Chapelle, par Morand, la lettre de l'empereur Baudouin, en date de 1247, où se trouvent énumérées toutes les reliques qu'il céda à saint Louis. (Pièces justificatives, pag. 8).

X. — Les vingt-deux médaillons encore existants de cette fenêtre se détachent également sur un fond aux armes de Castille. Ils renferment divers sujets mystiques, assez difficiles à saisir, parmi lesquels on retrouve, sous diverses formes, les symboles des quatre évangélistes.

XI. — Vingt-deux sujets assez confus, appartenant à une légende où l'on voit des pêcheurs, peut-être celle de saint Pierre.

XII. — Ici recommence la série des grandes fenêtres à trois meneaux qui éclairent la nef, et dont les sujets sont empruntés aux saintes Écritures.

La douzième, que j'ai reproduite dans son entier (ou du moins dans son état actuel) à la planche XXIX de cet ouvrage, se compose exclusivement de petits sujets tirés du livre de Judith. Ils sont encore au nombre de quarante. Bien qu'à la suite de divers remaniements, ces petits sujets soient devenus fort confus, et que l'ordre où ils devraient se trouver soit singulièrement interverti, on en reconnaît encore un certain nombre, parmi lesquels je citerai, en indiquant leur place actuelle :

(2ᵉ colonne, 1ᵉʳ médaillon.) Les Israélites ramassant des blés pour approvisionner Béthulie (1). — (3ᵉ col., 3ᵉ, 8ᵉ et 9ᵉ méd.) Holopherne, informé par Achior des projets de résistance des Israélites, ordonne que celui-ci soit conduit à Béthulie pour porter ses menaces aux assiégés, et partager ensuite leur sort (2); les soldats d'Holopherne, parvenus aux avant-postes, attachent Achior à un arbre, puis l'abandonnent; ceux de Béthulie viennent le chercher et le détachent (3). — (3ᵉ col., 10ᵉ méd.) Cependant, Holopherne, voulant réduire les assiégés par le manque d'eau, fait garder les fontaines où ils auraient pu venir en puiser (4); on lit les mots : OLOFERNE FAIT LES FONTAINES GARDER. — (4ᵉ col., 6ᵉ méd.) Judith ayant formé le projet de délivrer le peuple d'Israël, s'enferme dans son oratoire pour y invoquer l'appui du Seigneur (5), ainsi que l'indique ce fragment d'inscription : CI PRIE IVDIT . . . . — (4ᵉ col., 9ᵉ et 10ᵉ méd.) Avant de partir pour le camp d'Holopherne, Judith se parfume et frise ses cheveux (6); puis elle remet à sa servante un petit vaisseau contenant du vin, de l'huile et diverses autres provisions (7). — (1ʳᵉ col., 10ᵉ méd.) Judith étant sortie de la ville pour se rendre au camp des assiégeants, est arrêtée aux avant-postes (8). — (2ᵉ col., 10ᵉ méd.) Elle est conduite vers Holopherne (9). On lit l'inscription suivante : SI EST VENUE IUDIT A OLOFERNE ET SI SA-COINTE A LUI. — (1ʳᵉ col., 2ᵉ méd.) Holopherne, épris de ses charmes, la fait venir en un festin, pour boire et manger avec lui (10). On lit dans ce tableau les deux noms IVDITH ET OLOFERNE. — (3ᵉ col., 4ᵉ méd.) Enfin, la nuit venue, Judith est introduite sous

(1) Livre de Judith, chap. IV, ℣. 4.

(2) Ibid., chap. VI, ℣. 7.

(3) Ibid., chap. VI, ℣. 9 et 10.

(4) Ibid., chap. VII, ℣. 10.

(5) Ibid., chap. IX.

(6) Ibid., chap. X, ℣. 3.

(7) Ibid., chap. X, ℣. 5.

(8) Ibid., chap. X, ℣. 11.

(9) Ibid., chap. X, ℣. 17 et 20.

(10) Ibid., chap. XII, ℣. 17.

la tente d'Holopherne, qui dort profondément; elle commence, debout au pied du lit, par prier le Seigneur(1). — (2ᵉ col., 2ᵉ méd.) Puis, s'étant saisie du sabre d'Holopherne, elle tranche la tête au général assyrien(2).—(3ᵉ col., 6ᵉ méd.) Après quoi, étant sortie, elle remet ce sanglant trophée à sa servante(3), et reprend avec elle le chemin de Béthulie. —(1ʳᵉ col., 7ᵉ méd.) Profitant du trouble où cet événement a jeté l'armée assiégeante, ceux de Béthulie sortent, dès le point du jour, pour surprendre le camp ennemi(4). — (4ᵉ col., 7ᵉ méd.) Cependant, la déroute est parmi les Assyriens, que les Israélites poursuivent(5). — (1ʳᵉ col., 6ᵉ et 9ᵉ méd.) Ils les taillent en pièces(6), — (1ʳᵉ col., 3ᵉ méd.), puis ils s'emparent de nombreux troupeaux(7),—(1ʳᵉ col., 8ᵉ méd.), et ceux de la ville témoignent la joie de leur délivrance par le son des harpes et des autres instruments (8).—(4ᵉ col., 1ᵉʳ méd.) Les armes et les trésors d'Holopherne ayant été décernés à Judith comme un tribut de la reconnaissance du peuple, elle les offre au Seigneur(9). —(3ᵉ col., 1ᵉʳ méd.) A partir de ce jour, Judith devint l'objet du respect de tous; à sa mort, le peuple la pleura pendant sept jours(10). On lit les mots : ICI PLEURE LA MORT. . . .

Il est facile de voir, par ce qui précède, que l'ordre des sujets a été complétement dérangé. A cela près, cette fenêtre est un des plus admirables types qu'on puisse rencontrer du style légendaire usité au treizième siècle. Il ne faut pas s'attacher ici à la grossièreté du dessin, à l'incorrection des figures. Mais ce qu'on ne saurait trop admirer, c'est l'appropriation du genre, la valeur des tons, l'harmonie des couleurs, et l'entente parfaite de l'ornementation. Le fond de cette verrière est à la fois d'une richesse et d'un effet incomparables. C'est, comme dans la rose de Notre-Dame(11), un réticulaire formé de baguettes rouges à intersections blanches, et se détachant sur un fond bleu. Seulement ici, les mailles sont plus serrées, et contiennent chacune une fleur de lis du jaune le plus vif(12). Pour donner une idée de la richesse de ce fond, il me suffira de dire qu'il reste plus de douze cents fleurs de lis dans la partie encore existante, que j'ai reproduite planche XXIX.

XIII. — La treizième fenêtre est une de celles qui contiennent le plus grand nombre de sujets. Il en reste encore quatre-vingt-huit, qui paraissent également tirés de l'Ancien

---

(1) Ibid., chap. XIII, ℣. 5.
(2) Ibid., chap. XIII, ℣. 10.
(3) Ibid., chap. XIII, ℣. 11.
(4) Ibid., chap. XIV, ℣. 7.
(5) Ibid., chap. XV, ℣. 3.
(6) Ibid., chap. XV, ℣. 6.
(7) Ibid., chap. XV, ℣. 8.
(8) Ibid., chap. XV, ℣. 15.
(9) Ibid., chap. XVI, ℣. 23.
(10) Ibid., chap. XVI, ℣. 29.
(11) Voyez ci-dessus, planche XXI, et page 136.
(12) Chaque fleur de lis est entourée d'un plomb;

cela présente l'inconvénient d'alourdir singulièrement la monture de la fenêtre; mais, d'un autre côté, l'expérience démontre que le trait noir, résultant de la présence du plomb, est nécessaire pour séparer complétement les deux couleurs, qui perdraient de leur valeur absolue par le fait d'un contact sans intermédiaire. Les jaunes pâles emprunteraient une teinte verdâtre au voisinage immédiat du bleu, et les jaunes foncés y prendraient un ton rose orangé. On peut voir un exemple de ce dernier cas dans quelques parties de vitraux représentant des armoiries, récemment placées à l'église de Saint-Denis.

Testament; mais l'absence de toute inscription et de tout emblème caractéristique rend fort difficile de préciser à quels passages ils se rapportent. On y distingue des festins, des combats, des supplices, et, entre autres, plusieurs pendus, avec divers genres de potences, les unes à bascules, comme celle que j'ai décrite plus haut (1), les autres à deux montants formant portique.

Les bordures de cette fenêtre sont aux armes de France et de Castille. Les dernières se retrouvent également dans l'ornementation du fond.

XIV. — Cette fenêtre contient également quatre-vingt-huit sujets. L'inscription REGVM, plusieurs fois répétée, indique qu'ils sont tirés du livre des Rois. Le roi David en est le héros. On le voit tour à tour présenté à Saül (2), combattant contre Goliath (3), coupant la tête du géant philistin (4), puis la portant au roi Saül (5). Ailleurs David mange du pain de proposition (6); puis, à cheval, à la tête des soldats d'Israël (vêtus, comme de raison, en costume de chevaliers du temps des croisades), il exécute des charges brillantes, et fait la guerre aux Philistins (7). Plus tard il assiége la forteresse de Sion (8). Enfin on le voit au lit, alors sans doute que, glacé par l'âge, il ne pouvait s'y réchauffer, et que ses officiers lui amenèrent une jeune fille vierge pour lui rendre la chaleur dont il avait besoin (9).

La rose de cette fenêtre représente David jouant de la harpe devant Saül.

XV. — Cette fenêtre, la dernière qu'il me reste à décrire et l'une des plus intéressantes, se compose entièrement de sujets relatifs à l'histoire de saint Louis et à la translation de la couronne d'épines. Elle présente donc l'attrait et la curieuse authenticité d'une légende contemporaine. Le nombre des médaillons conservés jusqu'à ce jour s'élève encore à quarante-quatre, dont une partie accouplés deux par deux; mais, par suite d'anciennes restaurations, l'ordre dans lequel ils devaient se trouver primitivement a été complétement interverti.

La translation de la sainte couronne devait tout naturellement trouver ici sa place, puisque c'est pour honorer plus dignement une si précieuse relique que le roi saint Louis fit construire la Sainte-Chapelle. Comme je l'ai déjà dit (10), ce fut des mains de l'empereur Baudouin que la sainte couronne passa dans celles de saint Louis. Vivement pressé par Jean Ducas, son compétiteur, qui tenait alors Constantinople assiégée, l'empereur offrit au roi de France de lui céder cette précieuse relique. Saint Louis, on le pense bien, ne se le fit pas dire deux fois. Aussi fit-il partir immédiatement pour

(1) Voyez pages 164 et 165.
(2) Les Rois, liv. Ier, chap. XVI, ⅴ. 21.
(3) Ibid., liv. Ier, chap. XVII, ⅴ. 48.
(4) Ibid., liv. Ier, chap. XVII, ⅴ. 51.
(5) Ibid., liv. Ier, chap. XVII, ⅴ. 57.

(6) Ibid., liv. Ier, chap. XXI, ⅴ 6.
(7) Ibid., liv. II, chap. V.
(8) Ibid., liv. II, chap. V, ⅴ. 7.
(9) Ibid., liv. III, chap. Ier, ⅴ. 1 et 3.
(10) Voyez page 160.

Constantinople deux Dominicains, le P. Jacques et le P. André de Longjumeau, chargés de rapporter la couronne d'épines. Malheureusement la pénurie où se trouvaient les assiégés les avait déjà mis dans la cruelle nécessité d'engager la sainte relique entre les mains des Vénitiens. Les religieux français arrivèrent au moment où elle allait être livrée en gage; ils ne purent donc que l'accompagner jusqu'à Venise, où elle fut déposée dans la chapelle de Saint-Marc. L'un d'eux, le P. André, y demeura pour la garder (1), tandis que l'autre vint rendre compte au roi de leur commune mission. Saint Louis le renvoya immédiatement à Venise avec de nouveaux ambassadeurs, en leur confiant la somme nécessaire pour racheter la couronne mise en gage (2). Celle-ci fut bientôt rapportée en France (3). Les envoyés du roi, sachant qu'il était à Sens, le prévinrent de leur approche lorsqu'ils arrivèrent à Troyes, et aussitôt saint Louis, suivi d'une foule immense, s'achemina au-devant des saintes reliques, qu'il rencontra à Villeneuve-l'Arche-vêque (4). De là elles furent rapportées processionnellement jusqu'à Sens (5). A l'entrée de la ville, le roi les prit lui-même sur ses épaules, aidé de son frère, le comte d'Artois (6), pour les porter jusqu'à la cathédrale, où elles furent provisoirement déposées. Quelques jours après on les transféra à Paris.

Un certain nombre d'épisodes de ce voyage sont représentés sur la grande verrière de la Sainte-Chapelle. On y voit encore : — la couronne d'épines déposée sur l'autel de Saint-Marc, à Venise. — Le P. Jacques, en présence de saint Louis et de sa mère, à qui il rend compte de sa mission. — Les nouveaux ambassadeurs portant à Venise la somme pour laquelle se trouvait engagée la sainte couronne. — Le transport des reliques, à dos de cheval, pendant le voyage. — Leur translation de Villeneuve à Sens, au milieu d'une foule de fidèles, marchant processionnellement, le cierge à la main. — Le roi et son frère chargeant ce précieux fardeau sur leurs épaules, aux portes de la ville de Sens. —

---

(1) Histoire des Hommes illustres de l'ordre de Saint-Dominique, par le R. P. A. Touron. In-4°. Paris, 1743. — Tom. Ier, livre II, page 159.

(2) On lit à ce sujet les vers suivants dans un vieux poëme français de Guillaume Guiart, intitulé : *la Branche aux royaux lignages.*

> Des mains au commun de Venise
> Qui, comme par marcheandise,
> Orent presté, pour les auoir,
> Aus Grégeois grant planté d'auoir,
> Duquel ge ne sai dire somme,
> Lors ot S. Lois le preudomme,
> Qui tout ce tant se trauailla
> Que s'en leur deuoit en bailla
> Et les remist, quant il fu quite
> O la couronne desusdite.

(Voyez à la suite de l'Histoire de saint Louis, par Joinville, édition de du Cange, in-f°. Paris, 1668).

(3) Gauthier Cornut, alors archevêque de Sens, qui a écrit une histoire fort détaillée de cette translation, signale, comme un fait remarquable, que ce long voyage s'accomplit sans qu'une seule goutte d'eau tombât sur les voyageurs, bien qu'il plût souvent très-fort dès qu'ils avaient gagné leur gite. *Nec stilla pluviæ cecidit super eos, licet ipsis susceptis in hospitio pluisset pluries abundanter.* (Voyez Historia susceptionis Coronæ spineæ Jesu Christi, dans Duchesne, Historiæ Francorum scriptores, in-fol°, Paris, 1649, tom. V, pag. 410).

(4) Ibid.

(5) Ibid.

(6) Ibid.

L'archevêque de Sens (1) recevant la sainte couronne des mains du P. André de Lonju-
meau. — Une nouvelle procession accompagnant les reliques à leur entrée dans Paris.
— Le peuple se pressant pour les adorer aux portes des églises. — La couronne d'épines
exposée aux regards des fidèles par un évêque placé sur la galerie extérieure de la chapelle
du Palais (2).

J'ai reproduit, à la planche XXVIII, un panneau double représentant une des pro-
cessions dont je viens de parler. Cette procession doit être celle qui eut lieu dans le trajet
de Villeneuve-l'Archevêque à Sens. J'ai plusieurs raisons de le croire; mais la plus
concluante consiste en ce que la châsse est portée ici par deux personnages, dont un est
en costume de moine (sans doute le P. André), tandis qu'à l'entrée des villes de Sens et
de Paris, ce fut le roi lui-même, nu-pieds et en chemise (3), qui chargea, ainsi que
nous l'avons vu, la châsse sur ses épaules.

Dans la partie inférieure du même tableau, l'archevêque de Sens paraît en costume
épiscopal, la mitre en tête et la crosse à la main. Un clerc est chargé de sa croix; un
autre porte devant lui un long bâton blanc surmonté d'une tête de griffon. Que signifie
ce dernier meuble? C'est ce qu'il est assez difficile de préciser. Quelques archéologues
ont cru y voir un emblème de la puissance temporelle de l'archevêque, des droits de sei-
gneurie qu'il exerçait sur les fiefs mouvant de son église. Cette explication n'est pas
dénuée de vraisemblance; mais, faute de preuves à l'appui, elle reste à l'état de conjecture.

Les costumes des personnages laïques de cette procession ne sont pas non plus sans
intérêt. Quelques figures sont drapées avec grâce; l'une d'elles porte la coiffure en toile
empesée, familière aux femmes de cette époque (4). Une autre porte un petit bonnet

(1) C'était précisément ce même Gauthier Cornut
qui a écrit l'Histoire de la translation de la sainte
Couronne. Son blason, comme je l'ai dit plus haut, se
voit encore, dans la cathédrale de Sens, sur quelques
verrières dont il fut sans doute le fondateur (Voyez,
ci-dessus, page 50).

(2) Il pourrait y avoir quelque doute sur l'église
représentée dans ce tableau. En effet, la sainte Couronne, en arrivant à Paris, fut reçue d'abord, à
l'abbaye Saint-Antoine, par plusieurs évêques qui
la montrèrent au peuple. Mais Gauthier Cornut nous
apprend que cette exposition eut lieu sur un écha-
faud dressé à cet effet près de l'abbaye, tandis que la
verrière de la Sainte-Chapelle représente bien réellement une église, et même une église située dans une
île, ce qui ne peut s'appliquer qu'à Notre-Dame ou
à l'ancienne chapelle du Palais, qui fut bientôt rem-

placée par l'édifice actuel. Or la sainte Couronne
n'ayant été déposée que fort peu de temps à Notre-
Dame, il est bien plus probable qu'il s'agit ici de la
chapelle Saint-Nicolas.

C'est sans doute à cette exposition de la Couronne
de Notre-Seigneur que se rapporte le passage suivant
de Gauthier Cornut : *His itaque solemniter peractis
Parisius, exiit fama celebris, diuulgatur insigne spec-
taculum* (Hist. suscept. Cor. spin. J. C., apud Duchesne, tom. V, pag. 411).

(3) *Rex nudis pedibus, solá indutus tunicá* (Ibid.,
pag. 410). — *Infertur à Rege et fratre suo discal-
ciatis ut priùs, et præter tunicas vestimentis depositis*
(Ibid., pag. 411).

(4) C'est la même coiffure que portent Alix de
Bretagne, dans la verrière de Chartres, que j'ai reproduite (Planche XI), Blanche de Castille et Margue-

rouge, qui présente un exemple de ces verres striés, dont j'ai déjà parlé à diverses reprises (1). Presque tous ces personnages tiennent des cierges à la main (2).

Les sujets relatifs à la translation de la sainte couronne se trouvent mêlés, dans la verrière dont je m'occupe en ce moment, avec d'autres sujets tirés de la vie du roi saint Louis. La plupart de ces derniers ont trait aux guerres des croisades. On y voit une foule de combattants à pied et à cheval, une ville brûlée par les croisés, une autre se rendant au roi, des chevaliers transportant leur butin, et enfin la mort du roi lui-même. Cette dernière circonstance permet de fixer très-approximativement l'époque de la fondation de la verrière. Elle ne saurait être antérieure à l'année 1270, puisqu'on y voit représentée la mort du roi, qui arriva en cette année, ni postérieure à sa canonisation, qui eut lieu en 1297, puisque nulle part, dans ces tableaux, Louis IX n'est représenté avec l'auréole, attribut ordinaire de la sainteté (3). Et, comme il y a lieu de penser que, de toutes les verrières de la Sainte-Chapelle, celle-ci fut exécutée la dernière, on peut en conclure, sans crainte d'erreur, que la vitrerie entière de cet édifice date de la seconde moitié du treizième siècle.

J'en excepte pourtant la rose du portail occidental, monument d'une époque trèspostérieure et dont, par conséquent, je n'ai pas encore à m'occuper.

Mais saint Louis ne s'était pas contenté d'affecter une somme considérable à la vitrerie de la Sainte-Chapelle : il avait eu, de plus, le soin de réserver un fonds spécial, sur les revenus de cette église, pour l'entretien de ses magnifiques verrières (4). C'est donc à sa prévoyance qu'il faut attribuer encore les nombreuses restaurations dont on trouve la trace depuis le quatorzième siècle jusqu'au siècle dernier, et dont la plus générale, comme la plus importante, paraît avoir eu lieu au seizième siècle.

---

rite de Provence, dans la verrière de Moulineaux (Planche XXIV), et Judith elle-même, dans plusieurs des médaillons de la belle fenêtre de la Sainte-Chapelle, consacrée à son histoire (Planche XXIX).

(1) Voyez particulièrement à la page 164.

(2) La forme de ces cierges est assez remarquable : ils sont tortillés en spirale, ce qui, du reste, s'accorde parfaitement avec le texte de Gauthier Cornut : *Cerei cum candelis tortilibus per plateas et vicos accenduntur.* On faisait alors des cierges en cire qu'on nommait *cerei*, et d'autres, plus communs, avec la graisse de divers animaux; c'est évidemment à ces derniers que doit s'appliquer la dénomination de *candelæ* (Voyez Legrand d'Aussy, Histoire de la vie privée des Français, in-8°. Paris, 1782, tom. III, pag. 146).

(3) Cette fenêtre, comme la plupart des autres, a subi diverses restaurations, qui ont jeté un grand désordre dans l'arrangement des sujets. La première de ces restaurations paraît remonter au quatorzième siècle, si l'on en juge par le blason qui se voit à la partie inférieure de la quatrième colonne. Il est d'azur à sept besants d'or, 3, 3 et 1, et au chef du même, le tout chargé d'une croix de chanoine, ce qui est le blason d'Étienne de Melun, chanoine de la Sainte-Chapelle, de 1323 à 1345 (Morand, Histoire de la Sainte-Chapelle, pag. 265).

(4) On lit le passage suivant dans la lettre de fondation de la Sainte-Chapelle, donnée par saint Louis, au mois d'août 1248 : *De prædictis etiam obventionibus et oblationibus verrerias ejusdem capellæ refici et reparari volumus quotiens opus fuerit, et in bono statu servari* (Histoire de la Ville de Paris, par D. Michel Félibien, in-fol°. Paris, 1725. — Tom. III, pièces justificatives, pag. 124, a).

Je viens d'entrer dans de fort longs détails sur l'une des fondations les plus admirables du roi saint Louis. Les traces de sa munificence se retrouvent encore aux vitres de beaucoup d'autres églises; mais aucune d'elles ne présente un type aussi pur de l'état de la Peinture sur verre, et particulièrement du style légendaire au treizième siècle. Chartres est le monument le plus vaste et le plus complet de la vitrerie peinte de cette époque : la Sainte-Chapelle en est le monument le plus parfait et le plus homogène.

Je pourrais donc m'en tenir là, et me contenter d'ajouter à cette description la liste succincte des verrières les plus importantes qui nous restent de ce siècle; mais il est encore un petit nombre d'églises auxquelles, par des motifs différents, je crois devoir consacrer quelques détails : ce sont particulièrement celles de Troyes et de Rouen.

Si l'on peut restreindre à quelques années l'époque de fondation des verrières de la Sainte-Chapelle, il n'en est pas de même de celles de la cathédrale de Troyes, où l'on retrouve, au contraire, une suite d'échantillons de tous les siècles, et particulièrement de toutes les parties du treizième.

Les premiers apôtres de la foi chrétienne, à Troyes, paraissent avoir été saint Potentin et saint Serotin, son disciple, dont la mission remonte au troisième siècle (1). Mais là, comme en beaucoup d'autres endroits, le temple du vrai Dieu ne fut d'abord qu'un modeste oratoire, successivement accru, en raison de l'augmentation du nombre des fidèles (2). Son histoire est peu connue jusqu'à l'épiscopat d'Otulphe, qui jeta, vers l'an 870, les fondations d'un édifice plus vaste (3). Cependant la durée de celui-ci ne devait pas seulement atteindre la fin du siècle. Sa situation au bord d'un fleuve navigable l'exposait trop aux ravages des Normans, qui le détruisirent complétement en 898 (4). Près de cent ans s'écoulèrent avant qu'une nouvelle cathédrale sortit de ses ruines. Sa construction, commencée en 980, par l'évêque Milon (5), menée à fin en peu de temps, et réunissant d'ailleurs toutes les conditions de solidité désirables, semblait promettre une longue durée, lorsque, en 1188, un affreux incendie vint la réduire en cendres (6) avec une grande partie de la ville. Les pertes considérables éprouvées par les habitants, la courte durée de l'épiscopat d'Haïce de Plancy, et l'absence de Garnier de Trainel, son successeur, furent autant de causes qui s'opposèrent à la reconstruction immédiate

---

(1) *Primis religionis christianæ radiis illustratos fuisse Tricassinos à SS. Potentiano et Serotino, in actis eorum martyrii legitur, qui in urbe ecclesiam parvo opere in honorem apostolorum Petri et Pauli Domino consacrarunt* (Gallia christiana, tom. XII, colon. 483 et 484).

(2) Description historique de la cathédrale de Troyes, par F. Arnaud, Troyes, in-fol°, fig., pag. 41.

(3) Éphémérides de J.-P. Grosley, mises en ordre par Patris Debreuil, 2 vol. in-8°. Paris, 1811. — Tom. II, pag. 263.

(4) Ibid.

(5) Arnaud, Description historique de la cathédrale de Troyes, pag. 41.

(6) *Episcopalis ecclesia tegulis plumbeis decenter cooperta, illo tunc incendio conflagravit* (Robert d'Auxerre, Chronique de S. Marien, publiée par Camuzat, in-4°. Troyes, 1608).

de la cathédrale de Troyes (1). Elle ne fut entreprise qu'une vingtaine d'années après, sous l'épiscopat de l'évêque Hervée (2). A la mort de ce prélat, arrivée en 1223, le sanctuaire était achevé, ainsi que les chapelles qui l'entourent (3). Enfin Nicolas de Brie, qui siégea de 1233 à 1269, avança considérablement les travaux du chœur (4), qui furent achevés par Jean d'Auxois (5), élu évêque en 1314 (6).

Ce n'est donc que dans le chœur qu'on peut espérer de rencontrer des verrières du treizième siècle. Encore une partie de celles de la galerie et des chapelles ayant été remplacées par des vitraux d'autres époques, les grandes verrières de l'étage supérieur sont-elles aujourd'hui les seules qui aient conservé leur vitrerie primitive. Ces verrières sont au nombre de treize, rangées dans l'ordre suivant :

I. — Une grande légende de Saint, où l'on voit le Saint-Esprit apportant un anneau. Les armes de Castille se trouvent dans l'amortissement de l'ogive.

II. — Saint Denis, saint Siméon Stylite, saint Laurent, saint Vincent, etc.

III. — Deux Empereurs, un Roi et cinq Évêques. Il reste quelques fragments d'inscriptions coupées, en divers endroits, par les figures. On lit ainsi les mots : IMPERATOR, . EXP LI P.. (*Rex Philippus*), HVEV SEPS (...... *Episcopus*), ... TSA RCH (... *tus Archiepiscopus*), EPSH ERVE (*Episcopus Herveus*). La présence simultanée des noms de Philippe Auguste et de l'évêque Hervée semble indiquer que la fondation de cette verrière est antérieure à l'année 1223, où ils moururent tous deux. Si les lettres TS, placées avant le mot *Archiepiscopus*, sont, comme on peut le croire, la terminaison du nom *Cornutus*, de Gaultier Cornut, nommé archevêque de Sens en 1221, cela donnerait, à deux ans près, la date certaine de cette fondation.

IV. — Diverses figures de Saints, d'Abbés, d'Évêques et de Martyrs. On retrouve la tour de Castille dans l'amortissement de l'ogive.

(1) Arnaud, Description historique de la cathédrale de Troyes, pag. 43.

(2) Éphémérides de Grosley, tom. II, pag. 264.

(3) Arnaud, Description historique de la cathédrale de Troyes, pag. 44.

On lit, dans la *Gallia christiana*, que les constructions d'Hervée furent complétement détruites par un ouragan quelques années après sa mort : *eadem tenebroso convulsa turbine ab imis corruit fundamentis an.* 1228 (tom. XII, col. 483-4). Cette assertion s'appuie sur une bulle du pape Grégoire IX, de l'année suivante ; mais, ainsi que le fait observer Grosley (Éphémérides, tom. II, pag. 256), l'évidente exagération des termes de cette bulle s'explique par le besoin qu'on avait alors de stimuler le zèle des fidèles, et se prouve par l'existence actuelle de plusieurs verrières du temps d'Hervée.

Ce n'est pas tout. S'il fallait en croire la *Gallia christiana*, la cathédrale de Troyes se serait écroulée de nouveau au quatorzième siècle : *Cecidit adhuc eadem in vigiliâ nativitatis Domini, an.* 1389 ; et pourtant nous voyons encore aujourd'hui le chœur du treizième siècle debout avec toutes ses verrières. Cela prouve à combien d'erreurs on peut se trouver entraîné, lorsque le témoignage des documents écrits n'est pas contrôlé par l'étude des monuments eux-mêmes.

(4) Arnaud, Description historique de la cathédrale de Troyes, pag. 45.

(5) Ibid.

(6) Les auteurs de la *Gallia christiana*, d'accord avec Camuzat (Promptuarium sacrarum Antiquitatum), fixent l'avénement de Jean d'Auxois à l'an 1314. M. Arnaud le rapporte à l'année 1304 ; mais c'est, je pense, une simple faute d'impression.

V. — Dans les cinq fenêtres du rond-point, les grandes figures sont remplacées par des sujets légendaires. Celle-ci en contient six, tirés de l'histoire de Notre-Seigneur ; ils sont renfermés dans des cartouches d'environ un mètre et demi de hauteur, et se détachent sur un fond réticulaire. On y distingue la Visitation, l'Annonciation, l'Adoration des Mages, le Massacre des Innocents, etc.

VI. — Six autres sujets, tirés de l'histoire de Jésus-Christ et de sa sainte Mère. On y voit une glorification de la Vierge dans un nimbe amandaire (1), formé de nuages ondulés.

VII. — Six autres sujets tirés de l'histoire de la Passion.

VIII. — Sujets tirés en partie de l'histoire de saint Jean.

IX. — Six sujets de l'histoire de saint Pierre.

X. — Cette fenêtre et les suivantes contiennent, comme les premières, de grandes figures de Rois, d'Évêques, et d'autres personnages. Parmi elles se trouve une figure de Guerrier, que j'ai reproduite (Planche XXX), à raison de l'intérêt que présente son costume. A beaucoup d'égards, ce costume rappelle ceux dont j'ai déjà parlé en décrivant le saint Maurice de Strasbourg et le saint Louis de Chartres (2). Cependant il en diffère sous plusieurs rapports, et parait appartenir à un personnage moins important. Le vêtement principal est toujours l'armure de mailles, enveloppant le corps et tous les membres ; mais ici la tête, enveloppée d'un simple chaperon de mailles, ne porte point de casque. L'armure est également recouverte d'un surcot ou cotte d'armes ; mais celui de saint Louis, fendu sur le devant, tombe jusqu'au mollet, tandis qu'ici le surcot n'est point fendu et s'arrête au genou, laissant apercevoir une sorte de culotte. Cette différence, jointe à l'absence d'éperons, ne semble-t-elle pas indiquer que le Guerrier dont je décris ici le costume est destiné à combattre à pied, genre de combat bien moins noble que l'autre ? Il faut pourtant remarquer que l'armure du Guerrier de Troyes parait dorée. Ses armes offensives consistent en une large épée pendue à son côté, et une masse d'armes à manche vert qu'il porte sur l'épaule.

La bordure de cette fenêtre est rouge (ou de gueules), chargée alternativement d'une fleur de lis et d'une crosse d'argent. Ce sont, dit-on, les armoiries de Nicolas de Brie (3), qui fut sans doute le fondateur de cette verrière (4).

XI. — Les Vierges sages et les Vierges folles, et, dans le haut, plusieurs figures d'Évêques, dont deux sont revêtues du pallium (5).

(1) Voyez ce que j'ai dit sur cette forme particulière du nimbe, à la page 39, note 2.

(2) Voyez pages 113 et 158, planches XVII et XXVI.

(3) C'est par erreur que le prénom de Jean a été substitué à celui de Nicolas au bas de la Planche XXX.

(4) M. Arnaud pense que la présence de ces armoiries indique le point jusqu'où Nicolas de Brie poussa les travaux du chœur (Description historique de la cathédrale de Troyes, page 45).

(5) Le pallium est un ornement ecclésiastique porté par les papes, et conféré par eux aux métropolitains,

XII. — Plusieurs figures d'Évêques, dont une porte l'inscription : GARNERUS. C'est Garnier de Trainel, prédécesseur d'Hervée, qui siégea de 1193 à 1205. Ce prélat, que l'ardeur de son zèle entraina aux croisades, eut plus d'occasions de se distinguer par sa bravoure que par ses œuvres pies (1). Au siége de Constantinople, il commandait, avec l'évêque de Soissons, deux vaisseaux, *le Paradis* et *la Pèlerine*, dont les troupes sautèrent les premières sur les remparts de la ville impériale, et y arborèrent l'étendard vainqueur des deux prélats (2).

J'ai reproduit, à la Planche XXX, la figure de Garnier de Trainel, ainsi qu'un autre panneau de la même fenêtre représentant un Architecte (ou *maître de l'œuvre,* comme on disait alors) et un Maçon prenant l'aplomb d'un édifice inachevé. Le sujet de ce tableau est, sans doute, la reconstruction de la cathédrale de Troyes.

XIII. — Au milieu de diverses figures de Saints, cette fenêtre renferme un panneau où l'on voit plusieurs Diables incendiant une église. Ne serait-ce pas une représentation allégorique du fatal incendie de 1188? — Dans le bas de la verrière, un homme est figuré à genoux, offrant un beau poisson, ce qui pourrait faire penser que la fondation de cette fenêtre est due à la corporation des poissonniers de la ville. On n'y voit d'ailleurs d'autres armoiries que celles de France et de Castille à la bordure (3).

Comme je l'ai dit en commençant, la galerie et les chapelles qui entourent le chœur conservent encore une partie de leur vitrerie primitive, remontant au treizième siècle; mais elle s'y trouve mêlée avec tant de fragments d'autres époques, que je ne pourrais en donner actuellement la description, sans anticiper sur l'histoire des siècles suivants. Je m'arrêterai donc là pour le moment.

Pourtant je ne puis quitter Troyes sans parler d'un des personnages les plus éminents

---

ou quelquefois même aux évêques qui leur en font la demande. Il consiste en une bande de laine blanche, large de trois doigts, qui se porte en scapulaire autour du cou, et d'où pendent, par devant et par derrière, deux autres bandes pareilles longues d'un palme, le tout chargé de six petites croix de couleur noire (Molanus, de Historiâ SS. Imaginum, in-4°. Louvain, 1771, lib. IV, chap. XXIX, pag. 561, note). — Voyez, pour plus de détails, la dissertation spéciale de Nicolas de Bralion, intitulée : *Pallium archiepiscopale,* in-8°, 1640.

(1) En la terre le conte Thibauz de Champaigne, se croisa Garniers, li Vesques de Troies (Geoffroy de Ville Hardovin, De la conqveste de Constantinople, dans l'Histoire de l'empire de Constantinople sous les empereurs français, publiée par C. Du Fresne Du Cange, in-fol°. Paris, 1657, 1re partie, pag. 3).

(2) Topographie historique de la ville et du diocèse de Troyes, par Courtalon de Laistre, 3 vol. in-8°. Troyes, 1783. — Tom. Ier, pag. 356.

Le récit du combat de la *Pèlerine* et du *Paradis* se trouve ainsi rapporté dans une lettre de l'empereur Baudouin à l'archevêque de Cologne : *Duæ naves colligatæ, quæ pariter nostros episcopos Suessoniensem et Trecensem deferebant, quarum erant insignia Paradisus et Peregrina, primæ scalis suis scalas turrium attigerunt, et felici auspicio peregrinos pro paradiso certantes, hostibus admoverunt. Prima muros obtinent vexilla pontificum, ministrisque secretorum cœlestium prima de cœlo conceditur victoria.*

(3) M. Arnaud a cru voir les armoiries de Jean d'Auxois à la première fenêtre du chœur, de chaque côté. Ce sont probablement les tours de Castille qu'il aura confondues avec les tours d'or au champ d'azur, qu'il attribue pour blason à cet évêque (Description historique de la cathédrale de Troyes, pag. 45).

qu'ait produits cette ville, d'un des plus illustres bienfaiteurs de ses églises, du pape Urbain IV enfin, dont l'obscure origine forme un si glorieux contraste avec ses hautes destinées.

Natif de Troyes, où son père Pantaléon exerçait la profession bien modeste de cordonnier (1), le futur pape Urbain, qui avait reçu au baptême le nom de Jacques (2), fut d'abord élevé dans les écoles gratuites dépendantes de la cathédrale, puis envoyé à Paris pour y terminer ses études. Tour à tour chanoine et archidiacre de Laon, puis de Liége, député de cette église au concile de Lyon, évêque de Verdun, légat en Allemagne, puis en Terre Sainte, et patriarche de Jérusalem, Jacques de Troyes fut enfin élu pape en 1261, quoique n'étant point cardinal (3). Le soin des affaires de l'Église, alors en si triste état, ne l'empêcha point de reporter ses pensées et d'étendre ses bienfaits sur le berceau de sa fortune (4). Ce fut sur le sol même qui l'avait vu naître qu'il voulut élever un monument durable de sa piété filiale. Il acheta, au milieu de la ville, le terrain où était située la maison de son père, et y jeta les fondements d'une église, consacrée au saint dont il avait adopté le nom en ceignant la tiare (5). La nouvelle église fut exemptée de la juridiction de l'ordinaire, et placée directement sous celle du Saint-Siége (6). Urbain IV lui conféra divers autres priviléges, et la dota richement; mais il n'eut pas la satisfaction d'en achever la construction : la mort vint le surprendre en 1267, et ce fut son neveu, le cardinal Ancher, qui continua son œuvre (7).

L'église Saint-Urbain ne fut terminée que dans les dernières années du treizième siècle (8). Bien que construite dans des proportions assez restreintes, elle se fait remarquer par une élégante légèreté et par une grande pureté de style. Les verrières primitives qu'elle renferme encore contiennent peu de figures; mais elles se distinguent par un ingénieux système de décoration, qu'on ne saurait trop recommander à nos restaurateurs d'églises. Il consiste en élégants lacis dessinés au trait sur un fond blanc chargé de listons ou entrelacs en verre de couleur, dont la combinaison régulière forme les plus heureux

---

(1) Grosley rapporte qu'on voyait dans l'église de Saint-Urbain une très-ancienne tapisserie, où Pantaléon, le père d'Urbain, était représenté travaillant de son métier et entouré de sa famille (Éphémérides, tom. Ier, pag. 370, not. 3).

(2) Ibid., pag. 216.

(3) Ibid., pag. 217 et suiv.

(4) *Originis suæ matricem ac primævæ ætatis ac provectionis alumnam*, comme il l'appelle lui-même dans une lettre adressée à l'évêque de Troyes.

(5) *Templum S. Urbani martyris titulo insignitum in ipso urbis meditullio et umbilico paternarumque ædium solo, in quibus verisimile est eum natum et educatum fuisse, extruendum exædificandumque curavit*

(N. Camuzat, Promptuarium sacrarum Antiquitatum Tricassinæ diœcæsis, in-8°; Troyes, 1610, fol° 374).

(6) *Eamque ab omni juridictione tam episcopi Trecensis quam archiepiscopi Senonensis exemit* (Gallia christiana, tom. XII, col. 530).

(7) *Sed pium ejus institutum prosequutus est cardinalis Ancherus, ejus nepos* (N. Camuzat, Promptuarium, fol° 375).

(8) Grosley nous apprend que la dédicace de cette église fut troublée par les religieuses de Notre-Dame-aux-Nonnains. Elles vinrent en corps de communauté renverser l'autel, maltraiter et souffleter le légat qui pontifiait à cette cérémonie (Éphémérides, tom. II, IIIe partie, chap. IX, pag. 194).

45

dessins (1). Ce genre de décoration, moins froid, moins monotone qu'une simple grisaille, n'est guère plus dispendieux, et, sous ce double rapport, me parait susceptible de nombreuses applications.

On s'en formera, je pense, une idée assez juste en jetant les yeux sur la planche XXXI, où j'ai reproduit une des antiques verrières de Saint-Urbain. Au milieu des nombreux entrelacs que renferme cette verrière, on distingue un petit sujet formé de quatre figures. Ce sont des fidèles en dévotion devant le saint patron de l'église et de son pieux fondateur.

La plupart des vitres de Saint-Urbain sont conçues dans le même style; mais elles sont généralement encrassées et en fort mauvais état (2).

Un autre genre de célébrité doit s'attacher, pour nous, à l'église de Saint-Urbain ; c'est qu'elle fut, plus tard, le siége d'une communauté de peintres-verriers, dont j'aurai à m'occuper en son lieu ; car la ville de Troyes fut constamment l'un des foyers de cet art, dont elle conserve de si nombreux et précieux monuments.

Rouen était également un de ces centres productifs qui virent éclore, tour à tour, de nombreuses générations d'artistes; ses vénérables temples sont encore pleins de leurs œuvres, dont les plus anciennes aujourd'hui sont celles qui restent dans la cathédrale. Qu'il me soit donc permis de rappeler ici, en peu de mots, l'histoire de cette illustre église.

Saint Nicaise est généralement considéré comme l'introducteur du christianisme dans l'antique province de Neustrie, ce qui l'a fait admettre, par beaucoup d'auteurs, comme le premier de ses archevêques (3). Cependant il ne parait pas qu'il ait jamais pénétré jusqu'à Rouen (4), et c'est à saint Mellon que la plupart des historiens attribuent l'honneur d'avoir fondé le premier temple chrétien dans cette ville, vers l'an 270 (5).

Saint Mellon, Anglais d'origine, ayant été envoyé à Rome, sous le pontificat du pape saint Étienne, y connut bientôt les vérités du christianisme, et, non content d'embrasser la foi du Christ, il voulut se consacrer lui-même au service des autels. Voici comment un ancien historien raconte la circonstance qui, selon lui, aurait déterminé la mission de saint Mellon en Normandie :

« Célébrant un iovr les diuins mystères, en la présence du pape, il parvt vn ange qui

---

(1) On trouvera des détails techniques pleins d'intérêt sur ce genre de vitraux, et particulièrement sur ceux de Saint-Urbain, dans un rapport sur les travaux de restauration de M. Vincent Larcher, présenté à la Société d'agriculture, sciences, arts et belles-lettres du département de l'Aube, par M. Ernest Bertrand, juge au tribunal de Troyes. (Voir le n° 93 des Mémoires de cette Société.)

(2) M. Ernest Bertrand attribue l'usure des vitres de Saint-Urbain à l'absence de cette couche extérieure connue sous le nom de *couverte*, dont l'objet principal était d'atténuer la lumière du jour, mais qui, selon lui, contribuait également à protéger le verre contre l'action atmosphérique.

(3) Gallia christiana, tom. XI, col. 4.

(4) Ibid.

(5) Histoire de la ville de Rouen, par un solitaire (Farin); in-4°. Rouen, 1731.—Tom. Ier, 3e part., pag. 2.

« luy mit entre les mains vn baston pa ..oral, disant qu'il prist cette uerge povr marqve
« de la jvridiction épiscopale qv'il exerçoit svr le pevple de Roven dans les confins de
« la Nevstrie, dont il luy commettoit le soin de la part de Diev (1). »

Saint Mellon, arrivé à Rouen, y prêcha la foi nouvelle avec un zèle infatigable, et y
fit une foule de miracles, dont le plus important, pour le succès de sa mission, fut incontestablement la résurrection de Précordius, jeune homme de bonne famille, qui était
tombé du haut d'un toit, en l'écoutant prêcher (2); Précordius se convertit, et sa conversion entraîna celle de toute sa famille, qui fit don de l'emplacement sur lequel saint
Mellon éleva sa première église (3). Ce n'était sans doute qu'un oratoire, une simple
chapelle, comme celles qui servirent de berceau au christianisme dans presque toutes
nos provinces; et les successeurs de saint Mellon durent en augmenter bientôt les proportions, en raison de l'accroissement du nombre des fidèles. Farin pense que la cathédrale primitive fut considérablement agrandie par saint Romain, vers l'an 633 (4).
Cependant nous ne trouvons, à cet égard, aucun document précis jusqu'à l'époque de
saint Ouen (de 646 à 689), qui, d'après l'histoire manuscrite de sa vie, aurait complété
et enrichi l'église fondée par ses pieux devanciers (5).

En 842, la ville de Rouen fut complétement saccagée par les Normans, et il est
permis de supposer que les églises n'échappèrent point à la ruine générale. Ce qu'il y a
de certain, c'est que l'archevêque Robert, fils de Richard Ier, duc de Normandie, jeta,
dans les premières années du dixième siècle, les fondations d'une nouvelle cathédrale (6).
Les travaux étaient fort avancés à l'époque de sa mort (1037). Cependant ils ne furent
terminés que sous l'épiscopat de saint Maurille, qui en fit la dédicace le 1er octobre 1063,
en présence de Guillaume le Conquérant (7).

Selon M. Gilbert, qui, malheureusement, ne cite aucune preuve à l'appui de son
opinion, une nouvelle église aurait été construite au douzième siècle (8). Ce qui parait
plus probable, c'est que l'édifice actuel ne fut commencé que dans les premières années

---

(1) Histoire des archevêques de Rouen, par un religieux bénédictin (D. Pommeraye); in-fol°. Rouen, 1667. — Pag. 29.

(2) Les Actes de saint Paul rapportent une mésaventure semblable arrivée à un certain Eutichès, qui s'était endormi durant la prédication du saint apôtre. L'auteur de la vie de saint Mellon ne dit pas si ce fut la même cause qui amena la chute de Précordius.

(3) Histoire des archevêques (par D. Pommeraye), pag. 20.

(4) Histoire de la ville de Rouen, tom. Ier, 3e part., pag. 2.

(5) *Principalem ecclesiam a prioribus quidem fabricatam multis magnisque rebus ornavit, atque ditavit.* (Histoire de la cathédrale de Rouen (par D. Pommeraye), in-4°. Rouen, 1686. — Liv. Ier, chap. III, pag. 17.

(6) *Ecclesiam metropolitanam in urbe Rothomagensi Sanctæ Genitricis, a fundamentis inchoavit, quam magna ex parte consummavit.* ' Orderic, Vital, liv. V, pag. 566.)

(7) *Hic ecclesiam a Roberto ... iepiscopo inceptam complevit....... Postea præf..a.. . 'esiam dedi.. t, astante Willelmo, Normann.. ... e, anno 106* (Acta archiepiscoporum Rotho. agens ... pur' .illon. Analect. Tom. II, pag. 4.3.)

(8) Description historique de . cath..ale de Rouen. in-8°, Rouen, 1837, pag. 18.

du treizième siècle, après le fatal incendie qui réduisit en cendres la ville de Rouen (1).
Au dire de Félibien, les travaux furent dirigés, à cette époque, par un architecte du
nom d'Ingelramne ou Enguerrand (2). C'est à cette époque qu'on peut sans doute
rapporter la plus grande partie des constructions aujourd'hui subsistantes. Cependant
le pourtour du chœur n'était pas encore ce que nous le voyons actuellement. A la place
des chapelles qui le décorent, s'élevait alors le bâtiment de l'ancien chapitre, qui ne fut
démoli qu'en 1288. Cette date est essentielle à établir pour nous; car c'est précisément
là que se trouvent les plus anciennes et les plus curieuses verrières de la cathédrale.
Voici ce qu'en dit Langlois, du Pont-de-l'Arche :

« On pourrait, d'après le style des ornements et le costume des figures, faire remonter
« l'exécution de ces vitraux au règne de saint Louis même. Mais comment concilier
« alors cette antériorité avec le témoignage de Farin, qui nous apprend que les sous-
« ailes du chœur, et les chapelles semi-circulaires, de leur dépendance, furent construites
« sur les débris de l'ancien chapitre, dont la démolition n'eut lieu qu'en 1288? On est
« donc forcé de croire que les vitres voisines du chœur ont été peintes pendant le temps
« compris entre cette époque et l'année 1295, dans le cours de laquelle mourut Philippe
« le Hardi (3). »

Ces lignes s'appliquent particulièrement aux verrières du treizième siècle, situées au
pourtour du chœur. Je vais donc reproduire la description qu'en donne Langlois :

« Aile gauche du chœur, en face de la quatrième arcade. — Fenêtre sans meneaux,
« entièrement occupée par la vie de saint Julien l'Hospitalier.

« Aile gauche du chœur, entre la chapelle latérale semi-circulaire et la grande cha-
« pelle de la Vierge. — Deux fenêtres sans meneaux, représentant la vie de Joseph, fils
« de Jacob.

« Aile droite du chœur, entre la grande chapelle de la Vierge et la chapelle latérale
« semi-circulaire. — Fenêtre sans meneaux, représentant la passion de Jésus-Christ. —
« Fenêtre *idem*, offrant la vie d'un saint, peint, dans presque tous les sujets, en fort
« mauvais équipage, nu de la tête à la ceinture, et monté à cheval (4). »

De ces quatre fenêtres, Langlois en a reproduit une, et moi une autre.

Langlois a publié la verrière qui représente l'histoire de saint Julien-l'Hospitalier, et
l'a accompagnée d'un texte très-détaillé, qu'il a su rendre fort piquant (5).

Quant à moi, j'ai donné, de préférence, la légende de Joseph (planche XXXIII), parce
que, au mérite de l'harmonie la plus brillante, de la composition la plus ingénieuse, elle

(1) Description historique de la cathédrale de
Rouen, par Gilbert, pag. 19.

(2) Recueil historique de la vie et des ouvrages
des plus célèbres architectes; in-4°, Paris, 1687,

liv. IV, pag. 205.

(3) Essai sur la peinture sur verre, pag. 24.

(4) Ibid. , pag. 30.

(5) Ibid., pl. Iʳᵉ et pag. 32 et suiv.

joint un intérêt tout particulier, en ce qu'elle renferme une inscription où le nom du peintre et son origine se trouvent consignés. On y lit, dans le panneau inférieur à droite, ces mots tracés en lettres onciales : CLEMENS VITRIARIUS CARNOTENSIS M (*magister*). Ce Clément de Chartres paraît être le premier peintre verrier ou *vitrier* (comme il s'appelle modestement) (1), qui ait eu l'idée de signer ses œuvres. L'art était alors un métier pour les uns, une vocation, une mission pieuse pour les autres; mais les idées d'ambition personnelle y avaient peu de part. Tout cela a bien changé depuis : est-ce un bien? est-ce un mal? Sans doute on ne saurait blâmer la noble ambition de l'artiste qui cherche à immortaliser son nom à l'aide des œuvres de son génie. L'art lui-même gagne aux efforts constants de cette ardeur toute personnelle : il y gagne l'originalité, la variété de la forme; mais il y perd la simplicité pieuse, la naïveté, et l'harmonie, si nécessaires aux grandes œuvres d'ensemble. Enfin l'on peut se demander s'il n'est pas regrettable que, de nos jours, l'artiste, dans son vol ambitieux, se sépare si complétement de l'artisan. Si ce divorce fut jamais préjudiciable, c'est surtout pour la Peinture sur verre : aucun art, assurément, n'exige un accord plus intime entre l'esprit qui conçoit et la main qui exécute; et je n'hésite pas à dire que l'infériorité relative où il se trouve encore aujourd'hui, tient en grande partie à cette cause. A mes yeux, les peintres-verriers ne sont pas plus faits que les peintres de décorations pour travailler sur les cartons d'artistes étrangers à leur genre.

Mais revenons à maître Clément, qui, sans aucun doute, fut à la fois artiste et artisan, comme on ne dédaignait pas de l'être alors. L'inscription nous apprend qu'il était de Chartres. Il y a lieu de penser qu'il concourut à l'admirable décoration de la cathédrale de cette ville, et cette présomption ne peut qu'être fortifiée par l'analogie frappante qui existe entre quelques-unes des verrières de Chartres et celles de la cathédrale de Rouen, analogie non-seulement dans le style, dans le système de la décoration, mais même dans le *faire* de l'artiste, et que, pour ma part, j'ai cru remarquer particulièrement dans quelques-unes des verrières légendaires situées dans la nef latérale de gauche de la cathédrale de Chartres.

La verrière de Rouen qu'a signée notre peintre se recommande par toutes les qualités essentielles du style légendaire, par l'élégance du fond, l'heureuse disposition des sujets, la richesse de la bordure, et surtout par cette admirable entente des couleurs qui donne l'harmonie sans produire la confusion, et permet à chaque partie de se détacher, sans sacrifier l'effet d'ensemble; art merveilleux et difficile, qui semble avoir atteint son apogée entre les mains des peintres-verriers du treizième siècle.

(1) On trouve, tour à tour, les mots *vitriarius*, *vitrearius*, *verrerius*, *vitriator*, *vitreator*, employés au moyen âge pour désigner les peintres-verriers. (Voyez le Glossaire de Du Cange.)

A l'inverse de beaucoup d'autres, la légende de Joseph doit se lire de haut en bas sur la verrière de Rouen.

Dans le sommet se trouve représenté le songe de Joseph, où il croit voir le soleil, la lune et les étoiles en adoration devant lui (1).—Plus bas, Jacob envoie Joseph rejoindre ses frères, qui faisaient paitre leurs troupeaux dans le pays de Sichem (2).—Joseph rencontre un homme, à qui il demande où sont ses frères (3). — Il les trouve dans la plaine de Dothaïm (4). — Ses frères lui ôtent sa robe (5); — puis ils le jettent dans une citerne (6). — Alors, ayant teint sa robe avec le sang d'un chevreau, ils l'envoient à leur père (7). —Cependant des marchands ismaélites étant venus à passer, les frères de Joseph le tirent de la citerne, pour le vendre moyennant vingt pièces d'argent (8). — Les marchands l'emmènent en Égypte, où il est acheté par Putiphar, général des troupes de Pharaon (9). — Dans les panneaux du bas, on voit la femme de Putiphar cherchant à retenir de force le vertueux Joseph (10); — puis Joseph traîné devant son maitre, sur la dénonciation de cette femme (11), — et mené en prison par l'ordre de Putiphar (12). — Enfin, c'est près de là que l'artiste s'est peint lui-même et a signé son nom.

Le reste de la légende de Joseph se trouve sur la verrière voisine : elle est trop connue pour que j'aie besoin de la raconter ici.

Notre savant Langlois (toujours si bon à citer, surtout lorsqu'il s'agit de la ville dont il fit l'objet de prédilection de ses études) parle de quelques autres verrières contemporaines de celles que je viens de décrire, et en donne une description d'autant plus intéressante, que, depuis l'époque où il écrivait, plusieurs d'entre elles ont déjà disparu. Voici ce qu'il en dit :

« Aile gauche en montant; fenêtre à meneaux, en face de la quatrième arcade de la « nef. —Panneaux supérieurs occupés par plusieurs sujets relatifs aux histoires de saint « Jean Baptiste, de saint Nicolas, etc. On y remarque des personnages occupés à diffé-« rents emplois de leurs métiers, particulièrement des corroyeurs et des mégissiers; et, « près d'une espèce de cloitre ou de galerie soutenue par des arcades, un tailleur et un « sculpteur de pierre façonnant le chapiteau d'une colonne (13). Un peu plus haut se « voient une église fortifiée d'arcs-boutants, à la construction de laquelle travaillent quel-« ques maçons, et une femme à genoux, à peu près vêtue comme les anciennes com-« tesses, élevant de ses deux mains un tableau chargé du plan d'une verrière ou fenêtre

(1) Genèse, chap. XXXVII, $\dot{y}$ 9.
(2) Ibid., $\dot{y}$ 14.
(3) Ibid., $\dot{y}$ 15 et 16.
(4) Ibid., $\dot{y}$ 17.
(5) Ibid., $\dot{y}$ 23.
(6) Ibid., $\dot{y}$ 24.
(7) Ibid., $\dot{y}$ 31 et 32.

(8) Ibid., $\dot{y}$ 25 et 28.
(9) Ibid., $\dot{y}$ 36.
(10) Ibid., chap. XXXIX, $\dot{y}$ 12.
(11) Ibid., $\dot{y}$ 14 à 19.
(12) Ibid., $\dot{y}$ 20.
(13) Sujet analogue à celui qui se trouve sur une verrière de Chartres, et que j'ai reproduit planche XIII.

« gothique (1). Ces différents sujets nous ont paru se rattacher à des circonstances rela-
« tives à l'édification de la partie septentrionale de la basilique.

« Aile gauche en montant. — Fenêtre à meneaux en face de la cinquième arcade de la
« nef, entièrement occupée par la vie de saint Sever........

« Chapelle semi-circulaire, à droite du chœur. — Fenêtre sans meneaux, représentant
« des actes peu connus.

« Chapelle semi-circulaire, du croisillon méridional. — Martyre de saint Laurent,
« conservé dans l'amortissement d'une des fenêtres.

« Aile droite de la nef, cinquième chapelle en descendant vers l'ouest. — Fenêtre à
« meneaux, offrant, dans sa partie supérieure, quelques anciennes peintures.

« Même côté, sixième chapelle en descendant vers l'ouest. — Fenêtre à meneaux,
« conservant ses panneaux supérieurs. Ils offrent quelques faits de la vie d'un saint. »

Plusieurs de ces verrières paraissent avoir été fondées par des corporations. Langlois
cite particulièrement la légende de saint Julien, donnée par les pêcheurs ou marchands
poissonniers de Rouen, et celle de Joseph, fondée par les tondeurs de draps (2). D'autres
fenêtres furent offertes par les mégissiers, les sculpteurs-imagiers, etc. (3).

Outre les verrières qui ont disparu depuis quelques années, beaucoup d'autres, sans
doute, avaient déjà eu le même sort, lorsque Langlois composa son livre. « Il paraît, »
dit-il, « qu'au treizième siècle, et probablement dans une partie du quatorzième, la
« cathédrale était entièrement garnie de vitraux épais, chargés de couleurs et à fonds
« travaillés, dans le genre de ceux qu'on voit aux fenêtres placées derrière le chœur, et,
« par fragments, dans quelques chapelles latérales de la nef.... C'est peu après qu'on leur
« substitua des vitres moins opaques et offrant des parties blanches, soit pour donner
« plus de jour aux édifices (4), soit affaire de simple changement de goût, ou, peut-
« être encore, par mesure d'économie (5). »

Les autres vitres dont parle Langlois trouveront aussi leur place dans cet ouvrage;
mais ce serait anticiper que d'en donner actuellement la description.

La cathédrale de Rouen est la dernière des églises du treizième siècle dont j'aie reproduit quelque verrière. Ce n'est pas à dire qu'il ne reste, dans beaucoup d'autres,
d'importants débris de vitraux de cette époque. Forcé de me restreindre dans le choix
des monuments à reproduire, j'ai dû souvent, quoique à regret, en laisser de côté dont

---

(1) On sait que c'était là le signe caractéristique
des fondateurs. Je n'ai plus retrouvé cette curieuse
figure, et la description de Langlois ne suffit malheureusement pas pour en faire deviner le nom et l'origine.

(2) Essai historique et descriptif sur la Peinture
sur verre, pag. 39.

(3) Gilbert, Description historique de la cathé-

drale de Rouen, pag. 87.

(4) « L'an 1340, le chœur étant très-obscur, on
« fit agrandir les fenêtres, et on les rendit à peu
« près pareilles aux autres. » Farin, Histoire de la
ville de Rouen, tom. II, 3ᵉ part., pag. 3.

(5) Essai historique et descriptif sur la Peinture
sur verre, pag. 186.

je comprenais toute la valeur, et réserver, pour une simple énumération, des églises encore bien riches en verrières du treizième siècle. Je me contenterai donc, sans même avoir la prétention d'en donner un catalogue complet, de mentionner succinctement celles qui m'ont paru le plus dignes d'intérêt.

Il en est une, cependant, qui commande une attention toute particulière, moins encore par la magnifique collection de vitraux de diverses époques qu'elle renferme, que par la date et l'abondance des documents qui nous restent sur sa vitrerie primitive. Je veux parler de la cathédrale d'Auxerre.

Cette église reconnaît saint Peregrin, martyr, pour son premier évêque, et sa fondation remonte au troisième siècle (1). Mais elle ne fut pas d'abord établie à la place qu'elle occupe aujourd'hui; elle était située, lors de sa première fondation, dans un local que le nombre toujours croissant des fidèles rendit plus tard insuffisant. Ce fut l'évêque saint Amator qui la transporta sur l'emplacement qu'elle occupe actuellement (2).

Au commencement du septième siècle, un de ses successeurs, Didier, parent de la reine Brunehaut (3), y fit construire un dôme en mosaïque, comme celui de Siagrius à Autun. Mais cette église semblait destinée à de nombreuses vicissitudes. Dès le siècle suivant, l'évêque Héribald (829-857) fut obligé de la restaurer complétement, et l'orna, le premier, de verrières et de peintures (4). Son œuvre disparut, à son tour, dans un incendie, dont les désastres furent réparés par l'évêque Guy, qui siégeait vers le milieu du dixième siècle. Celui-ci agrandit le plan de l'édifice, et n'eut garde d'oublier les verrières (5). Mais le plus ardent promoteur de la Peinture sur verre, dans ces temps reculés, paraît avoir été Geoffroy de Champ-Allemand, qui siégea de 1052 à 1076. Non content de contribuer par lui-même à la décoration de son église, il mit les cinq fenêtres de l'abside à la charge des principaux officiers de sa maison, qui durent en donner chacun une (6); puis, en véritable amateur des arts, il fonda, dans sa cathédrale, trois pré-

---

(1) Gallia christiana, tom. XII, pag. 200.

(2) *Prima majorque urbis ecclesia proximu erat portæ Balneari, ad Icaunam fluvium..... Sed propter angustiam loci, Amator episcopus ex domo Rutilii civis Autissiodorensis ampla et excelsa, quam ab eo obtinuerat, alteram capaciorem crescentium ibi Christianorum fecit ecclesiam.* (Ibid.)

(3) Gallia christiana, tom. XII, col. 268.

(4) La bibliothèque d'Auxerre possède, sous le titre de *Gesta pontificum*, un superbe manuscrit recopié au onzième siècle par Frodon, auteur de la vie de Geoffroy de Champ-Allemand, continué par lui et par divers autres historiographes jusqu'au douzième siècle. On y lit, à l'article de l'évêque Héribald :

Ecclesiam Sancti Stephani et parietibus et loquearibus renovavit; vitreis quoque ac picturis decoravit. Il avait aussi restauré les vitres de Notre-Dame (f. 88 et 89).

(5) *Sic enim perducta Sancti Stephani ecclesia post incendium funditus est erecta; ita postmodum ab eo ab ipsis est elevata fundamentis, et ampliori decore quam fuerat antea; vitreis magnis et camera exornata.* (Gesta pontificum, f. 145.)

(6) *Quinque vero fenestras quæ sunt in supremi cancelli fornice quinque de domo suæ clientibus, ut quisque suam vitrearet, distribuit. Sextam quoque majorem cunctarumque præcipuam altare sancti Alexandri clarificantem, ut suus capellanus faceret, exoravit.* (Ibid., fol. 178.)

bendes, dont une pour un peintre, une autre pour un orfévre, et la troisième pour un verrier (1). Cependant un nouvel incendie devait détruire ses œuvres à peine achevées. La cathédrale d'Auxerre fut encore une fois brûlée en l'an 1030; mais l'évêque Hugues de Châlon la reconstruisit aussitôt (2), et deux de ses successeurs, Humbaut, à la fin du même siècle (3), et Guillaume de Toucy, dans le siècle suivant (4), eurent soin d'en rétablir les verrières. Ce nouvel édifice était, sans doute, peu solide; car, en 1215, l'évêque Guillaume de Seignelay posait, sur ses ruines, la première pierre de l'édifice actuel (5). La construction en était déjà fort avancée, lorsque, en 1220, Henri de Ville-neuve fut appelé sur le siége d'Auxerre (6). Ce prélat, bien que né de parents obscurs, se distingua par de pieuses fondations. Tout le monde est d'accord pour lui attribuer, au moins en partie, celle des grandes verrières du chœur.

Chacune de ces verrières se compose de deux baies, surmontées d'une petite rose percée dans le tympan de l'ogive. L'ordonnance en est simple, et la composition très-métho-dique. Autour du Christ, représenté au sommet du sanctuaire, se groupent d'abord les deux illustres martyrs, patrons de l'église, puis ses premiers prélats, et enfin, deux par deux, les Prophètes et les Apôtres. La première et la dernière fenêtre semblent seules étrangères à cet ordre régulier.

Tous le bas de ces verrières fut brisé, en 1567, lors de la prise d'Auxerre par les Huguenots. Mais, quelques années plus tard, elles furent restaurées par les soins de l'é-vêque Jacques Amyot et du doyen François de la Barre, qui, à cette occasion, ont fait peindre leurs armoiries, et la figure de leurs patrons, au bas de la vitre du milieu (7).

Voici, du reste, la description sommaire de ces quinze fenêtres :

I. — A. (8) — Notre-Seigneur Jésus-Christ entre une Vierge et un Saint en costume de moine. A ses côtés, deux Anges portant le soleil et la lune. Au-dessus de sa tête, le Saint-Esprit. — B. — Saint KAMILLE. Bordure fleurdelisée. — *Rose.* Un Prophète.

(1) *Elegit etiam, cum laude et cum gratiarum ca-pituli actione, quosdam quos gratis canonicos ad per-finitam obedientiam constituit presbiterum scilicet dignum et idoneum qui quotidie pro defunctis canonicis nostris precipue offerret : aurifabrum mirabilem, picto-rem doctum, vitriarium sagacem* (Gesta Pontificum, f. 178).

(2) La Bourgogne, par A. Ducourneau et A.-A. Mon-teil, grand in-4°, fig. Paris, 1845. Pag. 203.

(3) *Fenestras etiam quatuor seniori altari lumen prestantes mirabili opere vitreari fecit, atque in anteriori parte ecclesiæ* XXIII *juxta chor quoque duas vitreavit* (Gesta Pontificum, f. 190). C'est sous l'épis-copat du même évêque que fut peinte la fresque qui se voit encore dans la crypte de la cathédrale.

(4) *Anterius pignaculum et posterius cum vitreis ad ipsa pertinentibus fecit* (Gesta Pontificum, f. 233.)

(5) La Bourgogne, par A. Ducourneau et A.-A. Mon-teil, pag. 203.

(6) Ibid., pag. 204.

(7) Mémoires concernant l'histoire ecclésiastique et civile d'Auxerre, par l'abbé Lebeuf; 2 vol. in-4°. Paris, 1743. Tom. Ier, p. 626, — et Histoire de la prise d'Auxerre par les Huguenots, et de la délivrance de la même ville, les années 1567 et 1568, par un Cha-noine de la cathédrale d'Auxerre (également l'abbé Lebeuf). In-8°. Auxerre, 1723. Pièces justificatives, pag. lvij.

(8) Ici, comme toujours, le chiffre romain indique l'ordre des fenêtres, en commençant par la gauche, et les lettres A et B servent à distinguer entre elles les deux baies dont se compose chaque fenêtre.

47

II. — A. — iacob (saint Jacques). — B. — abacvc. — Rose d'ornement.

III. — A. — malachias. — B. — s. petrvs. — *Rose :* ioab.

IV. — A. — Saint Paul. — B. — da.... (Daniel). — *Rose :* ieremias.

V. — A. — Un Apôtre. — B. — Moïse. — Rose d'ornement mal remaniée.

VI. — A. — Un Apôtre. — B. — Un Prophète dont le nom est illisible. — Rose d'ornement.

VII. — A. — Saint Germain, premier évêque d'Auxerre. — B. — Saint Étienne, martyr (1).

Rose fort curieuse, composée de seize figures, représentant les Vertus et les Vices, mis en opposition les uns avec les autres, ainsi que l'indiquent les inscriptions sobrietas, sapiencia, concordia, iusticia, paciencia, castitas, .ar..... (Largitas), mises en regard des mots ....etas (Ebrietas), stvlticia, discordia, dolor, desperatio, ..., lvxvria, avaricia (2). Le Vice dont le nom manque, est l'Orgueil (Superbia). On doit remarquer la manière dont le peintre a représenté le Désespoir : c'est une femme qui se perce le sein avec un glaive. Or le suicide est un sujet qui ne se rencontre pas souvent dans les peintures religieuses.

VIII. — A. — Le Christ au milieu des saintes femmes. C'est sur cette vitre que François de la Barre a fait peindre la figure de son patron, ainsi que ses armoiries (d'azur à trois feuilles de chêne d'or, 2 et 1). Il y a également placé celles du chapitre de la cathédrale, qui sont d'azur à trois cailloux d'argent (3).

B. — Le Christ en croix, se détachant sur un fond bleu semé d'étoiles blanches, qui produisent un effet très-remarquable. C'est également au bas de cette vitre, que l'évêque Jacques Amyot a fait représenter son patron, et ses armoiries qui sont d'azur au chevron d'or, accompagné en chef de deux trèfles d'argent, et en pointe d'une étoile du même.

Rose. — Un *Agnus Dei,* placé entre les symboles ordinaires des quatre Évangélistes, et quatre Anges qui l'encensent (4).

IX. — A. — s. lavrencivs. — B. — s. amator (5) (Saint Amâtre ou Amateur, cinquième évêque d'Auxerre, mort environ l'an 418).

Rose remplie de figures allégoriques, et non moins curieuse, sous ce rapport, que

---

(1) Voyez plus bas, à la note 5.

(2) J'ai déjà cité cette vitre (pag. 140), pour la comparer à quelques autres compositions du même genre. On trouve dans les *Mémoires de l'Académie celtique* (tom. III, pag. 1 à 19) des observations de M. Alexandre Lenoir sur des figures analogues trouvées à Montmorillon.

(3) Par allusion au martyre de saint Étienne, patron de l'église.

(4) Lebeuf a cru reconnaître dans cet *Agnus Dei*

les armoiries de Henri de Villeneuve, telles qu'elles se voyaient, selon lui, sur des sceaux appendus aux actes de son temps. Mais les actes conservés aux Archives du département démontrent positivement que c'est là une erreur matérielle; et, d'ailleurs, il n'est guère probable qu'un prélat d'origine fort obscure ait eu, à cette époque, l'incroyable présomption de placer son écu au plus haut du sanctuaire, et de l'y faire encenser par des anges.

(5) Parlant encore de l'évêque Henri de Villeneuve :

les deux précédentes. Ce sont ici les Sciences que le peintre a voulu personnifier : elles sont au nombre de huit, dont sept peuvent se reconnaitre à la faveur d'inscriptions où on lit encore les mots : GEOMETRIA, MVSICA, ASTRONOMIA, PHILOSOPHIA, ...LETICA (Dialectica), A.... METICA (Arithmetica), GRAMMATICA ; cette dernière (la Grammaire) est représentée sous les traits d'une femme qui tient une poignée de verges, emblème naïf de ce qu'étaient alors les méthodes d'enseignement.

X. — A. — Un Prophète. — B. — Un Apôtre. — Rose d'ornement.

XI. — A. — AARON. — B. — Un Apôtre. — Rose complétement remaniée, et remplie de petits écussons armoriés du seizième siècle.

XII. — A. — Un Apôtre. — B. — Un Prophète. — *Rose :* DA... (David).

XIII. — A. — Un Apôtre. — B. — HAMOS. — *Rose :* HE...... (Ezechiel).

XIV. — A. — IOHANNES. — B. — EZECHIAS. — *Rose :* DANIEL.

XV. — A. — Figure de Martyr. — B. — Jésus-Christ dans un nimbe amandaire, que soutiennent les symboles des quatre Évangélistes (1). Il porte un phylactère sur lequel on lit : BARTHOLOMEVS. — *Rose :* GEREMIAS.

Les autres verrières, situées dans la même partie de l'église, mais au pourtour du chœur et dans les chapelles qui le garnissent, sont, pour la plupart, de la même époque. Les fenêtres les plus rapprochées des transepts ont perdu presque entièrement leur vitrerie peinte, qui paraît avoir été employée à restaurer les autres verrières dont le bas avait été brisé par les Huguenots. Par le peu de panneaux qui y restent encore, on peut juger que ces verrières représentaient les légendes de divers saints, entre autres celle de saint Germain et de saint Éloi. La présence de cette dernière légende, tout étrangère au diocèse d'Auxerre, mais fort répandue dans le diocèse de Paris, dont Henri de Villeneuve était natif, pourrait faire attribuer également à cet évêque la fondation d'une partie au moins des verrières de l'étage inférieur, surtout si l'on en croit les historiens de la cathédrale, qui assurent que l'évêque Henri avait pour saint Éloi une dévotion toute particulière (2).

Voici ce qui reste de ces verrières :

1, 2 et 3. — La vitrerie de ces trois fenêtres est presque entièrement blanche.

4 (Fenêtre double). — A. — David, Saül, Absalon. — B. — Saint Mammée (3).

« Je ne doute point, dit l'abbé Lebeuf, que ce ne fut « par ses soins que l'on représenta aux mêmes vitres « du rond-point saint Étienne et saint Germain, d'un « côté, saint Laurent et saint Amâtre, de l'autre, où « l'on voit leurs noms écrits sur le verre, avec des « ornements de la couleur dont on se servait à leurs « fêtes (du rouge pour les deux martyrs, et du vert « pour les deux évêques). » (Mémoires concernant l'histoire ecclésiastique et civile d'Auxerre, par l'abbé Lebeuf, tom. Ier, pag. 360.)

(1) Cette forme de nimbe, généralement abandonnée au treizième siècle, semble indiquer que cette vitre est une des plus anciennes de l'église.

(2) Mémoires concernant l'histoire ecclésiastique et civile d'Auxerre, par l'abbé Lebeuf, tome Ier, page 360.

(3) Ou plutôt saint Memmie, apôtre de Châlons, dont j'ai parlé en son lieu (page 144, note 1).

Divers panneaux, rapportés dans le bas, ont trait à l'histoire de saint Germain.

5 (Fenêtre double). — A. — Histoire des temps qui précédèrent le Déluge. — B. — Histoire des premiers temps du monde après le Déluge : Sacrifice d'Abraham, Tour de Babel, etc.

6. — Histoire de Joseph.

7. — Légende de sainte Marguerite. On y distingue son nom et celui d'Holibrius.

8. — Légende de saint André.

9. — Histoire de Samson. On le reconnaît à ses grands cheveux que lui coupe la perfide Dalhila, et à plusieurs de ses exploits, parmi lesquels on distingue facilement l'enlèvement des portes de Gaza. En divers panneaux de la verrière, on lit l'inscription SENSVM FORTIN (ou par abréviation FOTIN), singulièrement difficile à admettre comme orthographe, mais néanmoins trop nettement conservée pour qu'on puisse s'y tromper.

10. — Légende de saint Laurent.

11. — Cette fenêtre représente une légende que les traditions du moyen âge ont successivement appliquée à la construction de diverses églises, et particulièrement à celle de la cathédrale de Cologne. — L'architecte chargé de cette entreprise était, dit-on, fort en peine de trouver un plan convenable, lorsque Satan, qui voulait le tenter, vint lui en présenter un, où toutes les perfections se trouvaient réunies. L'adopter, était le moyen de s'assurer une gloire éternelle; mais, aux conditions qu'y mettait l'Esprit malin, c'était risquer, en même temps, le salut de son âme. La position était embarrassante : aussi l'architecte demanda-t-il du temps pour réfléchir, et, d'un commun accord, rendez-vous fut pris pour un autre jour. Or il se trouvait dans le voisinage un saint homme qui jouissait d'une grande réputation de sagesse. Le pauvre artiste, qui ne savait quel parti prendre, ne manqua point d'aller réclamer ses conseils, et ceux qu'il reçut de lui furent bien simples, si l'on en juge par la manière dont l'architecte se tira d'affaire, lorsque arriva l'instant du rendez-vous. En effet, tandis qu'il recevait d'une main le plan tant désiré, il se contenta de faire un signe de croix de l'autre main, et cela suffit pour mettre en fuite le diable trop confiant. Une fois maître de son précieux trophée, on pense bien que l'astucieux architecte en sut faire son profit. — Ainsi naquit la cathédrale de Cologne; mais, pour être vrai, je dois dire que, selon toute probabilité, ce n'est pas d'elle qu'il s'agit ici, et bien plutôt d'une église située en Bourgogne, à laquelle s'appliquait jadis une tradition toute semblable.

12. (Cette verrière, et les six autres qui suivent, sont situées dans la chapelle de la Vierge, autrefois de Saint-Alexandre.) — Entrelacs en grisaille fort anciens, au milieu desquels on distingue une figure de la sainte Vierge, et un prêtre, à genoux, offrant une verrière, dont le nom est conservé par cette inscription : HVRRICVS PRESPYTER.

13. — Entrelacs du même genre que les précédents, mais sans aucunes figures.

14. — L'histoire de Job, verrière beaucoup plus moderne, que l'archidiacre Regnauld Martin fit peindre vers la fin du seizième siècle (1).

15. — Verrière du même temps que la précédente, représentant l'adoration des Mages et divers autres sujets de l'enfance de Notre-Seigneur, mais en grande partie masquée par le retable.

16. — Histoire du martyre des sept Fils de sainte Félicité, patrons des enfants de chœur. Cette verrière a été fondée, en 1587, par un chanoine nommé Nicolas Cochon (2).

17. — Verrière blanche.

18. — Verrière formée d'entrelacs en grisaille, sur lesquels se détache la figure de saint Germain. On y voit aussi celle d'un donataire, à genoux, tenant une forme de vitre, dont le nom est devenu illisible.

19. — Légende assez confuse, au milieu de laquelle on distingue saint Pierre marchant sur les eaux.

20. — Histoire d'un Martyr fort peu reconnaissable.

21. — Parabole de l'Enfant prodigue.

22. — L'ancienne verrière n'existe plus. Sous prétexte de donner plus de jour au maître-autel, l'évêque Jacques Amyot, qui se connaissait mieux en grec qu'en peinture sur verre, eut la barbarie de faire enlever cette verrière, en 1585, et le mauvais goût de la remplacer par des vitres blanches, chargées d'un grand crucifix, au pied duquel il fit peindre son patron (3).

23. — Légende de saint Jacques. Le bas de cette fenêtre, restaurée après la dévastation des Huguenots, contient des panneaux provenant d'une autre verrière, et représentant divers sujets tirés de l'Apocalypse.

24. — Légende de saint Nicolas. Le bas de la fenêtre renferme également, par suite de restauration, divers sujets étrangers à la légende principale, et empruntés à l'Apocalypse de saint Jean, ou à l'histoire de saint Éloi. Parmi ces derniers, on retrouve le saint orfévre brûlant le nez du Diable avec un charbon ardent, comme nous l'avons déjà vu à la cathédrale d'Angers (4). On lit, en plusieurs places, les noms de s. ELIGIVS et REX CLODOVEVS.

25 (Fenêtre double). — A. — Légende de saint Vincent. — B. — Légende de sainte Marie-Madeleine.

26 (Fenêtre double). — A. — Légende assez confuse, au milieu de laquelle on distingue la pêche miraculeuse. — B. — Légende de sainte Catherine.

27, 28 et 29. — La vitrerie de ces trois dernières fenêtres est entièrement blanche.

---

(1) Histoire de la prise d'Auxerre par les Huguenots, par un chanoine de la cathédrale (l'abbé Lebeuf); pièces justificatives, pag. lvij.

(2) Ibid.
(3) Ibid.
(4) *Voyez* plus haut, pag. 108.

La nef et surtout les transepts contiennent d'autres vitres fort remarquables; mais elles se rattachent à une époque très-postérieure, ce qui m'oblige, en raison même de leur importance, à en ajourner la description.

Dans leur ensemble, les anciennes vitres de la cathédrale d'Auxerre, comme celles de tous les autres monuments du même temps dans cette province, appartiennent au style que j'ai désigné plus haut sous le nom de *franco-normand*.

Ce style se retrouve le même, sauf quelques légères modifications, dans tout le nord-ouest et le centre de la France. Les provinces qui subissent son empire représentent une partie considérable de notre sol. Mais il est facile d'y reconnaître plusieurs centres particuliers, autour desquels viennent se grouper les monuments d'une importance secondaire.

C'est ainsi que nous voyons Chartres et Rouen fournir, tour à tour, leurs peintres et leurs verriers à toutes les parties de la province de Normandie; — les artistes de l'Anjou et de Poitiers se répandre partout dans l'Aquitaine et sur les bords de la Loire; — Amiens et Reims s'élever glorieuses au milieu d'un groupe de monuments qui ne paraissent secondaires que par la comparaison avec ces admirables basiliques; — Paris, foyer d'industrie et d'intelligence, régner sur ce qui l'entoure, comme Troyes et Sens règnent sur la Champagne et la Bourgogne, comme Bourges, le centre, et bientôt le dernier sanctuaire de la France, étend son influence sur les provinces centrales du royaume.

Ces groupes, je le répète, sont loin de représenter autant de styles distincts. Au contraire, à peu d'exceptions près, ils se rattachent tous au même style; mais ils sont autant de foyers d'activité où s'allument les fourneaux du verrier, où s'alimente son art pour rayonner sur ce qui les entoure.

C'est en les groupant ainsi, qu'il me reste à passer rapidement en revue quelques monuments, moins importants sans doute, mais cependant très-précieux, dont je n'ai pas encore parlé.

Déjà nous avons vu Chartres prêter à Rouen son excellent peintre légendaire, pieuse reconnaissance du concours que, jadis, Rouen avait prêté à Chartres pour la construction de son temple sublime. Après ces deux grandes églises, nous avons vu Séez et Moulineaux conserver leurs intéressantes verrières.

En fait de monuments de cette époque, Rouen compte encore d'autres suffragants.

Je ne parlerai pas, quant à présent, de la cathédrale d'Évreux, sa voisine. La présence de quelques bordures aux armes de France et de Castille dans les verrières de la nef, constatent, il est vrai, qu'il peut se trouver encore, aux fenêtres de cette église, divers fragments du treizième siècle. Mais ils y sont fort rares et peu intéressants; tandis que le siècle suivant y compte un grand nombre de verrières du plus haut intérêt, qui me fourniront bientôt l'occasion de parler de cette église avec plus de détail.

Quelques débris sans importance, et en fort petite quantité, attestent qu'il y eut aussi des vitraux, dès le treizième siècle, dans la cathédrale de Lisieux.

Mais si l'on veut en trouver qui soient vraiment dignes d'intérêt, il faut aller jusqu'à Coutances, dont la belle cathédrale conserve encore intacte une grande partie de sa vitrerie primitive. Je n'entrerai pas ici dans la question de savoir si, comme le prétendent les antiquaires de la localité (1), la construction de l'édifice actuel remonte au onzième siècle. Tous les caractères de son architecture semblent prouver le contraire; mais, sans s'arrêter à cette objection, les archéologues du pays cherchent dans les documents écrits les moyens de justifier leurs prétentions. C'est ainsi que l'un d'eux, M. l'abbé Delamarre, cite un passage du Livre noir de la cathédrale de Coutances (2), d'après lequel Guillaume le Conquérant aurait lui-même attribué des revenus spéciaux à cette église pour la confection de ses verrières et d'autres objets d'art (3). Le document dont il s'agit est authentique, et il est permis de croire, en effet, que les premières verrières peintes de la cathédrale ont été faites sur le produit de cette fondation. Mais cela ne prouve pas du tout qu'elles remontent au temps du duc Guillaume. Quelques-unes d'entre elles, cependant, annoncent une origine fort ancienne. Je citerai, entre autres, deux des verrières du chœur, représentant la glorification de la sainte Vierge. Comme à Vendôme, la mère du Sauveur y est peinte entourée d'un nimbe amandaire, dont le caractère est si ancien qu'on serait tenté de faire remonter l'origine de ces verrières jusqu'au douzième siècle. Le moins qu'on puisse faire est de les attribuer au commencement du treizième. Je serais tenté d'en dire autant de deux autres verrières représentant, l'une l'Adoration des Mages et l'Annonciation aux bergers, l'autre l'évêque saint Laud (4), surmonté d'un Ange couvert d'ailes et debout sur une roue; mais, quant à ce dernier panneau, il me paraît douteux qu'il se trouve aujourd'hui à sa place primitive.

Presque toutes les autres grandes vitres du chœur portent bien clairement le caractère du treizième siècle. Il y a, en tout, neuf fenêtres doubles. A la seconde, on voit, au milieu de nuages, un homme (sans doute un Prophète) occupé à écrire, *des deux mains à la fois,* sur un pupitre placé devant lui. Malheureusement sa tête a été remplacée par une grosse fleur de lis, ce qui peut donner une idée de l'intelligence avec laquelle les verrières de cette église ont été restaurées jusqu'à présent. Ces restaurations, du reste, ne sont

(1) Essai sur la véritable origine de la cathédrale de Coutances, par M. l'abbé Delamarre; in-4°, fig. Caen, 1841.

(2) Ce précieux cartulaire est aujourd'hui perdu; mais ses parties les plus curieuses ont été recueillies par les auteurs de la *Gallia christiana.* (Tom. XI, col. 220.)

(3) *Redditus Episcopatui necessarios et operariis Ecclesiæ, scilicet, sculptoribus,* vitrariis, *cæmentariis, aurifabris et cæteris omnibus quibus opus erat, per manum præfati camerarii abundanter expandebat.*

Cette version, donnée par M. Delamarre (pag. 32), me paraît plus correcte que celle de la *Gallia christiana,* qui commence par les mots *Redditus Episcopi necessitatibus,* et où le mot *sculptoribus* est remplacé par le mot *scriptoribus.*

(4) Saint Laud, évêque de Coutances, plus ordinairement nommé saint Lô, mourut en 568.

pas toutes de fraîche date : j'en trouve la preuve dans les grandes verrières du transept du nord, qui représentent divers sujets tirés des légendes de saint Martin, de saint Georges et de saint Blaise. Ces verrières sont bien positivement du treizième siècle. Leurs fonds réticulaires ne permettent aucun doute à cet égard, et cependant le caractère et *le faire* de plusieurs figures annoncent un travail bien postérieur. Il est évident qu'elles proviennent d'une restauration, mais fort ancienne. Un moderne historien des évêques de Coutances (1) nous apprend qu'après la retraite de l'armée de Charles de Navarre, la cathédrale resta longtemps dans un état très-fâcheux de dégradations. On ne commença à la réparer qu'en 1371, et les réparations duraient encore en 1402. C'est peut-être à cette époque qu'il faut rapporter la restauration des verrières du transept.

Les fenêtres de l'étage inférieur, situées au pourtour du chœur, contiennent aussi de nombreux débris de vitraux. Elles sont groupées trois par trois; mais, dans chaque groupe, celle du milieu a seule conservé sa vitrerie de couleur. Plusieurs de ces verrières remontent évidemment au treizième siècle, et parmi elles on reconnaît encore la légende de saint Lô, et celle du bienheureux Thomas, aumônier de saint Louis (2).

La cathédrale de Coutances renferme encore quelques débris de lacis en grisailles, qui datent du treizième au quatorzième siècle.

Mais parmi les monuments de cette contrée, celui dont la date présentait le plus de certitude, était une verrière fort curieuse du mont Saint-Michel, qui, malheureusement, n'existe plus aujourd'hui. J'en emprunte la description à un savant du siècle dernier, qui avait visité par lui-même cette illustre abbaye :

« Sur les vitres du cloître, dit-il, il y a, entre autres, une représentation fort estimée « de saint François d'Assises, mort et étendu dans un cercueil, environné de ses reli- « gieux, qui lui rendent les derniers devoirs; de sorte que, si l'on voulait savoir au juste « quelle était la figure de l'habit et du capuçon de ce saint fondateur, question qui, « autrefois, a causé bien du trouble, on n'aurait qu'à consulter cette représentation, « qu'on dit n'avoir point été faite arbitrairement, et qui est de la même année de la mort « de saint François, suivant l'inscription qui est au-dessus (3). »
Saint François d'Assises mourut en 1226 (4).

Enfin je ne puis m'empêcher de rattacher au même groupe de monuments certaines verrières d'une église voisine, l'ancienne cathédrale de Dol. Cette église, il est vrai, appartient à la Bretagne; mais c'est, à ma connaissance, la seule de cette province où l'on trouve encore aujourd'hui des vitres bien caractérisées du treizième siècle.

---

(1) Histoire des Évêques de Coutances, par M. l'abbé Lecanu, curé de Bolleville, in-8°. Coutances, 1839; pag. 452.

(2) La mémoire du bienheureux Thomas est encore l'objet d'une grande vénération dans ce diocèse.

(3) Description historique du mont Saint-Michel, par l'abbé des Tuilleries, insérée au Mercure de France. Novembre 1727, pag. 2385.

(4) Vie des Saints, de Butler, traduction française de Godescard, Tom. IX, pag. 401.

La cathédrale de Dol présente certains caractères particuliers, très-judicieusement indiqués par M. Mérimée dans un des excellents rapports rédigés par lui, en sa qualité d'inspecteur général des monuments historiques.

« Une observation, » dit-il, « qui ne peut échapper à quiconque a voyagé en Angleterre, « c'est la grande analogie qu'offre la cathédrale de Dol avec les premières églises gothi« ques de ce pays. La forme rectangulaire du chœur, la chapelle de la Vierge, la déco« ration intérieure, m'ont rappelé fortement l'une des plus belles et des plus imposantes « cathédrales anglaises, celle de Salisbury. Ce rapport singulier de style, et surtout de « plan, semble confirmer la tradition, répandue en Bretagne, qui attribue à des archi« tectes anglais la construction des principales églises de cette province (1). »

Cette disposition si générale en Angleterre, qui remplace l'abside par un mur construit à angle droit et percé d'une grande fenêtre (2), est en effet très-répandue en Bretagne, comme nous le verrons dans les siècles suivants. La verrière principale, qui sert ainsi de clôture au chœur, se désigne communément sous le nom de *maîtresse vitre*. Voici comment M. Mérimée décrit la grande fenêtre qui sert de cadre à celle de Dol :

« Dans le mur oriental s'ouvre une fenêtre semblable, par sa disposition, à celles du « chœur, mais infiniment plus grande. C'est une immense ogive se divisant d'abord en « deux, puis en quatre, enfin en huit ogives toutes inscrites dans la première, décroissant « en hauteur et en diamètre, à mesure qu'elles se multiplient. Les huit ogives inférieures « sont trilobées; les quatre qui les comprennent ont, à leur sommet, un trèfle à jour; un « autre trèfle remplit le haut du tympan des deux ogives principales; enfin, dans l'ogive « maîtresse, une grande rose occupe la même place. Les vitraux de cette fenêtre, les « seuls conservés aujourd'hui, m'ont paru contemporains de l'église; et, pour l'harmo« nie et la variété de leurs couleurs, on peut les comparer aux meilleurs du treizième « siècle (3). »

La plupart des sujets contenus dans cette vaste verrière sont encore intacts. La partie la plus à gauche a seule éprouvé des remaniements qui rendent difficile d'en reconnaître la légende. Les baies les plus centrales représentent diverses scènes de la vie et de la passion de Notre-Seigneur, la Salutation évangélique, l'Annonciation aux bergers, l'Adoration des mages, etc., etc. Plus à droite, on reconnaît la légende de saint Samson, premier évêque de Dol (4), plusieurs assemblées d'évêques, et enfin divers sujets tirés de

(1) Notes d'un voyage dans l'ouest de la France. Extrait d'un rapport adressé à M. le ministre de l'intérieur, in-8°. Paris, 1836, pag. 115.

(2) La cathédrale d'York peut être citée comme un des plus beaux exemples de ce genre de construction. Les dimensions de sa maîtresse vitre ne sont comparables qu'à celles des grandes verrières de Metz; et encore, sous le rapport de la légèreté, la fenêtre d'York pourrait-elle bien avoir l'avantage.

(3) Notes d'un voyage dans l'ouest de la France, pag. 113.

(4) Voyez, pour cette légende, la vie de saint Samson par un auteur anonyme, écrite une cinquantaine d'années après sa mort, et imprimée dans les

la légende de sainte Catherine. Les roses qui occupent le tympan de la fenêtre représentent un jugement dernier. Dans celle du haut, on voit Dieu sur son trône, entouré d'anges; à sa droite, une troupe de justes, le front ceint d'une couronne, les mains pleines de fleurs ou de fruits; à sa gauche, un groupe de damnés précipités dans la gueule de l'enfer. Tout en adoptant complétement l'opinion que cette grande verrière est bien du treizième siècle, j'incline à penser, d'après la forme des cartouches, que c'est aux dernières années de ce siècle qu'on doit en rapporter la fondation.

Cette fenêtre, comme le dit M. Mérimée, est la seule qui ait conservé ses vitres de couleur. Cependant on peut facilement se convaincre qu'il y a dû y en avoir anciennement à d'autres fenêtres. On en trouve particulièrement la trace dans le sommet d'une des ogives du transept méridional, où l'on voit encore quelques fleurs de lis, et un écu de gueules à deux léopards, dont je n'ai pu suffisamment distinguer le métal : s'ils étaient d'or, ce seraient les armes de Normandie.

La place qu'occupe la grande vitre de la cathédrale de Dol doit sans doute la faire distinguer des autres verrières que j'ai précédemment décrites; mais il est à remarquer que, sous le rapport de la composition et de l'exécution sur verre, les peintures dont elle est ornée ressemblent beaucoup à celles que nous avons déjà observées dans plusieurs églises de Normandie. Et comme, d'ailleurs, je ne connais aucun autre monument de la même époque en Bretagne il m'a semblé impossible de rattacher ces verrières à un groupe particulier.

Il n'en est pas de même des églises situées près des bords de la Loire. Après la cathédrale d'Angers, nous avons vu Tours et le Mans enrichis par les mêmes fondateurs, et perpétuant, dans leurs verrières, les mêmes traditions. L'église de Vendôme, fondée par un comte d'Anjou, nous a déjà montré ses vitres du douzième siècle (1). Quelques débris de vitres du siècle suivant, parmi lesquels on retrouve les armes de France, d'Anjou, de Vendôme, et celles de l'abbaye, nous prouvent que cette église suivait également alors le mouvement général.

La même puissance de l'exemple se fait sentir en Picardie et dans le nord de la France. A l'ombre de la glorieuse cathédrale d'Amiens, nous avons vu Noyon, la vieille église de Saint-Éloy, orner ses fenêtres de curieuses verrières. Non loin de là, une antique abbaye, celle de Saint-Germer, également dans le département de l'Oise, conserve encore de curieuses vitres légendaires. L'une d'elles représente l'histoire du saint fondateur de l'abbaye, de celui dont elle a pris le nom.

La première partie de l'existence de saint Germer fut toute mondaine. Issu d'une noble famille, il se vit admis, dès son jeune âge, à la cour de Dagobert Ier. Là, il connut

---

Acta sanctorum ordinis sancti Benedicti. (9 vol. in-fol. Paris, 1668-1702). Tome Ier, pag. 165.

(1) Voyez la description de ces vitraux, pages 37 et 38, et la figure de Vierge reproduite à la planche VIII.

une pieuse femme, nommée Domeine, qu'il épousa, et dont il eut bientôt un fils du nom d'Amalbert. Germer professait une grande dévotion. Dirigé dans ses pieux desseins par l'illustre saint Ouen, il commença par fonder un monastère, puis, du consentement de sa femme, il abandonna tous ses biens à son fils, pour se consacrer lui-même au service des autels. Institué d'abord abbé de Pentale, près Pont-Audemer, puis obligé bientôt de quitter une position où son inflexible sévérité lui avait fait trop d'ennemis, il vivait retiré dans une grotte au bord de la Seine, lorsque la mort prématurée de son fils Amalbert vint lui rendre toutes les richesses auxquelles il avait renoncé. Ce fut alors que, d'après le conseil de saint Ouen, saint Germer fonda, sur l'une de ses terres, l'abbaye de Fay, qui plus tard prit son nom(1). Ruinée de fond en comble par Rollon en 906, cette abbaye se vit complétement abandonnée jusqu'à la fin du onzième siècle(2). Drogon, alors évêque de Beauvais, fut le premier qui songea à la tirer de ses ruines. Une partie des bâtiments actuels remonte à cette époque, et, sur l'une des verrières de l'église principale, on retrouve la légende du saint fondateur, devenu patron de l'abbaye. On y lit encore les noms de SAINT GERMER, de sa femme DOMEINE, de son fils ALMABERT ou Amalbert, du roi DAGOUBERT, et de l'illustre archevêque S. OUEN (saint Ouen).

Un autre vitrail extrêmement intéressant se trouve dans la chapelle de la Vierge, qui fut fondée, au treizième siècle, par l'abbé Pierre de Wesencourt (3), ainsi que l'indique l'inscription : *Cete chapeile fut faite autens labe Pierre.* Dans le panneau où se trouve cette inscription, on voit le pieux abbé, suivi d'un clerc qui tient une bourse à la main ; l'architecte placé près de lui reçoit de ses mains le payement de son œuvre. Il est accompagné de deux ouvriers, sculpteur et tailleur de pierres, reconnaissables aux instruments qu'ils portent. Pierre de Wesencourt fut abbé de Saint-Germer de 1259 à 1272. On peut donc se faire une idée très-approximative de la date de ce vitrail.

Deux autres églises également remarquables par leur architecture et par leur vitrerie, celles de Saint-Quentin et de Laon, semblent relier plus particulièrement entre elles les admirables cathédrales d'Amiens et de Reims, qui servent, en quelque sorte, de type à ce groupe important.

La ville de Saint-Quentin fut le premier siége de l'évêché que saint Médard transporta, depuis, à Noyon. De là, quelques historiens du cru ont tiré la conséquence que l'église même de Saint-Quentin était l'ancienne cathédrale du diocèse (4). Rien ne justifie cette prétention (5). Tout ce qu'on peut dire de l'église de Saint-Quentin, c'est

---

(1) *Voyez* l'Histoire de l'Église gallicane, par le jésuite Jacques Longueval. Paris, 8 vol. in-4°. Tome III, pag. 540.

(2) *Gallia christiana*, tome IX, col. 787.

(3) *B. Mariæ Virgini elegans exædificavit sacellum.* (Ibid., tome IX, col. 794).

(4) Hemeræus, *Augusta Veromandorum vindicata*, in-4°, 1643, pag. 36.

(5) *Sed ut Quintinopolis fuerit urbs episcopalis..... non inde necessario colligas ipsam S. Quintini basilicam fuisse episcopalem.* (*Gallia christiana*, tome IX, col. 1038.)

que sa première fondation remonte à une époque fort ancienne, et qu'elle reçut divers accroissements successifs, particulièrement au temps de l'évêque saint Éloy (1), et au commencement du neuvième siècle, sous l'abbé Fulrade (2). Mais l'invasion des Normans mit bientôt en fuite les moines de Saint-Quentin, qui ne revinrent jamais dans leur abbaye. Ils y furent remplacés, plus tard, par des clercs séculiers (3); les comtes de Vermandois devinrent abbés de Saint-Quentin, et conservèrent ce titre jusqu'à la réunion de leur fief à la couronne, d'où vient que les rois de France prirent, à leur tour, le titre de *premier abbé* de cette église (4). C'est sans doute à la même cause qu'il faut attribuer les importants privilèges dont elle était dotée.

On n'est pas d'accord sur l'époque où fut commencée la construction de l'édifice actuel. Un écrivain estimable voudrait en attribuer la première fondation à Raoul, comte de Vermandois, qui vivait en 1100 (5); mais cet auteur est forcé d'avouer lui-même que la construction du chœur était à peine terminée en 1257, et que la nef ne fut complétement achevée qu'en 1476 (6).

L'église de Saint-Quentin est remarquable par sa forme, plus encore que par ses détails. Ce qui frappe d'abord, ce sont ses doubles transepts, qui donnent au plan de l'édifice la forme d'une croix archiépiscopale. Il y reste d'assez nombreux vitraux; mais ceux du treizième siècle ne se rencontrent que dans le chœur et dans les transepts. Le chœur est éclairé par sept fenêtres doubles à lancettes, contenant chacune quatre grands personnages. Les sujets s'y trouvent répartis de la manière la plus symétrique. Au fond du sanctuaire sont les figures des quatre évangélistes; dans les deux fenêtres les plus voisines, quatre figures de martyrs et quatre saints évêques des premiers siècles; et enfin, dans les autres fenêtres, les douze apôtres. L'état d'abandon où se trouvent quelques-unes de ces verrières, et les maladroites restaurations dont quelques autres ont été victimes, rendent assez difficile d'en reconnaître les détails; cependant on peut encore y lire les noms de l'évangéliste MATHEUS, des martyrs S. EVGENIVS (7) et SCS PIATUS (8), des évêques S. MARCELL' (9) et SCS REGUL' (10), et des apôtres S. BARTHOLOMEUS, S. THOMAS, S. SIMON, S. PAULUS, S. JUDAS, S. PETRUS et S. MATHIAS, tous écrits en lettres onciales. Les deux formes les plus rapprochées des petits transepts ont seules perdu leur vitrerie,

(1) *Gallia christiana*, tom. IX, col. 1040.

(2) *Fulradus summo studio ingentibusque expensis basilicam monasterii sui renovavit, quod opus inchoatum est anno Christi* 814. (Ibid., tom. IX, col. 1041.)

(3) Ibid.

(4) Mémoire sur la ville et les environs de Saint-Quentin, par l'abbé Peitavi, chanoine de cette ville, inséré au tome II des Nouvelles recherches sur la France, in-12. Paris, 1766; page 164.

(5) L'abbé Peitavi, pag. 186.

(6) L'abbé Peitavi, pag. 186.

(7) Saint Eugène, martyr du diocèse de Paris, disciple de saint Denis.

(8) Saint Piat, apôtre et martyr du diocèse de Tournay.

(9) Saint Marcel, évêque de Paris, mort au commencement du cinquième siècle.

(10) Saint Regulus ou Rieule, premier évêque de Senlis, qu'il ne faut pas confondre avec le saint du même nom, qui fut l'évêque d'Arles au treizième siècle.

ce qu'il faut sans doute attribuer à ce que cette partie de l'église a été presque entièrement reconstruite du temps de Louis XI (1). Un seul des grands transepts conserve encore une rose du treizième siècle, de dimensions assez restreintes, et uniquement composée de dessins d'ornements. Les autres verrières de Saint-Quentin sont
d'une époque plus récente.

Celles de la cathédrale de Laon sont en petit nombre, mais remontent toutes au treizième siècle, c'est-à-dire à l'époque où ce monument fut achevé. On sait très-peu de choses
sur l'histoire de cette église illustre, dont saint Remy fut le premier fondateur (2).
Quelques auteurs modernes (3) ont fait d'intéressantes recherches sur l'époque à laquelle avait été construit l'édifice actuel. Les seuls faits qui soient incontestablement
acquis, c'est que la cathédrale fut brûlée en 1112 (4), par suite des troubles civils qui
désolaient alors ce malheureux pays ; que l'évêque Barthélemy contribua à sa très-
prompte restauration (5), et qu'une nouvelle dédicace eut lieu en 1114 (6). Quel
qu'ait été le zèle de Barthélemy, quelque abondantes qu'aient pu être les offrandes recueillies en France et en Angleterre (7), on s'expliquerait difficilement une reconstruction si prompte, si l'on admettait que la ruine de l'ancien édifice eût été complète et
absolue. Mais, ainsi que l'établit judicieusement M. Devisme (8), d'après le témoignage
d'un auteur contemporain, il parait évident que les ravages du feu n'entraînèrent pas
l'entière destruction du temple (9). On sait d'ailleurs qu'en pareil cas la nouvelle dédicace avait lieu, le plus souvent, dès que les travaux étaient assez avancés pour que
l'exercice du culte pût être repris dans une portion quelconque de l'édifice. C'est sans
doute ce qui eut lieu pour la cathédrale de Laon, dont une partie était encore en ruine
en 1238 (10). Le chœur, qui, sans doute, avait plus souffert que la nef dans l'incendie
de 1112, fut la dernière partie reconstruite, si l'on en juge par le style de son architecture, par la forme de ses roses, et surtout par son abside carrée, qui portent tous
les caractères d'une construction postérieure au douzième siècle. Ajoutons que les vitraux qui se voient encore aujourd'hui confirment cette observation. Il ne s'en trouve qu'à

---

(1) L'abbé Peitavi, Mémoire sur Saint-Quentin,
pag. 187.

(2) *Gallia christiana*, tom. IX, col. 506-7.

(3) Devisme, Histoire de la ville de Laon, 2 vol. in-8°.
Laon, 1822. — Melleville, Notice historique et archéologique sur les églises de Laon, in-8°, fig. Laon, 1846.

(4) *Gallia christiana*, tome IX, col. 530.

(5) Ainsi que l'indique l'épitaphe de ce prélat, recueillie par M. Melleville :

Protinus hinc Mariæ succensa recondire templa
Non tardat, reparat tectaque præsulea.

(6) *Gallia christiana*, tome IX, col. 530.

(7) Voyez, à ce sujet, les détails rapportés par Herman, dans son livre *de Miraculis beatæ Mariæ Laudunensis, sive de reparatione ejusdem ecclesiæ et urbis*,
imprimé à la suite des œuvres de Guibert, abbé de
Nogent, in-fol. Paris, 1651.

(8) Histoire de la ville de Laon, liv. III, not. 17.

(9) On lit dans Herman : *Ecclesiam simul et domos
episcopales cepit renovare, et velut a fundamentis repa-
rare. (De Miraculis beatæ Mariæ Laudunensis*, lib. III,
cap. 1.)

(10) *Tunc ruinosa permultum erat. (Gallia christiana*, tome IX, col. 538.)

l'abside et à la rose septentrionale. Ceux de l'abside garnissent trois fenêtres et une rose.

Au centre de la rose est figurée la sainte Vierge, entre saint Jean-Baptiste et le prophète Isaïe; tout autour, en deux cercles de médaillons concentriques, sont représentés les douze apôtres et les vingt-quatre vieillards de l'Apocalypse.

Les trois fenêtres sont garnies de vitres légendaires. Deux d'entre elles renferment des sujets tirés de l'histoire de la sainte Vierge; l'autre paraît empruntée à l'histoire de Théophile, évêque d'Alexandrie à la fin du quatrième siècle, qui acheva de détruire l'hérésie dans cette ville, en renversant les temples et les idoles qui s'y trouvaient encore. Ces verrières sont d'un dessin varié et de l'effet le plus brillant.

La rose du nord est moins remarquable, au point de vue de l'art et de son état de conservation; mais les médaillons dont elle se compose renferment des sujets dignes d'intérêt; car, autant qu'on en peut juger aujourd'hui, ils représentent les diverses sciences dont se composait l'enseignement au moyen âge.

En résumé, la cathédrale de Laon, quoique d'une importance secondaire, est encore, sous le rapport de sa vitrerie, un brillant satellite de la grande cathédrale de Reims, qui brille, près d'elle, d'un si vif éclat.

Pour en finir avec cette contrée si riche en monuments, je n'ai plus qu'un mot à dire de deux églises et d'une chapelle particulière, qui conservent encore quelques débris de verrières du treizième siècle.

C'est d'abord l'église d'Orbais, département de l'Aisne, seul débris d'un ancien couvent de bénédictins, fondé au septième siècle (1). Sur une de ses verrières, on voit la figure du Christ bénissant le monde; sur d'autres, des figures d'évêques, parmi lesquels on retrouve celle de saint Remy (2); et enfin deux médaillons allégoriques représentant la Rhétorique et la Grammaire.

A Châlons, l'église de Notre-Dame-en-Vaux, au milieu d'une admirable vitrerie du seizième siècle, conserve aussi quelques panneaux mutilés du treizième siècle, qui représentent divers sujets de l'enfance de Notre-Seigneur.

Enfin, ce qui est beaucoup plus intéressant parce que c'est devenu chose bien rare, le château de Baye, près Montmort (Marne), possède encore une chapelle du commencement du treizième siècle, ornée de sa vitrerie primitive. Ce sont des vitraux légendaires qui représentent un arbre de Jessé et la passion de Notre-Seigneur.

L'impossibilité de constater aucune différence sensible dans le caractère de la composition et du dessin, m'a fait grouper ensemble les verrières de toutes les églises qui s'élèvent à l'ombre de celles d'Amiens ou de Reims. Il en est de même des églises situées dans

---

(1) Le grand Dictionnaire géographique, historique et critique de Bruzen de la Martinière, 6 vol. in-fol. Paris, 1768, tom. IV, pag. 679.

(2) Le corps de saint Remy avait été transféré à Orbais, pendant le temps que les Normands ravageaient la Champagne. (Ibid.)

les départements de l'Aube et de l'Yonne : Troyes, Sens et Auxerre présentent des analogies frappantes, qu'on retrouve également dans une église moins importante sans doute, mais cependant fort digne d'intérêt par les nombreuses verrières du treizième siècle qu'elle a su conserver à travers toutes nos révolutions.

Je veux parler de Saint-Julien du Sault (1), près Joigny. On y voit encore treize formes remplies de vitres du treizième siècle, réparties entre une fenêtre du côté gauche et les trois chapelles de l'abside. La fenêtre de gauche contient une légende de sainte Marguerite; les trois formes de la première chapelle représentent l'enfance de Notre-Seigneur, la légende de saint Jean-Baptiste et celle de saint Jean l'Évangéliste; à la deuxième chapelle, on reconnaît la belle légende de saint Nicolas; enfin les verrières de la troisième représentent l'histoire des Mages, le massacre des Innocents, la fuite en Égypte, et saint Théophile détruisant l'hérésie, selon la légende, très-populaire à cette époque, dont j'ai parlé un peu plus haut (2). Malheureusement ces vitraux ont subi des remaniements fâcheux, et sont aujourd'hui en très-mauvais état. La même église en renferme aussi quelques-uns du seizième siècle, dont j'aurai à m'occuper plus tard.

Paris était également, au treizième siècle, le centre d'un groupe de monuments dont les verrières peintes présentaient, quant au style, beaucoup d'analogie avec celles des divers autres groupes que nous venons de parcourir. La Sainte-Chapelle peut en être considérée comme le type le plus complet. Nous en voyons encore de brillants débris à Notre-Dame, et quelques vestiges à Saint-Germain-des-Prés.

Cette dernière église, qui a heureusement survécu à la ruine de l'antique et illustre abbaye dont elle porte le nom, est un monument des onzième et douzième siècles. Le pape Alexandre III en fit lui-même la dédicace le 21 avril 1163, tandis que son légat Hubauld d'Ostie, assisté de plusieurs évêques, faisait celle des chapelles situées autour du chœur (3). Mais la grande chapelle de la sainte Vierge, construite hors-œuvre par Pierre de Montreuil (4), ne fut élevée que vers le milieu du siècle suivant. Elle était ornée de onze grandes verrières (5), qui ont disparu avec l'édifice lui-même. Quant à l'église principale, elle contenait aussi quelques verrières peintes. Celles du chœur sont aujourd'hui remplacées par des vitraux modernes très-remarquables, exécutés par M. Henri Gérente, d'après les dessins de M. Flandin, et qui, sans reproduire rigoureuse-

(1) *Sanctus Julianus de Saltu.* L'origine fort simple de ce nom vient de ce que le pays était jadis couvert de bois; mais le vulgaire, toujours avide de merveilleux, s'est plu à lui donner une tout autre étymologie. Le bourg de Saint-Julien est resserré entre deux petites montagnes assez rapprochées, et la chronique locale prétend que son surnom vient de ce que saint Julien aurait fait sauter son cheval de l'une à l'autre, en franchissant la vallée d'un seul *saut.* (Dictionnaire

géographique de la Martinière, tome V, page 250.)

(2) Voyez page 198.

(3) Histoire de l'abbaye royale de Saint-Germain-des-Prés, par dom Jacques Bouillart, in-fol. Paris, 1724; pag. 310.

(4) Voyez ci-dessus (page 160, note 4) ce que j'ai déjà dit de cet élégant édifice, et de l'architecte qui l'avait construit.

(5) Dom Bouillart, liv. III, pag. 126.

ment le style des vitraux anciens, s'harmonisent fort heureusement avec la somptueuse décoration de l'édifice. De la vitrerie du treizième siècle, il ne reste que deux petites fenêtres dans la chapelle Sainte-Geneviève, sur lesquelles on lit les noms d'ANNA et de YOACHIM. Je ne sais ce que sont devenues trois autres verrières provenant du réfectoire de l'abbaye, qu'Alexandre Lenoir avait recueillies au musée des Petits-Augustins, et qui, selon la description qu'il en donne, représentaient « des sujets moraux tirés de la vie domestique (1). »

Plusieurs autres églises de Paris étaient ornées, dès cette époque, de verrières historiées.

Langlois (du Pont-de-l'Arche) cite l'ancienne et célèbre abbaye de Saint-Victor, qui contenait, dit-il, une série de vitraux de tous les siècles, depuis le douzième jusqu'au dix-septième (2). L'abbé Lebeuf fait remonter à l'an 1200 la fondation de certaines vitres qui se voyaient dans l'église du Temple (3). Enfin Hurtaut parle avec éloge des vitraux de l'église de Clugny, près la Sorbonne (4), qui avait été bâtie dans la dernière moitié du treizième siècle (5).

En dehors de la ville de Paris, mais dans ses environs, diverses églises furent également décorées de vitraux peints dans le cours de ce siècle.

J'ai déjà parlé de l'illustre basilique de Saint-Denis, dont la vitrerie, si somptueusement commencée par l'abbé Suger, fut complétée par saint Louis cent ans plus tard (6). Il n'en reste malheureusement que des débris fort incomplets.

Au dire de l'abbé Lebeuf, la petite église de Chevilly, située dans le département de la Seine, entre Villejuif et Bourg-la-Reine, contenait aussi des vitraux de la même époque (7). Mais on ne retrouve plus aujourd'hui la moindre trace de leur existence, et le peu de vitres qu'on voit encore à Chevilly est d'une époque très-postérieure.

C'est seulement dans les paroisses de l'ancien diocèse de Paris, qui font actuellement partie des départements de Seine-et-Oise et de Seine-et-Marne, qu'on retrouve quelques-unes des verrières, jadis si nombreuses, que Lebeuf mentionne dans son excellent livre. Encore beaucoup d'entre elles ont-elles disparu aujourd'hui.

Ainsi à Senlisse, près Chevreuse (8), il ne reste plus rien de deux verrières qu'on voyait jadis au-dessus de l'autel, et qui représentaient la sainte Vierge et saint Jean-Baptiste (9).

---

(1) Description historique et chronologique des monuments réunis au musée des monuments français, par Al. Lenoir, in-8°. Paris, l'an VIII, pag. 368.

(2) Essai historique et descriptif sur la peinture sur verre, in-8°. Rouen, 1832, pag. 155.

(3) Histoire de la ville et de tout le diocèse de Paris, 15 vol. in-12. Paris, 1754, tome Ier, p. 332.

(4) Dictionnaire historique de la ville de Paris et de ses environs, 5 vol. in-8°. Paris, 1779, tome II, pag. 369.

(5) Histoire du diocèse de Paris, tome Ier, pag. 181.

(6) Voyez ci-dessus, pag. 35.

(7) Histoire du diocèse de Paris, tom. X, pag. 50.

(8) Village de l'arrondissement de Versailles, qu'il ne faut pas confondre avec la ville de Senlis (Oise).

(9) Lebeuf, Histoire du diocèse de Paris, t. IX, p. 161.

Plus heureuse que celle-ci, une autre église toute voisine, celle de Choisel, conserve encore un fragment de vitrail du treizième siècle, dont le sujet est un saint Pierre.

Vers la fin du siècle dernier, on voyait, dans deux églises voisines de Saint-Germain, celles de Croissy (1) et de Carrières-Saint-Denis (2), quelques vitres du treizième siècle aujourd'hui détruites.

L'arrondissement de Pontoise a également perdu toutes les verrières dont ses églises avaient été ornées à cette époque. Il y en avait à Jouy-le-Moutier, près l'embouchure de l'Oise (3), et le testament de Bouchard de Montmorency, daté de 1237, nous apprend que la jolie église de Taverny en possédait également (4); mais il n'en reste aujourd'hui aucune trace, non plus que de ceux qui existaient dans le voisinage, au Plessis-Bouchard et à Bessaucourt. Lebeuf dit que, de son temps, on voyait encore au Plessis-Bouchard un panneau du treizième siècle représentant la fuite en Égypte (5). Quant aux verrières de Bessaucourt, voici comment s'exprime le savant historien du diocèse de Paris :

« Une autre observation, » dit-il, « que j'ai faite dans la même église, et qui fait voir sa « relation avec l'ordre de Citeaux, regarde les vitrages du sanctuaire, qui sont de verre « très-épais, chargés de quelques couches de peinture grise, ainsi que les statuts de cet « ordre voulaient qu'on en mit dans les églises des monastères (6). Ces sortes de vitrages « en forme de grisailles étaient fort en usage aux douzième et treizième siècles. Mais ce « qui dénote que ceux-ci n'ont pas été apportés de l'Abbaye de Maubuisson (7), est « qu'on y voit un prêtre représenté à genoux, lequel a fait présent de ce vitrage, et son « nom au-dessous, en lettres capitales gothiques : *Mestre Robert de Berceucourt, cha-* « *noine de Paris* (8). Le vitrier a transposé les lignes, la dernière fois qu'il a touché au « vitrage. Au-dessous est un panneau ajouté, qui représente une abbesse de Maubuisson « à genoux, dont les armes sont d'azur parti de sable, à la face d'argent chargée de « trois merlettes de sable (9). »

Plusieurs autres églises du diocèse de Paris offraient des exemples de ces anciennes grisailles à figures. Lebeuf cite particulièrement l'église aujourd'hui détruite de l'abbaye d'Hérivaux, près Luzarches. « Sa structure, » dit-il, « paraît être de la fin du douzième « siècle, ou plutôt du commencement du suivant, ce qui se connaît plus visiblement à la

---

(1) Histoire du diocèse de Paris, tom. IV, pag. 41.

(2) Ibid., tom. IV, pag. 55.

(3) Ibid., tom. IV, pag. 164.

(4) *Ecclesiæ beatæ Mariæ de Taberniaco, decem li-bras ad vitreas*. (Historia ecclesiæ Parisiensis, auctore Gerardo Dubois, 2 vol. in-fol. Paris, 1710.—Tom. II, pag. 232.)

(5) Histoire du diocèse de Paris, tom. IV, pag. 94.

(6) Voyez les articles XIX et LXXXII des Capitulaires de l'ordre de Citeaux, déjà cités, page 44, notes 1 et 3.

(7) L'abbaye de Maubuisson, près Pontoise, avait été fondée par Blanche de Castille, et relevait de l'ordre de Citeaux. Il n'en reste aujourd'hui que quelques débris épars, au milieu d'un vaste enclos que traverse le chemin de fer du Nord.

(8) Ce Robert de Bessaucourt, official de Paris en 1270, mourut doyen de la cathédrale de Bayeux.

(9) Histoire du diocèse de Paris, tom. IV, pag. 117.

« mitre des évêques figurés dans les vitrages, lesquels vitrages sont ou d'un rouge foncé
« de ces temps-là, ou d'un blanc sur lequel on a jeté une couleur pâle, comme dans les
« églises de l'ordre de Cîteaux, d'environ l'an 1200, ce que l'on qualifie de grisailles.
« Ces vitrages peints représentent la mort de Jésus-Christ (1). »

Le même auteur dit aussi qu'à l'église de Limoges, en Brie, « on voyait du côté du
« septentrion une espèce de vitrage blanc chargé, ou *bronzé*, tel qu'on l'employait dans
« ce même siècle (le treizième), avec une figure peinte de saint Nicolas, représenté en
« habits épiscopaux qui approchent de ceux du douzième siècle (2). »

L'expression qu'emploie ici Lebeuf, *des vitrages d'un blanc bronzé*, est fort peu claire, et
de plus fort inexacte. Cependant on comprend la pensée de l'auteur, en se reportant à un
autre monument encore debout, l'église de Linas, près Montlhéry, où l'on retrouve des
fragments de vitrerie du même genre, que Lebeuf décrit comme « des vitres d'un blanc
« épaissi en forme de grisaille et d'un rouge gothique (3). » En effet, l'abside de cette
église, remarquable d'ailleurs par l'originalité de sa construction, conserve encore, à sa
partie moyenne, quelques fragments de grisaille chargés de figures, sur l'un desquels se
lit le nom de s. thomas en lettres onciales.

Non loin de là, dans une église de campagne, à Saint-Sulpice de Favières, près d'Ar-
pajon, on voit encore plusieurs vitres du treizième siècle, les unes en grisaille, les autres
en couleurs. Ces dernières sont situées au fond du sanctuaire et à l'extrémité du collatéral de droite. On y reconnait aisément la Passion de Notre-Seigneur, et divers sujets
tirés de l'histoire de saint Sulpice, patron du lieu (4). A l'extrémité de l'autre collatéral,
et à quelques autres fenêtres, il reste d'assez nombreux panneaux d'ornements en grisailles, relevés seulement de quelques listels en couleurs (5).

La petite église de Sainte-Geneviève-aux-Bois, qui faisait également partie du doyenné
de Montlhéry, avait des vitraux du même temps et du même genre : elle les a perdus (6).

Mais c'étaient surtout les églises de la Brie qui étaient riches en verrières du treizième
siècle. Malheureusement je n'en connais qu'une seule qui en ait conservé des fragments
de quelque importance : c'est celle de Saint-Germain-lès-Corbeil (7). Son abside, carrée
comme celle de Saint-Sulpice, est percée de trois fenêtres ogivales et d'une rose. La verrière centrale représente la Passion de Notre-Seigneur, celle de droite la légende de saint

(1) Histoire du diocèse de Paris, tom. IV, pag. 342.

(2) Ibid., tom. XIII, pag. 219.

(3) Ibid., tom. X, pag. 188.

(4) Il y a eu deux évêques de Bourges du nom de saint Sulpice. Celui qui a donné son nom à l'église de Favières, ainsi qu'à l'une des principales paroisses de Paris, siégea de 624 à 644. On ne doit pas le confondre avec saint Sulpice le Sévère, qui avait occupé le même siége à la fin du siècle précédent, et avait assisté au concile de Mâcon, ainsi que je l'ai dit plus haut, pag. 97.

(5) Histoire du diocèse de Paris, tom. X, pag. 271.

(6) Ibid., tom. XII, pag. 51.

(7) Cette église, autrefois désignée sous le nom de Vieux-Corbeil, fut longtemps le siége d'un des deux doyennés de la Brie.

Germain, évêque de Paris (1), et celle de gauche la tige des rois de Juda, accompagnée, en guise de bordure, de deux séries de prophètes tenant à la main des phylactères sur lesquels se trouvaient des passages, maintenant illisibles, des Saintes Écritures. La rose est une simple ouverture circulaire percée au-dessus de ces fenêtres; mais son armature en fer la découpe en six lobes, où l'on reconnaît divers sujets tirés des légendes de saint Vincent, deuxième patron de la paroisse, et de saint Laurent.

L'église de Saint-Jacques, succursale de la même paroisse, contenait aussi des vitraux du treizième siècle (2). Ils n'existent plus.

Il en est de même pour les églises de Varennes (3), de Coubert, de Presles (4), de Favières (5), de Pontault (6), de La Queue (7), de Ferrières (8), de Malnoue (9), de Noisy-le-Grand, de Chelles (10), de Pomponne (11), de Fouju (12), toutes situées dans la Brie et sur ses confins, églises où Lebeuf nous apprend que, de son temps, on voyait encore des restes de verrières du treizième siècle.

A Coubert, on distinguait, entre autres sujets, la Fuite en Égypte et l'Adoration des Mages (13).

Dans une des verrières de Noisy-le-Grand, était représenté un chevalier à genoux, dont l'écu, selon Lebeuf, était mi-parti d'or et d'argent (14). Dans une autre, on voyait deux ecclésiastiques également à genoux, présentés par leurs saints patrons (15).

Tout cela a disparu, ainsi que les fragments moins complets qui existaient dans les autres églises que je viens de nommer.

A Villecresne, la destruction remonte plus haut, puisque les verrières anciennes de cette église avaient déjà disparu au temps où écrivait l'abbé Lebeuf. Selon lui, on y voyait représentées la vie et l'Assomption de la Sainte-Vierge (16).

Enfin, pour terminer ce qui concerne les environs de Paris, je n'ai plus qu'à mentionner l'église de Gassicourt, près Mantes, où il reste encore un certain nombre de grandes figures représentant saint Éloi, saint Sulpice et les deux saints Jean, et quelques panneaux de style légendaire renfermant diverses scènes de la Passion de Notre-Seigneur.

---

(1) Mort en 576, à l'âge de quatre-vingts ans. Cet évêque ne doit pas être confondu avec l'illustre personnage du même nom qui occupait le siége d'Auxerre au commencement du cinquième siècle.

(2) Histoire du diocèse de Paris, tom. XIII, pag. 134.

(3) Ibid., tom. XIII, pag. 282.

(4) Ibid., tom. XIV, pag. 179.

(5) Ibid., tom. XIV, pag. 243.

(6) Ibid., tom. XIV, pag. 409.

(7) Ibid., tom. XIV, pag. 388.

(8) Ibid., tom. XV, pag. 305.

(9) Ibid., tom. XIV, pag. 348.

(10) Ibid., tom. VI, pag. 39.

(11) Ibid., tom. VI, pag. 67.

(12) Ibid., tom. XV, pag. 358.

(13) Ibid., tom. XIII, pag. 246.

(14) Il y a erreur évidente dans la description de ce blason, et, par suite, grande difficulté à pouvoir dire quel était le chevalier représenté sur cette vitre. Le cartulaire de Saint-Maur mentionnait, à l'an 1228, un certain *Robertus de Noisiaco magno miles*. Serait-ce celui qui avait donné cette verrière?

(15) Histoire du diocèse de Paris, tom. XV, pag. 278.

(16) Ibid., t. IV, pag. 48.

Le centre de la France forme également un groupe important, qui, tout en se rapprochant, par le caractère de ses verrières, des autres groupes que je viens de décrire, en diffère assez sensiblement par la nature des légendes et par le choix des saints personnages qui s'y trouvent représentés. Bourges est le type le plus éclatant de ce groupe, dans lequel il faut comprendre aussi la cathédrale de Clermont et les autres vitraux du treizième siècle qui peuvent encore se trouver épars dans quelques églises de l'Auvergne.

Devenu aujourd'hui le siége d'un simple évêché, Clermont, sous la première race de nos rois, avait toute l'importance d'une métropole (1). Saint Austremoine en est considéré comme le premier pasteur (2). C'est à lui, selon quelques auteurs (3), à saint Martial, suivant d'autres (4), qu'est due la fondation de la simple chapelle convertie, depuis, en cathédrale (5). Toutefois la première église qui méritât vraiment ce nom, et dont la situation soit connue d'une manière positive, est celle que construisit l'évêque Namace au septième siècle ; Grégoire de Tours nous en a laissé une description aussi curieuse que détaillée (6). Cette église, du reste, n'exista pas longtemps : elle devint la proie des flammes, lorsque Pépin s'empara de Clermont. Un évêque, dont on ignore le nom, la reconstruisit bientôt après, mais avec beaucoup moins de magnificence (7). Quant à l'édifice actuel, qui malheureusement n'a jamais été fini, son origine ne remonte qu'au treizième siècle ; les premières fondations en furent jetées par l'évêque Hugues de la Tour, vers 1248 (8). Mais, ce prélat étant mort l'année suivante, le soin de continuer son œuvre échut à son neveu Guy de la Tour, qui lui succéda (9). Les travaux, confiés à l'habile direction de Jean de Campis ou Deschamps (10), furent poussés avec beaucoup d'activité de 1253 à 1262 (11),

---

(1) Recherches historiques sur la cathédrale de Clermont, suivies d'un plan de restauration de ses vitraux, par M. Thévenot, in-8°. Clermont (1836), pag. 5. (Ce mémoire, tiré à petit nombre d'exemplaires, se trouve inséré dans le tom. IX des Annales scientifiques et littéraires de l'Auvergne.)

(2) Gallia christiana, tom. II, col. 225.

(3) Ibid., ibid.

(4) Les origines de la ville de Clairmont, par feu monsieur le président Savaron, in-fol. Paris, 1662, pag. 13.

(5) Du Fraisse, au chapitre XIV de la deuxième partie de son Origine des Églises de France (in-8°. Paris, 1668), a examiné fort au long ce point d'histoire locale.

(6) *Hic ecclesiam quæ nùnc constat et senior inter muros civitatis habetur, suo studio fabricavit, habentem in longum pedes centum quinquaginta, in latum pedes sexaginta, in altum infra capsum usque camerum pedes quinquaginta ; inante absidem rotondam habens, ab utroque latere astellas eleganti opere construc-*

tus, totumque ædificium in modum crucis habetur expositum ; habet fenestras 42, columnas 70, ostia 8........ Parietes et altarium opere Sursurio (mosaïque) *ex multo marmorum genere exornatos habet.* (Historiarum lib. II, cap. 16. Édition de don Ruinart, in-fol. Paris, 1699). — La construction de cette église dura douze ans. (Ibid.)

(7) Histoire de la ville de Clermont, par Andusier (MS de la Bibliothèque nationale, n° 675 du Supplément français), tom. 1er, pag. 102.

(8) Du Fraisse, 2e partie, chap. XIV, pag. 496.

(9) Ibid., pag. 497.

(10) M. Thévenot, d'après les titres latins, appelle cet architecte Jean de Campis. Dufraisse (Origine des Églises de France, IIe partie, chap. XIV, pag. 505) et M. Thibaud (De la Peinture sur verre, in-8°; Clermont, 1835, pag. 16), le nomment Jean Deschamps. Ces deux versions sont également admissibles, puisque l'une est la traduction de l'autre.

(11) Thévenot, Recherches historiques sur la cathédrale de Clermont, pag. 5.

époque à laquelle saint Louis vint à Clermont pour le mariage de son fils Philippe. Le pieux roi voulut contribuer à l'achèvement de l'œuvre commencée, et, trois ans après, le pape Clément VI autorisa, pour le même objet, une quête générale dans les deux Aquitaines (1). Mais bientôt toutes ces ressources devinrent insuffisantes. En 1270, les travaux furent suspendus (2), et le monument resta inachevé.

Cependant le chœur et les chapelles qui l'entourent renfermaient déjà de nombreuses verrières, qui sont heureusement parvenues jusqu'à nous. Je ne puis mieux faire, pour les décrire, que de m'aider des observations recueillies par MM. Thévenot et Émile Thibaud, les deux habiles verriers qui ont concouru, il y a quelques années, à leur restauration. Et d'abord, voici comment M. Thévenot décrit les verrières du chœur :

« Les sujets représentant les apôtres, les prophètes et les patriarches sont d'un dessin « grossier et d'une exécution encore plus médiocre. Ils sont dans un état de dégradation « déplorable. Tous ces personnages, représentés avec leurs attributs, tiennent, suivant « l'usage du temps, de larges et longs phylactères où sont tracés, en très-grosses lettres, « des fragments des litanies de la sainte Vierge. Leurs noms, placés sous leurs pieds, « offrent des caractères de huit pouces de haut..... Ces personnages étaient au nombre « de trente-quatre et occupaient toutes les fenêtres du chœur; mais deux ont été, selon « toute probabilité, supprimés dans le quatorzième siècle, et remplacés par deux figures « historiques (3). »

Ces deux figures, contiguës aux piliers des transepts, représentent un roi et un évêque. M. Thévenot voudrait y voir saint Louis et Guy de la Tour, fondateur de l'église. Mais ce qui me fait douter que le roi ici représenté soit vraiment un saint Louis, c'est que, dans toutes les anciennes peintures, ce saint se reconnaît aux fleurs de lis sans nombre dont est semé son manteau, tandis que le personnage de la verrière porte un manteau tout uni. Une raison plus décisive encore m'empêche d'admettre que l'évêque placé en face de lui puisse être Guy de la Tour. Cet évêque porte l'auréole des saints, et certainement aucun peintre de cette époque ne se fût avisé d'en orner la tête d'un prélat qui n'a jamais été canonisé.

Les verrières des chapelles situées au pourtour du chœur représentent diverses légendes, empruntées pour la plupart aux actes des saints dont ces chapelles portent le nom, c'est-à-dire de saint Georges, de saint Austremoine, des saints Agricol et Vital, de sainte Marie-Madeleine, de saint Jean-Baptiste, de saint Jacques et sainte Anne, de saint Bonnet, de sainte Foy et sainte Marguerite, de sainte Agathe et de saint Arthème (4).

Ces verrières, restaurées avec soin vers le quinzième ou seizième siècle (5), ont eu mal-

---

(1) Du Fraisse, IIe partie, chap. xiv, pag. 499.
(2) Thévenot, Recherches historiques sur la cathédrale de Clermont, pag. 5.

(3) Ibid., pag. 30 et 31.
(4) Thibaud, de la Peinture sur verre, pag. 18.
(5) Ibid., pag. 20.

heureusement à souffrir, depuis lors, de nombreuses dégradations, tant par la main des hommes que par suite des intempéries atmosphériques. Les panneaux inférieurs avaient été enlevés, dès le siècle dernier, pour donner plus de jour à l'église. Quant aux autres panneaux qui subsistaient encore, ils furent cruellement mutilés, le 28 juillet 1835, par l'ouragan qui éclata sur la ville de Clermont, et, s'ils ont survécu à cette catastrophe, on en est particulièrement redevable au talent de MM. Thibaud et Thévenot.

Parmi les plus intéressantes et les mieux restaurées, il faut citer surtout les deux légendes de saint Austremoine et de saint Georges. Dans la première, on voit le baptême par immersion du sénateur Cassius (1). Dans l'autre, le peintre a rapporté tous les traits principaux de la légende alors si populaire de saint Georges (2). L'exécution en est certainement fort remarquable.

Les grandes roses des transepts, et la galerie qui règne au-dessous, renferment des vitraux de la même époque. Là, comme dans le chœur et dans les chapelles, on trouve quelques blasons et un monogramme composé des lettres G et M séparées par une petite croix. C'était, sans doute, celui de quelque peintre verrier aujourd'hui oublié. Cependant il n'en résulte pas nécessairement que ce chiffre appartienne, ainsi que l'a cru M. Thévenot (3), au premier auteur des verrières; et même, comme les différentes parties de la vitrerie ne sont pas toutes de la même main, il semblerait plus probable que le monogramme dont il s'agit fût simplement celui de quelque artiste chargé, à une époque très-ancienne, de restaurer toutes les vitres de l'église.

Quant aux blasons, les plus souvent répétés sont ceux de France et de Castille. On trouve aussi, dans quelques fenêtres, des bordures de gueules à la tour d'argent.

---

(1) Cassius, dont la famille occupait un rang distingué dans la province, fut l'un des premiers disciples d'Austremoine, lorsque ce dernier vint apporter en Auvergne la parole du Christ. Embrassant avec ardeur la foi nouvelle, Cassius fit preuve, à son tour, d'une si grande piété, qu'il fut canonisé comme son maître.

(2) C'était surtout parmi les hommes de guerre que saint Georges était en grande vénération. Les croisés l'invoquaient souvent. Une tradition populaire voulait qu'il leur fût apparu avant la bataille d'Antioche. (Vies des Saints, de Butler et Godescard.) On ne saurait donc s'étonner de trouver la légende de saint Georges à Clermont, le berceau des croisades, et sur des vitres du temps de saint Louis, exécutées en partie à ses frais.

Voici comment M. Thibaud explique les principaux sujets de cette intéressante légende : « On y reconnaît les différentes persécutions du saint; ses mira-cles, entre autres celui où il chasse le démon des idoles. On le voit, ailleurs, précipité dans un puits de chaux vive; dans un autre médaillon, le bourreau lui met aux pieds une chaussure de fer chaud, qu'un ange lui rafraîchit aussitôt; plus loin, il est attaché à un poteau et déchiré avec des peignes de fer. L'un des médaillons représente un personnage portant le bras, un autre la tête du martyr, ce qui rappelle probablement la découverte de ces deux reliques, qui furent rapportées en France et à Rome. Dans l'amortissement de l'ogive, on voit saint Georges armé de toutes pièces et revêtu de la tunique blanche à grande croix rouge des chevaliers croisés. Le cheval est entièrement caparaçonné de blanc avec les croix rouges. » (E. Thibaud, de la Peinture sur verre, pag. 19 et 20.)

(3) Recherches historiques sur la cathédrale de Clermont, pag. 15.

Après avoir passé en revue les différents groupes importants de l'ouest, du nord et du centre de la France, il ne me reste presque rien à dire des régions de l'est et du midi. Strasbourg, Metz et Toul, que j'ai décrits, résument à peu près tout ce qui reste de vitraux du treizième siècle dans les départements de l'est. A peine ai-je eu à mentionner quelques débris informes de cette époque dans les églises du midi. Mais entre ces deux régions et sur leurs limites respectives, il reste encore un groupe très-intéressant, par lequel je terminerai ce catalogue des verrières du treizième siècle.

C'est de Lyon que je veux parler; de Lyon, l'une des plus illustres églises de France, et l'une des plus anciennes, puisque la foi du Christ y fut portée dès le deuxième siècle (1). Cependant la cathédrale actuelle est loin d'avoir une origine aussi reculée. D'abord simple baptistère d'une autre église placée sous le vocable de saint Étienne, l'église Saint-Jean ne devint cathédrale, au plus tôt, que vers le commencement du septième siècle (2). Un historien moderne a même pensé que l'existence de ce titre n'était pas suffisamment constatée avant l'année 926 (3); toutefois une lettre fort célèbre de l'archevêque Leydrade à l'empereur Charlemagne semble établir suffisamment que, de son temps, Saint-Jean servait déjà de métropole (4). On voit aussi, par cette lettre, que le même archevêque reconstruisit presque entièrement l'église Saint-Jean. Mais l'édifice actuel n'a été commencé que dans la seconde moitié du douzième siècle (5). Cette œuvre importante, dont l'achèvement n'eut lieu qu'à une époque très-postérieure, fut poursuivie avec beaucoup d'activité pendant une centaine d'années, ainsi qu'on en a la preuve par diverses donations et d'autres témoignages historiques également positifs.

La date des vitraux suit de près celle de la construction des différentes parties de l'édifice, et généralement ils sont du treizième siècle; cependant, en les examinant avec soin, on est obligé de reconnaître que quelques-uns d'entre eux pourraient bien remonter aux dernières années du siècle précédent. Ce sont particulièrement les verrières situées à la partie inférieure du chœur. On en compte sept, fort encrassées,

---

(1) *Gallia Christiana*, tom. IV. — Histoire de l'Église de Lyon, par Poullin de Lumina, in-4°, Lyon, 1770, pag. 9 et suiv.

(2) Cathédrale de Saint-Jean de Lyon, par H. Leymarie, in-8°, Lyon, 1843, pag. 24. — Cette monographie est extraite de Lyon ancien et moderne, ouvrage en 2 vol. publié sous la direction de M. Boitel.

(3) L'église primatiale de Saint-Jean et son chapitre, par l'abbé Jacques, in-8°, Lyon, 1837, pag. 10.

(4) *De restauratione etiam ecclesiarum, in quantum valui, non cessavi : ita ut ejusdem civitatis* maximam ecclesiam, *quæ est in honorem S. Johannis Baptistæ, a novo operuerim.* (*Gallia Christiana*, tom. IV, Instrum. col. 2.) — Pour tout ce qui touche cette curieuse lettre, voyez Mabillon, Annal. Bened., tom. I, pag. 222. — M. l'abbé Deperry, dans les Archives saintes de Belley, en a donné un nouveau texte, d'après le manuscrit conservé à la bibliothèque de Lyon.

(5) M. Leymarie en attribue l'honneur à l'archevêque Guichard, qui siégea de 1166 à 1175. Mais il ne donne aucune preuve à l'appui de cette assertion, tandis qu'il rapporte lui-même, sous la date de 1158, un passage du testament de Ponce, évêque de Mâcon, ancien précenteur de l'église de Lyon, qui lègue soixante sous *in opere majoris ecclesiæ.* (Cathédrale de Saint-Jean, pag. 25.)

présentant un aspect de grande vétusté, et les traces de nombreuses restaurations (1).

La première et la seconde renferment chacune sept sujets tirés de la vie mortelle de Notre Seigneur et de sa sainte Mère.

La troisième est consacrée à la légende de saint Étienne, l'un des patrons de l'église.

La quatrième, située tout à fait à l'abside, semble contenir en partie la légende de saint Jean, quoique le panneau supérieur représente la figure du Sauveur dans un nimbe amandaire (2). Mais ce qui la rend surtout intéressante est sa bordure byzantine, toute remplie de figures qui tiennent à la main des versets de l'Écriture sainte.

La cinquième fenêtre représente également divers sujets tirés de la légende de saint Jean-Baptiste. On distingue, à la partie inférieure, la figure d'un évêque offrant le modèle de la verrière. L'inscription qui l'accompagne est aux trois quarts effacée; je n'ai retrouvé que la seule syllabe RAN....., faisant partie, selon toute apparence, du nom de *Ranaldus,* Raynaud de Forez, qui siégea de 1193 à 1226 (3). Cela coïncide d'ailleurs parfaitement avec les témoignages historiques, d'où il résulte que ce prélat contribua généreusement à l'achèvement de son église (4), et légua cent marcs d'argent pour cet usage (5).

Les sujets représentés sur la sixième fenêtre sont tirés de l'Apocalypse, sauf les deux panneaux du bas de la verrière, rapportés là postérieurement, ainsi qu'on peut s'en convaincre par leurs inscriptions qu'un maladroit restaurateur a placées à l'envers. Ces inscriptions sont tirées du chapitre V de la Genèse, qui contient le dénombrement de la postérité d'Adam depuis Seth jusqu'à Noé. J'ai pu y déchiffrer les passages suivants :

CENAM GENUIT MALALEEL (6). MALALEEL GENUIT IARET (7).

Deux panneaux provenant de la même origine ont également été rapportés au bas de la septième et dernière fenêtre. On y trouve ces fragments d'inscriptions :

........GENUIT ENOS (8). ENOS GENUIT CAINAN (9).

Quant au reste de la fenêtre, on y distingue divers sujets qui me feraient croire qu'elle

(1) On trouve particulièrement dans les actes capitulaires conservés aux archives de la préfecture du Rhône, la mention d'une restauration générale, qui eut lieu en vertu d'un marché passé par le chapitre, le 12 octobre 1598. (Act. cap., L. 60, f° 199.)

(2) Voyez ci-dessus, pag. 39, note 2, ce que j'ai dit de ce symbole.

(3) On lit dans la notice de M. Leymarie : « En « 1234, Robert de la Tour d'Auvergne donne une vi- « tre au chevet de la grande église. » Je n'ai trouvé aucune trace de cette donation; mais, sous aucun rapport, elle ne saurait s'appliquer à la verrière dont il s'agit, la fondation de celle-ci étant évidemment antérieure à l'épiscopat de Robert de la Tour.

(4) *Ipsam ecclesiam multipliciter augmentavit.* (*Gallia Christiana,* tom. IV, col. 134.)

(5) *Centum marchas ad opus majoris ecclesiæ.* (Cathédrale de Saint-Jean, par M. Leymarie, pag. 85.)

(6) *Vixit quoque Cainam septuaginta annis et genuit Malaleel.* (Genèse, V, 12.) Le peintre verrier a écrit *Cenam* pour *Cainan,* faute d'orthographe que nous trouvons rectifiée dans la fenêtre suivante.

(7) *Vixit autem Malaleel sexaginta quinque annis et genuit Jared.* (Genèse, V, 15.)

(8) *Vixit quoque Seth centum quinque annis, et genuit Enos* (Genèse, V, 6).

(9) *Vixit vero Enos nonaginta annis, et genuit Cainan* (Genèse, V, 9).

était consacrée à la légende de saint Irénée, deuxième évêque de Lyon. J'y trouve en effet, et simultanément, un saint décapité et une réunion d'évêques. Or saint Irénée, que je sache, est le seul martyr de ce diocèse qui ait eu l'honneur de présider à un concile (1).

Les voûtes de la nef étant plus hautes que celles du chœur, il en résulte qu'un mur en pignon s'élève au-dessus de ce dernier, à l'alignement des transepts. Il est percé d'une rose, la seule que je connaisse ainsi placée. Cette rose, de dimensions assez restreintes, mais remarquable par ses ornements et par des fonds verts d'un effet agréable, est flanquée de deux petites fenêtres, dont l'une est presque entièrement détruite, et l'autre, mieux conservée, représente un calvaire. Celle-ci, autant qu'on en peut juger aujourd'hui, renfermait des figures de donateurs. Cette partie de la vitrerie me paraît contemporaine du reste de la décoration du chœur. L'abbé Jacques veut qu'elle ait été donnée par Eudes, duc de Bourgogne, longtemps chanoine de l'église de Lyon, et dont l'anniversaire avait été fondé en 1232 (2). Mais je crois que M. Jacques se trompe. D'abord, les armes de Bourgogne ne se retrouvent pas, comme il le prétend, dans la rose en question, et, au contraire, on distingue très-bien, surtout dans les petites fenêtres qui l'accompagnent, un écusson de gueules au sautoir d'or, qui est le blason de la famille de Villon en Mâconnais (3), dont un membre, René de Villon, était déjà chanoine de Lyon en 1190 (4). Cette rose, comme les vitres légendaires du chœur, est donc au moins des premières années du treizième siècle, si ce n'est des dernières du siècle précédent, ce qui me semble encore plus probable.

Il est plus difficile de déterminer l'époque précise à laquelle furent fondées les vitres des hautes fenêtres du chœur. Il y en a onze, dont sept sont géminées, et les quatre les plus rapprochées de la nef sont à trois baies, ce qui fait en tout vingt-six formes de vitres.

La fenêtre du fond, composée d'une double baie, représente les deux figures du Sauveur du monde et de sa sainte Mère, surmontées d'un *Agnus Dei.*

Les six fenêtres, également géminées, qui se rapprochent le plus de la première, contenaient, deux par deux, les figures des douze apôtres, dont il ne reste plus que huit, entre lesquels saint Pierre, saint Jean, saint André, saint Jacques (5). Les noms de IACOBUS et d'ANDRE sont les seuls encore lisibles.

Enfin les quatre fenêtres les plus voisines des transepts représentent, trois par trois, les

---

(1) Un dissentiment relatif au jour de la célébration de la Pâque ayant éclaté entre l'Église d'Orient et le pape Victor, saint Irénée assembla à Lyon les évêques des Gaules en un concile qu'on fixe généralement à l'an 197. Quant au martyre de saint Irénée, l'histoire ne nous a transmis que des indications fort peu précises.

(2) *L'Église primatiale de Saint-Jean*, pag. 29.

(3) *La Vraie et parfaite science des armoiries*, par Galliot, in-fol., fig. Dijon, 1660, pag. 583.

(4) Voir la liste des chanoines publiée à la fin de l'ouvrage de l'abbé Jacques sur l'église Saint-Jean.

(5) On m'a assuré à Lyon qu'il existait, dans les magasins de la cathédrale, des fragments importants des quatre figures qui manquent ici. Il serait bien à désirer qu'on pût les compléter et les remettre en place.

douze figures des petits Prophètes, tenant en mains les principaux passages de leurs prophéties, relatifs à la venue du Christ. Deux seules inscriptions sont encore bien lisibles, et font reconnaître les figures d'Aggée et de Zacharie. On y lit ces mots :

APPENDERE : MERCEDE : MEA : (1)   ET : VENIET : DESIDERAT : (2)

L'abbé Jacques croit avoir vu des fleurs de lis sur ces verrières, et y avoir même trouvé les armes de Bourgogne. Pour moi, je ne les ai point aperçues; mais, d'après l'aspect des verrières, je suis porté à penser que leur fondation remonte au commencement du treizième siècle.

La nef a perdu son ancienne vitrerie, sauf une petite rose d'ornement de l'éclat le plus vif, placée dans la chapelle Saint-Louis. Mais ce qu'on admire encore sont les trois grandes roses situées au grand portail et à l'extrémité des deux transepts. Voici en quels termes elles sont décrites par l'abbé Jacques :

« Celle du frontispice, dont les dimensions sont si vastes et l'effet si magnifique, montre, « à son centre, l'Agneau de Dieu..... Le tour des médaillons extérieurs contient la vie de « saint Jean, l'un des patrons de l'église. Au tour extérieur..... on voit le martyre héroïque « de saint Étienne, l'autre patron. Les circonstances de la création et de la rédemption « sont peintes à la rose du midi; — à celle du nord, l'histoire des anges..... Au rapport de « Bellièvre, celle-ci contenait ces mots du plus vieux français : *Ly doyen Arnoud me fecis* « *facere*. C'était Arnoud de Colonges, vers 1240 (3). »

Quoique en mauvais état, la plus grande partie de l'inscription se déchiffre encore assez bien; mais j'avoue que le nom devenu presque illisible du pieux fondateur ne m'a point paru être celui d'Arnoud. La figure qu'accompagne cette inscription est placée dans le bas, à gauche de la verrière; elle est vêtue de blanc, et ses épaules sont couvertes d'un camail ou petit manteau violet. Au centre de la rose, se voit un homme debout, tenant d'une main une coupe ou un calice, et de l'autre un étendard burelé d'argent et de sable. Quel que soit, du reste, le fondateur de cette verrière, je crois bien qu'on peut en rapporter la date à peu près au milieu du treizième siècle.

Les parties latérales des transepts contiennent bien encore quelques vitraux; mais ils sont d'une époque postérieure; et comme j'aurai plus tard à y revenir, je me borne aujourd'hui à les mentionner, pour compléter ce qui concerne la cathédrale de Lyon.

A peine, pour mémoire, mentionnerai-je également quelques fragments anciens, perdus dans la misérable vitrerie moderne de l'église Saint-George; et, en finissant par là ce que j'avais à dire du groupe lyonnais, j'aurai terminé l'inventaire de tous les vitraux français du treizième siècle dont l'existence a pu m'être connue jusqu'à ce jour.

(1) *Et appenderunt mercedem meam* (Zachar., XI, 12).   (3) *L'Église primatiale de Saint-Jean et son chapitre*,
(2) *Et veniet desideratus* (Aggée, II, 8).   par l'abbé Jacques, pag. 29.

Maintenant il me reste une tâche plus difficile à accomplir. Pour clore cette longue nomenclature, il me reste à définir, dans un résumé succinct, les caractères spéciaux de la Peinture sur verre au treizième siècle.

Si, dès cette époque reculée, les peintres verriers ont su produire des œuvres qui, encore aujourd'hui, commandent l'admiration et réveillent en nous mille émotions pieuses, ce n'est pas à la pureté du dessin, à l'habileté du pinceau, que sont dus de si beaux résultats. Au treizième siècle, le dessin était barbare; on n'y avait encore aucune idée de perspective. A peine, dans les œuvres de cette époque, la grâce naïve de quelques figures et quelques draperies heureusement jetées font-elles pardonner la gaucherie de la plupart des personnages, tous alignés sur un même plan, et découpés en silhouettes sur des fonds tout unis. Comme dessin, c'est l'enfance de l'art. Comme peinture, c'est moins encore, puisque les éléments de la coloration résident presque tous dans la matière même du verre employé à l'état de mosaïque.

Quel est donc l'art que possédaient si bien les peintres verriers du treizième siècle?

Cet art, où personne ne les a surpassés, c'est l'art de la *décoration ;* c'est une merveilleuse entente du choix des sujets, de l'ornementation et du contraste des couleurs.

Le treizième siècle était, par-dessus tout, une époque de foi. Un seul sentiment, une seule pensée, une seule tradition dirigeait tous ceux qui devaient concourir à l'accomplissement des grandes œuvres religieuses. De là, cette unité d'ensemble que rien ne peut égaler. Traducteur d'un dogme immuable, l'artiste ne donnait rien au hasard, rien au caprice; il savait, jusque dans ses moindres détails, respecter l'ordre de la hiérarchie chrétienne. Dans les attributs, dans les symboles, ce qui, pour nous, est le résultat douteux des études les plus ardues, n'était pour lui que l'observation pure et simple de la règle traditionnelle. Si, d'une part, son individualité se perdait dans l'action collective à laquelle il concourait modestement, d'autre part, son talent y trouvait des forces qui n'appartiennent point à l'action isolée de l'homme, et y revêtait l'inimitable cachet du pur catholicisme. L'art n'est jamais plus complet que lorsqu'il découle d'une foi vive et absolue, vers laquelle convergent toutes les pensées.

Dans combien d'églises n'ai-je pas eu à faire remarquer la supérieure intelligence qui semble avoir présidé à la distribution des sujets! Que pourrais-je ajouter à ce que j'ai eu l'occasion de dire quant à la merveilleuse vitrerie de Chartres, à la décoration si bien entendue de la cathédrale de Reims, à l'ornementation si riche et si brillante des grandes roses de Notre-Dame de Paris?

Ce large parti pris, cette unité d'ensemble, cette ornementation simple et puissante, cette riche et harmonieuse coloration, sont peut-être les caractères les plus frappants de la Peinture sur verre au treizième siècle. Ils suffiraient pour faire reconnaître, entre toutes, les verrières de cette époque, si nous n'avions jamais à les étudier que dans l'ensemble d'une vaste vitrerie, intégralement conservée. Mais malheureusement il n'en est pas ainsi d'ordinaire, et les anciennes verrières qui ont échappé à la double action des hommes et des siècles se présentent presque toujours à nous isolément. Ce sont donc leurs caractères particuliers, les détails de leur composition, le style des ornements et l'étude des moyens d'exécution qui, seuls, peuvent nous conduire à en déterminer la date avec un peu de certitude.

Comme j'ai déjà eu occasion de le dire (1), les grandes figures sont bien rarement antérieures au treizième siècle. A peine en trouve-t-on quelques exemples dans les dernières années du siècle précédent.

Les morceaux de verre dont elles se composent, quoique encore relativement petits, sont cependant, en général, plus grands que dans les vitres légendaires. Ces figures, au lieu d'être renfermées, comme celles des légendes, dans des médaillons ou des cartouches, se détachent sur des fonds unis qui n'ont d'autre encadrement que la bordure de la fenêtre, ou qui même quelquefois remplissent la fenêtre tout entière.

Presque toujours placées à une assez grande hauteur, et particulièrement à la partie supérieure du sanctuaire, elles sont dessinées à grands traits, et isolées les unes des autres. Leur pose est des plus simples. Leurs draperies, largement accusées, se composent de plis très-longs, assez roides, et coupés par de brusques cassures. Les pieds, et surtout les mains, sont très-carrés, les traits du visage indiqués par de gros contours noirs et quelques hachures, qui, vus de près, leur donnent une grande dureté.

Tantôt les verres employés pour les chairs sont d'un blanc verdâtre, d'une grande épaisseur, et d'une fabrication très-imparfaite (2); tantôt ils sont légèrement teintés de couleur *tannée.*

Sous ces grandes figures, on voit souvent le nom du personnage écrit en lettres onciales ou romaines, assez grossières, et d'une dimension proportionnée à l'élévation du tableau. Parfois, ces inscriptions sont placées sur le fond même, à la hauteur des épaules (3) ou derrière la tête (4). Je ne connais guère de figures du treizième siècle où elles se rencontrent sur l'auréole du saint. Dans les compositions de cette époque, les auréoles sont presque toujours unies, sauf celle de Notre-Seigneur, qui, comme on le sait, est généralement ornée d'une croix.

Quelquefois dans la seconde moitié du siècle, bien rarement dans la première, les figures sont surmontées de petits toits auxquels on ne peut encore donner le nom de *dais,* mais qui, cependant, sont bien évidemment le point de départ de ceux qui, dans les

----

(1) Voyez pages 40 et 52.   (3) Voyez planches XI et XVII.
(2) Voyez planche XXXII.   (4) Voyez planche XXX.

siècles suivants, devinrent un des éléments principaux de la décoration (1). Ces espèces de toitures, où même la forme de l'ardoise est parfois imitée, sont de couleurs très-variées, souvent bleues ou d'un violet tanné, et les lignes en sont très-simples. On n'y voit pas encore les crochets ou feuilles de choux, qui semblent n'avoir pris naissance qu'au commencement du quatorzième siècle.

Quant aux *vitres légendaires*, elles ont plus de rapport avec celles du siècle précédent. Le mode de composition reste le même; seulement le dessin devient peu à peu moins barbare, le style de l'ornementation moins simple et plus varié. Le point de départ, le premier type de ce genre de verrières semble avoir été l'application, sur un fond réticulaire, d'un certain nombre de médaillons renfermant des sujets à figures (2). Chaque médaillon, contenu par une armature en fer de la même forme, était entouré d'une étroite bordure circulaire formée en général de deux filets, dont un était blanc. Ce dernier, dans les vitraux du douzième siècle, est assez ordinairement réchampi de noir, de manière à lui donner l'aspect d'un collier de perles. Les filets perlés sont infiniment plus rares au treizième siècle, et je n'en connais guère d'exemple passé les premières années de ce siècle.

En même temps la variété s'introduit dans la forme des tableaux. Aux simples médaillons arrondis succèdent des cartouches de toutes sortes (3). On en voit de lozangés, d'elliptiques; et plus on approche de la fin du siècle, plus il semble qu'on s'éloigne des formes primitives, pour se livrer aux capricieuses combinaisons d'angles et de lignes courbes.

Des modifications successives s'opèrent également dans les fonds. La combinaison réticulaire, si simple à son origine, se charge peu à peu de dessins rehaussés en noir, et relevés par une mosaïque de couleur. Puis des combinaisons plus compliquées succèdent aux simples réticulaires, tantôt affectant la forme d'écailles superposées ou celle d'échiquiers lozangés, tantôt se déroulant en entrelacs capricieux, mais toujours réguliers et symétriques dans leurs dispositions. Le bleu, relevé de rouge et d'un peu de blanc, avait été, dans le principe, la couleur dominante de presque tous les fonds. Plus tard, cette règle devient moins constante. Le rouge domine assez souvent; le vert et le jaune entrent pour une plus large part dans l'ornementation, qui s'enrichit de mille détails vigoureusement indiqués par des traits noirs (4).

Les figures des tableaux légendaires participent aussi du progrès que j'ai signalé à propos des grandes figures. Le dessin en est un peu plus correct. Les formes allongées y prédominent, ainsi que dans les draperies; mais draperies et figures ont généralement

(1) Voyez planches XI, XIV et XV.
(2) Voyez planches III, V, VII et XXIX.

(3) Voyez pl. XII, XIII, XVI, XXIV, XXVII et XXXIII.
(4) Voyez planches XXIV, XXIX et XXXIII.

assez de grâce. Il y a de la simplicité dans le geste et de la clarté dans l'action. Quant aux moyens d'exécution, ils restent toujours à peu près les mêmes. La coloration est dans la pâte du verre; les traits sont assez durement accusés par de simples lignes noires ou des hachures. Souvent le modelé lui-même n'est indiqué que par des hachures du même genre, ou tout au plus l'est-il par des teintes plates d'un ton de bistre. J'ai donné, planche XXXII, le calque de deux têtes qui présentent un spécimen de chacun de ces genres, ainsi que de la nuance des verres qui, comme je l'ai dit plus haut, servaient alors à peindre les figures.

L'une de ces têtes, celle de femme, provient de la cathédrale de Bourges.

L'autre, celle de Moïse, qu'on reconnait à ses cornes de feu grossièrement représentées, provient d'une des verrières de la sainte Chapelle de Paris.

On trouve souvent des inscriptions dans les anciennes vitres légendaires. En général, elles ne se composent que d'un seul mot, du nom d'un saint ou d'un des autres personnages mêlés à la légende. Quelquefois cependant, comme dans la grande verrière de Judith, à la sainte Chapelle de Paris (1), on trouve aussi des phrases entières, mais toujours fort concises, destinées à rendre plus facile l'intelligence du sujet.

Peu de verrières de cette époque sont datées, et je pourrais presque dire qu'elles ne sont jamais signées par leurs auteurs, puisque, dans toutes celles que j'ai pu voir, il ne m'a été possible de découvrir jusqu'ici qu'une seule signature (2).

Les vitres légendaires du treizième siècle, aussi bien que les autres du même temps, sont, le plus souvent, ornées d'une bordure courante, qui sert de cadre à toute la verrière. Nous avons déjà vu cette disposition dans quelques fenêtres du siècle précédent (3). Mais à l'égard de cette partie de l'ornementation, on peut encore observer certaines différences de style, selon les différentes époques. Pour faciliter ce rapprochement, j'ai réuni, sur la planche XXXIV, quelques-unes des plus belles bordures de la cathédrale de Chartres, et j'ai donné ailleurs d'autres spécimens de ce genre de décoration, en reproduisant en entier quelques verrières du même temps (4). Plusieurs de ces verrières sont blasonnées aux armes des fondateurs (5), comme cela arrivait assez souvent à cette époque. Dans ce cas, et même fréquemment lorsqu'elles ne se composent que d'ornements de fantaisie (6), les bordures sont *componées* (comme on dit en langage héraldique), c'est-à-dire composées de tronçons alternatifs de couleurs différentes. Au treizième siècle, à cette époque où l'on entendait si bien l'effet qui doit résulter d'un habile contraste des couleurs, un ou plusieurs filets blancs accompagnaient toujours la bordure,

(1) Voyez planche XXIX et page 167.
(2) Celle de Clément de Chartres, sur une verrière de Rouen. Voyez planche XXXIII et page 181.
(3) Voyez planches I, III, V et VI.

(4) Voyez planches XI, XV, XVI, XIX, XXIV, XXIX, XXX, XXXI et XXXIII.
(5) Voyez planches XIX, XXIV et XXX.
(6) Voyez planche XVI.

ce qui ne fut pas observé avec autant de soin par la suite. Mais ce qui sert le mieux à fixer la date des fenêtres à bordures, est le caractère même du dessin. Roman ou byzantin dans le siècle précédent, il perd bientôt le cachet de ce style pour concourir à une décoration plus allongée, plus légère, mais aussi beaucoup plus maigre (1).

Comme je l'ai déjà dit (2), le treizième siècle semble avoir donné naissance à un genre de verrières inconnu avant cette époque, et qui atteignit tout d'abord un merveilleux degré de perfection. Je veux parler des roses, qu'à partir du commencement de ce siècle, on voit briller aux portails et aux transepts de presque toutes les grandes églises (3). Elles se font remarquer, dans le principe surtout, par l'admirable symétrie de leur architecture, qui a pour conséquence celle de leur composition et de leur décoration. En parlant des grandes roses de Paris (4), je suis entré, à cet égard, dans des détails qui me dispensent, je crois, de revenir actuellement sur le même sujet.

A côté des roses proprement dites, il faut classer celles qui s'inscrivent dans l'amortissement des grandes fenêtres formées de plusieurs baies (5). Leurs dimensions sont beaucoup moindres; l'ornementation en est plus simple, plus restreinte, mais elle part toujours du même principe, sauf que les fonds y sont généralement unis. Cela s'applique également aux petites roses ou *rosettes* qui surmontent les fenêtres simples ou seulement à deux baies (6). La forme en est habituellement symétrique; seulement, comme le sujet est fort simple et souvent composé d'un seul personnage, cela prête moins à la symétrie du dessin. Ces petites roses sont d'ailleurs fort répandues dans les édifices de l'époque qui nous occupe : la cathédrale de Chartres en offre de nombreux exemples.

En résumant, comme je viens de le faire, les principaux caractères de la Peinture sur verre au treizième siècle, j'ai voulu surtout faire ressortir ceux qui servent le mieux à préciser la date des monuments. Mais ces indications ne sont pas les seules dont on puisse s'aider. La nature du verre et celle des plombs sont également des éléments d'appréciation qu'un bon observateur ne saurait négliger.

Les verres, à cette époque, étaient bien plus épais qu'ils ne le furent par la suite.

(1) Peut-être, en contradiction avec ce que je viens d'avancer, remarquera-t-on l'étrange analogie qui existe entre les bordures de deux verrières que j'ai reproduites planches III et XXXIII. La première, attribuée à Suger, date du milieu du douzième siècle, tandis que l'autre, selon toute probabilité, ne remonte qu'aux dernières années du treizième, ce qui met près de cent cinquante années de distance entre l'époque de leur fondation respective. La ressemblance de leurs bordures serait fort étrange sans doute, si ces deux verrières étaient parvenues jusqu'à nous dans leur état primitif. Mais, comme il est parfaitement connu que celle de Suger, restaurée et déplacée à diverses époques, a subi de nombreuses mutilations, tout ce qu'on peut conclure du caractère de sa bordure, c'est que celle-ci, postérieure à la fondation de la fenêtre, appartient, ainsi que les deux panneaux du bas, à cette portion de la vitrerie de Saint-Denis qui fut fondée au treizième siècle seulement.

(2) Voyez page 52.

(3) Voyez planches XXI et XXV.

(4) Voyez page 180.

(5) Voyez planches X, XX et XXIX.

(6) Voyez planche XXVI.

Tous sont teints dans la masse, sauf le rouge qui est toujours doublé, et ne consiste que dans une très-mince lame de couleur appliquée sur du verre blanc. J'ai parlé de certains rouges striés ou veinés de tons plus pâles, dont on trouve beaucoup d'exemples à la sainte Chapelle de Paris. Ils sont tout à fait caractéristiques du treizième siècle. Quoiqu'ils produisent souvent d'heureux effets, ils semblent annoncer une fabrication assez imparfaite; mais c'est surtout dans les verres blancs que se fait remarquer la grossièreté de la fabrication; et, chose curieuse, ici encore l'imperfection que je signale contribue à cette belle harmonie que les imitateurs modernes ne peuvent atteindre avec des verres plus purs, plus blancs, et d'une bien meilleure fabrication.

Quant aux caractères de la mise en plomb, le plus frappant, surtout dans les vitres légendaires, est le grand nombre des soudures, conséquence naturelle de la multiplicité, de la forme irrégulière et de la petite dimension des morceaux de verre dont se compose cette mosaïque transparente. Sans être larges, les plombs sont généralement assez épais, et forment une assez forte saillie par rapport à la surface du verre.

Enfin, pour l'archéologue exercé, il existe encore bien d'autres indices qui peuvent le diriger sûrement dans le classement des verrières, tels, par exemple, que le blason, le style et le caractère des inscriptions, des meubles, des costumes.

Ce sont là des branches de la science archéologique que je ne puis toucher ici qu'incidemment. J'ai seulement cherché à leur fournir quelques documents nouveaux et dignes d'intérêt. On en trouverait beaucoup d'autres du même genre parmi les nombreux monuments que nous ont laissés les peintres sur verre du treizième siècle.

QUATORZIÈME SIÈCLE.

En terminant le chapitre qui précède, j'ai cru devoir résumer les caractères généraux de la Peinture sur verre, tels qu'ils se retrouvent dans tous les monuments de l'époque primitive. Ces caractères sont partout à peu près identiques et annoncent une grande unité de style jusqu'à la fin du treizième siècle. Il n'en est pas de même au quatorzième, époque éminemment intermédiaire, où s'opère une transition dont les premiers symptómes, du moins en France, coïncident, d'une manière frappante, avec les premières années du siècle lui-même. Aussi, à l'inverse de ce que je viens de faire, dois-je indiquer ici, dès en commençant, et quitte à y revenir plus tard, les modifications de style, d'abord légères, et ensuite sensibles pour tous, qui, peu à peu, altèrent le style primitif de la Peinture sur verre, et lui font malheureusement perdre quelques-unes de ses plus belles qualités.

Si l'on en excepte certains monuments de l'est de la France, dont j'aurai bientôt à définir les caractères particuliers, on trouvera généralement que les vitraux du quatorzième siècle offrent une moins riche décoration, une moindre intensité de tons et une harmonie moins heureuse que ceux du siècle précédent.

Cela peut s'attribuer à deux causes principales : la première est l'emploi à peu près exclusif de morceaux de verre d'une assez grande dimension; l'autre est la part infiniment plus large faite aux couleurs blanches et jaunes dans les fonds et dans les accessoires.

L'emploi plus général du verre en grands morceaux peut être considéré sans doute comme la preuve d'un certain progrès fait, à cette époque, dans la fabrication des vitres; mais, pour que ce progrès purement industriel fût immédiatement profitable aux œuvres du peintre-verrier, il aurait fallu qu'il coïncidât avec un autre progrès de nature toute différente, et qui, par malheur, tarda encore assez longtemps à se réaliser. Je veux parler de la connaissance du modelé, de l'art du clair-obscur, ignorés à peu près complétement des artistes, durant la première moitié du quatorzième siècle.

Jusqu'alors, la plupart des verrières, avec leurs petits morceaux et leurs vives couleurs, avaient l'éclat des pierres précieuses et la valeur des plus riches mosaïques. Au quatorzième siècle, ce ne sont déjà plus des mosaïques, et ce ne sont pas encore des tableaux.

Sans doute, avant cette époque, on avait déjà vu, dans les grandes figures, des morceaux de verre d'assez larges dimensions. Mais ces grandes figures, en général, étaient situées à une hauteur telle, que l'œil n'y cherchait point de détails, et n'y saisissait que les masses. Encore l'absence de relief et de modelé y était-elle rachetée par la richesse des bordures, de l'ornementation, par la valeur des tons et l'intensité des couleurs.

A l'époque où nous sommes arrivés, le verre moins épais et mieux fabriqué peut-être, mais, par cela même, n'ayant plus ces heureuses imperfections dont l'harmonie générale des verrières tirait un si excellent profit, offrait habituellement à l'artiste une coloration déjà moins puissante et des ressources moins variées qu'au treizième siècle. Et ce qui semble établir une certaine corrélation entre ces changements dans la fabrication du verre et les modifications du goût survenues à cette époque, c'est que, précisément alors que la gamme des tons semble s'affaiblir sur la palette du peintre-verrier, on voit celui-ci renoncer en partie à l'emploi des couleurs les plus vives pour faire une plus large part au jaune et au blanc, dont on avait été si sobre dans les siècles précédents. Sur les vitres légendaires primitives, le blanc apparaissait à peine sous formes de lisérés aux bordures, de filets unis ou perlés autour des médaillons, de points ou d'étoiles dans les fonds. Les jaunes figuraient çà et là dans les bordures, très-peu dans les fonds, et accessoirement dans les costumes, pour *réveiller* les nuances plus sévères des bleus, des verts ou des violets.

Plus préoccupés de l'harmonie que de la vraisemblance, les peintres du treizième siècle faisaient bravement des maisons bleues, des murs violets, des églises de toutes les couleurs, comme on a pu en voir divers exemples dans les planches I, XII, XIV, XV, XVI, XXVII et XXX.

Les artistes du quatorzième siècle, un peu moins indépendants dans leurs allures, n'admettent guère que deux couleurs, le blanc ou le jaune, pour représenter la pierre ; et comme, dès la première moitié de ce siècle, la décoration architecturale se substitue à peu près complétement à la décoration fantaisiste du siècle précédent, il en résulte que ces deux couleurs, le blanc et le jaune, deviennent véritablement la base fondamentale de toute l'ornementation.

Les anciennes vitres légendaires, bien plus harmonieuses et plus riches de tons, avaient, il faut en convenir, l'inconvénient d'assombrir singulièrement les églises, surtout depuis que, par une modification survenue récemment dans l'architecture chrétienne, l'usage s'était répandu d'ajouter, au vaisseau principal des grandes églises, des collatéraux et des chapelles, dont les voûtes plus basses n'admettaient pas un second rang de fenêtres. Cette considération, et peut-être aussi l'usage devenu plus commun des livres d'église, ont pu contribuer à cette modification du goût, à cette transformation de la Peinture sur verre si regrettable au point de vue de l'art.

J'ai réuni sur la planche **XXXV** deux figures bien caractérisées et à dates certaines, du commencement du quatorzième siècle. La première est celle de Jean de Mante, abbé de Saint-Père de Chartres, en 1308. Déjà, sur la planche **IX**, j'avais reproduit deux figures tirées des verrières de cette même église de Saint-Père ou Saint-Pierre, et qui peuvent servir de points de comparaison (1).

Celle qui fait le sujet de la planche **XXXV** est également intéressante comme un des plus anciens spécimens de la décoration du quatorzième siècle. On sait, en effet, que le personnage qu'elle représente, Jean de Mante, était abbé de Saint-Père dès les premières années de ce siècle (2), et son identité est suffisamment constatée ici par l'inscription, quoique la maladresse des restaurateurs y ait introduit une incroyable confusion. Cette confusion, du reste, m'a semblé un motif de plus pour reproduire le vitrail de Jean de Mante. On peut y voir comment d'ignorants vitriers ont souvent rendu les légendes absolument méconnaissables en interposant des lettres ou des syllabes entières, en les renversant ou en les replaçant à l'envers (3). Pour plus d'évidence, je donne ici, sur deux colonnes, cette inscription, telle qu'elle est dans sa confusion actuelle, et telle qu'elle devait être primitivement :

IE	HAN		IE	HAN
DEK	ANTE		DE M	ANTE
ꓱ····ꓷ	:PERE		PAR LA	
ꓳꓵꓳꓱ			GR̄CE	
··RLA			DE : ISh ABE	
DE : ISh ABE			DE S	: PERE

(Jehan de Mante, par la grâce de Jésus, abbé de Saint-Père.)

L'écartement des lettres s'explique assez par la position du personnage. Je dois ajouter que l'inscription était plus longue ; mais, par suite du changement apporté à la forme

---

(1) J'ai donné, page 40, la description de ces figures et ce qui concerne l'histoire du monument. Mais, ici, je dois saisir l'occasion de rectifier une erreur de date qui s'est glissée dans cette description. Ce n'est pas au treizième siècle, mais bien au quatorzième qu'il faut attribuer la figure du prêtre Laurent, mise en regard de celle d'un saint martyr de la fin du douzième siècle.

(2) On lit dans la *Gallia christiana*, tom. VIII, col. 1229 : *Johannes de Mante eodem anno* (1307), *quum ex concessa regi per Benedictum X in monasterium summa prægravari se sentiret, ad Clementem V provocavit. Majorem campanam conflavit anno* 1308, *post biennium defunctum.*

(3) Déjà, page 151, j'ai rapporté, d'après les manuscrits de du Cange, certaines inscriptions provenant

de la fenêtre, la partie inférieure se trouve engagée aujourd'hui dans la maçonnerie.

Ce vitrail est situé au pourtour du chœur, un peu à gauche, en arrière du sanctuaire. En le comparant avec la première figure de la planche IX, on est frappé immédiatement de la différence de style, qui se manifeste à la fois dans l'ornementation et dans le dessin du personnage. Ce n'est plus cette pose carrée, ces allures robustes et un peu brutales de la figure primitive. Chez Jean de Mante, on voit déjà une certaine affectation dans la pose, un mouvement de tête un peu forcé qui se retrouve très-fréquemment dans les figures du quatorzième siècle. Et puis, déjà, voilà les fonds bleus unis, les bordures à lisérés, remplacés par un encadrement d'architecture jaune et blanc, avec ornements ogivaux rechampis en noir.

Les mêmes caractères, plus marqués encore, se retrouvent dans la figure du prêtre Laurent, que j'avais mis à dessein, sur la planche IX, en regard d'un personnage du douzième siècle. C'est la même inclinaison forcée de la tête et la même ornementation architecturale, mais ici plus développée, et remarquable surtout par les crochets en feuilles de chou, qui sembleraient annoncer une époque déjà un peu plus avancée du quatorzième siècle. Cet ornement, en effet, semble avoir pris, pour ainsi dire, naissance avec le siècle dont nous nous occupons. L'un des plus anciens exemples que j'en connaisse se voit dans un vitrail de la cathédrale de Chartres, attribué, comme je l'ai dit plus haut (1), à un chanoine du nom de Geoffroy, et qui fait le sujet de la planche XXXVI. Nulle part je n'ai trouvé à un état plus rudimentaire le genre d'ornements que je désigne sous le nom de *crochets*. Ici ce ne sont encore, en réalité, que les bourgeons des feuilles qui doivent se développer bientôt sur l'arête extérieure des cintres, des pignons et des pinacles. Mais la timidité même de cet essai dans l'application d'un ornement encore nouveau s'explique parfaitement, si, comme je le suppose, ce panneau de vitres, placé au bas d'une verrière du treizième siècle, provient de la restauration exécutée en 1316.

Renvoyant le lecteur à la description générale des vitraux de Chartres, que j'ai donnée précédemment, je ne reviendrai pas sur les raisons qui m'ont fait voir, dans le personnage ici réprésenté, l'auteur même de cette restauration, et je ne citerai pas de nouveau le passage des *Actes capitulaires* sur lequel je base cette opinion. Ce qui la confirme pour moi, et ce qui m'a décidé à reproduire cette vitre, c'est que l'ornement caractéristique qui s'y observe ne se retrouve sur aucune des verrières du treizième siècle que renferme la cathédrale de Chartres.

Devant le personnage auquel l'inscription donne le nom de IEFROI, l'artiste a placé une sorte d'autel surmonté d'une lourde croix, sur lequel est posée une draperie blanche à

des anciennes verrières de la cathédrale d'Amiens, et qui offrent plus d'un curieux exemple de ce genre d'interversions malheureusement trop fréquentes.

(1) Voyez ci-dessus, page 65.

franges. Dans cette dernière, je crois qu'il faut reconnaître la chemise de la sainte Vierge, conservée à Chartres, où elle fut toujours l'objet d'une grande vénération (1).

C'est encore dans la cathédrale de Chartres qu'il faut chercher la plus ancienne trace d'un genre de peintures qui reçut plus tard de nombreuses applications : je veux parler des *grisailles*. Nous avons bien vu, au treizième siècle, quelques fenêtres d'ornements, quelques entrelacs de ce genre; mais des sujets, des figures en grisailles, je ne crois pas qu'il en existe aucun, auquel on puisse assigner une date antérieure au quatorzième siècle. Le Vieil, comme je l'ai déjà dit (2), parle, il est vrai, de grandes figures d'évêques en grisaille, qui, selon lui, auraient été placées dans l'église Notre-Dame de Paris, dès la seconde moitié du douzième siècle. Mais, quelle que soit l'autorité de Le Vieil en pareille matière, ce témoignage, qui ne repose d'ailleurs sur aucune preuve, ne saurait inspirer une entière confiance, si l'on considère qu'aucun monument connu, qu'aucun document contemporain ne viennent le corroborer. Le Vieil s'est trompé, j'en ai acquis récemment la conviction par le témoignage d'un homme qui joignait une érudition archéologique bien plus étendue que celle de Le Vieil à des connaissances pratiques au moins égales. M. Henri Gérente, peintre sur verre d'un mérite éminent, dont on ne saurait trop regretter la mort prématurée, ayant eu occasion d'examiner de près les fenêtres de Notre-Dame, m'écrivait précisément au sujet de ce passage de Le Vieil : « J'ai retrouvé les éléments des fenêtres « de quelques chapelles du chevet; elles dataient du quatorzième siècle, et étaient en « grisaille...... Ce n'est guère qu'à cette époque qu'on a commencé à exécuter des figures « en grisaille rehaussées de jaune. »

L'opinion de M. Gérente est parfaitement d'accord avec le résultat de toutes mes recherches, et je persiste à penser, jusqu'à preuve contraire, qu'il n'y a pas eu de figures, de sujets en grisaille antérieurement au quatorzième siècle.

Pour moi, la plus ancienne verrière de ce genre, connue jusqu'à présent, est celle qui fut fondée en 1329, par le chanoine Thierry ou Thierrin, dans la cathédrale de Chartres. Je l'ai reproduite à la planche XXXVII, et je l'ai mentionnée par anticipation en donnant le catalogue général de toutes les verrières de Chartres (3). Je n'ai donc pas besoin de transcrire ici de nouveau l'inscription qui l'accompagne. Je voudrais seulement compléter ce que j'en ai déjà dit, en donnant les noms des divers saints représentés sur ce vitrail; mais la plupart de ces noms sont illisibles, et les attributs insuffisants pour y suppléer. Outre la sainte Vierge, aux pieds de laquelle le donateur s'est fait représenter, on reconnaît seulement s. MOR, (saint Maur) (4), SAINTE ABAGONDE, proba-

---

(1) Voyez le passage cité à la page 81.
(2) Voyez ci-dessus, page 42.

(3) Voyez ci-dessus, page 82.
(4) Abbé de Glanfeuil, en Anjou, que quelques-

blement sainte Aldegonde (1), SE. PHART, (sainte Fare) (2), et, je crois, saint Macaire (3).

Toutes ces figures sont en grisaille, relevées seulement d'un peu de jaune, et la seule partie en couleur dans tout le vitrail est le dragon de sainte Fare, que le peintre a figuré en rouge, sans doute par respect pour le symbolisme traditionnel (4). Le fond sur lequel se détachent les personnages est aussi de verre blanc, chargé seulement d'un réticulaire, dont les losanges, indiqués tout à la fois par les plombs et par des baguettes d'un jaune pâle, renferment un petit ornement au simple trait. J'ai reproduit, à côté du dessin d'ensemble, le détail de cet ornement sur une plus grande échelle.

Si Chartres nous offre quelques exemples intéressants et bien caractérisés des premières modifications que subit la Peinture sur verre au commencement du quatorzième siècle, les vitres de cette époque y sont en très-petit nombre et comme perdues au milieu de la décoration générale, qui, dans son admirable ensemble, remonte au siècle précédent. Le quatorzième siècle, lui, n'a laissé, que je sache, rien d'aussi complet comme décoration, et je serais même fort embarrassé de citer, surtout dans l'ouest de la France, aucune cathédrale ou grande église qui ait conservé sa vitrerie entière de cette époque. Il en est cependant qui sont encore assez riches sous ce rapport;

uns confondent avec un moine du même nom, qui était le disciple favori de saint Benoît.

(1) Il n'y a jamais eu, que je sache, aucune sainte du nom d'Abagonde. Soit que j'aie mal lu, soit que le nom ait été mal écrit primitivement ou altéré par une restauration, il y a lieu de penser qu'il s'agit ici de sainte Aldegonde, fondatrice de la célèbre abbaye de Maubeuge, transformée plus tard en chapitre de demoiselles nobles.

(2) Fondatrice de l'abbaye de Farmoutiers, au diocèse de Meaux.

(3) Il y a eu plusieurs évêques de ce nom dans l'église d'Orient. Mais, si c'est bien un saint Macaire que le peintre a voulu représenter ici, j'inclinerais à penser que c'est plutôt le saint abbé dont parle la *Légende dorée*. Jacques de Vorragine raconte sur lui une foule de particularités fort bizarres, entre autres, l'idée qu'il eut un jour de prendre pour oreiller le cadavre d'un païen, afin de mieux vexer le démon qui s'était niché dans ce corps maudit.

A propos du même saint, je ne puis résister à la tentation de citer une autre histoire dont la poésie énergique et sauvage semble avoir inspiré, quelque part, l'un des plus grands écrivains de l'école romantique. La voici :

Un jour, Macaire, en se promenant dans les soli-

tudes de sa retraite, trouve une tête humaine séparée du corps. Il la ramasse, l'interroge, et le dialogue suivant s'établit entre eux :

— A qui appartiens-tu?

— A un païen.

— Et où est ton âme?

— En enfer.

— Y est-elle bien profondément?

— Aussi profondément que le ciel est loin de la terre.

— Y en a-t-il d'autres plus profondément encore?

— Oui, les Juifs.

— Et, au-dessous des Juifs, y en a-t-il d'autres qui soient encore plus bas?

— Oui.

— Lesquels?

— Les mauvais chrétiens. Car ceux-là ont su, et n'en ont pas profité. (*Légende dorée*, art. Macaire.)

(4) Ici encore, c'est évidemment l'hérésie qui est représentée sous la forme d'un dragon. On lit en effet, dans une vieille histoire de sainte Fare, qu'un schismatique du nom d'Agrestin ayant essayé d'ébranler sa foi, la sainte, « de qui la science ne pouvait errer, « cogneust aussi tost l'esprit de malice, » et qu'elle « escrasa la teste de ces serpents. » (*La Vie et miracles de sainte Fare*, par Fr. Robert Regnault. In-8°, Paris, Cramoisy, 1626.)

il en est même quelques-unes qui présentent, si ce n'est une décoration complète, du moins un nombre de verrières du quatorzième siècle assez considérable pour qu'on puisse y étudier très-utilement les caractères de la Peinture sur verre dans cette période. Je citerai, en première ligne, pour la région que j'ai déjà désignée sous la qualification de *franco-normande*, les deux cathédrales d'Évreux et de Beauvais.

La première de ces églises reconnaît pour fondateur le bienheureux saint Taurin. Mais on ne sait pas au juste à quelle époque il y porta la parole du Christ. Il est peu probable, toutefois, que ce soit avant le commencement du cinquième siècle, puisque le second de ses successeurs, l'évêque Mauruse, vivait encore en 511, lors du premier concile d'Orléans (1). Quant à l'église elle-même, il existe fort peu de documents touchant ses origines. Comme d'habitude, ce ne fut d'abord qu'une simple chapelle élevée sur le tombeau de son premier pasteur, là où est aujourd'hui l'église de Saint-Taurin (2). Mais il serait difficile de préciser l'époque de fondation de l'édifice primitif érigé sur l'emplacement de la cathédrale actuelle; on peut seulement affirmer que, dans l'espace de quelques siècles, on en construisit plusieurs qui furent successivement détruits. Au témoignage d'Orderic Vital, l'évêque Gislebert II, mort en 1112, avait mis la dernière main à l'un de ces édifices (3), qui, sous l'épiscopat d'Audin, son successeur, fut réduit en cendres, lorsque Henri II vint mettre le siége devant Évreux, en 1119. Ne pouvant triompher de la résistance que lui opposait Amaury de Montfort, et n'ayant plus d'autres ressources que de détruire la ville par le feu avec toutes les églises qu'elle contenait, le roi des Anglais, selon ce qu'on raconte, éprouva un instant d'hésitation, et fit appeler l'évêque d'Évreux pour lui soumettre ce cas de conscience. Audin, qui nourrissait une vieille rancune contre le comte de Montfort, eut plus de résolution que le monarque, et lui dit: « *Si victoria nobis per incendium « divinitus conceditur, opitulante Deo ecclesiæ detrimenta restaurabuntur* (4). » Les scrupules de Henri n'étaient pas de nature à tenir contre une réponse si concluante. La ville fut donc brûlée, et, avec elle, sa cathédrale. Mais l'oracle de l'évêque se réalisa également dans sa dernière partie, et, grâce aux largesses du roi et des principaux seigneurs de sa cour, une église infiniment plus belle s'éleva promptement à la place de l'ancienne (5). Celle-là, non plus, ne devait pas durer longtemps. Jean de Mortain, qui, pendant la captivité de Richard Cœur-de-Lion, avait livré la ville à Philippe-Auguste, ayant fait traîtreusement massacrer la garnison du château, en 1194, pour se récon-

---

(1) Gallia christiana, tom. XI, col. 566.

(2) Ibid.

(3) ..... *In basilica sanctæ Dei Genitricis Mariæ sepultus est, quam ipse perfecit et dedicari fecit.* (Orderici Vitalis Histor. eccles., part. III, lib. xi, publiée par Duchesne dans sa collection latine des écrivains de l'histoire de Normandie, in-fol. Paris, 1619.)

(4) Orderic Vital, IIIe partie, liv. xii.

(5) *Et certe ecclesia cathedralis tanta arte fuit reædificata, ut omnes fere ecclesias Neustriæ sua pulchritudine superaret.* (Guillaume de Jumiéges, Historia Normannorum, lib. VIII, cap. 33, éd. Barthius, in-4°, 1657.)

cilier avec son frère, le monarque français surprit la ville un jour de fête, et, ne pouvant la conserver, alluma un nouvel incendie, dans lequel périt encore une fois la cathédrale (1).

Il ne reste certainement rien des édifices antérieurs à cette époque, et il ne semble pas même que, cette fois, on se soit beaucoup pressé de réparer le désastre. L'église ne parait avoir été remise un peu en état que vers la fin du treizième siècle; encore ne retrouve-t-on une date aussi ancienne que dans quelques chapelles du pourtour; car le chœur n'est bien certainement que du siècle suivant. Les meilleurs éléments d'appréciation qu'on ait à cet égard sont précisément les vitraux dont il me reste à parler. J'en commencerai la description par ceux de l'étage inférieur. Ce sont les plus anciens.

1 à 7. — Les sept fenêtres du côté gauche de la nef sont complétement dépouillées de leur vitrerie primitive. A la cinquième, on voit seulement quelques figures de saints sur fonds rouges, du seizième siècle.

8. — Cette fenêtre, la première du chœur, ne renferme que des lacis en grisailles.

9. — Saint Martin. — Figure votive de l'évêque Mathieu des Essarts (2), qui siégea de 1299 à 1311. La bordure est à ses armes, de gueules au chevron d'or (3), accompagnées de la crosse épiscopale.

On a rapporté dans la même fenêtre quelques panneaux du seizième siècle, qui représentent un évêque et une dame à genoux, dont le blason est de gueules au lion d'argent rampant (4).

10. — Autre figure du même évêque Mathieu des Essarts, auprès de laquelle on a fort maladroitement rapporté une figure de Vierge du dix-septième siècle et une inscription de la même époque en l'honneur de Pierre Bridier, petit-neveu de l'évêque Claude de Saintes.

11. — Cette verrière renferme quatre figures de saints : saint MARTIN, saint MORISE *(sic)*, saint GATIEN (5) et la sainte Vierge; et, en outre, plusieurs figures de dona-

---

(1) *Ebroïcas primo sic incineravit, ut omnes*
    Cum domibus simul ecclesias consumpserit ignis.

(Guillelmi Britonis, Armorici, Philippidos lib. IV, apud Duchesne.)

(2) Au dire du père Dam, Mathieu des Essarts était fils de Gilbert de Lomblon, seigneur des Essarts, qui, ayant accompagné saint Louis à sa première croisade, tomba aux mains des infidèles. Le sort de Gilbert resta longtemps inconnu, et sa captivité dura si longtemps que sa femme, après l'avoir bien pleuré, avait pris le parti de contracter une autre alliance. La cérémonie avait déjà eu lieu, lorsque le pauvre captif, miraculeusement délivré, arriva fort à propos, le soir des noces..... Il était temps! — On lit cette histo-

riette dans l'ouvrage du P. Dam, *De la Barbarie et de ses corsaires*, liv. VI, pag. 490.

(3) Le Brasseur, dans son *Histoire du comté d'É-vreux* (pag. 208), donne ce blason à la famille de Lomblon, qui, selon lui, ne se serait fondue avec celle des Essarts qu'à la fin de ce siècle. Cependant la crosse qui accompagne l'écu sur la verrière prouve clairement que ces armoiries appartenaient dès lors à la famille des Essarts, ce qui donnerait raison au P. Dam contre Le Brasseur.

(4) J'ignore à quelle famille appartient ce blason.

(5) Saint Gacien, Gatien, ou Gratien, est considéré comme le premier évêque de Tours. (Voyez ci-dessus, pages 99 et 100.)

teurs. La plus importante de ces dernières est celle que j'ai reproduite planche XXXVIII. On lit au-dessous, en lettres onciales un peu modernisées : LEUESQUE GIEFROY DO ... CESTE VERRIERE. Le prélat est représenté à genoux, tenant dans ses mains le modèle d'un vitrail, ce qui est l'attitude caractéristique des donateurs. Le fond bleu sur lequel se détache la figure est damassé couleur sur couleur, genre de décoration dont on trouve peu d'exemples jusque alors. A part ce fond, le vitrail ne contient guère que du jaune et du blanc. La chape de Geoffroy est jaune tout unie, et sa mitre n'est déjà plus de la même forme que celles que nous avons pu observer dans un certain nombre de verrières de l'époque primitive. Mais ce qui est surtout remarquable, c'est l'encadrement de la figure dans une espèce de porche gothique de l'architecture la plus élégante, dont le fronton représente une rose très-légèrement découpée.

L'inscription ne nous a conservé que le prénom de l'évêque donateur. Ce prénom est commun à deux prélats du même siècle : Guillaume du Plessis, qui siégea de 1314 à 1325, et Guillaume Faë, qui occupa le siége d'Évreux de 1334 à 1340. Il est difficile de dire quel est celui de ces deux prélats qui se trouve ici représenté. J'incline cependant à penser que c'est Geoffroy Faë. On doit, en grande partie, à cet évêque la reconstruction du chœur, où sa figure est plusieurs fois reproduite sur les vitres de l'étage supérieur. Il est vrai que, là, elle est toujours accompagnée d'un blason, qui ne se retrouve pas ici. Au contraire, dans la fenêtre qui nous occupe, on voit des armoiries absolument différentes (d'argent à deux fasces de sable, accompagnées de huit macles du même 3, 3 et 2). Mais, à cela, il est facile de répondre que le blason joint à la figure de Geoffroy dans les fenêtres supérieures n'est pas le sien, comme on le croit généralement ; et, d'ailleurs, la fenêtre que je décris en ce moment contenant plusieurs autres figures de donateurs, rien ne démontre que les armoiries qui s'y trouvent appartiennent à *leuesque Giefroy* plutôt qu'à l'un des autres personnages. C'est donc ailleurs qu'il faut chercher les moyens de constater auquel des deux Geoffroy cette figure se rapporte ; et ce qui me détermine, pour ma part, à l'attribuer de préférence à Geoffroy Faë, c'est que, d'après d'anciens titres, ce dernier est spécialement désigné comme ayant doté l'une des chapelles de la cathédrale (1). Il faut aussi tenir compte du style du vitrail, qui est très-avancé, même pour l'époque où Geoffroy Faë occupait le siége d'Évreux.

J'ai dit que la même verrière contenait d'autres figures de donateurs. Il sont au nombre de trois, désignés par autant d'inscriptions, sous les noms de MAITRE ALAIN DE BAREL, MAITRE ALAIN DE BALAIS, et MOSSN̄ JEHAN DE BALAIS. Ces deux derniers portent la mitre et le bâton pastoral ou abbatial. J'ai vainement recherché le nom de ces personnages parmi ceux des évêques ou des abbés de la province, et j'ignore absolument qui ils peuvent être.

(1) *In diplomate Johannis filii regis Franciæ ducis Normaniæ, apud Pisciacum, an. 1337... nominatur Gaufridus, qui, anno 1338, dotavit capellam B. Annæ.* (Gallia christiana, tom. XI, col. 596).

12. — Entrelacs en grisaille, parmi lesquels on trouve les armes de Castille.

13. — Autres grisailles, avec quelques figures de saints surmontées de dais fort élégants et ornés de petits anges. On trouve dans les fonds les armes de France, des K entourés de fleurs de lis, des cerfs ailés portant une couronne autour du cou, et la devise EN BIEN plusieurs fois répétée, tous emblèmes qui se rapportent au roi Charles VI (1), et dont la présence s'explique ici tout naturellement, lorsqu'on se rappelle que ce monarque eut pour aumônier Guillaume de Vallon ou d'Avallon (2), évêque d'Évreux. Cette circonstance donne une date à peu près certaine au vitrail dont il s'agit. Il doit être des dernières années du quatorzième siècle, puisque l'évêque Guillaume, nommé en 1389, n'existait plus en l'année 1400.

14. — Fragments de grisailles, probablement du treizième siècle, avec des bordures où l'on retrouve les armes de France et de Castille.

(Ici, je passe la chapelle de la sainte Vierge placée à l'abside et tout à fait hors œuvre. Son importance et la date postérieure de sa très-remarquable vitrerie m'obligeront à y revenir dans la suite de cet ouvrage, et j'en donnerai alors la description détaillée. Je me borne donc, pour le moment, à continuer l'examen des chapelles du pourtour.)

15. — Cette verrière peut être considérée comme la plus ancienne de l'église, bien qu'il s'y rencontre des fragments de diverses époques. Je signalerai, entre autres, deux petites figures portant les noms de IEHAN CHEVRIER et de MARIE ..... Dans ces deux personnages, il est facile de reconnaître le père de Raoul de Chevriers, évêque d'Évreux, et sa mère, Marie de Beaugé (3). Selon toute vraisemblance, leurs figures n'ont pu être placées dans cette église que pendant l'épiscopat de leur fils, c'est-à-dire de 1263 à 1269.

Dans la même fenêtre on aperçoit aussi deux comtes d'Évreux, dont un du nom de Louis, et une comtesse du nom de Marguerite. Ce sont évidemment Louis de France, comte d'Évreux, fils de Philippe le Hardi, et Marguerite d'Artois, sa femme. Le Brasseur nous apprend, en effet, que leur portrait se trouve sur les vitres de l'église d'Évreux : «Louis de France, comte d'Évreux, fut le premier, » dit-il, «qui porta semé de fleurs de «lys au bâton componé d'argent et de gueules, ainsi qu'on le voit encore sur son manteau «ducal, en la première chapelle à l'église cathédrale d'Évreux, représenté en une vitre de

---

(1) Juvénal des Ursins nous fait connaître à quelle occasion Charles VI adopta l'emblème du cerf ailé. Il chassait à Senlis, « et alors fut trouué un cerf « qui auoit au col une chaisne de cuivre doré, et dé-« fendit qu'on ne le prit que au las, sans le tuer, et « ainsi fut fait. Et trouua-on quil auoit au col ladite « chaisne où auoit escrit : *Cæsar hoc mihi donauit.* Et « dès lors le roy, de son mouuement, porta en deuise « le cerf volant couronné d'or au col. » (Page 10 de l'édition donnée par Denys Godefroy, in-fol. Paris, 1653). — Voyez aussi ce que M. A. Pottier dit de cet emblème dans le texte des *Monuments français inédits* de Willemin (tom. II, pag. 9). — Quant à la devise EN BIEN, je ne la trouve mentionnée dans aucun des historiens de ce règne.

(2) On n'est pas certain du nom de cet évêque, que les uns appellent Guillaume de Vallan ou Valent, les autres de Vallon ou d'Avallon. Avant de monter sur le siége d'Évreux, il avait été évêque d'Auxerre, ce qui pourrait confirmer son origine bourguignonne.

(3) Claude Clemens. Éloge de Raoul de Chevrier, évêque d'Évreux (in-8°, Lyon, 1624).

« cristal en petit volume, à genoux; de l'autre côté, la princesse Marguerite, sa femme (1). »
L'autre prince de la maison d'Évreux est probablement leur fils. Dans tous les cas, Louis
et Marguerite ne s'étant mariés qu'en l'an 1300, ces figures ne peuvent être que du
commencement du quatorzième siècle.

16. — Verrière du treizième siècle contenant plusieurs figures de saints, parmi lesquels on reconnaît saint Taurin, saint Aquilin (2), et quelques figures d'évêques. L'un
de ceux-ci tient le modèle d'une verrière avec cette inscription NICHOLAS CARDINAL. C'est
Nicolas de l'Aide *(de Auxilio),* souvent appelé Nicolas de Nonancourt, d'après le lieu de
sa naissance, situé au diocèse d'Évreux. Il fut cardinal prêtre du titre de Saint-Laurent
in Damaso, et l'un des bienfaiteurs de la cathédrale (3). Nicolas mourut en 1298 ou 99.
Il avait été revêtu de la pourpre romaine en 1294. La date de notre vitrail ne saurait
donc être douteuse.

17. — Grisailles à bordures aux armes de France et de Castille, au milieu desquelles
on voit un saint Martin partageant son manteau.

18 et 19. — Ces deux fenêtres, les dernières du chœur, ne contiennent que des lacis
en grisailles, et paraissent être du treizième siècle, ainsi que les trois précédentes.

20 et 21. — On a bouché ces deux verrières, qui, ainsi que les suivantes, font partie
de la nef, côté droit.

22. — Le Christ en croix, saint Philippe, la sainte Vierge, bordures de France et de
Castille. Dans l'amortissement de la fenêtre, se voient les armes du chapitre (d'azur à une
Vierge d'argent posée sur un croissant du même et accompagnée de deux fleurs de lis
d'or). Cette fenêtre, comme les dernières du chœur et les autres du même côté de la nef,
me paraît être très-positivement du treizième siècle.

23. — Saint Siméon, saint Jude et quelques autres figures.

24. — La crucifixion de saint Pierre. Figures de Vierge, d'ange et de roi.

25. — Autres sujets du même genre. Notre-Seigneur dans un nimbe amandaire.

26. — Verrière très-confuse par suite de remaniements. On y distingue un saint Barthélemy, le blason du chapitre et une petite figure de HEN. DE MEULENT (Henri de Meulent
ou Meulan), probablement chanoine d'Évreux.

Les vitraux de l'étage supérieur sont moins anciens; ils ne contiennent rien d'antérieur
au quatorzième siècle, mais celui-ci y est représenté par de nombreuses et importantes
verrières. C'est surtout dans les fenêtres du chœur qu'elles se trouvent placées; car, à
part quelques grisailles de peu de valeur, la nef ne renferme que deux fenêtres de cette
époque, et celles du transept sont infiniment postérieures.

<hr>

(1) Histoire civile et ecclésiastique du comté d'É-
vreux, pag. 210.

(2) Il y a eu deux évêques de ce nom, dont le premier occupa le siége d'Évreux de 515 à 538, et le
second siégea depuis l'an 663 jusqu'en 695.

(3) On lisait dans le nécrologe de la cathédrale :
*24 septembris obitus bonæ memoriæ Nicolai sancti Lau-
rentii in Damaso Presbyteri Cardinalis, qui dedit.....*

Pour procéder avec ordre, je donnerai donc d'abord la description des verrières du chœur.

I. — La première fenêtre est elle-même du quinzième siècle. J'en reparlerai plus tard avec tout le détail dont elle est digne. On y voit réunis des personnages de toutes les conditions sociales, depuis le pape jusqu'aux bourgeois.

II. — Il reste, de cette verrière, trois grandes figures : la sainte Vierge, saint Denys revêtu d'une chape fleurdelisée, et un donateur à genoux, qu'au premier abord on pourrait prendre pour une femme, si l'inscription MISSIR ..... DE FERRIERES CHANOINE DE CEANS ne faisait connaître, d'une manière positive, le nom et la qualité de ce personnage.

III. — Un chevalier à genoux, revêtu d'une cotte blasonnée par-dessus son armure, et, vis-à-vis de lui, sa femme également agenouillée, aux pieds de la sainte Vierge et de sainte Catherine, avec cette inscription : MONSEIGNEUR GUILLAUME ·· HARCOURT SEIGNEUR DE LA CAUCHIE ET MADAME BLA ..... AUA.... Le mari porte de gueules à deux fasces d'or, qui est de Harcourt, ayant pour brisure un lambel d'azur à trois pendants chargés chacun de trois besans d'argent, ce qui indique la branche des seigneurs de La Cauchie. La femme porte d'argent au chef de gueules, qui est d'Avaugour. Ces deux personnages sont Guillaume de Harcourt, grand maitre d'hôtel de la maison du roi et grand queux de France en 1310, mort en 1327, et Blanche d'Avaugour, sa troisième femme (1).

J'ai reproduit, planche XXXV, la première de ces deux figures, qui m'a semblé digne d'intérêt tout à la fois par le costume et par le style des ornements.

Guillaume de Harcourt est représenté en costume de chevalier, vêtu de mailles en dessous de sa cotte d'armes blasonnée. Celle-ci est longue, flottante et ouverte par en bas, sur le devant et sur les côtés, à peu près comme nous l'avons vue dans le siècle précédent. De même, l'épée à lame plate et assez large est suspendue à un ceinturon placé sur les hanches. Mais, ce qui annonce déjà une modification sensible aux armures du treizième siècle, les jambes et les pieds sont garnis de pièces forgées, et enfin les épaules sont protégées par des *ailettes,* pièce assez rare, qui ne fut guère en usage que pendant un petit nombre d'années, précisément à l'époque qui nous occupe. C'était comme une sorte de petit bouclier destinée à protéger le défaut de l'épaule, endroit toujours fort menacé dans les combats à la lance. Il y en avait de diverses formes, ainsi qu'on peut le voir dans l'intéressante dissertation de M. Allou sur les *Boucliers-écus*, insérée au tome XIII des *Mémoires de la Société royale des antiquaires de France* (2).

Les ailettes de Guillaume de Harcourt ont la forme d'un carré long, auquel, d'après les proportions de la figure, on pourrait assigner environ trente-cinq centimètres de hauteur

(1) G. A. de la Roque. Histoire généalogique de la maison d'Harcourt, 4 vol. in-fol. Paris, 1662.

(2) Page 337. — Voyez également, au sujet des ailettes, ce qu'en ont dit sir Samuel Meyrick, dans son savant ouvrage intitulé *Critical Inquiry into ancient Armour*, in-4°, Londres, 1824, tom. Iᵉʳ, pag. 150, M. Planché, à la page 108 de son *History of British Costum*, et M. Cibrario, dans ses intéressantes recherches sur les *Sceaux de la maison de Savoie*, où les ailettes sont désignées sous le nom de *bandière*.

sur vingt-cinq de large. Elles sont blasonnées à l'extérieur, et doublées d'étoffe verte, comme la cotte d'armes. On comprend sans peine qu'on ait renoncé promptement à cette pièce de l'armure: elle n'avait rien de gracieux; fixée sur un vêtement de mailles, elle devait offrir peu de solidité, et bientôt l'adoption des cuirasses forgées la rendit inutile.

Comme ornementation, la figure de Guillaume de Harcourt offre toutes les particularités qui caractérisent la modification de style survenue, à cette époque, dans la Peinture sur verre. Le fond sur lequel elle se détache est damassé; elle est surmontée d'un fronton ogival avec crochets en feuilles de chou, et accompagnée d'une décoration tout architecturale.

IV. — Un comte d'Évreux, roi de Navarre, à genoux devant la sainte Vierge. C'est probablement Charles le Mauvais, qui régna de 1343 à 1346. Il avait fondé une chapelle dans la cathédrale d'Évreux (1).

Autre figure votive, au-dessous de laquelle on lit : M : RAAVL DE FERRIERES. Cette inscription complète celle de la fenêtre II. Nul doute que ce ne soit le même personnage.

V. — Deux figures de saints, et celle de l'évêque Bernard de Carity, qui siégea depuis 1376 jusqu'en 1383 (2).

VI. — Un évêque agenouillé devant la sainte Vierge, et revêtu d'une chape, dont la bordure est blasonnée de gueules à dix besants d'or, 4, 3, 2 et 1. Rien n'indique son nom; mais, ainsi que je l'expliquerai plus loin, il y a des probabilités pour que ce soit Geoffroy Faë.

VII. — L'Annonciation. — Petite figure d'évêque à genoux, avec cette inscription : DNS GAVF'D⁵ ABBAS : BECCII POSTEA EPS EBROICĒCIS *(Dominus Gaufridus abbas Beccii, postea episcopus Ebroïcensis)* (3). Ce prélat est Geoffroy Faë, qui effectivement avait été abbé du Bec avant d'être appelé sur le siége d'Évreux. La chronique de cette abbaye le signale comme ayant fait exécuter d'importants travaux à son église cathédrale, particulièrement dans le chœur. Près de lui est un blason de gueules (d'autres disent de pourpre) semé de fleurs de lis d'argent, au franc canton de sable chargé d'une molette d'éperon d'or. On croit généralement que ce sont ses propres armoiries; mais Le Brasseur nous apprend que c'étaient celles de son ancienne abbaye (4).

VIII. — Cette fenêtre, située au chevet de l'église, contient la figure de la sainte Vierge, patronne du lieu, celle de saint Jean, le disciple bien-aimé, et une figure d'évêque à genoux, avec cette inscription : FRATER IOH̄S DE PR..O *(Johannes de Prato)* EPISCOPUS EBROI-

---

(1) Le Brasseur, Histoire civile et ecclésiastique du comté d'Évreux, pag. 243.

(2) « On voit, » dit Le Brasseur, « sa représentation « sur une très-belle vitre du côté gauche. Ses armes « étaient d'argent, au chef dentelé de gueules. » (Ibid., pag. 262.)

(3) Le Brasseur, en rapportant cette inscription, y ajoute les mots : *Ecclesiæ cathedrali multa bona contulit.* (Ibid., pag. 233.)

(4) C'est ainsi probablement qu'il faut comprendre ce passage de la Gallia christiana : *Depingitur in quatuor vitris chori cum insignibus Becci.* (Tom. XI, col. 596.)

censis. C'est Jean du Pré (ou du Pray, comme on écrit généralement), qui siégea de 1329 à 1334 (1). — Dans l'amortissement de l'ogive, on voit une tête de Christ au milieu d'un concert d'anges.

IX. — Notre-Seigneur Jésus-Christ en costume de roi, et, près de lui, la sainte Vierge couronnée par un ange : à leurs pieds, Guillaume Faë avec la même inscription et les mêmes armoiries qu'à la fenêtre VII. La petite rose placée au sommet de la verrière renferme un *Agnus Dei*.

X. — Saint Martin et une figure de martyr. — Un évêque à genoux, mais sans inscription et dont le blason est détruit. Ce prélat pourrait bien être Robert de Brucourt, qui fonda une chapelle en 1348 (2).

XI. — Saint Maur et l'archange saint Michel, avec la figure de Geoffroy Faë accompagnée de la même inscription que nous avons rapportée plus haut, et, près de lui, un abbé (peut-être celui qui lui succéda à l'abbaye du Bec).

XII. — Assomption ou glorification de la sainte Vierge, accompagnée d'une inscription, où l'on distingue encore ces mots : veni electa mea....... Sur la même verrière on voit une reine agenouillée, portant, pour blason, de France au franc canton de Navarre. Cela ne saurait être que Jeanne de France, fille unique de Louis le Hutin et reine de Navarre, qui apporta ce royaume dans la maison d'Évreux par son mariage avec Philippe le Bon, et mourut en 1349.

XIII. — La sainte Vierge, saint Taurin, saint Aquilin et saint Denys. Les armes du chapitre se voient au sommet de la fenêtre.

XIV. — La sainte Vierge, saint Laurent, un saint moine armé d'une épée, et deux figures votives, dont un moine et un évêque, avec cette inscription : p. de molins, laquelle peut s'appliquer également bien à Philippe de Moulins, qui siégea de 1383 à 1388, ou à son successeur Pierre de Moulins, mort en 1389. Il est cependant plus probable que le donateur de cette vitre est l'évêque Philippe, dont l'épiscopat fut de plus longue durée que le suivant.

XV. — Cette verrière, comme la première du chœur, est de beaucoup postérieure aux autres. Je la crois de la seconde moitié du quinzième siècle, époque de la reconstruction

---

(1) Le Brasseur, qui mentionne cette vitre, ajoute qu'on y voyait les armoiries de Jean du Pray, d'or au chef de sable chargé d'un lambel de quatre pendants de gueules. Ce blason est aujourd'hui méconnaissable.

(2) D'après le passage que j'ai cité dans une des notes précédentes, Geoffroy Faë s'était fait peindre quatre fois sur les vitres du chœur de la cathédrale d'Évreux. On le retrouve aisément encore sur les trois verrières, n°s VII, IX et XI. Comme quatrième figure, on ne peut lui attribuer que celle de la VIe ou celle de la Xe fenêtre. Dans tous les cas, l'une de ces dernières figures resterait sans attribution. C'est celle-là qui me semble devoir appartenir à Robert de Brucourt. Les armoiries de ce prélat étaient fascées d'or et de gueules, semées de fleurs de lis de l'un dans l'autre. Or, comme l'évêque représenté sur la VIe fenêtre porte un blason tout différent, j'en conclus qu'il faut plutôt attribuer la Xe à Robert de Brucourt, et reconnaître dans l'autre cette quatrième figure de Geoffroy Faë, que nous devons retrouver dans le chœur, ainsi que ses armoiries jusqu'ici inconnues.

des transepts. Il me paraît donc plus convenable d'en ajourner la description, comme je l'ai déjà fait pour plusieurs autres.

J'ai dit que la nef n'avait conservé que deux verrières du quatorzième siècle à l'étage supérieur : ce sont la troisième et la quatrième du côté droit. Celle-ci représente, sur un fond fleurdelisé, un personnage à genoux (peut-être un roi de France). L'autre nous montre un prince de la maison d'Évreux-Navarre, reconnaissable à son blason. Il est également agenouillé, et, près de lui, on voit saint Pierre. D'après l'usage qu'avaient alors les donateurs de se faire peindre aux pieds de leurs saints patrons, on en devrait conclure que le prince ici représenté portait le nom de Pierre, ce qui ne pourrait guère s'appliquer, je crois, qu'à Pierre d'Évreux, comte de Mortain, fils de Charles le Mauvais, roi de Navarre, né en 1366 et mort en 1412 (1).

Enfin, voulant me conformer strictement à la division chronologique, je dois, pour clore la description des vitraux du quatorzième siècle encore existant dans la cathédrale d'Évreux, donner celle d'une très-importante verrière fondée, en l'an 1400, par l'évêque Guillaume de Cantiers. Cette verrière est située à la cinquième fenêtre de l'étage supérieur de la nef, du côté gauche. Je l'ai reproduite à la planche L, comme dernier spécimen de la Peinture sur verre à la limite extrême des quatorzième et quinzième siècles (2). Par son caractère, elle tient plus de ce dernier que de celui qui nous occupe en ce moment; et j'y vois une nouvelle preuve de ce fait déjà constaté, qu'à toutes les époques l'art du peintre-verrier a été plus avancé en Normandie que dans aucune autre partie de la France.

Guillaume de Cantiers y est représenté à genoux, aux pieds de la sainte Vierge, et, derrière lui, une sainte Catherine, à qui, outre ses attributs ordinaires (la roue brisée et la palme du martyre), le peintre a confié le soin de porter les insignes du donateur (sa mitre et sa crosse épiscopales). Toutes ces figures sont en grisaille, à peine relevées de quelques orfrois, et surmontées de dais ou pinacles fort allongés, également en grisaille, le tout se détachant sur des fonds de couleur.

Il est impossible de ne pas être frappé de l'immense différence de style qui existe entre cette verrière et celles qui avaient été fondées dans la même église au commencement du même siècle (3). On ne saurait trouver, à cette époque, rien de plus remarquable, sous le double rapport du dessin et de l'exécution; et l'on ne sait ce qu'on doit le plus y admirer, de la grâce naïve et de la finesse des figures, ou de la parfaite élégance des pinacles dont elles sont surmontées. Cette verrière témoigne des immenses progrès que les arts du dessin avaient faits, du moins dans cette partie de la France, vers la fin du

---

(1) Cette verrière, que j'ai vue et dont j'ai pris note en 1835, n'existe plus aujourd'hui.

(2) L'extrême longueur de cette verrière m'a empêché de la reproduire en entier. J'ai dû sacrifier le bas; mais j'ai cherché, du moins, à en conserver toutes les parties caractéristiques, c'est-à-dire les figures et l'ornementation.

(3) On peut la comparer ici avec les figures de Guillaume de Harcourt et de l'évêque Geoffroy, que j'ai données planches XXXV et XXXVIII.

quatorzième siècle. Un autre motif la rend également digne d'attention : c'est cette circonstance particulière (et dont je ne connais pas d'autre exemple) qu'elle fut fondée
par Guillaume de Cantiers, en mémoire de son joyeux avénement, ainsi que le constate l'inscription suivante, encore lisible aujourd'hui :

Año. do! Mᵒ ccccᵒ. g. de Cāter   electᵘ fuit: in. epm̄. huj⁹. ecclie
Captō. qᵉ cosecratᵘ ī. eiˢ ioūdo   aduetu. virgini mᵉ hāc dedit. vi....

*(Anno Domini MCCCC, Guillelmus de Cantier electus fuit in episcopum hujus ecclesiæ,
capituloque consecratus. In ejus jucundo adventu, Virgini Mariæ hanc dedit vitram.)*

Cette inscription est placée au bas de la fenêtre, ainsi que le blason de Guillaume de
Cantiers, burelé d'argent et de gueules de dix pièces, à l'aigle éployée de sable armée et
becquée d'or brochant sur le tout.

Mais, comme je l'ai déjà dit, ce vitrail, bien que se rapportant par sa date au quatorzième siècle, présente tous les caractères d'une époque plus récente, et il nous faut revenir en arrière, pour continuer, dans d'autres monuments, l'étude du style propre à la
Peinture sur verre durant le siècle qui nous occupe en ce moment.

Après la cathédrale d'Évreux, celle de Beauvais offre, plus qu'aucune autre église de
la même région, l'assemblage encore bien conservé d'une nombreuse suite de verrières
du quatorzième siècle.

Bien que la foi chrétienne ait pris racine à Beauvais dès le troisième siècle de notre
ère (1), l'édifice actuel de la cathédrale n'est pas fort ancien, et ne s'élève pas même sur
l'emplacement de la cathédrale primitive. Mais on voit encore debout, et adossée au mur
qui coupe l'église inachevée à la hauteur de ses transepts, l'antique basilique où fut
d'abord placé le siége épiscopal. Cet édifice, connu sous le nom de la *Basse-OEuvre,*
et qui servit longtemps encore de baptistère après la construction de la nouvelle église,
est un des monuments religieux les plus anciens et les plus curieux que possède le
Nord de la France (2). Jusqu'à la fin du dixième siècle, il avait suffi aux besoins du
culte. Ce fut alors seulement (en 997) que l'évêque Hervée entreprit de construire
une autre cathédrale plus vaste et plus grandiose (3), et, sans doute pour ne pas in-
terrompre le service du culte dans la *Basse-OEuvre,* il reporta les constructions nouvelles un peu plus loin. On ne possède aucuns documents précis sur la construction
de cette église. Un passage du nécrologe de la cathédrale nous apprend seulement que,

---

(1) Gallia christiana, tom. IX, col. 692-3.

(2) Tombée dans le domaine privé, l'église de la
Basse-OEuvre était menacée d'une destruction prochaine. La ville de Beauvais a fait un acte de bonne
et intelligente administration en choisissant ce monument pour y placer son musée d'antiquités locales.

(3) L'évêque Drogon, mort en 1058, écrivait à ce
sujet : *Prædecessor noster Herveus episcopus molendina
construxit..... ut, in ædificatione templi novi, quod tunc
ædificabat, ea sancto Petro offerret.*

vers le milieu du douzième siècle, elle réclamait déjà de grandes réparations (1). Celles-ci furent exécutées aux frais de l'évêque Henri de France, fils de Louis le Gros, transféré bientôt après (en 1162) sur le siége de Reims. Mais, en l'année 1180, il survint à Beauvais un incendie terrible qui réduisit en ruine toutes les églises de la ville (2); et ce fut seulement après cette catastrophe qu'on entreprit la superbe construction ogivale, dont la hardiesse exagérée devait être une nouvelle cause de ruine pour cette église. Le peu de précaution qu'on prit pour en assurer la solidité occasionna, dès l'année 1225, la chute de la grande voûte et la destruction des verrières qui en faisaient déjà l'ornement (3). Cependant, en 1272, le chœur était reconstruit, et les chanoines y avaient repris le service divin (4). Mais une catastrophe plus grave arriva vers la fin du même siècle. La veille de la Saint-André (29 novembre) de l'année 1284, les grandes voûtes du chœur s'écroulèrent de nouveau, entraînant dans leur chute plusieurs piliers et toutes les verrières de cette partie de l'église (5), et le service du culte y fut de nouveau interrompu pendant plus de quarante ans. Ayant enfin reconnu que le trop grand écartement des piliers nuisait à la solidité de l'édifice, on prit le parti d'en doubler le nombre, en coupant par moitié chacune des arcades ogivales de la construction primitive (6). Cela ôtait sans doute beaucoup d'élégance à son architecture; mais on parvint, du moins, à en assurer ainsi la conservation. Ces travaux, du reste, furent très-longs et très-dispendieux. Ils n'étaient pas encore terminés en 1348 (7); et ce n'est guère que vers ce temps-là qu'ont pu être mises en place les grandes verrières du chœur, auxquelles le chapitre avait affecté un fonds spécial par une délibération de l'an 1342 (8). Encore

(1) *Idibus novembris obiit dominus Henricus... qui hanc ecclesiam multis expensis reparavit.* (Gallia christiana, tom. IX, col. 731.)

(2) Simon, Supplément à l'Histoire du Beauvaisis, in-12, Paris, 1704, pag. 15.

(3) Histoire ecclésiastique et civile de Beauvais, par M. Hermant, 5 vol. in-fol. (Manuscrit de la Bibliothèque impériale, Supplément français, 5-2), tom. II, liv. VII, chap. xiv, pag. 834. — L'auteur de cette histoire, mort en 1690, était chanoine de Beauvais et recteur de Sorbonne. Il se signala particulièrement dans la lutte que l'Université de Paris eut à soutenir, de son temps, contre les prétentions des jésuites. Bayle, qui lui a consacré un article dans son grand dictionnaire, termine ainsi une note relative aux travaux d'Hermant : « Dieu veuille que nous puissions voir un jour son Histoire ecclésiastique et « particulière de Beauvais et du Beauvaisis, et qu'elle « ne périsse pas entre les mains de ceux qui s'en sont « emparés ! » — Le vœu de Bayle a été exaucé, et ce précieux manuscrit est aujourd'hui en lieu sûr.

(4) Pierre Louvet. Nomenclatura et chronologia rerum ecclesiasticarum diœcesis Beluacensis, in-12, Paris, 1613, pag. 14.

(5) Simon, Supplément à l'Histoire du Beauvaisis, pag. 53.

(6) Notice historique et descriptive de la cathédrale de Saint-Pierre de Beauvais, par A. P. M. Gilbert, in-8°, fig. Beauvais, 1829.

(7) « Quelques experts, qui la visitèrent en ce « temps-là, rapportèrent au chapitre que la dépense « qui s'y était faite depuis quarante ans montait à qua- « tre-vingt mille livres, selon le témoignage des an- « ciens et les comptes de la fabrique, et qu'il coûterait « encore cinq mille livres pour achever ces répara- « tions. » (Histoire manuscrite d'Hermant, tom. II, liv. VII, chap. xvi, pag. 992.)

(8) « Le vendredi d'après la Saint-Barnabé, il fut « ordonné par le chapitre que l'argent de la crosse « de l'évêque Milon de Châtillon de Nanteuil serait « vendu à la première commodité, et que la somme « qui en proviendrait serait employée aux ouvrages de

faut-il en excepter les deux plus rapprochées des transepts, celles-ci ayant été renouvelées au seizième siècle, lors de la restauration des gros piliers qu'avait endommagés la
chute de la flèche.

Je commence ici la description des verrières par celles de l'étage supérieur, parce que
l'ensemble en est resté plus complet. Chacune d'elles est divisée en trois baies, à l'exception de celles du rond-point, lesquelles n'ont que deux ouvertures séparées par un
seul meneau.

I. — S. IVLLIAN. — S. LVCIAN. — S. MAXIAN.

Dans ces trois figures il est facile de reconnaître saint Lucianus ou Lucien, premier
évêque de Beauvais, accompagné de ses disciples Jullianus ou Jullien, Maximianus ou
Maximien, qui souffrirent avec lui le martyre en l'an 290.

(Cette verrière et la suivante appartenant au seizième siècle, je me borne pour le moment à les mentionner, sans m'occuper des blasons qu'elles renferment, et sans entrer
dans aucuns détails sur leur fondation.)

II. — S. EVROT. — S. IVST. — S. GERMER.

Le premier de ces personnages est saint Évrou, Évrau ou Évrols, solitaire et abbé, natif
de Beauvais au sixième siècle, qu'il ne faut pas confondre avec son contemporain saint
Évroul, abbé d'Ouche, au diocèse de Lisieux (1).

La seconde inscription s'applique évidemment à saint Juste, natif d'Auxerre, qui, après
quelque temps passé en Picardie, souffrit, dit-on, le martyre au lieu où s'élève aujourd'hui
le bourg de Saint-Juste, dans le diocèse de Beauvais.

Quant à saint Germer, je l'ai déjà fait connaître, en parlant de l'abbaye dont il fut le
fondateur (2).

III. — Cette verrière, qui commence la série de celles du quatorzième siècle, représente un saint donnant la communion à un évêque. Le blason de ce dernier est détruit,
et, en l'absence de toute inscription et de tout emblème, il n'est guère possible de reconnaître les personnages.

IV. — Trois saints, dont deux sont décapités.

Quoiqu'il n'y ait aucune inscription, je crois qu'il faut reconnaître, dans l'une de ces
figures, celle du premier martyr de Beauvais, saint Lucien. Mais il serait difficile de dire
si l'autre saint décapité est l'un de ses compagnons (saint Jullien ou saint Maximien), ou
bien s'il faut y reconnaître encore saint Juste, qui mourut de la même façon.

V. — Saint Michel terrassant le démon, entre deux saints, dont un martyr et un abbé.

« réparations de l'Églize que les trois maçons venus
« de Paris avaient jugés nécessaires; que, du reste, on
« en ferait des couvertures sur les chaires de l'église,
« pour empêcher qu'elles ne fussent gâtées par les
« pigeons; et que l'on fist aussi des *vitres* jusqu'à la
« concurrence de la somme provenante de l'autre
« reste. » (Ibid., pag. 993.)

(1) Voyez ce qui en est dit par Baillet dans sa *Vie
des saints*, à la date du 26 juillet.

(2) Voyez ci-dessus, page 194.

Ce dernier ne me parait pouvoir être que saint Germer, ou saint Évrou, objet, l'un et l'autre, d'une grande dévotion dans le diocèse de Beauvais.

VI. — Une sainte martyre, — saint Pierre, — et, près de lui, un évêque à genoux.

Il n'y a point d'inscription ni d'armoiries; mais l'usage suivi alors autorise à penser que le donateur de cette vitre portait le nom du saint aux pieds duquel il s'est fait peindre; d'où je conclus que, dans ce personnage, il faut reconnaître Pierre de Savoisy, évêque de Beauvais, qui siégea de 1399 à 1412.

VII. — Cette fenêtre et les cinq suivantes, sauf celle du chevet, représentent, deux par deux, les douze apôtres.

VIII. — Deux apôtres, dont saint Paul.

IX. — Saint Pierre et saint André, apôtres.

X. — Verrière centrale, représentant la sainte Vierge, et le Christ en croix, avec cette bizarre inscription : IHS NAZARETH FVIS REX IVDEORVM.

XI, XII et XIII. — Chacune deux apôtres. Ceux de la dernière fenêtre ont été refaits vers la fin du seizième ou le commencement du dix-septième siècle.

XIV. — L'Adoration des mages. — Au bas de la verrière, se voient deux blasons :

Le premier, d'azur à deux fasces d'argent, est celui de Jean de Marigny, évêque de Beauvais et frère du célèbre favori de Philippe le Bel. Ce prélat siégea depuis l'an 1312 jusqu'en 1347 (1); et, ainsi que nous l'avons déjà vu, c'est sous son épiscopat que fut terminée, au moins pour la plus grande partie, la reconstruction du chœur de la cathédrale.

Le second blason est celui du chapitre, de gueules à la croix d'or cantonnée de quatre clefs du même métal (2). Il est à remarquer qu'on y a placé en abime (c'est-à-dire, au centre de l'écu) les armoiries de Jean de Marigny, telles que je viens de les décrire, sorte de brisure qu'on ne peut considérer que comme un acte de courtoisie et de déférence du chapitre envers son évêque.

XV. — Les trois baies de cette fenêtre sont occupées par un saint Georges, un saint Christophe, et un autre saint sans emblème caractéristique.

Trois figures de donateurs, dont une femme, sont représentées au bas de la fenêtre. Le blason de cette famille est d'or à cinq bandes d'azur et à la bordure de gueules. Pour l'un des donateurs, il est brisé de merlettes d'argent à la bordure. Pour la femme, il est parti d'argent à la croix d'or, à enquerre. Ce dernier blason, par sa nature même, ne pourrait appartenir qu'à une famille très-connue; mais, n'ayant pu en trouver l'application dans le cas présent, je suis beaucoup plus porté à croire qu'il provient d'une maladroite

---

(1) Histoire manuscrite d'Hermant, tom. II, liv. VII, chap. XXXIX, pag. 967.

(2) Les armoiries du chapitre de Beauvais sont les mêmes que celles des évêques, en renversant les émaux. Celles des évêques sont d'or à la croix de gueules cantonnée de quatre clefs du même émail, ainsi qu'on peut le voir à la planche LVI, où sont représentés les douze pairs du royaume avec leurs blasons. On sait que l'évêque de Beauvais était l'un des six pairs ecclésiastiques.

et inintelligente restauration. Quant aux autres armoiries, l'attribution en est facile, et peut se faire avec un assez grand degré de certitude. Elles appartiennent à la famille de la Roche-Guyon (1). Leur présence s'explique ici par la proche parenté de Guy IV de la Roche-Guyon avec l'évêque Guillaume Bertrand, dont il avait épousé la nièce en 1353. C'est probablement cette dernière qui est représentée, avec son mari, sur notre fenêtre. Enfin le troisième personnage ne peut être que Guillaume de la Roche-Guyon, oncle de Guy, et chanoine de Beauvais vers la même époque. Effectivement, comme cadet, Guillaume devait porter une brisure à ses armes.

XVI. — Un saint décapité, entre deux autres en costume d'abbé. — Ne serait-ce pas encore saint Lucien, accompagné de saint Évrou et de saint Germer?

XVII. — Lapidation de saint Etienne. — Rien n'indique la provenance, ni la date précise de cette verrière; quoi qu'il en soit, elle est remarquable par la barbarie et l'incorrection du dessin.

XVIII. — Saint Denys et les deux compagnons de son martyre, saint Éleuthère et saint Rustique.

XIX. — Comme celle qui se trouve vis-à-vis d'elle, cette verrière, la dernière du chœur, a été refaite presque entièrement au seizième siècle. On y voit deux figures de saints, un évêque et une reine, entre lesquels le restaurateur a maladroitement placé une figure d'apôtre.

Outre les verrières que je viens de décrire et qui forment un ensemble fort remarquable, les chapelles situées au pourtour du chœur renferment encore un certain nombre de vitres, dont quelques-unes fort anciennes.

Deux panneaux surtout semblent remonter à une époque très-reculée. Ce sont un saint Remy et un saint Ouen, accompagnés d'inscriptions — SAINCT REMI et SAINTOIN — dont le caractère, aussi bien que celui des figures, est de nature à faire considérer ces panneaux comme antérieurs au treizième siècle. Quant à leur provenance, il serait difficile de l'indiquer. Il y a bien, dans la même chapelle, quelques figures de donateurs; mais c'est sur une autre fenêtre de style tout différent et qui remonte, tout au plus, à la fin du quatorzième siècle. Le sujet de celle-ci est un Christ en croix, ayant à ses pieds deux personnages, dont l'un écrit et l'autre tient un phylactère portant ces mots : *Vere filius Dei erat ille.* Cette phrase est celle que saint Matthieu met dans la bouche du centurion chargé de veiller au pied de la croix (2); ne peut-on pas en conclure que, dans le personnage qui écrit, le peintre a voulu représenter saint Matthieu lui-même?

La cinquième chapelle, située au chevet de l'église, contient un arbre de Jessé du treizième siècle, accompagné de deux légendes de la même époque, dont l'une me paraît se rapporter à saint Lucien, premier évêque de Beauvais, et l'autre à saint Germer.

(1) Palliot, La vraie Science des Armoiries, pag. 73.   (2) Évangile selon saint Matthieu, ch. xxvii, v. 54.

A la septième chapelle enfin, on retrouve des vitraux du quatorzième siècle. La fenêtre du milieu a perdu sa vitrerie de couleur; mais les fenêtres latérales renferment chacune deux sujets accompagnés de figures votives.

J'ai reproduit, en partie, la verrière de gauche à la planche XXXIX de cet ouvrage. On y voit saint Pierre marchant sur les eaux, et, au-dessous de lui, le donateur Raoul de Senlis.

Le peintre n'a pas fait de grands efforts d'imagination pour représenter la mer, et, dans la crainte sans doute que l'on pût s'y méprendre, il a eu soin de caractériser cette partie du tableau par trois ou quatre poissons grossièrement figurés. Saint Pierre, une jambe hors de la barque, répond à l'appel de son divin maître placé sur le rivage. Quant à la perspective qui pourrait indiquer les distances, il n'en faut point parler ici. Les couleurs du vitrail sont assez vives; mais c'est surtout par une ornementation bien caractérisée qu'il se recommande. Le tableau entier est renfermé dans un premier cadre d'architecture, coloré en jaune. Les montants latéraux simulent plusieurs étages de fenêtres en lancettes, séparés entre eux par des assises d'un rouge vif, et se terminent au sommet par d'élégants pinacles. Une double arcade réunit ces montants. La première, blanche rechampie de noir, figure un fronton à feuilles de chou, inscrivant une ogive découpée et ornée de trois roses. La seconde, placée au-dessus de la première, se compose de deux arcs-boutants peints en jaune, supportant une élégante châsse en forme de chapelle, probablement en souvenir de celle où l'on conservait les reliques de saint Pierre, patron de la cathédrale. En dehors du cadre d'architecture, et séparée de lui par un liseré rouge, règne la bordure extérieure de la fenêtre. Celle-ci est bleue, coupée alternativement par des fleurs de lis et des ornements d'un jaune vif.

Quant au fondateur, qui s'est fait représenter dans la position traditionnelle, le genou en terre et tenant une forme de vitre, une inscription très-bien conservée nous fait connaître son nom: MESTRE : RAOUL : DE : SENLIS. Nul doute qu'il n'appartienne à l'illustre maison de Senlis, qui fournit plusieurs *bouteillers* à la couronne de France, et finit par adopter le surnom de cette charge. En tenant compte tout à la fois du prénom de ce donateur, du costume ecclésiastique dont il est revêtu, et de l'époque à laquelle on peut attribuer le vitrail, je me trouve conduit à penser que le personnage ici représenté doit être Raoul de Senlis, chanoine d'Orléans, troisième fils de Raoul le Bouteiller, seigneur d'Ermenonville, et de Marguerite de l'Ile-Adam.

Sa figure se retrouve également à la fenêtre de droite de la même chapelle, avec deux sujets empruntés à la légende de saint Laurent.

Quant aux autres parties de la cathédrale de Beauvais, elles sont de construction beaucoup plus moderne, et il y a lieu, par conséquent, d'ajourner la description des verrières, d'ailleurs fort remarquables, qui les décorent.

C'est vers l'Est de la France qu'il faut maintenant diriger nos pas, si nous voulons trouver encore intacts quelques monuments un peu considérables de la Peinture sur verre au quatorzième siècle.

Les plus éclatants, les plus complets et les plus curieux à la fois au point de vue du style, se rencontrent dans la cathédrale de Strasbourg.

Je n'ai pas à revenir sur l'histoire de cette superbe église, ni sur la partie de sa vitrerie peinte que j'ai déjà décrite (1); mais il me reste à parler des nombreuses verrières de la nef, de la galerie, des collatéraux et des chapelles. Il me reste à les classer entre elles, à rechercher leur véritable date, sur laquelle, jusqu'à présent, on est fort peu d'accord. Bien certainement elles sont, pour la plupart, du quatorzième siècle; cependant il s'en faut qu'elles soient toutes exactement de la même date et de la même main.

L'étage supérieur est celui qui présente le plus d'ensemble dans sa décoration. Sur quatorze grandes verrières qu'il renferme, dix sont consacrées à une sorte de musée hagiographique, où tous les saints se trouvent rangés, par catégories distinctes, du côté de l'évangile, et les saintes du côté de l'épître. Les deux fenêtres de chaque côté les plus rapprochées du grand portail renferment seules des sujets étrangers à cette collection, et dus évidemment à d'autres mains.

Pour bien suivre la pensée d'ensemble qui a présidé à cette décoration, je dois modifier ici l'ordre que j'ai généralement observé dans la description des verrières. Je commencerai donc par les plus rapprochées du chœur, en redescendant ensuite vers l'entrée principale de l'église (2).

Examinons d'abord la rangée septentrionale de l'étage supérieur.

I. — A la première fenêtre se trouvent quatre martyrs choisis entre les plus illustres : s. STEPHANUS, — s. LAURENTIUS, — s. VINCENCIUS, — s. CIRIACUS (3); puis quatre papes : s. CLEMENS (4), — s. SIXTUS (5), — s. URBANUS (6), — s. SILVESTER (7). Au lieu de la tiare à triple couronne qu'on trouve habituellement dans des peintures plus modernes, ces saints pontifes portent un bonnet pointu, de la forme la plus simple.

(1) Voyez ci-dessus, pag. 112, note 5.

(2) Afin d'éviter, autant que possible, toute erreur dans la description de ces importantes verrières, j'ai relevé moi-même avec le plus grand soin, et à diverses reprises, toutes les inscriptions qui s'y rencontrent, m'aidant, pour ce travail, des notes que le savant archiviste de la ville de Strasbourg, M. Schneegans, avait bien voulu me communiquer. Enfin, je me suis également servi des anciennes descriptions existantes, si imparfaites qu'elles fussent, et surtout de la remarquable monographie publiée par M. l'abbé Guerber, sous le titre d'*Essai sur les vitraux de la cathédrale de Strasbourg* (in-8°. Strasbourg, 1848).

(3) Saint Cyriaque, diacre de l'Église romaine, qui souffrit le martyre au commencement du quatrième siècle.

(4) Ce pontife, troisième successeur de saint Pierre, vivait au premier siècle.

(5) Le premier pape de ce nom mourut en l'an 128; mais il est plus probable qu'on a voulu représenter ici saint Sixte II, qui souffrit le martyre en 266.

(6) Saint Urbain tenait le siége de Rome en l'an 223, et l'occupa sept ans.

(7) Saint Sylvestre, pape au quatrième siècle, à qui les légendes attribuent une grande part dans la conversion de Constantin.

II. — Cette verrière contient huit figures de guerriers-martyrs, portant des boucliers blasonnés (1) : s. georgius (écu d'argent à la roue de gueules), — s. demetrius (2) (d'or à trois croix de gueules, 2 et 1), — s. sebastianus (d'or à la croix d'azur), — s. mauricius (d'argent à la croix d'azur) (3), — s. innocentius (4) (d'argent à trois croix patées d'azur, 2 et 1), — s. exuperius, avec son bouclier sur le dos, de telle sorte qu'on n'en voit point le blason, — s. candidus (5) (d'or à la croix d'azur), — s. victor (6) (d'azur à un rai d'escarboucle d'or et à la bordure de gueules).

Toutes ces figures portent le costume guerrier formé de mailles, tel que je l'ai déjà décrit précédemment. Les unes sont armées de lances, et les autres d'épées (7).

III. — Deux figures de guerriers et six figures d'évêques. Les deux premières sont désignées par les inscriptions dux achaciu et dux marcus (8). Elles sont plus grandes que toutes les autres figures de la nef, et, sous le rapport du style, ont beaucoup plus d'analogie avec les personnages représentés sur les fenêtres des transepts (9), ce qui me ferait penser qu'elles n'ont pas toujours occupé la place où nous les voyons actuellement, ou bien qu'elles sont les seuls débris restant des verrières détruites par l'incendie de 1298.

Les autres personnages de la même fenêtre sont six évêques de Strasbourg canonisés,

---

(1) So sind auch über der Cantzel in den hohen Fenstern etliche uhralte Wappen bey den Bildern zu observieren..... « C'est ainsi qu'on remarque de très-anciens blasons « parmi les figures qui ornent les hautes fenêtres du « cancel. » (Schadée, *Beschreibung des Münsters zu Strassburg*, in-4°. Strasbourg, 1617, pag. 77.)

(2) Officier de la cour de l'empereur Maximien, où il avait la dignité de porte-sceptre. Ce saint est honoré comme martyr vers l'an 360.

(3) Nous avons donné, planche XVII, une figure de ce saint également empruntée à la vitrerie de Strasbourg, mais beaucoup plus ancienne, qui ne porte pas de blason. Les armoiries que nous décrivons ici ne sont pas celles qu'on donne ordinairement à saint Maurice. Dans presque toutes les anciennes peintures, son écu est de gueules à un rai d'escarboucle d'or, ou à une croix fleuronnée. Du reste, on comprend bien que les armoiries attribuées à ces divers personnages par le peintre strasbourgeois sont, de tous points, imaginaires. Je ne les ai recueillies que pour faciliter, s'il y a lieu, la comparaison avec d'autres monuments du même genre.

(4) Il y a eu un pape de ce nom; mais je ne connais point de guerrier qui l'ait porté. M. l'abbé Guerber croit que c'était un des chefs de la légion thébaine. Cette assertion me semble fort hasardée, le nom de saint Innocent ne se trouvant point parmi ceux que cite saint Eucher dans la relation si curieuse qu'il nous a laissée du martyre de cette immortelle phalange.

(5) Saint Exupère et saint Candide étaient les lieutenants de l'illustre légion, commandée par saint Maurice. Saint Eucher désigne le premier sous le titre de *Campiductor*, et l'autre sous celui de *Senator militum*. (Passio Agaunensium Martyrum, dans la *Bibliothèque des Pères*.)

(6) M. l'abbé Guerber se trompe en donnant saint Victor pour un des officiers de la même légion. *Victor autem martyr nec legionis ejusdem fuit, neque miles, sed emeritæ jam militiæ veteranus. Hic, cum, iter agens, subito incidisset in hos qui passim epulabantur, læti martyrum spoliis...... requirentibus ne et ipse christianus esset, christianum se et semper futurum esse respondit : ac statim ab irruentibus interfectus est ; cæterisque martyribus in eodem loco, sicut morte, ita etiam honore conjunctus est.* (S. Eucher, loc. cit.)

(7) Voyez ci-dessus, pag. 113.

(8) Achacius ou Acacius était un général d'armée, natif d'Alexandrie, qui, sous le règne d'Adrien, fut pendu à un noyer pour avoir confessé la foi du Christ. Quant au *Dux Marchus*, je ne sais trop à qui peut s'appliquer cette dénomination, à moins que ce ne soit à l'un des deux saints Marcs qui souffrirent le martyre sous l'empire de Dioclétien.

(9) Il y a cependant de notables différences dans le costume, particulièrement en ce qui touche les casques et la forme des boucliers.

à savoir : AMANDUS (saint Amand, premier évêque), — JUSTUS SECUD (saint Just, second évêque), — MAXIMINUS (saint Maximin, troisième), — VALENTINUS (saint Valentin, quatrième), — ARBOGASTUS (1) (saint Arbogaste, dix-neuvième), — et enfin SOLARIUS, cinquième.

IV. — Huit autres figures d'évêques, dont quatre seulement ont occupé le siége de Strasbourg, à savoir : MAGNUS, septième évêque (2), — GANDO, quinzième, — REMIGIUS (Remi), vingt-troisième, — et GARDINUS, huitième (3). Les quatre autres personnages sont l'évêque d'Hippone, s. AUGUSTINUS, — l'illustre archevêque de Milan, s. AMBROSIUS, — s. NARCISSUS, évêque de Jérusalem au deuxième siècle, — et enfin un saint du nom de VICTOR, qui est probablement l'évêque de Vite, en Afrique, martyrisé sous le règne de Valérien.

V. — Huit évêques dont les noms se présentent dans l'ordre suivant : GRIMOLDUS (4), — LOBIOLUS (Labiolus), douzième évêque de Strasbourg, — OLBERTUS (Otbert), trente-deuxième (5), — SOLARIUS (saint Solaire), déjà nommé à la troisième fenêtre, — RADOLDUS ou Ratoldus, vingt-neuvième évêque, — ANSOALDUS, dix-septième, — ROTHARIUS, dix-huitième, — et UTGER (6).

En jetant un coup d'œil d'ensemble sur les cinq fenêtres que je viens de décrire, il est facile de se rendre compte de la classification, de la hiérarchie que le peintre a voulu établir entre tous les saints personnages qu'il a fait figurer de ce côté de la nef. La place d'honneur, la plus rapprochée du sanctuaire, est réservée par lui aux premiers martyrs de l'Église. Immédiatement après eux viennent les plus illustres pontifes qui aient occupé la chaire de saint Pierre; puis, parmi les saints, ceux qui ont porté l'épée avant ceux qui ont porté la crosse; et enfin, parmi les évêques de Strasbourg, ceux qui ont été canonisés précédant les autres.

VI. — La fenêtre suivante est masquée par les orgues (7), et, comme celles-ci occupaient la même place dès avant l'incendie de 1298 (8), il y a tout lieu de penser que la fenêtre ainsi masquée n'a jamais été ornée de vitraux à figures.

(1) Ce saint, qui siégea de 670 à 678, est à Strasbourg l'objet d'une vénération toute particulière. Une des portes de la ville porte encore aujourd'hui son nom.

(2) Ni ce prélat, ni aucun des évêques de Strasbourg représentés sur cette verrière et la suivante, n'ont été canonisés. C'est donc par une licence artistique, comme le remarque l'abbé Guerber, que le peintre les a représentés avec un nimbe autour de la tête, et en compagnie de plusieurs autres prélats dont la sainteté est reconnue par l'Église.

(3) M. Guerber croit avoir lu GARDINUS, ce qui est en effet le nom porté sur la plupart des catalogues.

(4) Aucun prélat de ce nom n'occupa le siége de Strasbourg, et je ne connais aucun saint qui s'appelle ainsi.

(5) Otbert, qui vivait au commencement du dixième siècle, fut mis à mort par les Strasbourgeois révoltés. Un de ses successeurs, Erkembald ou Archambaud, qui a écrit sa vie, parle de lui comme d'un martyr. C'est là sans doute ce qui lui a valu la place qu'il occupe ici.

(6) Je serais bien tenté d'adopter la conjecture émise par M. Guerber, qui, dans ce nom sans application connue, croit voir le commencement de celui de Windegernus, vingt-cinquième évêque de Strasbourg. Le peintre en aurait fait UTGERNUS.

(7) La cathédrale de Strasbourg possédait des orgues dès le milieu du treizième siècle. Celles qu'on y voit aujourd'hui datent de 1489. Elles ont été plusieurs fois renouvelées. Mais on a toujours conservé le même buffet. (*Essai sur la cathédrale de Strasbourg*, par l'abbé Grandidier, in-8°. Strasbourg, 1782, p. 284.)

(8) *Ibid.*, pag. 38.

VII. — Cette verrière, entièrement séparée des précédentes, et d'une forme toute différente (elle n'a que deux baies), ne se rattache aucunement, par le sujet qu'elle représente, à la décoration générale de la nef. C'est le combat symbolique des Vertus et des Vices, tel qu'on le retrouve souvent sur les verrières de cette époque. Aristote, placé, par un singulier rapprochement, auprès du prophète Ézéchiel, semble présider à la lutte. A côté du nom d'EZECHIEL, on lit ces mots : ARISTOTELES DICIT.

Quant aux Vertus et aux Vices, ils sont groupés, deux à deux, dans l'ordre suivant (1) :

SAPIENTIA, STULTITIA.	JUSTITIA, INIQUITAS.	TEMPERENTIA, GULA.
SIMPLICITAS, FRAUS.	FIDES, IDOLATRIA.	HUMILITAS, SUPERBIA.
CHARITAS, INVIDIA.	LARGITAS, AVARITIA.	CASTITAS, LUXURIA.
CONCORDIA, DISCORDIA.	FORTITUDO, ACCIDIA (2).	SPES, DESPERANTIA.

Le dessin de cette verrière, et surtout l'ornementation, indiquent assez qu'elle est d'une autre main que les précédentes.

Maintenant examinons à son tour la série de grandes verrières qui occupe le côté opposé de la nef. La plupart d'entre elles représentent des figures de saintes. Pour procéder avec méthode, je les décrirai également en commençant par la fenêtre la plus rapprochée du sanctuaire.

I. — Cette première verrière renferme douze figures disposées sur trois rangs. C'est d'abord la sainte Vierge, à qui la place d'honneur revenait de droit, — puis s. KATER (sainte Catherine), — sainte Cécile, — s. ODILLA (sainte Odille) (3), — SAURELIA (sainte Aurélie) (4),

---

(1) J'ai déjà mentionné incidemment les inscriptions de cette verrière, en comparant les sujets qu'elle renferme avec une composition analogue qu'on voit à Notre-Dame de Paris. Je crois cependant devoir les transcrire ici de nouveau, pour éviter toute lacune dans la description que je donne des vitraux de Strasbourg.

(2) M. l'abbé Guerber a cru lire ici le mot INSIDIÆ, et met en opposition la *force* et la *trahison*. Mais c'est bien ACCIDIA qu'il faut lire après FORTITUDO, c'est-à-dire, le *découragement* opposé à *la force d'âme*. *Accidia* est un mot de basse latinité, ainsi défini par saint Althelme :

> *Hinc aciem sextam torpens Accidia ducit.*
> *Otia quæ fovet, et somnos captabit inertes,*
> *Importuna simul verborum frivola sontum,*
> *Instabilis mentis gestus, et corporis actus :*
> *Inquietudo simul stipatur milite denso.*
> *Pervigil hanc pestem calcat Constantia mentium......*

(*Sancti Althelmi, Schireburnensis episcopi, liber de octo principalibus vitiis*, imprimé pour la première fois par

H. Canisius, dans le tome V de son *Promptuarium ecclesiasticum*, in-4°. Ingolstadt, 1608.)

Un vieux poëme français, intitulé *le Miroir*, donne la traduction suivante du mot qui nous occupe : « Li quars pechié de pereche, qu'on appelle en clerkois, accide. » (Le quatrième péché, la paresse, que, dans la langue des clercs, on appelle *accidia*.)

(3) Cette sainte, très-populaire dans toute la contrée, était fille d'Athic, duc d'Alsace au septième siècle. Elle fonda, sur le versant oriental des Vosges, une célèbre abbaye dont les ruines aujourd'hui portent encore son nom.

(4) L'Église reconnaît plusieurs saintes de ce nom. Celle dont il s'agit ici mourut à Strasbourg, comme elle se rendait de Bâle à Cologne, et on lui éleva une chapelle au lieu de son décès, dès le milieu du sixième siècle. (*Elsassische und Strassburgische Chronick, von Jacob von Königshoven*, publiée avec des remarques historiques, par Schilter, in-4°. Strasbourg, 1698, pag. 279.)

— s. AGNÈS (1), — s. ATALA (2) (sainte Attale), — la figure de l'évêque BIULFUS, rapportée ici bien évidemment par erreur (3), — s. LUCIA (sainte Lucie) (4), — s. BRIGIDA (5) — et s. BARB (sainte Barbe) (6).

Dans la petite rose qui termine et remplit l'ogive, on reconnaît une Annonciation.

II. — Cette verrière et les trois suivantes ne renferment que huit figures chacune.

Ici nous trouvons d'abord un nom à moitié détruit, dont il ne reste que les lettres ...OSIA (7), — puis une autre figure avec l'inscription s. VIRGO, qui ne semblerait pouvoir s'appliquer qu'à la sainte Vierge Marie, laquelle je ne reconnais cependant point dans cette figure; — ensuite REPARATA (8), — s. CRESCENTIA (9), — s. CANDIDA (10), — s. DOMICILIA (sainte Domitille) (11), — s. MARINA (sainte Marine) (12), — s. PELAGIA (sainte Pélagie) (13).

Rosette : Notre-Seigneur entouré d'épées, selon l'image de l'Apocalypse (14).

III. — L'inscription qui accompagne la première figure de cette fenêtre est à peu près indéchiffrable. Je suis porté à croire que c'est sainte Valérie (15).— Viennent ensuite la sainte patronne du diocèse de Paris, s. GENOVEFA, — puis s. PETRONILLA (16), — s. EUGENIA (17),

---

(1) On ne sait guère, de cette sainte, que ce que saint Ambroise nous en apprend dans son *Livre des vierges*. Elle n'avait pas plus de treize ans lorsqu'elle souffrit le martyre. Il y avait à Strasbourg un couvent et une église placés sous son invocation. L'église, au dire de Königshoven (pag. 282), avait été construite en 1248.

(2) Sainte Attale, fille de saint Adalbert et de Gerlinda, était, par son père, la nièce de sainte Odille. Elle fut abbesse de Saint-Étienne à Strasbourg. (Chronique de Königshoven, pag. 238.)

(3) Biulfus est le sixième évêque de Strasbourg. Il est donc naturel de penser que la figure que nous voyons ici devait se trouver à la deuxième fenêtre du côté opposé, où l'artiste a réuni tous les premiers prélats qui ont occupé le siége de cette ville.

(4) Cette sainte est originaire de Syracuse; elle souffrit le martyre au commencement du quatrième siècle. On assure que, plus tard, son corps fut apporté à Metz par l'empereur Othon Ier.

(5) Sainte Brigide, vierge et abbesse de Kildare en Irlande, célèbre par ses miracles.

(6) Vierge et martyre de Nicomédie, à qui son père trancha lui-même la tête. Cette sainte est devenue la patronne des canonniers.

(7) M. l'abbé Guerber croit avoir lu s. POSIA; mais en fût-il ainsi, ce nom ne serait celui d'aucune sainte connue. Je ne vois que le nom de *sancta Theodosia* qui se termine de cette manière. Encore, l'espace occupé par les lettres manquantes ne répond-il pas à la longueur de ce nom.

(8) Vierge et martyre au troisième siècle, honorée à Césarée.

(9) Sainte Crescence, la nourrice de saint Vit, qui reçut la couronne du martyre avec cet héroïque enfant.

(10) On retrouve plusieurs fois ce nom dans le martyrologe; mais je présume que la sainte ici représentée est la vierge romaine qui souffrit le martyre vers la fin du troisième siècle.

(11) Vierge et martyre d'origine impériale. Sa fête se célèbre le 7 mai.

(12) Vierge qui florissait en Bithynie vers le milieu du huitième siècle.

(13) Vierge d'Antioche, qui se tua en se précipitant du haut d'une maison, pour mettre sa pudeur à l'abri des atteintes dont elle était menacée.

(14) Apocalypse de saint Jean, chap. I, v. 16.

(15) Patronne de l'Aquitaine, représentée sur une verrière de la cathédrale de Limoges, que j'ai reproduite planche XLIII.

(16) Martyre de la primitive Église, à Rome.

(17) Également martyre à Rome. On sait très-peu de choses des actes de cette sainte, dont la fête tombe au jour de Noël. C'est par erreur, et sans doute par suite de la similitude de nom, que, dans beaucoup de calendriers modernes, on l'a fixée au 16 septembre, jour de la fête de sainte Euphémie.

— s. BRIGIDA (sainte Brigite) (1), — s. EUFEMIA (2), — s. SCOLASTICA (3), — et s. SOTNERA (4). La petite rose du sommet de la fenêtre représente le Saint-Esprit.

IV. — Les quatre figures de la rangée supérieure sont seules bien conservées. On les reconnaît aux inscriptions : s. CRISTINA (5), — s. RADEGUNDIS (6), — s. JUSTINA (7) — et s. TECLA (8).

Parmi les figures de la rangée inférieure, il n'y en a qu'une, SANCTA KATHERINE, qui se trouve à sa place primitive; encore est-elle en bien mauvais état. Les autres fragments, très-mutilés et très-confus, appartiennent à une figure d'évêque et à deux figures de princes, dont l'une porte l'inscription OTTO REX. Le sujet, aussi bien que le style de cette figure, indique suffisamment qu'elle devait appartenir à la série des rois et empereurs représentés sur les verrières de l'étage inférieur, et que je vais bientôt avoir à décrire.

Comme à la fenêtre précédente, la petite rose représente un Saint-Esprit.

V. — Huit figures portant toutes la palme, emblème du martyre. Ce sont : s. MARGARETA (sainte Marguerite), — s. PRISCA (sainte Prisque) (9), — s. CECILIA, — s. SEVERA (10), — s. PINNOSA (11), — s. CORONA (12), — s. FELICITAS (13) — et s. MODESTA (14).

A la rosette, on voit un concert d'anges.

Cette fenêtre, avec les quatre qui précèdent et les cinq qui sont placées en face, complètent l'ensemble de la décoration de la nef, à laquelle les deux verrières suivantes sont complétement étrangères.

VI. — La sixième fenêtre, également formée de quatre baies, représente le jugement de Salomon. Elle renferme plusieurs inscriptions assez délabrées, en vieil allemand.

La première figure est celle du roi Salomon. On lit, au-dessous, ces mots tracés en fort gros caractères : DER KIND ACH EZ IST DIN (*l'enfant, ah! il est à toi*) (15).

---

(1) M. Guerber voit ici un double emploi, le nom de BRIGIDA se trouvant déjà à la première fenêtre du même côté. Il est bien plus naturel de penser que cette seconde figure se rapporte à une autre sainte, et je n'hésite point, pour ma part, à y reconnaître la sainte Brigite, compagne de sainte Aure, dont parle Grégoire de Tours. (*De Gloria confess.*, cap. 18.)

(2) Célèbre martyre de Chalcédoine, au commencement du quatrième siècle.

(3) L'illustre sœur de saint Benoît.

(4) M. l'abbé Guerber a lu ici le mot SOTNERES, qui n'est, comme il le dit lui-même, le nom d'aucune sainte. C'est SOTNERA qu'il faut lire, et, dans ce nom, il est facile de reconnaître celui de sainte Sotère, martyre au quatrième siècle, avec qui saint Ambroise se vante d'avoir eu des liens de parenté.

(5) Martyre en Toscane, sous le règne de Dioclétien.

(6) Sainte Radegonde, reine de France, dont j'ai rapporté la légende. (Voyez ci-dessus, pag. 124.)

(7) Jeune vierge d'Antioche, qui, après avoir converti saint Cyprien, reçut, en même temps que lui, la palme du martyre.

(8) Martyrisée à Rome avec ses sept enfants.

(9) Vierge décapitée à Rome vers l'an 275, et dont les actes sont peu connus.

(10) Vierge et martyre au quatrième siècle.

(11) Nom évidemment défiguré, et que je ne sais à qui attribuer.

(12) Vierge qui souffrit le martyre en Syrie, sous le règne d'Antonin.

(13) Femme chrétienne qui fut mise à mort avec ses sept enfants sous le règne de Marc-Aurèle.

(14) On trouve plusieurs saintes de ce nom dans le martyrologe. Je ne sais trop quelle est celle à qui l'on doit attribuer la figure ici représentée.

(15) Cette inscription a été mal rapportée, et traduite d'une manière inexacte par M. l'abbé Guerber, qui a lu *Künic* (roi) pour *Kind* (enfant), et qui, des

Dans la baie suivante, on voit la véritable mère prosternée au pied du trône. L'inscription jointe à cette figure est aujourd'hui détruite (1).

Vient ensuite le bourreau, qui, prêt à frapper le malheureux enfant, demande au roi : SOLL ICH DAZ KINT SCHLAGEN IN ZWEY (*Dois-je couper l'enfant en deux?*).

Enfin le dernier panneau représente l'autre mère debout et impassible, avec cette inscription fort difficile à déchiffrer, et encore plus difficile à comprendre : SPRACH EINE DAZ MIR SAMEINEY (2).

Cette fenêtre, du reste, est d'un caractère absolument différent de celles qui précèdent. Le dessin et l'exécution sont infiniment plus grossiers. La monture même en est fort mauvaise. Non-seulement le fond, mais même les parties de vêtements, sont composés uniformément de pièces de verre coupées en lozanges, et reliées entre elles par une monture de plomb réticulaire, du plus triste effet.

VII. — Dernièrement encore, on voyait dans cette fenêtre quatre figures, dont EZAYAS (Isaïe) PROPHETA, — EZECHIEL PROPHETA, — S. BARTHOLOMEUS, et une autre sans inscription. Mais ces figures, fort maladroitement remaniées, et rapportées mal à propos à cette place qui ne leur était pas destinée primitivement, ont été enlevées dans une récente restauration. On leur a substitué des verres modernes.

La grande rose du portail occidental complète la décoration de l'étage supérieur. Ayant beaucoup souffert de la terrible grêle qui affligea Strasbourg le 24 juin 1840, cette rose a été, depuis cette époque, l'objet d'une complète restauration. Aujourd'hui, comme précédemment, sa vitrerie, d'ailleurs fort bien exécutée, n'offre aucun dessin de figures (3).

Avant de hasarder aucune conjecture sur l'ancienneté relative de ces différentes

---

deux mots ACH EZ, veut en faire un seul ACHEZ, où il croit reconnaître la troisième personne du verbe *s'écrier*. S'il avait consulté avec plus d'attention l'auteur qu'il cite (J.-G. Scherzius, *Glossarium germanicum medii ævi*, 2 vol. in-folio. Strasbourg, 1781-4), il aurait vu que le seul verbe qui se rapproche du mot composé par lui est le verbe *achzen*, dont, en aucun cas, la troisième personne du singulier ne pourrait faire *achez*. D'ailleurs ce verbe, dans l'idiome local, n'a jamais voulu dire *s'écrier*, mais bien *gémir*, ainsi qu'il résulte de ce passage de Geiler de Kayserberg : *plorare*, heißt ſchreyen; *flere*, weynen; *gemere*, achſen. (*Postilla*, 4 vol. in-folio. Bâle, 1491, tom. III, pag. 17.)

(1) Elle était ainsi conçue : DIE ANDER ACH E ES SI DOT EH WIL ICH HAN NOT. (*L'autre (dit) : Ah, avant qu'il soit mort, j'aurai souffrance!*) — HAN pour haben, *habere, tenere ;* — NOT, *angustia, calamitas, periculum.* (Scherzius.)

(2) M. Guerber croit que le sens de cette inscription est : *Qu'il me soit fait comme à toi*, ou *qu'il advienne à chacune une part égale*. Mais c'est là une traduction fort peu littérale, et, par lui-même, le mot SAMEINEY n'a aucun sens. Sa racine paraît être le verbe SAMEN, *colligere* (Scherzius). Peut-être aussi faut-il reconnaître dans SAMEINEY le mot SAMEKEIT, *integritas*, défiguré par quelque restaurateur malhabile.

(3) Dans son admiration, selon moi fort exagérée, pour cette rose, Dibdin prétend qu'on ne saurait en citer aucune autre qui lui soit comparable. (*Voyage bibliographique, archéologique et pittoresque en France*, traduit par Crapelet, 4 vol. in-8°. Paris, 1825, tom. IV, pag. 310.) Il y a, je le répète, beaucoup à rabattre sur l'enthousiasme de l'archéologue anglais.

verrières, il me reste à décrire les fenêtres des autres étages, afin de pouvoir considérer, dans son ensemble, la vitrerie de cette superbe nef.

Une galerie à jour règne au-dessous des fenêtres dont je viens de parler. Elle contenait jadis la suite des ancêtres de Jésus-Christ d'après saint Luc (1); mais, depuis
longtemps, ces figures étaient détruites et la galerie n'était plus garnie que de verre
blanc. Tout récemment on a remplacé ce dernier par des vitraux à ornements poly-
chromes dans le style du quatorzième siècle.

Arrivons maintenant à l'étage inférieur, qui est certainement une des parties les plus
intéressantes de l'église, et laissant de côté, jusqu'à nouvel ordre, les deux grandes chapelles de Saint-Laurent et de Sainte-Marguerite sur lesquelles nous aurons bientôt à
revenir, reprenons la description des nefs latérales dans le même ordre qu'à l'étage supérieur, c'est-à-dire en commençant par la fenêtre la plus rapprochée du sanctuaire, du
côté du nord.

1. — Cette première fenêtre, qui représente l'Adoration des mages, a subi diverses
restaurations. Déjà, en 1756, la figure de la sainte Vierge avait été refaite par un artiste
nommé Daniel Danneger (2). Plus récemment la verrière tout entière a été renouvelée
par M. Maréchal, peintre-verrier à Metz. Il n'y a laissé d'autre partie ancienne que la
rosette inscrite dans l'amortissement de l'ogive. Elle représente Notre-Seigneur apparaissant à la Madeleine, et, autour d'eux, les douze apôtres.

2. — Cette fenêtre et les trois suivantes sont consacrées à une suite de figures de rois et
d'empereurs, fort remarquables de style, de dessin, de costumes, et qui ont déjà donné
lieu, quant à leur date, à bien des conjectures contradictoires. Chacune d'elles renferme
quatre figures.

Sur la première, nous lisons les noms de REX PHILIPPUS, — HENRICUS REX BABINBERG
(*Bambergensis*), — REX HENRICUS CLAUDUS, — FRIDERICU IMPATOR SUBMERIU.

Bien qu'on trouve ici tantôt la qualification de roi et tantôt celle d'empereur, il
n'est guère douteux que ces divers personnages ne soient à peu près tous des empereurs
d'Allemagne.

Celui que le peintre a désigné sous le nom de *Philippus* me paraît ne pouvoir être
que l'empereur Philippe de Hohenstauffen (1199-1208), lequel, vers l'an 1205, souscrivit
une charte en faveur des bourgeois de Strasbourg (3).

Viennent ensuite deux princes qui, l'un et l'autre, portent le nom de Henri. L'un d'eux
est évidemment saint Henri, ainsi que l'indique le sobriquet de *Claudus* (boiteux). Ce

---

(1) Voir (fol. 102) le très-intéressant manuscrit de
la bibliothèque de Strasbourg, intitulé *Summum Ar-
gentoratentium templum*, par Jean Hecheler, architecte de la cathédrale. Ce manuscrit, qui renferme
des renseignements très-curieux sur plusieurs monuments actuellement détruits, porte la date de 1736.

(2) Grandidier, Essai historique et topographique
sur la cathédrale de Strasbourg, pag. 258.

(3) J. D. Schöpflin, Alsatia diplomatica, 2 vol. in-
folio. Manheim, 1772-5, tom. Iᵉʳ.

prince, d'ailleurs, figure parmi les anciens bienfaiteurs de la cathédrale de Strasbourg (1).

Mais quel est l'empereur à qui s'applique le surnom de *Babenbergensis*, voilà ce qui me paraît plus difficile à établir. Babenberg est l'ancien nom de la ville de Bamberg (2). L'épithète dont il s'agit semblerait donc devoir s'appliquer de préférence à saint Henri, qui, en toutes circonstances, témoigna une si grande prédiction pour cette ville (3), et qui passe même pour l'avoir dotée de son évêché (4). Mais il n'est guère probable que la figure du même prince soit représentée deux fois sur la même verrière. Ne serait-ce pas plutôt à l'empereur Henri III que notre artiste aurait donné le surnom de *Babenbergensis*, en souvenir de ce que ce prince avait racheté, par voie d'échange, le tribut que la ville de Bamberg devait alors au saint-siége (5)?

Reste la figure désignée par les mots FRIDERICUS IMPATOR (*imperator*) SUBMERIU. Cet empereur Frédéric ne peut être que Frédéric Barberousse ou son petit-fils Frédéric II, mort en 1250. Lequel des deux désigne l'épithète de *Submerius*; et d'abord que signifie cette épithète? M. Guerber, qui n'a déchiffré que la première lettre du mot, le complète ainsi, sur la foi de M. Schneegans : « *Submerus* (presque pur) ». Outre que ce mot d'une fort douteuse latinité ne présente aucun sens bien clairement applicable, la transcription même n'en est pas exacte, puisque, bien positivement, l'R est suivi d'un I. C'est *Submerius* qu'il faut lire, ou plutôt *Submerinus*, mot de basse latinité qu'on trouve, ainsi que *Merinus*, dans plusieurs actes des treizième et quatorzième siècles, et qui désigne certaines catégories d'officiers de justice (6), dans le genre des vidames ou des baillis. Par ce surnom, le peintre-verrier n'aurait-il pas cherché à désigner Frédéric Barberousse, que le saint-siége ne voulut jamais reconnaître qu'en qualité de feudataire (7)?

Cette verrière, comme les autres, est surmontée d'une petite rose, dont le sujet est l'incrédulité de saint Thomas.

3. — Les figures contenues dans la fenêtre suivante ne présentent pas les mêmes difficultés d'attribution. C'est le groupe des premiers Carlovingiens : — KAROLUS DCS

---

(1) Bavaria sancta, par le P. M. Rader, 3 vol. in-folio, 1615-27, traduits plus tard en allemand par le P. Rassler, in-folio. Augsbourg, 1715, part. II, p. 12.

(2) Le Grand Dictionnaire géographique de la Martinière, lettre B, pag. 48.

(3) Bavaria sancta, loc. cit.

(4) Moréri, tom. V, pag. 585.

(5) Grandidier (liv. II, pag. 259) donne ces deux figures pour celles des empereurs Henri III et Henri IV. Comme je viens de le dire, on peut admettre la première de ces attributions, mais il est impossible de reconnaître Henri IV dans le personnage qui porte le surnom de *Claudus*. M. Guerber, lui, pense que les deux figures du nom de Henri représentent le même prince. (Essai sur les vitraux de Strasbourg, pag. 80.)

(6) MERINI *dicuntur apparitores, et qui judicum sententias executioni mandant.* (Du Cange, Glossarium ad scriptores mediæ et infimæ latinitatis, verb. *Majorinus.*) — SUBMERINUS, *qui merini seu majoris vices agit.* (Carpentier, Supplementum ad auctiorem Glossarii Cangiani editionem, in-folio, Paris, 1766.)

(7) Dans une lettre fort arrogante, datée de 1157 ou 58, Adrien IV traitait l'Empire de simple *beneficium.* Vainement Frédéric lutta-t-il toute sa vie, avec autant de fermeté que de persévérance, contre les prétentions de Rome. Vaincu définitivement en 1176, il dut laisser sans châtiment les nombreuses humiliations qu'on lui avait fait subir.

(*dictus*) MARTEL PATER BIPPINI, — KAROLUS MAGNUS REX, — REX BIPPINUS PR (*pater*) KAROLI, — LUDEWICU REX FILIU KAROLI; — c'est-à-dire, Charlemagne entouré de son père Pepin, de son grand-père Charles Martel et de son fils Louis le Débonnaire.

On voit, à la rosette, les figures de saint Joseph et de sainte Anne.

4. — A la verrière suivante, nous trouvons encore un groupe de famille, l'empereur Lothaire et ses trois fils, désignés par les inscriptions suivantes : — LUDEWICUS FILIUS LO-THARIVI (*sic*), — LUDEWICUS FILIUS LOTHARII (1), — LOTHARIUS ROMANORUM IMPERATOR, — CAROLUS REX JUNIOR.

J'ai reproduit, planche XL, la dernière de ces figures, comme étant l'une de celles qui résumaient le mieux les caractères fort remarquables de cette suite de rois et d'empereurs. Je reviendrai sur sa description, en recherchant la date des diverses parties de cette vitrerie, dont il faut d'abord que j'achève l'énumération.

Trois des figures de la verrière qui nous occupe sont parfaitement reconnaissables. Ce sont d'abord l'empereur Lothaire, petit-fils de Charlemagne, puis son fils Louis le Jeune, qui lui succéda, et Charles, roi de Provence, son troisième fils. Quant au quatrième personnage, l'inscription qui l'accompagne fait double emploi avec celle qui désigne Louis le Jeune. Cependant Lothaire n'eut qu'un seul fils du nom de Louis, et je ne vois aucun empereur de ce dernier nom qui ait eu pour son père un prince appelé Lothaire. Je suis donc très-porté à partager l'opinion de Grandidier (2) et de M. Guerber (3), qui pensent que l'inscription dont il s'agit est fautive, peut-être par suite de quelque maladroite restauration, et que le personnage représenté est Lothaire, roi de Lorraine, deuxième fils de l'empereur du même nom.

La petite rose qui surmonte cette verrière représente la Résurrection de Notre-Seigneur.

5. — La cinquième fenêtre ne contient que trois figures, désignées par les inscriptions : — HENRICUS REX, — FRIDERICUS REX, — HENRICUS BABINBERGENSIS.

Comme je l'ai dit plus haut, le surnom de *Babinbergensis* ne peut guère s'appliquer qu'à saint Henri ou à l'empereur Henri III. De toute façon, cela fait un double emploi avec l'une des figures de la deuxième fenêtre.

L'autre *Henricus rex* peut être Henri l'Oiseleur (919-36), ou bien Henri IV dit le Vieux, qui mourut en 1104. L'inscription ne donne aucune indication à ce sujet.

Quant au troisième personnage, il faudrait y reconnaître Frédéric II, qui régnait au commencement du treizième siècle, à moins qu'on n'aime mieux y voir une autre répétition s'appliquant à Frédéric Barberousse. Les deux opinions sont admissibles.

---

(1) Ici M. l'abbé Guerber fait suivre le nom de Lothaire du chiffre VIII, qui n'a aucune signification possible. Je crois qu'il s'est trompé dans sa lecture.

(2) Essai historique et topographique sur la cathédrale de Strasbourg, pag. 259.

(3) Essai sur les vitraux de Strasbourg, pag. 78.

Cette fenêtre, du reste, paraît avoir été remaniée. Il est probable que, dans le principe, il y avait une quatrième figure, sans doute celle de l'empereur Othon, OTTO REX, que nous avons trouvée enchâssée, hors de propos, dans la quatrième grande fenêtre du côté méridional de la nef.

La rosette représente Jésus sur la croix, entre sainte Marie et le disciple bien-aimé.

6. — La dernière fenêtre de ce côté, située au pied de la grande tour, est complétement séparée des autres, et en diffère par le style autant que par le sujet. C'est une sorte de vitre légendaire représentant les premiers temps du monde, d'après la Genèse. Les sujets sont : 1° la création de l'homme, — 2° celle de la femme, — 3° Dieu défendant à Ève de manger du fruit de l'arbre de vie, — 4° la désobéissance d'Ève, — 5° Dieu punissant le péché de nos premiers pères, — 6° leur expulsion du paradis, — 7° les premiers travaux de l'homme, — 8° Abel et Caïn, — 9° le meurtre d'Abel, — 10° Dieu annonçant à Noé le déluge, — 11° Noé travaillant à l'arche, — 12° l'arche flottant sur les eaux (1).

Par une disposition très-bizarre, et dont je ne connais aucun autre exemple, les ornements destinés à remplir l'espace laissé libre entre les médaillons renferment, dans leurs enroulements, des lettres isolées qui, au dire de M. l'abbé Guerber, « refusent de livrer un sens quelconque (2). » Du moins est-il certain que, jusqu'ici, personne encore n'est parvenu à les déchiffrer.

Voici la disposition relative de ces lettres, dont quelques-unes sont malheureusement détruites, et d'autres retournées ou endommagées au point de ne pouvoir être lues :

✳	A	D	O	D	P	R	I
M	O	L	I	N	F	O	E
R	A	T	F	I	T	P	O
S	T	H	O	M	O	P	R
I	M	:&	D	O	[illegible]	A	C
A	Y	M	[illegible]	P	E	R	V
ı	T	D	E	[illegible]	[illegible]	[illegible]	[illegible]
E	L	[illegible]	[illegible]	[illegible]	[illegible]	[illegible]	[illegible]

Cette inscription n'est cependant pas aussi complétement indéchiffrable qu'elle le paraît au premier aspect. Je ne me vanterai pas de pouvoir en donner la traduction complète. Mais les fragments que je suis parvenu à recomposer suffisent pour en établir le sens,

(1) Schweighæuser (pag. 86 de la Description nouvelle de la cathédrale de Strasbourg, in-12, 1770) et, avant lui, F. J. Bohm, dans la traduction d'une notice allemande sur cette église (in-12, 1733, pag. 73), ont donné une description inexate ou du moins fort incomplète de cette verrière, dont ils ne mentionnent que sept sujets, au lieu de douze qu'elle renferme. Je les rétablis ici tels que je les ai notés moi-même sur place.

(2) Essai sur les vitraux de Strasbourg, pag. 74.

qui se rapporte, d'ailleurs, parfaitement au sujet de la verrière. Voici ces fragments :

✺ . DO^{minus} D^{eus} PRIMO ..... ERAT

VIT POST HOMO PRIM^{us}

.... CAYM APERUIT .... ABEL ....

ou DO^{minus} A^d CAYM APERUIT (pour *apparuit*) .... ABEL

Par le ton général de sa couleur, aussi bien que par sa bizarre composition, cette verrière diffère notablement de toutes les autres. Les teintes vertes dominent dans l'ornementation.

Si, maintenant, l'on traverse la nef pour étudier les vitraux qui décorent l'étage inférieur du côté méridional, dès le premier aspect chacun sera frappé d'une nouvelle différence d'exécution et de style, nettement et profondément tranchée. Mais avant d'en étudier le caractère, commençons par donner la description de ces fenêtres. Elles sont légendaires, et la plupart d'entre elles renferment seize sujets.

1. — La première (la plus rapprochée du chœur) représente sainte Anne, — l'apparition de l'ange à saint Joachim, — le mariage de saint Joachim et de sainte Anne, — la naissance de la sainte Vierge, — sa présentation au temple, — la généalogie de la sainte Vierge, — les jeunes hommes de la maison de David déposant leurs bâtons sur l'autel, — le mariage de la Vierge, — l'Annonciation, — la naissance de Notre-Seigneur, — l'adoration des bergers, — l'adoration des mages, — la présentation de Jésus au temple, — le massacre des Innocents, — la fuite en Égypte, — Jésus parmi les docteurs.

Au bas de la fenêtre, on lit les mots : AVE GRATIA PLENA, écrits en lettres onciales de grande dimension.

Parmi les ornements de la bordure, on reconnaît plusieurs figures de prophètes, dont une porte l'inscription ALASTOTILES, où il est facile de reconnaître le nom légèrement estropié d'Aristote; « singulier rapprochement, qui s'explique, du reste », comme le fait observer M. l'abbé Guerber, « par l'immense vogue que le philosophe grec avait obtenue « dans les écoles du moyen âge, depuis le commencement du douzième siècle (1). »

2. — Les seize sujets de la fenêtre suivante sont évidemment la continuation de la même série. On y reconnaît : Jésus pardonnant à la femme adultère, — la résurrection de Lazare, — Caïphe prédisant la mort de Notre-Seigneur, — Zacchée sur le sycomore, — Jésus et la Samaritaine, — la Madeleine lavant les pieds de Notre-Seigneur, — Jésus-Christ dans la barque pendant la tempête (2), — la Transfiguration, — la guérison du paralytique, — celle de la fille de Jaïr, — la multiplication des pains, — Jésus délivrant les possédés, — la guérison du lépreux, — la tentation de Notre-Seigneur, — les noces de Cana, — Jésus prêchant sur la montagne.

(1) Essai sur les vitraux de Strasbourg, pag. 63.   (2) M. Guerber a omis ce sujet dans sa description.

3. — Continuation des sujets relatifs à la vie terrestre du Sauveur et à sa passion. Les seize tableaux dont se compose la verrière représentent : l'entrée de Jésus-Christ dans Jérusalem, — la sainte Cène, — le lavement des pieds, — Jésus au jardin des Oliviers, — le baiser de Judas, — Jésus conduit devant le grand prêtre, — Jésus devant Caïphe, — la flagellation, — le couronnement d'épines, — Jésus accablé d'outrages, — Jésus portant sa croix, — les deux larrons, reconnaissables aux inscriptions DISSMAS et IESSMAS, — le bon larron, à la droite du Sauveur, rendant son âme que reçoit un ange, — le Christ en croix, — le mauvais larron, et, près de lui, un petit diable qui s'empare de son âme, — la mise au tombeau.

Au bas de cette fenêtre, se trouve écrit en gros caractères : DIZ BEZEICHENT DIE MARTER UNSERS HERREN IHV XPI DER VNS HAT ERLOSET VO. DE. EWIG TODE (*Ceci représente le martyre de Notre-Seigneur Jésus-Christ, qui nous a délivrés de la mort éternelle*).

4. — Seize sujets faisant suite aux précédents, savoir : descente de Jésus-Christ dans les limbes, — panneau horriblement mutilé et confus, qui, selon les anciennes descriptions, représentait les limbes, — la résurrection de Notre-Seigneur, — un ange assis sur la pierre du tombeau, — Jésus apparaissant aux saintes femmes, — le voyage d'Emmaüs, — Jésus apparaissant à ses disciples, — apparaissant à la Madeleine, — apparaissant pour la seconde fois aux apôtres, — leur apparaissant de nouveau pendant qu'ils prennent leur repas, — la pêche miraculeuse, — l'Ascension, — l'incrédulité de saint Thomas, — les apôtres voyant disparaître Jésus-Christ dans les nues, — l'attente du Saint-Esprit, — la Pentecôte.

Dans cette fenêtre, comme dans la précédente, les sujets doivent être lus de bas en haut. Cet ordre renversé est motivé par la nature des derniers sujets de chaque légende, la mort du Sauveur et son Ascension, qui ne pouvaient convenablement être représentés dans le bas d'une verrière.

Celle-ci porte, à sa partie inférieure, un quatrain en vieil allemand, dont voici la transcription et la traduction littérale :

GOTT BRACH DER HELLE TÜR

UND NAM DIE SEINEN HERFÜR

Ū ERSTUNT AM DRITEN TAG

DAS VAS TIEFEL GR (grosse) KLAG

(*Dieu brisa les portes de l'enfer, et en retira les siens, et il ressuscita le troisième jour, ce qui arracha de grandes plaintes au démon*).

5. — Vitrail du jugement dernier. Mauvaise exécution, mauvais dessin, composition fort confuse, avec de grandes figures de diables très-grossièrement rendues.

La petite rose représente des anges portant des candélabres.

6. — Comme du côté opposé, le vitrail le plus rapproché du porche est complétement séparé des autres. On y retrouve encore le jugement dernier, mais représenté sous une forme toute parabolique, d'après le chapitre XXV de l'Évangile de saint Matthieu : Jésus-Christ, assis sur un trône, est entouré de la sainte Vierge, de saint Jean, de sainte Catherine et des douze apôtres; puis, dans le corps de la fenêtre, le peintre a retracé allégoriquement les *OEuvres de miséricorde*, ainsi que l'indiquent les incriptions suivantes :

DO ICH HUNGERIK WAS IR SPISTE MICH NÜT

DO MICH DÜRSTE IR TRENKE MICH NÜT

DO ICH ELLENDE WAS IR HERBERGET MICH NÜT

DO ICH NACKET WAS IR KLEITET MICH NÜT

DO ICH GEFANGEN WAS IR RETTENT MICH NÜT (1)

Quand j'avais faim, vous ne m'avez pas donné à manger ;
Quand j'avais soif, vous ne m'avez pas donné à boire ;
Quand j'étais malheureux, vous ne m'avez pas hébergé ;
Quand j'étais nu, vous ne m'avez pas vêtu ;
Quand j'étais prisonnier, vous ne m'avez pas délivré (2).

La dernière inscription est en fort mauvais état. Il y en avait encore une autre accompagnant un sixième sujet, évidemment relatif aux soins à donner aux malades et aux inférieurs. Quant à la septième œuvre de miséricorde, l'ensevelissement des morts, que l'Église latine ajouta postérieurement aux six prescriptions de l'Évangile (3), il n'en est pas question sur la verrière de Strasbourg.

Fidèle et naïf interprète du texte de saint Matthieu, l'artiste a représenté Jésus lui-même invoquant l'assistance de l'homme, suivant cette belle parole : *Quandiu fecistis uni ex his fratribus meis minimis, mihi fecistis* (4).

Le sujet très-rarement traité (5) de cette verrière lui donne un intérêt particulier.

Maintenant, pour achever de décrire la vitrerie si variée de la cathédrale de Strasbourg, il ne me reste plus à parler que des deux grandes chapelles de Sainte-Catherine et de Saint-Laurent, situées l'une vis-à-vis de l'autre à l'extrémité de la nef.

Celle de Sainte-Catherine fut fondée en 1340 (6) par Berthold de Bucheck, évêque de Strasbourg (7). Ses verrières datent à peu près de la même époque. Elles sont subdivisées

---

(1) Evangel. sec. Matth., cap. XXV, v. 42 et 43.

(2) L'artiste strasbourgeois exagère ici la portée de l'acte de miséricorde relatif aux prisonniers. Notre-Seigneur n'a jamais dit qu'il fallût les *délivrer*, ce qui pourrait singulièrement entraver le cours de la justice. Il a seulement recommandé de les *visiter : in carcere eram, et venistis ad me.*

(3) Didron, Manuel d'iconographie chrétienne, in-8°. Paris, 1845, deuxième partie, pag. 277, note.

(4) Evangel. sec. Matth., cap. XXV, v. 40.

(5) Molanus, de Historia SS. Imaginum et picturarum (édition de J. N. Paquot, in-4°. Louvain, 1771), lib. IV, cap. XXV, pag. 527.

(6) Et non en 1331, comme le prétend Grandidier. (Essai sur la cathédrale de Strasbourg, pag. 50.)

(7) Gallia christiana, tom. V, col. 808.

en quatorze baies affectant la forme de lancettes excessivement allongées, d'une hauteur d'environ six mètres et demi, sur une largeur de moins de quatre décimètres. Chacune de ces baies renferme une figure surmontée d'un dais ou pinacle très-élevé, très-pointu, et d'un dessin fort léger. Les personnages représentés sont les apôtres, sainte Marie-Madeleine et sainte Marguerite. Entre les mains de chaque apôtre, l'artiste a placé un phylactère portant une strophe du *Credo*. On sait que cette belle prière, connue sous le nom de *Symbole des apôtres*, passait jadis pour avoir été composée en commun par les disciples de Jésus-Christ. Voici, selon l'artiste strasbourgeois, la strophe qui devrait être attribuée à chacun d'eux (1) :

1. Saint Pierre : *Credo in Deum patrem omnipotentem, creatorem cœli et terre;*

2. Saint André : *et in Jesum Christum filium Dei unigenitum;*

3. Saint Jacques : *qui conceptus est de Spiritu sancto, et natus ex Maria virgine;*

4. Saint Jean : *passus sub Pontio Pilato, cruxifixus, mortuus et sepultus;*

5. Saint Thomas : *descendit ad inferos, tertia die resurrexit a mortuis;*

6. Saint Jacques le Mineur : *ascendit in cœlum, sedet ad dexteram Dei Patris;*

7. Saint Philippe : *inde venturus est judicare vivos et mortuos;*

8. Saint Barthélemy : *Credo in Spiritum sanctum;*

9. Saint Matthieu : *sanctam Ecclesiam catholicam;*

10. Saint Mathias : *Sanctorum communionem, remissionem peccatorum;*

11. Saint Jude ou Thadée : *resurrectionem mortuorum;*

12. Saint Simon : *et vitam eternam* (2).

Ce sont là, du reste, des attributions assez arbitraires et très-variables, ainsi qu'on peut s'en convaincre en examinant comparativement les divers monuments où le même sujet se trouve représenté (3).

La chapelle de Saint-Laurent (jadis de Saint-Martin), qui se trouve du côté opposé, à l'extrémité du collatéral, est beaucoup plus récente; elle ne date que de l'an 1515 (4). L'évêque Guillaume de Hohenstein, son fondateur, l'avait ornée de vitraux représentant l'histoire de saint Martin de Tours (5). Mais, à la place de ces vitraux depuis

---

(1) Ces inscriptions sont en si mauvais état, que je n'ai pu, par moi-même, les déchiffrer complétement. Je me borne donc ici à copier M. l'abbé Guerber. (Essai sur les vitraux de Strasbourg, pag. 86.)

(2) Saint Paul n'était pas encore converti au moment où les disciples de Jésus-Christ se dispersèrent pour aller porter la parole chez tous les peuples de la terre. Cela explique pourquoi ce saint ne figure pas ici au nombre des apôtres.

(3) Voir le folio CI de la grande *Chronique de Nüremberg* (in-folio, 1493), les figures sculptées de la cathédrale d'Alby, la verrière du transept nord de la cathédrale de Metz, dont j'ai donné une figure (planche LVIII), et les dissertations spéciales qui se trouvent dans le *Rationale divinorum officiorum* de Guillaume Durand, dans Molanus (Historia SS. imaginum, lib. IV, cap. xxv, Scholien), et dans le *Manuel d'iconographie chrétienne* de M. Didron (IIᵉ part., pag. 303, notes).

(4) Description nouvelle de la cathédrale de Strasbourg, traduite par F. J. Bohm, in-12. Strasbourg, 1733.

(5) Manuscrit de Schadée, cité par M. Guerber, p. 84.

longtemps détruits, on a rapporté ici, sans beaucoup d'ordre ni de discernement, de nombreux fragments de verrières provenant de l'ancienne église des dominicains de Strasbourg, connue sous le nom de *Temple neuf* (1). Ces vitraux ne manquent pas de valeur comme éclat; mais on a été obligé de les mutiler et de sacrifier les sujets, pour les faire entrer dans des fenêtres auxquelles ils ne convenaient pas plus sous le rapport de la forme que sous celui du style.

Maintenant que nous avons passé en revue toutes les verrières qui décorent la nef, les collatéraux et les grandes chapelles de la cathédrale de Strasbourg, abordons une tâche plus difficile, celle qui a pour objet de déterminer les caractères et la date de ces différentes peintures.

Ici, malheureusement, nous manquons de certains éléments de classification qui, d'ordinaire, viennent en aide aux recherches de l'archéologue. Chose curieuse! cette importante vitrerie ne contient pas une inscription votive, pas une date, pas un blason, pas un nom de fondateur, et, jusqu'à présent, l'on n'a découvert que le nom d'un seul peintre-verrier qui ait pu y travailler. C'est celui de Jean de Kircheim, désigné dans un acte testamentaire de 1348 (2). Grandidier, qui assigne pour date aux verrières de la nef et des collatéraux les quatorzième et quinzième siècles, n'hésite pas à en attribuer une grande partie à cet artiste (3). La tradition populaire va encore plus loin, et désigne Jean de Kircheim comme l'auteur des figures de rois du collatéral septentrional.

Quant au savant ecclésiastique à qui nous devons l'*Essai sur les vitraux de la cathédrale de Strasbourg*, il n'était pas homme à accepter sans examen des assertions qui ne reposent, il faut bien l'avouer, sur aucunes preuves. Aussi n'a-t-il guère tenu compte de ce qu'on avait pu dire avant lui, relativement à l'âge des verrières qui nous occupent. Ne s'en rapportant qu'à lui-même et embrassant d'un seul coup d'œil toutes les parties de la cathédrale, M. Guerber y reconnaît des vitraux des douzième, treizième, quatorzième et quinzième siècles.

Pour mon compte, je n'ai pas à revenir sur ce que j'ai déjà dit des grandes figures de guerriers situées dans les transepts (4). Mais, même à ne considérer que les vitraux de la nef et ceux des bas-côtés, il m'est impossible de ne pas contester sérieusement plusieurs des opinions émises et des dates fixées par M. l'abbé Guerber.

---

(1) Ce vaste édifice est aujourd'hui partagé en deux parties, dont l'une seulement est consacrée au culte protestant, tandis que l'autre est occupée par la bibliothèque de la ville.

(2) L'acte dont il s'agit est un codicile de Berthold de Hüningen, aujourd'hui conservé dans les archives de Strasbourg, où j'ai pu en prendre connaissance. Voici, par extrait, le texte de la partie relative à notre peintre-verrier : *Et promissa ipse legator per suos executores subscriptos de bonis suis effectum voluit mancipari, et prescriptionum omnium suos executores in solidum constituit. . . . . . . magistrum Johannem de Kircheim, factorem vitricum in ecclesia Argentinensi.* Cet acte est daté du 6 des ides de mars 1348.

(3) Essais sur la cathédrale de Strasbourg, p. 256.

(4) Voyez ci-dessus, pages 112 et suivantes.

Selon lui, c'est au douzième siècle qu'il faut attribuer les trois figures qui terminent la série des empereurs (n° 5 de ma description), le roi OTTO intercalé dans la IVᵉ fenêtre de l'autre côté, et les figures d'apôtres et de prophètes de la fenêtre la plus voisine du portail. Au treizième siècle, il rapporte les autres empereurs, les DUX ACHACIUS et MARCUS de la fenêtre septentrionale n° III, les papes et les premières figures de saintes de la grande nef. Dans son opinion enfin, les autres verrières seraient toutes du quatorzième siècle, sauf le Jugement de Salomon, les OEuvres de miséricorde et le vitrail de la Création, auxquels M. Guerber assigne une date plus récente.

Pour arriver avec quelque certitude au classement de toutes ces verrières, «il faut», dit le même auteur, «tenir compte de la dimension et de la couleur des verres, du plombage « et de l'agencement, du dessin, de la forme des plis, des ornements, soit du corps, soit de « l'encadrement, des bases et des dais, de la végétation, des émaux (1). » Ce sont là d'excellents principes. Reste seulement à savoir jusqu'à quel point M. Guerber lui-même en a tenu compte dans sa classification.

Et puis n'y a-t-il pas encore d'autres éléments de conviction à joindre à ces preuves matérielles tirées exclusivement de la verrière? — Oui, sans aucun doute : — l'architecture, l'histoire du monument, et les documents authentiques qui s'y rapportent, ne sont pas moins à considérer.

Voyons donc un peu ce que, dans ce cas-ci, nous apprend l'histoire de la cathédrale de Strasbourg. J'ai déjà rapporté le passage de la *Gallia christiana,* qui constate les dégâts occasionnés par l'incendie de 1298 (2), et celui de Schadée, dont il résulte que toutes les vitres de la grande nef et de la galerie durent être refaites à la suite de cette catastrophe (3).

En ce qui touche l'incendie de 1298, je pourrais invoquer encore le témoignage du chroniqueur Ellenhard, qui remplissait précisément à cette époque les fonctions de procureur de la fabrique (4). Selon lui, la violence du feu fut telle, que les orgues, la charpente, la toiture et une grande partie de la décoration intérieure devinrent la proie des flammes. Les colonnes de pierre elles-mêmes furent calcinées en divers endroits (5). Au milieu d'un pareil désastre, il serait bien étonnant, en vérité, que les

---

(1) Essai sur les vitraux de la cathédrale de Strasbourg, pag. 93. — Ce passage n'est pas le seul où M. Guerber parle des *émaux.* (Voyez aussi pag. 67.) Pourtant, il devrait bien savoir qu'à cette époque la peinture en émail n'était pas encore connue des peintres-verriers. Il y aurait bien quelques autres mots également à reprendre dans le texte que je viens de citer. Ainsi, M. Guerber s'écarte un peu trop de l'usage reçu en indiquant la *mise en plombs* sous le nom de *plom-bage,* et il me paraît faire preuve d'une concision singulièrement hasardée, lorsqu'il désigne sous le nom de *végétation* les ornements empruntés au règne végétal.

(2) Voyez ci-dessus, pag. 112, not. 4.

(3) Ibid., not. 5.

(4) Grandidier, Essais historiques et topographiques sur l'église cathédrale de Strasbourg, préface.

(5) Chronicon magni Ellenhardi, procuratoris fabricæ Argentinentis, in-folio, Prague, 1777, pag. 52.

verrières seules fussent demeurées intactes; et le simple bon sens suffirait à faire penser le contraire, si le témoignage des historiens les plus dignes de foi ne s'accordait avec celui de Schadée pour établir qu'à la suite de l'incendie dont il s'agit, la vitrerie de cette partie de l'église dut être complétement refaite (1). Mais ce n'est pas tout : Jacques de Kœnigshoven nous apprend encore qu'en 1384, le jour de sainte Gertrude (17 mars), un autre incendie détruisit de nouveau les orgues, la charpente et la toiture en plomb de la cathédrale, et que toute la partie du bâtiment située entre le chœur et les deux tours eut à souffrir de grands dommages (2). Toutefois la décoration intérieure paraît s'en être un peu moins ressentie cette fois. Il n'est fait nulle part une mention spéciale de la destruction des vitraux, et l'examen attentif de ceux qui existent encore démontre clairement que la plupart d'entre eux remontent à une époque antérieure à ce dernier incendie.

En résumé, que nous apprennent donc les documents historiques? 1° Que les verrières de la nef ne doivent pas être antérieures au commencement du quatorzième siècle; 2° que plusieurs d'entre elles datent de la fin seulement de ce siècle, ou même des premières années du quinzième.

Passons maintenant aux divers genres de preuves exclusivement tirées des verrières elles-mêmes : y trouvons-nous rien qui doive modifier ces conclusions?

Prenons pour point de départ les grandes figures de saintes qui occupent presque tout le côté droit de la nef. Entre elles j'observe beaucoup d'uniformité, sous le double rapport du style et de la décoration. Cette dernière se compose toujours d'une bordure assez simple, terminée en ogive à sa partie supérieure, comme la fenêtre elle-même. Les figures sont toutes surmontées de petits dais en architecture, fort légers et en général blanchâtres, genre d'ornement que *nulle part,* même dans des contrées plus disposées à l'innovation, on ne trouvera antérieurement au quatorzième siècle. Quant au dessin et aux costumes, ces figures, il est vrai, semblent empreintes d'un certain archaïsme; mais, à propos de verrières plus anciennes, nous avons déjà vu combien les artistes alsaciens avaient montré de persistance dans le style primitif. Pourquoi donc s'étonner de ce que cet esprit de routine ou de fidélité aux anciennes traditions se retrouve au quatorzième siècle aussi bien qu'au treizième?

Voudra-t-on chercher à expliquer par le fait d'une restauration la présence de figures plus anciennes sous un ornement dont on ne peut contester la date? Cela pourrait fort bien se soutenir s'il s'agissait d'une seule figure; mais comment prétendre qu'au milieu du terrible incendie de 1298, sur cette longue série de quarante personnages, l'ornementation primitive aurait seule disparu, laissant intactes *toutes* les figures, auxquelles on

(1) Voyez Schilter, dans ses Commentaires sur la Chronique de Kœnigshoven (édition précitée, p. 564), et aussi l'abbé Grandidier (Essais historiques et topo-graphiques sur la cathédrale de Strasbourg, pag. 47).

(2) Elsassische und strassburgische Chronick, (édition de Schilter) cap. V, pag. 276.

se serait contenté d'ajouter une bordure et des pinacles refaits à neuf dans un style plus moderne?

L'idée d'une restauration partielle serait plus admissible pour les grandes figures d'empereurs situées à l'étage inférieur, et qui, par cela même, auraient pu échapper plus facilement aux ravages du feu. Écartons toutefois la pensée qu'aucune d'elles puisse appartenir au douzième siècle. La forme des fenêtres rend cette supposition tout à fait impossible. Jamais, en effet, il n'a existé dans ces contrées, avant le treizième siècle, des fenêtres ogivales à plusieurs baies comprenant une petite rose dans leur amortissement. Or, à la différence de quelques verrières des transepts, la disposition du dessin montre ici fort clairement que les figures dont il s'agit occupent aujourd'hui la place pour laquelle elles ont été originairement composées.

Quant à la pensée que le style primitif de la verrière aurait pu être modifié par suite de restaurations postérieures, ici encore se retrouve la même objection. Pourquoi et comment les parties de décoration auraient-elles seules disparu, les figures restant toutes dans leur premier état?

Mais je vais plus loin, et je soutiens que, pour certains personnages, le dessin de la figure se trouve tellement engagé dans celui de l'ornementation que l'un et l'autre doivent nécessairement dater de la même époque.

Prenons pour exemple la figure du roi Charles, que j'ai reproduite à la planche XL. C'est l'une de celles qui présentent certainement le style le plus caractérisé. Nul doute que la bordure intérieure ne soit du même temps que la figure, puisque le coude, d'un côté, et la main, de l'autre, anticipent sur cette bordure, elle-même d'un aspect fort ancien; et pourtant, c'est dans cette même bordure parfaitement homogène que se trouve inscrit le dais d'architecture incolore, si caractéristique du quatorzième siècle (1).

Qu'on dise que les vêtements, les auréoles et les inscriptions sont de style byzantin, cela n'est pas douteux. Mais à quoi tient cette disparate de style? C'est ce qu'il faut examiner.

Et, d'abord, la tradition locale, qui avait survécu aux artistes byzantins venus dans ces contrées, ne peut-elle pas avoir duré jusque-là? ou bien, ce qui est encore plus probable, quelques fragments estimés, échappés à la ruine générale ou provenant même d'autres parties de l'église, n'auraient-ils point servi de modèles aux artistes chargés de réparer les désastres causés par l'incendie? Comme nos verriers, aujourd'hui, s'efforcent,

---

(1) En reproduisant une de ces figures de princes à la planche II de son ouvrage, M. Guerber s'est cru permis d'en modifier l'ornementation. Sa bonne foi ne saurait être mise en doute, puisqu'il prévient lui-même son lecteur : « J'ai dû faire supprimer le pinacle « plus moderne dont il est surmonté, et faire resti-« tuer le cintre, les colonnettes et les chapiteaux ro-« mans qui l'encadraient autrefois.»(Pag. 67). M. Guerber me semble avoir pris là une liberté tout à fait abusive. Il serait trop commode, en pareille matière, de substituer au fait une simple supposition, et de s'en faire ensuite une preuve à l'appui de son système.

dans leurs œuvres de restauration, d'imiter le dessin de leurs devanciers, il n'y aurait rien d'étonnant à ce que les peintres restaurateurs du quatorzième siècle, chargés de remettre à neuf la vitrerie de Strasbourg, eussent cherché à reproduire les modèles les plus estimés du siècle précédent. Un soin si archéologique n'était pas beaucoup, me dira-t-on, dans les usages de cette époque. En thèse générale, c'est très-vrai; mais, dans le cas qui nous occupe, l'organisation toute particulière de *l'œuvre de la cathédrale* de Strasbourg permettrait cependant de croire à la possibilité d'une exception (1).

Toujours est-il que, sur ces verrières de style en apparence plus ancien, le quatorzième siècle a imprimé son cachet de la façon la plus inconstestable; et cela, non pas seulement dans l'ornementation, mais aussi dans certains détails des figures elles-mêmes. Ainsi, par exemple, à la petite rose qui surmonte la quatrième fenêtre des empereurs, et dont le sujet est la résurrection de Jésus-Christ, l'un des soldats gardiens du tombeau porte un *chapeau* de fer, tel qu'on n'en a certainement jamais fabriqué avant le quatorzième siècle.

De tous ces détails résulte un ensemble de faits dont il me semble impossible de ne pas tenir compte; et, tout bien considéré, je reste convaincu, pour ma part, que la suite des empereurs, telle que nous la voyons aujourd'hui, est une œuvre des premières années du quatorzième siècle. Que Jean de Kircheim en soit l'auteur, rien ne permet de l'affirmer; mais aussi rien n'autorise à nier la part qu'il a pu prendre à leur exécution.

Les figures de papes et de saints de l'étage supérieur sont-elles plus anciennes? Il n'y a aucune raison de le supposer. Les huit saints en costume guerrier, avec leurs écus blasonnés, sont évidemment très-postérieurs aux personnages du même genre représentés dans les transepts (2). Je ne parle pas des figures d'ACHACIVS et de MARCVS, maladroitement rapportées dans une fenêtre pour laquelle elles n'ont pas été faites; mais, quant aux papes, il suffit de jeter les yeux sur la figure de saint Sylvestre publiée par M. l'abbé Guerber (3), pour reconnaître que tout, dans l'ornementation de cette série, annonce le quatorzième siècle.

Restent, pour l'étage supérieur, la verrière du jugement de Salomon (VI, sud) et les deux fenêtres des clochers.

Celle du jugement de Salomon diffère complétement, quant au style, de toutes les autres fenêtres de la nef. Comme M. Guerber, je la crois d'une époque plus récente, quoique l'excessive barbarie de l'exécution rende difficile de la classer avec certitude.

<hr>

(1) Ce fut précisément vers la fin du treizième siècle que le grand chapitre se dessaisit de l'administration de la fabrique au profit du pouvoir civil (le *magistrat*), qui, depuis près de dix siècles, maintient cette magnifique église dans un état d'entretien et de prospérité à nul autre pareil. *Quo tempore fabricam ejusdem ecclesiæ magistratui administrandam sub certis conditionibus concessit.* (Gallia christiana, tom. **V**, col. 806.)

(2) Voyez planche XVII.

(3) Planche III de l'Essai sur les vitraux de la cathédrale de Strasbourg.

La verrière des Prophètes, située à l'entrée du porche, se composait de fragments rapportés, du treizième siècle. Il me serait impossible de dire d'où ils provenaient.

Celle des Vices et des Vertus, placée en face, porte les caractères assez médiocres des vitres légendaires, telles qu'on les comprenait vers le milieu du quatorzième siècle.

J'assignerai à peu près la même date aux verrières du collatéral de droite. Seulement là ce n'est plus une œuvre de restauration ou le rétablissement de chefs-d'œuvre détruits qu'a eus en vue l'artiste : c'est une composition nouvelle, tout empreinte du goût de l'époque, dont elle nous donne malheureusement une bien pauvre idée. Ces vitraux sont très-montés de tons, mais d'une harmonie très-sombre et très-lourde. Dans les 3e, 4e et 5e fenêtres surtout, le dessin est détestable, la monture maladroite ; et la *couverte*, trop prodiguée et de mauvaise qualité, s'est encrassée dans beaucoup d'endroits, tout en s'écaillant dans quelques autres (1).

La chapelle de Sainte-Marguerite nous offre un spécimen beaucoup plus satisfaisant et bien caractérisé de l'art du peintre-verrier à la même époque ; je trouve seulement ces vitraux moins empreints du style local, et je ne serais pas étonné qu'ils fussent l'œuvre d'artistes étrangers à l'Alsace.

Enfin, des deux verrières du porche, celle des OEuvres de miséricorde, malgré sa confusion et son délabrement, me paraît appartenir franchement au quatorzième siècle, tandis que celle de la Création a du être exécutée sur la limite de ce siècle et du suivant. Son ornementation est beaucoup plus légère, un peu tourmentée, et il y domine un ton vert que je ne retrouve, à Strasbourg, dans aucune des verrières de l'époque qui nous occupe.

Je sais que mon opinion, relativement à la date de cette curieuse vitrerie, diffère, sur beaucoup de points, de celle qui a prévalu dans ces derniers temps ; c'est précisément pour cela que j'ai cru devoir traiter la question avec tant de détail. Je n'ai pas la prétention, du reste, de l'avoir complétement résolue, et je reconnais, tout le premier, qu'elle est très-controversable.

Pour en finir avec la cathédrale de Strasbourg, on me permettra d'ajouter encore quelques mots sur celles de ses verrières que le temps a fait disparaître.

Le chœur, reconstruit à diverses époques, et particulièrement par Joste ou Jodoque Dotzinger, de Worms, en 1455 (2), était jadis éclairé par trois fenêtres ornées de vitraux peints. Celle du milieu représentait saint Sigisbert (3) et saint Arbogaste ; celle de gauche saint Ambroise et saint Florentin (4) ; celle de droite le crucifiement de Notre-Sei-

---

(1) M. Guerber attribue le mauvais état de ces fenêtres à ce que les *émaux* ont souffert (Essai sur les vitraux de Strasbourg, p. 67). J'ai déjà eu occasion de relever cette erreur. (Voyez ci-dessus, pag. 254, not. 1).

(2) Grandidier, Essais historiques et topographiques sur la cathédrale de Strasbourg, liv. Ier, pag. 62)

(3) Probablement saint Sigebert, roi d'Austrasie.

(4) Martyr en Bourgogne, au cinquième siècle.

gneur (1). Tout cela disparut en 1732, lorsque, sous le prétexte d'agrandir le chœur, on en modifia complétement la forme selon le goût du jour (2). Au commencement du siècle actuel, l'unique fenêtre subsistant à l'abside reçut une nouvelle décoration entièrement composée de fragments de vitraux provenant du Temple-Neuf. Cette décoration, assez mal appropriée, quoique méritant par son éclat les éloges qu'en a fait un archéologue anglais (3), a disparu à son tour, et tout annonce qu'au moyen d'une restauration prochaine, le chœur de la cathédrale de Strasbourg va reprendre sa forme primitive.

Parmi les vitraux détruits du transept méridional, on doit regretter plusieurs figures allégoriques assez curieuses, si l'on en juge par les inscriptions dont elles étaient accompagnées : IVSTITIA, CASTITAS, PENITENTIA, CONFESSIO, OBEDIENTIA, COMPASSIO (4).

« On voyait encore, » dit Grandidier, « au commencement du seizième siècle, sur les « vitraux de l'entrée de la cathédrale, une peinture qui représentait Widerold, évêque « de Strasbourg, environné de rats et de souris. Ce prélat mourut en 999. La légende « fabuleuse de sainte Attale rapporte qu'il fut dévoré par ces animaux, pour avoir voulu « faire enlever de l'église de Saint-Étienne les reliques de cette sainte abbesse (5). »

Enfin, je ne saurais oublier un vitrail du plus haut intérêt, reproduit par Schilter, dans son supplément à la chronique de Kœnigshoven (6). Ce vitrail, aujourd'hui perdu, et dont malheureusement Schilter n'indique pas la provenance, représentait la procession du corps de ville, avec toutes ses bannières. Le corps municipal de Strasbourg, au quatorzième siècle, se composait, outre le maire et les échevins, de chevaliers et de représentants des diverses corporations d'artisans. Le nombre de ces dernières parait avoir souvent varié pendant le cours de ce siècle (7). Il est de vingt sur le vitrail dont il s'agit, et la procession se complète par dix chevaliers, portant également leurs bannières. Artisans et chevaliers sont revêtus de l'armure bien caractérisée du quatorzième siècle, avec le *casque à grouin*, tel qu'on peut le voir à l'un des

(1) Summum Argentoratensium templum de Hecheler, MS. de la bibliothèque de Strasbourg, folio 114.

(2) Schweighæuser, Description historique de la cathédrale de Strasbourg, pag. 18.

(3) « On dirait », écrit Dibdin, « que l'artiste a « trempé ses pinceaux, tour à tour, dans une disso-« lution d'améthyste, de topaze, de rubis, de grenat « et d'émeraude.» (Voyage en France, traduit par Crapelet, tom. IV, pag. 348).

(4) Hecheler, folio 109.

(5) Essais historiques et topographiques sur la cathédrale de Strasbourg, liv. II, pag. 259.

(6) Edelsassischer Chronick (Anhang), planche jointe à la page 1106.

(7) Suivant Schilter (page 1104), le nombre des corporations aurait été successivement porté à vingt-quatre, vingt-cinq et vingt-six, de l'an 1332 à l'an 1382; puis il serait resté fixé à vingt-huit depuis cette dernière date jusqu'en 1470. Mais il y a, dans cette assertion, une erreur évidente, puisque, dès l'année 1369, dans un acte relatif aux juifs de Strasbourg, nous voyons figurer les représentants de vingt-huit métiers, savoir : les merciers, les boulangers, les bouchers, les tisseurs de laine, les tonneliers, les tanneurs, les vignerons, les maçons et tailleurs de pierre, les tailleurs, les forgerons, les bateliers, les fourreurs, les charpentiers, les marchands de vin, les cordonniers, les orfévres et imagiers, les meuniers, les jardiniers, les pêcheurs, les barbiers-étuvistes, les marchands de sel, les tisserands, les brodeurs, les charrons, les menuisiers, les porteurs d'eau, les constructeurs de bateaux et les marchands d'huiles.

personnages représentés sur la planche LII de cet ouvrage; mais les chevaliers seuls sont éperonnés et à cheval, tandis que les représentants des corporations chevauchent plus modestement sur le *carrocium*, sorte de chariot destiné à porter la grande bannière de la ville (1). Au dire de l'auteur qui a reproduit ce vitrail, le sujet qu'il représente se rapporterait à la fameuse levée de boucliers qui eut lieu, en 1336, de la part des Strasbourgeois, contre leur évêque Berchtold de Bucheck (2). Pour ma part, et à ne considérer que la forme des armures, je l'aurais plutôt cru de la seconde moitié du même siècle; mais, à cet égard, je n'ai pas de preuves suffisantes pour contester l'opinion de Schilter.

La cathédrale de Strasbourg n'était pas la seule église de cette ville qui possédât des vitraux peints. Outre le Temple-Neuf dont j'ai déjà parlé, et la petite église Saint-Guillaume qui en renferme de plus modernes, on trouve encore aujourd'hui quelques vitraux du quatorzième siècle dans l'église Saint-Thomas, actuellement consacrée au culte protestant. Cette église, l'une des plus anciennes de Strasbourg, passe pour avoir été fondée par saint Florent au septième siècle (3). Reconstruite par l'évêque Adeloch vers l'an 830 (4), elle fut incendiée par le feu du ciel en 1007 (5), rétablie aussitôt par les soins de l'évêque Wilhelm qui en fit la consécration en l'année 1031 (6), et détruite une seconde fois par le feu en 1144 (7). Enfin, l'empereur Frédéric Ier l'ayant placée, en 1163, sous la protection immédiate de l'empire (8), l'église Saint-Thomas sortit définitivement de ses ruines, telle que nous la voyons actuellement.

La vitrerie de cette église est aujourd'hui fort incomplète, il n'y reste que des panneaux d'ornements, genre de décoration qui, du reste, convient particulièrement au culte protestant maintenant en possession de l'édifice. Ces panneaux, dont la fondation ne remonte pas au delà des premières années du quatorzième siècle, m'ont paru dignes d'intérêt par le caractère particulier qu'ils présentent, caractère propre non-seulement à cette époque, mais même à cette région de la France. J'en ai donc reproduit quelques-uns

---

(1) Du Cange, dans son Glossaire, au mot *Carrocium*, cite plusieurs exemples de véhicules du même genre employés en Allemagne, en Hongrie, et surtout en Italie, à Milan, à Crémone, à Padoue, à Florence, à Vérone, etc. Corio en attribue l'invention à l'archevêque Héribert, qui vivait en 1124 (*Historia continente l'origine di Milano*, in-f°, Milan, 1503, Ire part.); mais elle remonte à une époque beaucoup plus ancienne, comme on peut s'en convaincre par un passage de la chronique de Turpin (chap. XVIII), qui parle du grand étendard que les Sarrazins faisaient traîner par quatre paires de bœufs attelés à un pesant chariot.

(2) Voyez les détails de cette révolte dans le tome Ier

des Ms. de Daniel Speckle, conservés à Strasbourg.

(3) Chronique de Kœnigshoven, chap. IV, p. 240.

(4) *Ædem sacram et monasterium S. Thomæ restituit aut... a fundamentis excitavit novum et auxit* (Guillimann, de episcopis Argentinensibus, in-4°, Fribourg, 1608); passage qui se trouve confirmé par l'inscription placée sur la tombe même d'Adeloch :

ADELOCHVS PRESVL AD DEI LAVDES AMPLIFICANDAS HANC EDEM COLLAPSAM INSTAVRAVIT DCCCXXX.

(5) Collectanea MS. de Speckle, f° 19.

(6) Chr. Urstisii, Germaniæ historici illustres, in-f°, Francfort, 1585, pag. 83.

(7) Gallia christiana, tom. V, col. 832.

(8) Gallia christiana, loc. cit.

sur les planches XLI et XLII. Ce qui frappe d'abord, dans leur composition, c'est l'emploi d'ornements blancs empruntés au règne végétal, et qui se détachent sur des fonds unis, bleus ou rouges. Il y a aussi quelques parties jaunes dans l'ornementation; mais le blanc paraît exclusivement réservé aux feuillages. Si l'on rapproche ces ornements d'autres assez identiques pour la forme qu'on trouve dans certaines fenêtres du douzième siècle (voyez planches III et V), il est impossible de ne pas remarquer combien la peinture sur verre, à l'époque qui nous occupe, était déjà loin de son style primitif. Elle avait sans doute encore beaucoup d'éclat; mais ce n'était déjà plus cette puissance de tons qui donne un si grand prestige aux monuments des douzième et treizième siècles.

Il ne faudrait cependant pas juger de tous les vitraux de cette époque par ceux de Saint-Thomas. Tout près de Strasbourg, nous en trouvons d'autres qui, avec d'importantes modifications de style, semblent avoir conservé encore toute la vivacité de couleur et la brillante harmonie des verrières du siècle précédent. C'est dans la charmante église de Nieder-Hasslach qu'il nous faut aller les chercher.

Nieder-Hasslach est un petit village situé dans une délicieuse position, sur les derniers contre-forts des Vosges vers l'Alsace, et tout près de la vallée de la Brüsche. Toute cette contrée n'était qu'une vaste solitude, lorsque, vers le milieu du septième siècle, un saint ermite, nommé Florent, vint y chercher le calme et le recueillement de la vie contemplative. Dagobert II, roi d'Australie, avait près de là, dans le bourg de Kircheim, un palais qu'il habitait souvent (1). Informé des nombreux miracles que faisait le pieux solitaire, il voulut le connaître et le fit venir à sa cour. Saint Florent, reçu par le roi avec toutes sortes de témoignages de respect, signala sa présence par de nouveaux miracles, et s'acquit surtout la faveur du prince, en rendant la parole et la vue à Rathilde, sa fille, qui était née aveugle et muette (2). Dagobert, dans sa reconnaissance, résolut aussitôt d'ériger, à Hasslach, une église en l'honneur de la sainte Trinité et de Marie, mère de Dieu, et la dota de toutes les terres dont elle était entourée (3).

Telle fut l'origine de Hasslach. D'abord abbaye et plus tard collégiale, elle reçut les reliques de plusieurs saints, parmi lesquels il faut citer celui qui en avait marqué la première place. De l'église actuelle, on sait peu de choses, si ce n'est que sa construction fut commencée vers 1274, ainsi que cela résulte de lettres d'indulgences données, à cette

(1) Gallia christiana, tom. V, col. 831.

(2) Chronique manuscrite de Bodeck, rapportée par le P. le Cointe dans le tome III de ses *Annales ecclésiastiques*, in-f°. Paris, 1665.

(3) Voir la charte de fondation rapportée par Henschenius (de tribus Dagobertis Francorum regibus diatriba, in-4°, Anvers, 1655). Le jésuite J. Coccius, dans sa thèse intitulée *Dagobertus rex Argentinensis episcopatus fundator,* avait donné une autre version de cette charte; mais son texte était rempli d'erreurs. Tout ce qui concerne ce document et toutes les questions qui se rattachent à la fondation de l'église de Hasslach, se trouve exposé avec beaucoup de clarté et de discernement dans un petit volume devenu assez rare, qui a pour titre : *Mémoires historiques sur le règne des trois Dagoberts, au sujet de la fondation de plusieurs églises, et particulièrement de l'église collégiale d'Hasslach,* in-8°, Strasbourg, 1717.

époque, par l'évêque Conrad de Strasbourg. Un incendie ayant interrompu les travaux en 1287, de nouvelles indulgences furent accordées, non-seulement par Conrad en 1293 et par Frédéric X, son successeur, en 1300, mais aussi par l'évêque de Bamberg. Les travaux, repris alors, furent exécutés sur un nouveau plan, qui donnait plus de largeur au chœur de l'église. Dans les premières années du quatorzième siècle, la conduite de l'œuvre était confiée à Jean de Steinbach, fils du célèbre architecte de la cathédrale de Strasbourg; mais la mort le surprit en 1330, avant qu'il eût achevé son œuvre (1), et de nouvelles quêtes, autorisées par l'évêque diocésain, furent encore nécessaires pour l'achèvement de l'édifice, qui, d'après la teneur des dernières lettres d'indulgences publiées en 1385, parait n'avoir été complétement terminé que vers la fin du quatorzième siècle (2).

Cependant la plupart des verrières dont est décorée l'église de Hasslach remontent, selon toute apparence, à l'époque où Jean de Steinbach en était l'architecte.

Les fenêtres de l'étage supérieur (première partie achevée de l'édifice) ne contiennent aucuns vitraux peints. A l'étage inférieur, au contraire, toutes les fenêtres sont vitrées. En voici la description exacte, telles que je les ai vues avant toute restauration :

1. — La première fenêtre, à gauche de la nef, ne contient que des entrelacs en grisaille, avec bordures de couleurs où l'on reconnaît les tours de Castille. Il est probable que ces vitraux étaient primitivement placés dans la partie la plus ancienne de l'église.

2. — Onze panneaux à figures et quatre d'ornements. L'incohérence de sujets démontre clairement que cette fenêtre est formée de beaucoup d'autres. On y reconnaît deux sujets tirés de la vie de l'Enfant prodigue, ses débauches et son retour dans sa famille; — plusieurs panneaux relatifs aux apôtres, Jésus leur apparaissant après la résurrection, saint Pierre marchant sur les eaux, l'incrédulité de saint Thomas; — un panneau des OEuvres de miséricorde, provenant de la fenêtre suivante, avec ce reste d'inscription : .....KENT WAS IR GLEITENT (.... que vous avez vêtu); — plusieurs figures de Notre-Seigneur, le repas d'Emmaüs, avec ces mots adressés par Jésus aux apôtres : PAX VOBIS (3), le Christ en croix, le Christ du jugement dernier recueillant les âmes; — et enfin, dans le haut de la fenêtre, saint Florent couronné par les anges.

3. — Le panneau principal de cette verrière représente un prêtre offrant le sacrifice de la messe à l'intention de trépassés, dont le panneau inférieur nous montre les âmes exposées aux flammes du purgatoire. Ce curieux sujet était accompagné d'une inscription qui, aujourd'hui, n'offre plus aucun sens. Tout autour, le peintre a représenté les

---

(1) L'église de Nieder-Hasslach possède encore son tombeau, sur lequel on lit l'inscription suivante : AN. DOM. M. CCC. XXX. NONIS DECEMBRIS, OBIIT MAGISTER OPERIS HUJUS ECCLESIÆ FILIUS ERWINI MAGISTRI QUONDAM OPERIS ECCLESIÆ ARGENTINENSIS.

(2) Ces détails sur la construction de Hasslach,

complétement inédits, et tous puisés aux sources les plus authentiques, m'ont été fournis avec une extrême obligeance par M. Em. Bœswillwald, l'habile architecte chargé de la restauration de cette charmante église.

(3) Evang. sec. Luc., cap. XXIV, § 36.

OEuvres de miséricorde, auxquelles se rapportait une autre inscription en vieil allemand, également devenue indéchiffrable.

4. — Vitrail de saint Jean l'Évangéliste. — Le saint, dont la figure occupe le panneau principal est reconnaissable à l'inscription suivante : EGO ... IOHES (Johannes). FVI·IN·T.... (terrà) ..... DE·MANV·ANGELI. — Ailleurs, on le retrouve en présence de l'empereur Domitien : S. IOHES EWANGELISTA — DOMICIANVS INPATOR (*imperator*), puis au souper d'Emmaüs avec cette inscription : HOC PRIMV SINGNU. .AM·DI (*hoc primum signum.. am.. dei*). Plus bas, se lit le nom de Cléophas (s. CLEOFAS), l'un de ceux que Jésus avait rencontrés avant l'entrée du bourg (1). Dans le haut de la fenêtre, l'artiste a représenté Notre-Seigneur appelant à lui le saint évangéliste, VENI·DILECT⁸·MEV⁸·, à quoi saint Jean répond : GRACIAS·A (go). TIBI·DOMINE. Enfin au bas, et dans toute la largeur de la verrière, se trouve une inscription aujourd'hui mutilée, qui commençait par les mots VITA·IOHES.......

5. — Vitrail des apôtres, composé de douze sujets représentant leurs martyres. Chacun d'eux y est désigné par une inscription. Au nom de saint Matthieu, le peintre a joint celui de HIRTACVS REX. Hirtacus ou Hirtatus serait, au dire de Jacques de Voragine, le nom du tyran par les ordres de qui saint Matthieu fut mis à mort (2). — A côté des mots PASSIO·S·PAVLI, on lit aussi le nom de HERODES·REX. Est-ce le résultat d'une transposition ou le fait de l'ignorance du peintre, je ne saurais le dire : toujours est-il qu'Hérode ne fut pour rien dans la mort de saint Paul, martyrisé à Rome, comme tout le monde le sait, sous le règne de Néron.

6. — Combat des Vertus et des Vices, ainsi que l'indique cette inscription placée au bas de la verrière : ...FLICT : VIRTVTV·E·VTVTV·FICTORIA (*conflictus virtutum et virtutum victoria*). Je n'ai pas à revenir sur cette allégorie alors fort usitée (3), qui, dans l'église de Hasslach, comme dans beaucoup d'autres, se trouve représentée simultanément sur les vitraux et parmi les sculptures du grand portail. Je me bornerai à indiquer, d'après les inscriptions du vitrail, l'ordre dans lequel se trouvent ici classés les Vertus et les Vices.

CASTITAS — LUXURIA.	JUSTICIA — INIQUITAS.
HUMILITAS — AMOR SECULI (4).	SPES — DESPERANCIA.
CORRECCIO — DETRACCIO (5).	LARGITAS — AVARICIA.
FILIUS — PATER (6).	TACITURNITAS — MULTILOQUIA.
COELESTIS AMOR — AMOR SECULI.	SAPIENTIA — STULTICIA.
SIMPLICITAS — FRAUS.	PACIENCIA — IMPATIENCIA.

(1) Evang. sec. Luc. cap. XXIV, § 18.

(2) Hirtacus, selon la légende, se serait épris d'une vierge du sang royal, nommée Éphygénie, qui, sous l'autorité de saint Matthieu, s'était consacrée au Seigneur. Le tyran, qui la voulait épouser, trouvant un obstacle insurmontable dans l'opposition du saint apôtre, immola celui-ci à sa rancune. (Légende dorée.)

(3) Voyez ce que j'en ai dit pages 138 et 241.

(4) *Amor seculi*, qui se retrouve une seconde fois plus loin, n'est pas ici à sa place. En face du mot *Humilitas*, c'est *Superbia* que nous devrions trouver.

(5) Sans doute *Ordre* et *Désordre*.

(6) Panneau provenant de la légende de l'Enfant prodigue, et rapporté ici par erreur.

On lit, en outre, dans le haut de la fenêtre, les deux noms de MOISES et ESAIAS·PFETA (*Isaias propheta*).

7. — Cette fenêtre, la première du chœur, ne contient que de simples ornements.

8. — Le haut de la verrière ne se compose que d'ornements. Dans le bas il reste plusieurs panneaux à figures. L'un d'eux représente sainte Marie-Madeleine avec un chanoine donateur, et cette double inscription : S·MARIA·MAGDALENEA· — ISEA·DVS·DE·RODESHEIM CANONICVS. Ce donateur, dont je n'ai pu mieux lire le prénom, appartenait à une illustre famille, aujourd'hui éteinte, qui tirait son nom du bourg de Rosheim, voisin de Hasslach. Schœpflin cite deux chevaliers de cette famille, qui étaient vassaux de l'église de Strasbourg au quatorzième siècle (1). — Un autre panneau de la même fenêtre nous montre la sainte Vierge, et, à ses pieds, une figure de donateur beaucoup plus petite que la précédente et accompagnée de ces simples lettres : ELLIN + S. Si c'est un nom propre, j'ignore complétement à qui il peut se rapporter.

9. — Même disposition : ornements, et, dans le bas, deux figures de martyres, dont l'une est reconnaissable à l'inscription SA AGNESIS (sainte Agnès).

10. — Même disposition. Les figures du bas représentent SAINT MICHEL et un autre saint dont le nom était indiqué par une inscription devenue incomplète. Près de ce dernier est agenouillé un donateur avec l'inscription suivante : BVRCHARDVS·DE·HERR-MOLSHEIM (Burchard, seigneur de Molsheim). Celui-là encore appartenait à l'une des plus nobles familles de la localité. Molsheim est aujourd'hui le chef-lieu du canton où se trouve Nieder-Hasslach. Les seigneurs de Molsheim tenaient leur fief de l'église de Strasbourg (2).

11. — Cette fenêtre, située au chevet de l'église, contient quatre grandes figures de saints, savoir :

Dans le bas, saint Florent (S·FLORENCIVS), premier fondateur de l'église (3), et S·ARBO..... (saint Arbogaste, évêque de Strasbourg). Aux pieds de saint Florent, est un donateur désigné par les mots OTTO CVSTOS. Le *custode* était un des dignitaires du chapitre. Rien n'indique à quelle famille appartenait celui-ci.

Dans le haut, la sainte Vierge et une autre figure nimbée, portant, autour de son auréole, l'inscription S·IOHANNES·APOSTOLVS·ET·EWANGELISTA. A ses pieds se trouve un donataire avec une inscription trop mutilée aujourd'hui pour nous le faire connaître : SIFF.....VS.

12. — Ornements et figures. Disposition analogue à celles des 8ᵉ, 9ᵉ et 10ᵉ fenêtres.

Sainte Catherine et sainte Marguerite. Les inscriptions S. MARGARETA VIRGO et KATHARINA VIRGO ont été transposées, ainsi que l'indiquent les attributs. Le nom de

---

(1) Schœpflin (J. D.), Alsatia illustrata, in-f°, Colmar, 1761, tom. II, pag. 665.

(2) Ibid., tom. II, pag. 658.

(3) Voir la légende de ce saint à la page suivante.

Marguerite ne saurait en effet s'appliquer à la figure caractérisée par une roue dentelée.

Il y a aussi deux figures de donateurs, dont l'une est désignée par l'inscription DNS RVDIGER DE MUDZICHE. Le fief dont ce personnage porte le nom est un bourg assez considérable du canton de Molsheim, situé à très-peu de distance de Hasslach. — L'autre figure de donateur est accompagnée de cette inscription en partie retournée : NICHOLAVS VICEPLEBAN⁵. Ce titre de *viceplebanus* s'appliquait à une dignité ecclésiastique qui, dans les collégiales, correspondait exactement à celle de *vicaire* des églises paroissiales (1).

13. — Ornements et figures. Même disposition. — Une sainte martyre, et une figure de la sainte Vierge, panneau déplacé provenant de l'Adoration des mages. Il n'y a point d'inscription sur cette fenêtre.

14. — Quatre figures de donateurs, provenant d'autres fenêtres. L'une d'elles porte l'inscription OTTO RVHO SCOLASTICVS. Ainsi que l'indique le dernier mot, c'est encore un des dignitaires du chapitre, l'*écolâtre;* mais sa famille m'est inconnue.

Parmi les autres figures, il en est une qui est évidemment d'une époque bien postérieure au reste de la vitrerie de Hasslach. Elle me paraît ne pouvoir être antérieure à la fin du seizième siècle. J'en ignore la provenance.

15. — Partie inférieure murée. Dessins d'ornements à la partie supérieure.

16. (Première fenêtre en retour de la nef à droite). — Cette verrière, fondée en l'honneur de saint Jean-Baptiste et peut-être la plus belle de l'église, est fort remarquable par sa disposition. Au centre est un grand médaillon de toute la largeur de la fenêtre, représentant saint Jean avec l'agneau symbolique. Autour de l'auréole du saint, on lit : ECCE AGNVS DEI QVI TOLLIT PECCATA MVNDI. Le reste de la fenêtre est légendaire. Dans le bas, trois sujets : — L'ange annonçant la naissance de saint Jean (le nom d'ELIZABET se lit sur ce panneau), — la naissance du saint, — et le baptême de Notre-Seigneur. Dans le haut, trois autres sujets : — HERODES, — sa fille accompagnée d'un joueur de violon, et portant sur un plat la tête de saint Jean, avec l'inscription incomplète ECCE CAPUT... — et enfin, le bourreau remettant dans son fourreau la gigantesque épée dont il vient de se servir pour décapiter le saint. Au-dessus de ces trois panneaux on lit l'inscription DECOLACIO STI IOHANNIS BAPTISTA (*sic*).

17. — Légende de saint Florent composée de douze tableaux, savoir (2) : — 1. Saint Florent défriche la forêt de Hasslach. — 2. Les serviteurs de Dagobert maltraitent et

---

(1) *Viceplebanus*, Curionis vicarius (Du Cange, Glossarium mediæ et infimæ latinitatis, verbo *Plebs*). *Plebanum maxime vocant in ecclesiis cathedralibus seu collegiatis canonicorum, cui plebis earum juridictioni subditæ cura committitur.* Les mots de *plebani* et *viceplebani* se trouvent précisément employés, à la date de 1435, dans les statuts de l'église de Strasbourg, rapportés par D. Martène (Anecdota, tom. IV, col. 532). Ils semblent, du reste, n'avoir été usités qu'en Allemagne, en Suisse ou dans les Pays-Bas.

(2) Les détails que je donne ici sont tirés, presque tous, de la Vie de saint Florent, telle qu'elle est rapportée par L. Surius dans ses *Vitæ et Acta Sanctorum*, in-f°, Cologne, 1570.

dépouillent le saint qu'ils accusent d'avoir entravé leur chasse. — 3. Leurs chevaux refusant d'avancer davantage, ces mêmes gens se repentent, implorent le pardon de l'anachorète et lui rendent ce qu'ils lui avaient pris. — 4. Informé de cette rencontre, le roi fait inviter Florent à le venir voir, et, pour lui faire plus d'honneur, il lui envoie son propre cheval richement caparaçonné; mais, fidèle à ses habitudes de simplicité, Florent renvoie le cheval et s'en vient à la cour monté sur l'âne qui lui servait dans sa solitude. — 5. Le saint guérit la fille du roi, FILIA REGI (*sic*), qui était muette et aveugle (1). — 6. Dagobert, reconnaissant, se prosterne devant le sauveur de sa fille, et lui accorde autant de terrain que, monté sur son âne, il pourra en circonscrire pendant le temps que le roi va en passer dans son bain. — 7. De retour de cette promenade, Florent aide le roi à terminer sa toilette et lui présente ses gants (2). — 8. Dagobert fait présent d'une châsse à saint Florent. — 9. Celui-ci place la nouvelle église de Hasslach sous l'invocation de la sainte Vierge. — 10. Appelé bientôt après à l'évêché de Strasbourg, saint Florent prend possession de son siége. — 11. Mort de saint Florent. — 12. Un de ses successeurs, Rachio ou Ratolde, transporte ses reliques à Hasslach (3).

18. — Dix sujets, dont six appartiennent à la légende de sainte Anne : — 1. L'ange lui apparaît en lui disant ces mots : EVANGELISO TIBI GAVDIVM MAGNVM. — 2. Il apparaît également à Joachim, IOAKIM. — 3. Le Mariage de Joachim et de sainte Anne. — 4. NATIVITAS SANCTE MARIE VIRGINIS. — 5. Présentation au temple. La sainte Vierge dit : MAGNIFICAT·ANIMA·MEA·DOMINUM. Le grand prêtre lui répond : DICTA·ES·TU·FILIA·SION. A ses côtés est sa mère avec l'inscription SANCTA·ANNA·MATER·VIRGINIS·MARIE. — 6. La Descente du Saint-Esprit sur l'autel. Le grand prêtre, montrant à Joseph le bâton fleuri qui le désigne comme l'époux de la sainte Vierge, lui dit : HEC·E·SI.... (*hoc est signum*).

Les quatre autres panneaux de cette fenêtre représentent les rois David et Salomon, les prophètes Moïse et Isaïc, REX DAVIT, REX SAAMON, MOISES PROFETA, ISAIA PROFETA.

19. — Douze sujets tirés de la vie terrestre de Jésus-Christ et de celle de sa sainte mère : — 1. L'Annonciation. Dieu le père apparaît dans le haut du tableau, et de sa bouche sort un rayon lumineux par où descend le Saint-Esprit suivi d'un petit enfant. L'ange adresse à Marie les paroles consacrées AVE·GRATIA·PLENA·DNS...... (*Dominus tecum*). — 2. La Visitation, avec les noms de MARIA et ELIZABET. — 3. La Naissance de Notre-Seigneur. — 4 et 5. L'Adoration des mages : un ange porte en ses mains l'inscription

---

(1) Ce miracle n'est pas le seul que fit notre saint à la cour de Dagobert. Dès en arrivant, et comme il n'avait point de serviteur à qui confier son manteau, il l'accrocha tout simplement, dit-on, à un rayon de soleil, où le manteau resta suspendu jusqu'à la fin de l'audience. Que serait-il arrivé, si celle-ci s'était prolongée jusqu'à la nuit close?

(2) Le même sujet se retrouve au grand portail.

(3) Sur sa tombe, à gauche du maître-autel, on lisait les deux vers suivants :

Per quem translatus, Florentius ille beatus,
Illuc translatus, Rachio jacet hic tumulatus.

(P. Berain, Mémoires historiques sur le règne des trois Dagobert, pag. 65, note.)

aujourd'hui incomplète *munera liberare* a.......... ate (*munera liberare*.......). — 6. La Circoncision. — 7. La Fuite en Égypte. — 8. Jésus parmi les docteurs. — 9. La Résurrection de Lazare. — 10. L'Entrée de Notre-Seigneur à Jérusalem. — 11. La Cène. — 12. Jésus lavant les pieds à ses apôtres.

Les trois baies de la fenêtre sont terminées, à leur partie supérieure, par les figures d'Isaïe, de David et de Moïse.

Dans l'amortissement, le peintre a représenté l'Ascension de Notre-Seigneur, avec cette inscription : ICH (hic) EST·FILIVS·MEVS·DILECTVS, et, de chaque côté, les figures de Moïse et du prophète Élie.

20. — Cette fenêtre représente un calvaire autour duquel sont groupés, dans des tableaux de moindre grandeur, divers sujets empruntés à la passion du Sauveur : sa station au jardin des Oliviers, sa condamnation par Pilate, la flagellation, le portement de la croix, la mise au tombeau, la résurrection, et deux autres complétement mutilés. Le panneau principal nous montre Jésus expirant sur la croix : d'un côté, les scribes et les prêtres disant ironiquement SI·FILIVS·DEI·ES·DESCENDE·DE·CRVCE (1); de l'autre, le centurion frappé d'effroi en sentant la terre qui tremble, et s'écriant VERE·FILIVS·DEI·ERAT ILLE (2).

Les angles du tableau sont occupés par les figures d'Ézéchiel et d'Isaïe, ESESCHIEL·PPH· et ISAYAS·PPH (*propheta*), et par celles des Pères de l'Église S·YERONIMVS, — S·AMBROSIVS, — S·GREGORIVS PAPA, — S·AGVSTINVS EPISCOPVS.

21. — Cette fenêtre, la dernière en retour vers le portail, ne contient que de simples ornements.

Si j'ai donné avec autant de détails la description des vitraux de l'église de Hasslach, c'est qu'ils présentent (j'insiste à cet égard) des caractères très-particuliers. Comme vivacité de couleurs, nuls ne pourraient mieux supporter la comparaison avec les belles vitres légendaires du treizième siècle. Mais c'est surtout sous le rapport de la composition qu'ils sont dignes de remarque. La légende y est traitée d'une façon peu commune. Ce n'est plus une série de médaillons uniformes ou de cartouches aux contours capricieux, symétriquement disposés sur un fond d'ornements, comme nous en avons déjà tant vu ; ce n'est pas une suite de petits tableaux juxtaposés et simplement reliés entre eux par quelques ornements d'architecture, comme nous en verrons tant par la suite. Ici, tout le centre de la fenêtre est occupé par un grand médaillon renfermant le sujet principal, qui déborde d'une baie sur l'autre sans tenir compte des meneaux ; et, tout autour de ce médaillon, viennent se grouper les sujets accessoires de la légende.

Quoiqu'elle se fasse accepter ici par un mérite d'exécution incontestable, et malgré même ce qu'elle peut avoir d'ingénieux, cette dérogation aux formes habituelles des

(1) Evang. sec. Matth., cap. XVIII, v. 42.　　(2) Ibid., cap. XVIII, v. 54.

compositions légendaires ne me parait pas très-heureuse. Aussi n'a-t-elle pas trouvé beaucoup d'imitateurs. C'est, pour ainsi dire, un accident local. Nous en avons vu quelques applications plus grossières dans les basses vitres de la nef de Strasbourg. Si l'on voulait en trouver d'autres exemples, ce serait, je crois, au delà du Rhin qu'il faudrait les chercher; mais là, on ne rencontrerait plus une aussi heureuse harmonie de couleurs qu'à Hasslach.

Cette dernière qualité se retrouve encore dans quelques vitraux de l'église paroissiale de Colmar, à peu près contemporains de ceux que je viens de décrire, et qui proviennent du couvent des Dominicains de la même ville.

Mais, pour peu qu'on s'éloigne du Rhin, le style change. L'influence germanique semble toujours expirer au pied des Vosges. A peine les a-t-on franchies, qu'on s'aperçoit d'une marche plus rapide dans les transformations de l'art. Cette riche coloration, dernier reflet du treizième siècle, que l'Alsace semble avoir conservée plus tard que nos provinces de l'ouest, fait place, partout ailleurs, à une harmonie plus pâle, où se retrouvent en abondance ces tons jaunes et blanchâtres que j'ai signalés plus haut comme un des caractères de la Peinture sur verre au quatorzième siècle.

La Lorraine, voisine si proche de l'Alsace, nous en montre les premiers exemples; et, entre autres, la cathédrale de Toul, dont j'ai déjà fait connaître les origines (1), renferme un certain nombre de vitraux qui, tous, présentent le caractère que je signale ici.

A la planche XLII de cet ouvrage, j'ai reproduit une petite rose de cette église, dont la composition n'est pas moins originale que la couleur. C'est une figure humaine, entourée de feuillages blancs qui s'échappent de sa bouche, bizarre fantaisie d'artiste, dont on ne trouverait guère d'exemples dans les vitraux antérieurs.

Mais c'est surtout dans le transept du côté gauche que la cathédrale de Toul conserve encore de nombreux vitraux provenant, selon toute probabilité, du quatorzième siècle. On y voit les figures colossales de la sainte Vierge et du Père éternel, entourées de beaucoup de saints de moindres dimensions placés sous d'élégants pinacles. Au bas de la fenêtre se distinguent quatre blasons, dont le premier est d'azur au soleil d'or accompagné de trois gourdes du même, et au chef de même métal chargé d'une aigle de sable; — le second, d'azur à six billettes d'or; — le troisième, d'argent à une bande de gueules; — et le quatrième, de gueules à trois besants d'argent. Je ne saurais dire d'une manière précise à quelles familles appartiennent ces divers blasons (2).

---

(1) Voyez ci-dessus, pag. 118.

(2) Jean de Neufchâtel, mort en 1398, étant le seul cardinal dont on trouve le nom sur la liste des évêques de Toul pendant les quatorzième et quinzième siècles, il semblerait naturel de lui attribuer l'écusson qu'accompagnent les insignes de cette di-

gnité. Mais je ne crois pas que ce soient ses armoiries, et je dois ajouter qu'un autre cardinal, Pierre d'Ailly, qui avait été chancelier de l'Université de Paris en 1389, figure parmi les doyens de la cathédrale de Toul dans les premières années du quinzième siècle. En ce qui touche les trois autres blasons, je n'ai

Le transept méridional était également garni de vitres de la même époque; mais il en reste à peine quelques fragments au milieu de la vitrerie blanche qu'on leur a substituée assez récemment (1), et cette perte est d'autant plus à regretter qu'un document très-précieux, parvenu jusqu'à nous, indique le prix qu'avaient coûté les vitraux dont il s'agit. En effet, sur une tombe placée dans le transept opposé, on lit encore une fort longue inscription en vers français, dont je me borne ici à extraire les passages suivants :

> Pour.Deu.qui.ci.venroit.die.ancune.priere.....
>
> Pour.lame.de.celui.quen.cest.leu.gist.en.biere.....
>
> Maistre.Ferris..................
>
> Doyen.fut.de.céans.cest.chose.bien.certaine.
>
> Et.a.Verdun.preuost.fut.de.la.Magdelaine.
>
> Il.donnat.moult.dou.sien.ou.nom.de.Jhsucrit.....
>
> Et.pour.les.grâs.fenêtres.que.vers.s.jehan.sont.
>
> C.florins............

(Pour Dieu, vous qui viendrez ici, dites une prière pour l'âme de celui qui repose dans son cercueil en ce lieu, maitre Ferry..... Il fut doyen de céans, c'est chose bien certaine, et prévôt de la Madeleine, à Verdun (2). Il donna beaucoup du sien, au nom de Jésus-Christ....... et cent florins pour les grandes fenêtres qui sont vers Saint-Jean.)

Saint-Jean était le baptistaire précisément adossé au transept dont il s'agit.

Par un malheureux hasard, le nom de famille du donateur a seul disparu de l'inscription, telle que l'ont rapportée plusieurs des historiens modernes de la ville de Toul (3). Il est cependant facile de suppléer à cette lacune, et les auteurs que je cite auraient pu découvrir sans peine que l'épitaphe ci-dessus rapportée s'applique à Ferry de Void, doyen de la cathédrale de Toul en 1334.

La somme de cent florins affectée par lui à la confection des vitres du transept méridional était considérable pour le temps où il vivait. Il serait difficile d'en déterminer exactement la valeur, celle de l'or ayant éprouvé de très-grandes variations pendant la

---

rien su découvrir de plus certain. A cela près du nombre des billettes (six au lieu de cinq), le deuxième serait conforme à celui de la famille de Bressoncourt, en Lorraine, tel qu'on le trouve dans le tome XVIII, pages 196 et 197, de l'*Armorial général* de d'Hozier, manuscrit de la bibliothèque impériale. Le troisième, selon Palliot (La vraye Science des armoiries, in-folio, 1664), pourrait s'appliquer indifféremment à plusieurs maisons, telles que les du Plantey en Bresse, les Limiers, etc., et le quatrième à celles des d'Amerval, des Baquelot et autres. Mais je ne sache rien qui rattache ces familles (les deux dernières surtout) à l'histoire de la cathédrale de Toul.

(1) Ce fut en 1827 que s'accomplit cet acte de vandalisme. Un vitrier du pays reçut alors une assez forte somme d'argent et tout ce qui restait des anciens vitraux du transept, pour substituer à ces derniers une vitrerie incolore. Voyez, à ce sujet, la notice placée par M. Thiéry à la suite de son *Histoire de la ville de Toul* (2 vol. in-8, Toul, 1841).

(2) La Madeleine de Verdun était une collégiale placée sous la direction d'un grand prévôt.

(3) A. D. Thiéry, Histoire de la ville de Toul et de ses évêques, tom. II, notice, pag. 34. — C. G. Balthasar, Notice historique et descriptive de la cathédrale de Toul, in-8°, Paris, 1848, pag. 37.

durée du quatorzième siècle. D'ailleurs, ainsi que le fait observer Leblanc dans son *Traité historique des Monnaies de France* (1), le nom de *florin* était devenu, particulièrement à l'époque qui nous occupe, une sorte de dénomination générale qu'on appliquait volontiers à toutes sortes de monnaies d'or (2). Pourtant, l'excellent ouvrage de M. de Saulcy sur les monnaies de Lorraine (3) nous donne quelques indications assez précises relativement à la valeur du florin dans cette contrée. Du temps de Ferry de Void, on comptait un peu moins de soixante et onze florins au marc d'or. D'après le tarif légal de 1835, la valeur de l'or, au titre usité dans les monnaies, étant de trois mille cent francs par kilogramme, soit à peu près sept cent cinquante huit francs par marc, la valeur intrinsèque, au cours actuel, des florins de Lorraine serait donc seulement d'environ dix francs soixante-dix centimes. Mais, en tenant compte de l'énorme dépréciation subie par l'or depuis le quatorzième siècle, on peut affirmer que les cent florins du doyen Ferry représentaient bien, valeur de cette époque, une somme équivalente au moins à sept ou huit mille francs de notre monnaie.

Si la cathédrale de Toul nous offre, ainsi que je viens de le montrer, un intéressant exemple du prix des vitraux au quatorzième siècle, une église voisine, celle de Metz, nous a conservé, document non moins intéressant, le nom d'un peintre du même siècle à qui elle doit une partie de sa vitrerie.

Comme on l'a vu plus haut (4), la reconstruction de la nef de la cathédrale de Metz avait été entreprise par l'évêque Adhémar de Monteil, vers 1330. Mais les deux tours qui devaient en orner le portail ne s'élevèrent qu'une cinquantaine d'années plus tard (5), et l'on ne saurait, par conséquent, attribuer à la vitrerie de cette partie de l'église une origine antérieure à la fin du quatorzième siècle. En effet, dans le *Recueil des épitaphes de la cathédrale de Metz*, manuscrit que possède la bibliothèque de cette ville, on lit l'inscription suivante :

Maistres Herman li Wetriers de Munster en Waistefalle et fist le grand oz de Saians
qui morut lou jor de fest Nostre Dame an Mars p. MCCC iiij* et xij ans prieis por li.

(Maître Herman, le verrier de Münster en Westphalie, qui fit la grande fenêtre de céans, et mourut le jour de la fête de Notre-Dame de Mars (6) 1392. Priez pour lui.)

De grandes H gothiques sur des écussons de gueules, placées au bas de la seconde fenêtre à gauche de la nef, m'avaient d'abord semblé devoir être le chiffre de Herman,

(1) In-4°, Paris, 1690, Prolégomènes, pag. xi.

(2) Froissard, par exemple, comprend sous ce nom les écus d'or à l'Agneau, que cependant les ordonnances du roi Jean désignaient positivement sous celui d'*écus*.

(3) Recherches sur les monnaies des ducs héréditaires de Lorraine, in-4°, fig., Metz, 1841.

(4) Voyez pag. 116.

(5) E. A. Bégin, Histoire des sciences, des lettres, des arts et de la civilisation dans le pays messin, in-8°, Metz, 1829.

(6) L'Annonciation, fête célébrée le 25 mars.

à qui les vitres de cette fenêtre auraient pu être attribuées; mais mon opinion à ce sujet s'est bientôt modifiée par la lecture de l'inscription, malheureusement fort délabrée, que contient la même verrière, inscription qui commence et finit par la date de 1452, tracée en chiffres arabes, assez différents, il est vrai, de ceux qu'on emploie aujourd'hui.

Les vitraux véritablement dus à maître Herman sont la grande rose occidentale et les figures placées au-dessous de celle-ci. C'est à cette rose seulement que peuvent s'appliquer les mots *le grand oz* (*os,* ouverture). Toute autre fenêtre ayant sa pareille dans la cathédrale réclamerait une désignation plus précise. En général, la vitre du grand portail, ou, tout au plus, la maîtresse-vitre dans les églises à abside carrée, sont les seules qui puissent être désignées, par excellence, sous le nom de *grand oz* ou grande fenêtre. Ici, d'ailleurs, le style même des vitraux suffirait pour rendre toute méprise impossible. La rose, d'un vaste diamètre, qui décore le grand portail, porte en elle tous les caractères les plus incontestables du quatorzième siècle. L'harmonie générale en est assez blafarde, et elle se compose presque uniquement d'ornements fort clairs, autour desquels se groupent en cercle quelques têtes d'anges. Le petit angle ogival renfermé entre la rose et le sommet de la voûte est aussi à jour, et représente Jésus sur la croix, entre sa mère et le disciple bien-aimé. Enfin, au-dessous de la rose règne une galerie percée de seize baies contenant les figures colossales des douze apôtres et des grands prophètes. Ces figures, aujourd'hui en assez mauvais état, s'harmonisent, du reste, très-bien, comme couleur, avec les autres vitraux de cette partie de l'église.

Je ne dis, quant à présent, rien de plus de la vitrerie de Metz, dont la juste célébrité est due à des œuvres d'une date très-postérieure.

Je me bornerai également à mentionner ici quelques médaillons du quatorzième siècle, encore existants dans l'église d'Aviotte (département de la Meuse).

Puis, quittant cette partie de la France, je chercherai successivement, dans les autres provinces, le peu de vitraux de la même époque qui sont parvenus jusqu'à nous.

C'est chose remarquable que la Champagne et la Bourgogne n'en aient conservé aucuns qui méritent d'être signalés. Les ducs de Bourgogne avaient pourtant donné de grands encouragements à la Peinture sur verre, ainsi que je le montrerai bientôt en parlant des monuments détruits. Mais on sait aussi combien de guerres civiles ont ravagé cette belle province.

Bien d'autres contrées, du reste, ont eu à souffrir des mêmes misères. Le Poitou, le Limousin, par exemple, théâtre sanglant des luttes les plus acharnées entre la France et l'Angleterre, se couvrirent de ruines pendant ce triste siècle; et pourtant c'est au milieu même de ces ruines que nous trouvons encore intacts de fragiles monuments échappés, comme par miracle, au fléau destructeur. Ainsi, voilà Limoges, noble cité victime de son patriotisme, cruellement immolée aux rancunes du prince de Galles, et qui, à travers les horreurs du mémorable siége de 1370, conserve seules debout sa cathédrale et quelques chapelles environnantes (1).

La cathédrale, nouvel édifice élevé à la place de celui dont j'ai déjà parlé plus haut (2), était alors en voie de construction. Bien qu'entrepris depuis une centaine d'années, les travaux avaient été interrompus et recommencés à diverses reprises, ce qui, par parenthèse, rend l'histoire de ce monument assez confuse. Les premiers fonds appliqués à sa reconstruction provenaient d'un legs important inscrit au testament de l'évêque Aimeric de la Serre, riche et généreux prélat qui mourut en 1272 (3). Dès l'année suivante, Hélie de Malemort, doyen du chapitre, posait la première pierre du nouvel édifice (4). Peu après, un prélat de la même famille, l'évêque Gilbert, mort en 1294 (5), consacra aux frais de construction la moitié du revenu de toutes les paroisses de son diocèse qui viendraient à vaquer pendant trois ans (6), et, en 1316, son successeur Renaud de la Porte, non content de renouveler la même ordonnance, promit des indulgences à tous ceux qui, par leurs offrandes, contribueraient au succès de l'entreprise (7). A quel point celle-ci était-elle parvenue alors? C'est ce qu'il est assez difficile de préciser. M. Félix de Verneilh, dans son Etude sur la *cathédrale de Cologne* (8), cite un texte de Bernard Guidonis, d'où il semblerait résulter que, vers 1320, la nouvelle cathédrale de Limoges avait déjà atteint un assez haut degré de splendeur (9); et cependant, de leur côté, les auteurs du *Gallia christiana* rapportent, à la date de 1325, un titre qu'ils attribuent à un évêque du nom de Pierre, omis sur beaucoup de catalogues, et par lequel ce dernier s'attribuerait l'honneur d'avoir lui-même fort embelli son église (10). De toutes façons, il est hors de doute que les travaux se continuèrent postérieurement à cette date. Je trouve, en effet, qu'en 1344 l'évêque Guy de Comborn renouvela les ordonnances de plusieurs de ses prédécesseurs (11),

---

(1) « Les murailles, les maisons, le palais et la maison épiscopale, furent renversés et consumés par « les flammes, en sorte qu'il n'y paraissait plus aucun vestige de cette riche cité, sinon l'église cathédrale, avec quelques chapelles adhérentes. » (Bonaventure de Saint-Amable, Histoire de saint Martial, apôtre des Gaules, 3 vol. in-f°, Clermont et Limoges, 1676-85. — Tom. III, pag. 580).

(2) Voyez ci-dessus, pag. 49.

(3) .... *fecerat testamentum canonicis Sancti Stephani et illorum ecclesiæ, tam ad edifficium quam ad emendos redditus 7000 librorum et ampliùs.* Cette citation et la suivante proviennent du manuscrit n° 5452 de la Bibliothèque impériale, déjà connu de Bonaventure de Saint-Amable, mais dont le texte a été rapporté pour la première fois littéralement par M. l'abbé Arbellot dans son intéressante Étude sur la *cathédrale de Limoges*, citée à la note 6.

(4) Voyez le texte rapporté à la note 9.

(5) Sur le compte de ces deux Malemort, voyez la *Vie des saints du Limousin*, un vol. in-8°, par Labiche.

(6) Cathédrale de Limoges, mémoire de M. l'abbé Arbellot, inséré au tome III du *Bulletin de la Société archéologique et historique du Limousin.*

(7) Ibid., pag. 194.

(8) In-4°, Paris, 1848.

(9) *Helias de Malamorte, vir nobilis, decanus S.-Stephani, et canonici primum lapidem in fundamento posuerunt, incipientes eam (ædem) de novo ac magnificè, prout nunc cernitur.* (Speculum sanctorale, Bibl., man. du P. Labbe, tom. II, pag. 265.)

(10) *Petrus electus Lemovicensis episcopus in veteri instrumento anno 1325 elegantiorem ecclesiam incœpisse se asserit.* (Gallia christiana, tom. II, col. 532.)

(11) *Évêques de Limoges*, pag. 373 (manuscrit de Legros, cité par M. l'abbé Arbellot).

et que le pape Clément VI lui-même (Pierre Roger, Limousin d'origine), accorda une foule d'indulgences aux bienfaiteurs de l'église en construction (1). La nef, encore aujourd'hui inachevée, ne fut cependant édifiée que dans le cours du siècle suivant; mais, comme elle est sans importance pour l'étude des vitraux, je n'ai pas à m'en occuper. Le chœur, au contraire, contient un certain nombre de verrières d'un bon style, et quelques blasons qui contribuent à fixer des dates assez importantes pour l'histoire du monument.

L'habile historien de la Peinture sur verre en Limousin, M. l'abbé Texier, ne pouvait manquer de consacrer un examen spécial et détaillé aux vitraux de la cathédrale de Limoges. Je m'aiderai ici de sa description pour compléter les notes que j'ai recueillies moi-même antérieuremeut à l'époque où elle a été publiée.

Voici, d'après M. Texier, dans quel état se trouve actuellement la vitrerie de la cathédrale de Limoges :

« Les vitres, qui éclairent les chapelles des bas côtés de la nef et du chœur, plus acces-
« sibles par leur position aux projectiles et aux coups, ont été détruites dans la partie
« inférieure. Il en est de même des hauts vitraux de la nef et du transept. Seule la rose
« du nord et la plus grande partie des vitraux du chœur (dix sur treize) ont été sauvées
« en entier (2). »

Ceux-ci (les vitraux du chœur) sont les seuls qui présentent aujourd'hui un intérêt sérieux au point de vue de l'art. Les treize fenêtres entre lesquelles ils se trouvent répartis sont géminées, et chacune d'elles, par conséquent, contient ou contenait deux figures. Ces figures, surmontées d'élégants pinacles, tous du même dessin, se détachent sur des fonds de différentes couleurs qui en varient singulièrement l'aspect, tandis que le fond général de la fenêtre est une grisaille ornée de réticulaires diversement teintés.

La plus remarquable, la plus intéressante de ces verrières, est celle du chevet, qui représente les deux patrons de l'Aquitaine, saint Martial et sainte Valérie, objet, l'un et l'autre, d'une vénération toute spéciale à Limoges et dans le reste de la province.

J'ai reproduit, planche XLIII, toute la partie peinte de cette fenêtre.

À droite se trouve la figure de saint Martial, premier apôtre de la foi chrétienne dans cette partie des Gaules (3). Le saint évêque y est représenté la mitre en tête, et revêtu d'une aube ornée d'orfrois. Par-dessus, il porte une tunique jaune et une chasuble du plus beau rouge. Saint Martial est, en outre, décoré du pallium (4). De sa main droite il bénit, et de la gauche il tient sa crosse. Le fond du tableau est bleu.

---

(1) Bonaventure de Saint-Amable, Histoire de saint Martial, Tom. III, pag. 615.

(2) Histoire de la Peinture sur verre en Limousin, in-8°. Limoges et Paris, 1847, pag. 30.

(3) Voyez, pag. 46, la note relative au temps où vécut ce saint.

(4) Voyez ce qui a été dit ci-dessus, à propos de cet ornement ecclésiastique, pag. 175, not. 5.

L'autre partie de la fenêtre représente sainte Valérie, vierge chrétienne, qui souffrit le martyre du temps de saint Martial, et qui, selon la légende, serait venue elle-même lui apporter sa tête toute sanglante, au moment où il célébrait le saint sacrifice de la messe (1). Si fabuleuse que soit cette légende (2), on la trouve reproduite dans beaucoup de monuments qui attestent combien a toujours été grande, en Limousin, la dévotion à sainte Valérie. Sur notre vitrail la sainte est représentée tenant sa tête entre ses mains, tandis que l'auréole de la canonisation reste suspendue à la place que le chef devrait naturellement occuper. La robe de sainte Valérie est violette, et son manteau est bleu, doublé de vair (3). Le tout se détache sur un fond rouge.

La partie de l'ornementation est peut-être ce qu'il y a de plus remarquable dans ce vitrail. Il est impossible de ne pas être frappé de la richesse, de l'élégance des frontons et des pinacles qui surmontent les figures. On y voit déjà, en germe, la forme de ces dais si allongés et si pointus dont le quinzième siècle nous fournira tant d'exemples. L'architecture des pinacles de notre vitrail n'a pas encore atteint ce degré de légèreté; mais elle est plus ferme, plus solide et plus vigoureusement colorée.

Les autres figures du chœur, toutes encadrées dans la même ornementation, représentent la sainte Vierge et l'ange de l'Annonciation, les apôtres, au nombre de huit seulement, quatre d'entre eux ayant été détruits, et enfin Moïse et quelques autres prophètes, panneaux très-postérieurs, dus à la munificence de l'évêque Charles de Villiers de l'Isle-Adam, qui occupa le siége de Limoges de 1522 à 1530 (4). Les armoiries de ce prélat sont d'or, le chef d'azur au bras d'argent revêtu d'un fanon d'hermine qui pend sur le premier métal. Elles se voient aux fenêtres situées, de chaque côté, à l'entrée du chœur, lesquelles ont été reconstruites par ses soins.

D'autres blasons se rencontrent également parmi les débris de vitraux qui se trouvent encore dans l'amortissement des fenêtres basses du chœur ou à leur bordure.

J'y ai remarqué un écu de gueules à deux léopards d'or, qui est de Comborn. Ce sont les armoiries de l'évêque Guy, à qui sont dus, comme je l'ai mentionné plus haut, les travaux exécutés de 1346 à 1348. Dans les chapelles voisines, il reste aussi un écusson d'azur à trois tours d'argent, qui est de Pompadour, et un autre d'argent à la fleur de lys de gueules et à la bordure d'azur chargée de besants d'or, qui me paraît devoir appartenir à un cadet de la maison de Beaumont. Enfin, on y voit encore deux blasons

---

(1) On lisait autrefois dans la prose des Laudes :

Decollata se direxit,
Caput sumens manibus,
Quasi vivens ipsum vexit,
Cunctis admirantibus,
Martialique porrexit,
Supplex, flexis genibus.

(Voir l'ancien Bréviaire limousin imprimé en 1504).

(2) Ainsi que l'avoue lui-même M. l'abbé Arbellot, qui, malheureusement, n'a pas fait preuve d'une critique aussi éclairée en ce qui touche saint Martial.

(3) Espèce de fourrure, dont le nom a passé dans la langue du blason.

(4) Histoire de la Peinture sur verre en Limousin, par M. l'abbé Texier, pag. 34.

qui me sont inconnus : le premier d'argent à trois lions d'azur; le second parti cousu au 1ᵉʳ d'argent à sept besants de gueules, et au 2ᵉ d'or à sept billettes d'azur.

Outre ces blasons que j'ai recueillis moi-même, M. Texier (1) en signale un autre, d'argent à trois lions de gueules, dont il ne donne pas l'attribution. Peut-être l'aura-t-il confondu avec l'écu de gueules à trois lions d'or, qui est celui d'Hélie de Talleyrand, évêque de Limoges, nommé, en 1324, par le pape Jean XXII (2).

Un écusson d'azur à cinq fleurs de lys d'or avait aussi été signalé par M. Allou dans sa *Description des monuments de la Haute-Vienne* (3). Mais son attribution était restée inconnue jusqu'à M. l'abbé Arbellot, qui a fort bien établi que ce blason était celui du chapitre (4).

A cela se borne ce qui subsiste encore de la vitrerie peinte de la cathédrale de Limoges. Elle était jadis bien plus considérable, s'il faut en croire un ancien auteur dont la description ne manque pas d'intérêt. « Tout y est si rare et si bien ouvragé qu'on ne « sçait à quoy donner l'advantage», dit Bonaventure de Saint-Amable, en parlant de l'église de Saint-Étienne. « Toutes les vitres y sont belles par excellence avec des figures « et peintures. Il y a deux roses trez-belles : l'une sur la grande porte, et l'autre de « l'autre côté (5)........

  « Comptant les chapelles en entrant par la petite porte pour aller au chœur, la pre-« mière est celle de l'*Ecce Homo*, à cause qu'il y a, à l'autel et dans la vitre, la figure de « l'*Ecce Homo*. On la nomme aussi des Joviand, parce qu'ils y avoient leur sépulture.

  « La seconde, qui lui est proche, est de Saint-Joseph, et se nomme communément de « Thouars, à cause de Jean du Peyrat, chanoine de Limoges et doyen de Thouars en « Poitou, qui l'a fondée ou dotée. Aux vitres d'icelle, il y a l'image de la Vierge tenant « son fils, et, à son costé droit, saint Estienne avec un chanoine à genoux (sans doute le « donateur de la vitre), habillé d'un habit religieux tirant sur le bleu, et ayant la cou-« ronne monachale et l'aumusse au bras. Il y a aussi, tant à la même vitre qu'au tableau « de l'autel, des chanoines dépeints avec la couronne et l'aumusse, et l'habit noir bla-« fard qui semble approcher du bleu; ce qui est un témoignage de l'état de chanoines « réguliers de Saint-Augustin qu'ils ont gardé et pratiqué pendant plusieurs siècles.

  « La première chapelle de l'autre costé, fondée par les Benoist, s'appelle Notre-Dame « de Lorette. Aux vitres il y a trois figures : la première comme d'un empereur, avec « l'épée en la droite, et un globe avec l'aigle sur l'espaule en la gauche; la couronne en

<hr>

(1) Hist. de la Peinture sur verre en Limousin, p.32.

(2) Ce prélat, alors âgé de vingt-quatre ans seulement, confirma à l'œuvre de la cathédrale la jouissance partielle du revenu des cures vacantes, que lui avaient accordée ses prédécesseurs. (Voyez tom. III, pag. 30 des Mémoires manuscrits de Nadaud, con-servés actuellement au séminaire de Limoges).

(3) In-4°. Limoges, 1821, pag. 143.

(4) Cathédrale de Limoges, pag. 207.

(5) La cathédrale de Limoges n'ayant jamais été terminée, il s'ensuit naturellement que les entrées principales se trouvent aux portails latéraux.

« teste, avec des fleurs de lys sur son habit, qui marque Charlemagne. Proche de luy est
« la figure d'un capitaine qui a une épée à la main et un lion aux pieds : c'est Pépin, à qui
« Duplex attribue d'avoir tué un lion. Auprez de celuy-là est un autre capitaine avec le
« casque en tête ombragé d'un grand panache, et l'épée en main, et des fleurs de lys sur
« son habit : c'est Louis le Débonnaire. Et, comme ces trois roys ont concouru au bien
« et augmentation de cette église de Saint-Estienne, on a représenté là leur figure pour
« un mémorial éternel de leurs bienfaits.

« La seconde chapelle est de l'Ange-Gardien ou des Bastide...—Ils ont pour armes une
« tête de taureau en face ou en plein (1). »

De toute cette vitrerie de la nef, il ne reste plus aujourd'hui que quelques blasons et
des débris informes.

M. Texier, dans son Histoire de la Peinture sur verre en Limousin, ne signale aucune
autre église de cette province qui contienne des vitraux du quatorzième siècle.

Maintenant, si, poursuivant notre route vers le midi de la France, nous voulons suivre
le même itinéraire que précédemment, il nous faudra, cette fois encore, nous arrêter
quelques instants à Lyon ; non point que le quatorzième siècle y soit, comme le treizième,
représenté par une riche et importante vitrerie ; mais il reste dans cette ville un vitrail,
qui, par l'intérêt historique qu'on a cru récemment y découvrir, mérite, quoique à peu
près seul de son époque, qu'on en recherche l'origine et le sujet.

En terminant la description des belles verrières du treizième siècle qui ornent la cathédrale de Lyon, j'ai déjà dit que les parties latérales des transepts contenaient quelques
vitraux plus modernes (2). Dans le transept méridional, ce ne sont que des débris assez
informes. Mais, dans celui du nord, il reste encore une fenêtre, selon toute apparence
du quatorzième siècle, qui se compose de trois figures bien conservées. L'une d'elles,
placée au milieu, porte la triple tiare et les clefs, insignes de la papauté ; celle de droite
a pour emblème une massue, et la troisième est ce chevalier revêtu de son armure, dont
j'ai donné, planche XLIV, l'exacte reproduction.

Dans ces trois figures, j'avais cru reconnaître saint Pierre, entre saint Maurice et
saint Jacques le Mineur. L'auteur d'un livre fort estimable que j'ai eu plusieurs fois l'occasion de citer (3), M. l'abbé Jacques, voudrait y voir une sorte de monument commémo-
ratif, de verrière du joyeux avénement fondée en souvenir de l'intronisation de Jean XXII
(Jacques d'Ossat), qui, comme on le sait, fut élu pape dans le conclave tenu à Lyon, en
1316. La figure que j'avais prise pour un saint Pierre, serait, à ses yeux, le pape Jean
lui-même, près de qui seraient placés, d'un côté saint Jacques, son premier patron, et, de
l'autre, un des chevaliers avoués du chapitre noble de Lyon.

(1) Histoire de saint Martial, apôtre des Gaules ; in-f°,
Clermont et Limoges, 1676-1851, tom. II, pag. 283.

(2) Voyez ci-dessus, pag. 210.
(3) L'église primatiale de Saint-Jean, in-8°. 1837.

Cette hypothèse me paraît difficile à admettre. D'abord, il suffit de jeter un simple coup d'œil sur la dernière figure, pour voir qu'elle porte l'auréole, attribut exclusif des saints. Avec un peu d'attention, on peut même lire au bas du vitrail le nom de *Mauricius*, qui ne laisse aucun doute sur l'identité du personnage. Ce serait donc entre deux saints que Jacques d'Ossat se serait fait représenter, en souvenir de son avénement au pontificat. Mais, alors, tous les usages et la hiérarchie traditionnelle se trouveraient intervertis dans ce vitrail, où le donateur, au lieu de se faire peindre aux pieds de ses saints patrons, aurait usurpé sur eux la place d'honneur, en les reléguant au rang de simples acolytes. Cette disposition seule suffit à prouver que le personnage du milieu ne peut être que saint Pierre, à qui, en effet, la préséance est presque toujours donnée sur les autres apôtres.

Cela établi, on pourrait encore voir, dans la réunion des trois personnages du vitrail, un monument du joyeux avénement de Jean XXII, représenté par saint Pierre, dont il allait occuper la chaire, saint Jacques le Mineur, dont il portait primitivement le nom, et saint Maurice, pour qui une grande vénération s'est conservée à Lyon, comme dans toutes les provinces démembrées de l'ancien royaume de Bourgogne.

A cela cependant je vois de nouvelles objections, particulièrement dans la forme de l'armure dont est revêtu le saint Maurice. On y trouve, il est vrai, la *ceinture d'honneur* ou de *chevalerie,* pièce éminemment caractéristique du quatorzième siècle; mais il est bon de remarquer que cette ceinture se rencontre plus fréquemment au milieu et surtout vers la fin de ce siècle, que dans ses premières années. Quant aux chaussures *à la poulaine,* elles n'attestent pas non plus, ce me semble, une date fort ancienne. Enfin, bien que l'absence de casque nous prive malheureusement d'un très-utile élément d'appréciation, l'espèce de *chapeau* qui le remplace, et qui rappelle assez exactement celui qu'on rencontre dans certaines monnaies du roi René, contribue, ainsi que l'architecture elle-même, à me faire penser que ce vitrail, tout en appartenant au quatorzième siècle, est d'une époque assez rapprochée du quinzième.

On peut observer que saint Maurice ne porte pas ici ses attributs ordinaires. Il n'a point d'écu, et le peintre a substitué à sa bannière habituelle un étendard aux armes de la ville de Lyon, d'or au lion de gueules. Sans l'inscription, rien n'indiquerait que cette figure fût celle de saint Maurice.

Maintenant quittons le nord et le centre de la France, pour chercher dans le midi les monuments de la Peinture sur verre, appartenant à la même époque, qui peuvent s'y trouver encore. Peu de villes en possèdent; mais, ceux qui sont parvenus jusqu'à nous ne manquent pas d'importance. C'est en Languedoc qu'il faut aller les chercher.

Deux villes surtout, Carcassonne et Narbonne, en ont conservé plusieurs qui méritent une sérieuse attention. — Commençons par Carcassonne.

Bien que la foi du Christ y ait été portée dès le troisième siècle (1), il serait difficile d'établir que cette ville fût devenue le siége d'un évêché avant la fin du sixième. Son premier pasteur paraît avoir été saint Serge, qui assista au concile de Tolède en 589 (2). De son église, on ne sait, non plus, rien de positif jusqu'au temps de Charlemagne, dont les libéralités, selon le P. Bouges, auraient contribué à la construction d'une nouvelle cathédrale (3). Il paraît certain que celle-ci occupait le même emplacement que l'édifice actuel (4), dans cette curieuse cité de Carcassonne, monument incomparable de l'architecture militaire du moyen âge. C'est seulement depuis le rétablissement du culte, et presque de nos jours, que le titre de cathédrale a été transféré à l'église Saint-Michel, en la ville basse. Saint Nazaire, l'église de la Cité, en avait toujours joui jusqu'alors. Nous la trouvons mentionnée sous ce titre dans un acte du dixième siècle (5); mais l'édifice en fut plusieurs fois renouvelé. Déjà une nouvelle église était en voie de construction, lorsque le pape Urbain II vint y officier, en 1096 (6). Celle-là encore ne devait pas avoir une longue existence. On sait tout ce que Carcassonne et le pays environnant eurent à souffrir, au treizième siècle, du fait des guerres civiles et de la cruelle persécution dirigée contre les Albigeois. Il y a tout lieu de penser que la cathédrale, située près des remparts de la Cité, se ressentit des divers siéges qui eurent lieu à cette époque. En effet, dès que les troubles furent un peu apaisés, on s'occupa de la reconstruire en grande partie. Le chœur et les transepts furent refaits entièrement à neuf, sur un terrain emprunté à la voie publique, et concédé à cet effet, par saint Louis, à l'évêque et aux chanoines de Carcassonne (7). Toutefois, les travaux ne furent terminés que sous l'épiscopat de Pierre de Rochefort, entre les années 1300 et 1321.

Cette partie de l'édifice est ornée de nombreux vitraux, pour la plupart bien conservés. L'harmonie générale en est très-vigoureuse, et plusieurs d'entre eux sont également remarquables sous le rapport de la composition. Examinons-les en détail :

Les fenêtres du chœur sont au nombre de cinq.

La première à gauche représente les deux légendes de saint Pierre et de saint Paul, dont les noms, PETRVS et PAVLVS, se lisent en plusieurs endroits. A la bordure de cette fenêtre, on trouve souvent répété le *roc d'échiquier*, pièce principale des armoiries de Pierre de Rochefort, ce qui fixe positivement la date de ce vitrail.

---

(1) Histoire ecclésiastique et civile de Carcassonne, par le P. Th. Bouges, in-4°, Paris, 1741, pag. 30.

(2) Ibid., pag. 38. — Les auteurs de la *Gallia Christiana* donnent pour prédécesseur à saint Serge un évêque du nom de saint Hilaire; mais ils avouent que son épiscopat n'est pas certain.

(3) Histoire ecclésiastique de Carcassonne, pag. 53.

(4) Voir l'acte d'échange de 931, rapporté dans la *Gallia Christiana*, tom. VI, Instrumenta, pag. 422.

(5) Voir le titre de l'an 851, retiré de la châsse de saint Lupin, et rapporté par Gérard de Vic, dans son *Chronicon historicum episcoporum ecclesiæ Carcassonensis*, pag. 50.

(6) Les Monuments de Carcassonne, par Cros Mayrevieille, in-8°. Paris, 1850, pag. 66 et 170.

(7) Gallia Christiana, tom. VI, col. 888.

La légende représentée sur la seconde fenêtre est d'une tout autre époque. C'est une belle peinture du seizième siècle, due à la générosité de l'évêque Martin de Saint-André, ainsi que l'indique le blason de ce dernier.

La troisième, située au chevet de l'église, représente des scènes de la Passion, sujet auquel, dans beaucoup de localités, les peintres-verriers ont ainsi réservé pieusement la place d'honneur. Tout annonce que cette verrière est la plus ancienne du chœur : je serais fort disposé, pour ma part, à la croire des dernières années du treizième siècle. Du reste, elle a beaucoup souffert, et l'on y voit, surtout dans le bas, plusieurs fragments rapportés. Quelques-uns d'entre eux proviennent de la légende de saint Celse, ainsi que l'indique l'inscription sanctvs selsivs. Il y a aussi un écusson d'armoiries écartelé aux premier et quatrième d'argent au lion d'azur, et aux deuxième et troisième burelé de gueules et d'or.

La quatrième fenêtre, moins bien conservée que la seconde, est, comme celle-ci, du seizième siècle. Le sujet, qui semble avoir été peint par le même artiste, est la Présentation au Temple.

Quant à la cinquième et dernière verrière du chœur, elle est du même temps que la première, et lui sert de pendant. Elle renferme deux légendes. Celle de saint Nazaire, patron de l'église, est reconnaissable au nom de nassarivs inscrit sur quelques panneaux. On y retrouve plusieurs des faits merveilleux attribués à ce saint par Jacques de Norragine (1). L'autre légende contenue dans la même fenêtre, paraît être celle de saint Celse, compagnon de saint Nazaire, qui souffrit le martyre avec lui à Milan, dans les dernières années du règne de Néron.

On sait fort peu de choses de ces deux saints. Nazaire avait pour père, un juif selon les uns, un payen selon d'autres; mais sa mère, Perpétue, était chrétienne et lui inspira de bonne heure un grand zèle pour la religion du Christ, zèle qui devait avoir un jour pour récompense la palme du martyre. De saint Celse, tout ce qu'on sait, c'est que, s'étant attaché à la fortune de Nazaire, il partagea jusqu'à la fin sa destinée (2). L'illustre archevêque saint Ambroise, ayant découvert le lieu de leur sépulture, les en retira avec toutes sortes d'honneurs. Quelques fragments de leurs reliques furent distribués par lui à diverses églises, et leur culte commença, dès lors, à se répandre.

Dans l'ancienne cathédrale de Carcassonne, la vitrerie du transept n'est pas moins intéressante que celle du chœur. Elle consiste d'abord en deux grandes roses composées d'ornements. A celle du midi, on reconnaît les armoiries de Pierre de Rochefort, d'azur

---

(1) Voyez la légende dorée, au nom de *Nazarius*.

(2) Jacques de Vorragine fait saint Celse originaire d'une ville des Gaules nommée *Gemellus*, où saint Nazaire serait venu prêcher l'Évangile; mais je ne trouve, dans la géographie ancienne, aucune localité des Gaules dont le nom ressemble à celui-là, sauf *Gemeliacum*, petite bourgade du Périgord, où certainement saint Nazaire n'a jamais songé à venir.

à trois rocs d'échiquier d'or. Celle du nord contient un autre blason d'or à la bordure d'azur : c'étaient les armes du chapitre (1).

Chaque transept a conservé, en outre, une verrière du même temps.

Celle du transept du nord a pour sujet l'arbre de Jessé. La tige des rois s'y élève entre deux files de prophètes, reconnaissables à quelques débris d'inscriptions.

La fenêtre pareille, dans l'autre transept, est certainement la plus curieuse de l'église, au point de vue de sa composition. Le milieu en est occupé par un Christ en croix, au-dessus duquel plane une figure d'ange ; et, sur les côtés, se développe une double bordure formée de figures de prophètes et d'apôtres, dont chacun tient en main une ou deux inscriptions tirées des saintes Écritures, de manière à établir les rapports mystiques qui existent entre le Nouvel et l'Ancien Testament. A ces inscriptions, il faut en ajouter encore plusieurs autres encadrées dans des cartouches qui se détachent sur le fond du tableau, si bien que le nombre total des inscriptions de cette verrière s'élève à près de soixante-dix. « On n'en connaît pas, » dit avec raison M. Cros-Mayrevieille, « qui « offre un aussi grand nombre de lettres : c'est une page de verre unique en son genre. » Je dois aussi faire remarquer l'aspect de vétusté de ce vitrail, sa couleur sombre et foncée, qui le ferait volontiers croire d'une époque antérieure, si la forme des lettres, d'une part, et, de l'autre, la date même de la construction de ce transept, ne le ratta-chaient positivement aux premières années du quatorzième siècle.

C'est là, du reste, une observation applicable à toutes les verrières de Carcassonne. Il n'en est pas une qui, au premier aspect, n'ait l'air plus ancienne qu'elle ne l'est en réalité. Leur apparence, très-différente de celle des vitraux contemporains qui se trouvent dans le nord, démontre une fois de plus à combien d'erreurs on s'exposerait, si, dans le classement des monuments, on ne tenait un compte tout particulier de la région à laquelle ils appartiennent.

En fait de vitraux du quatorzième siècle, ceux qu'on peut observer dans la *région méridionale* de la France ont conservé généralement une vigueur de ton que les ver-rières antérieures à cette époque possèdent seules dans d'autres régions. Les vitres légendaires semblent aussi y avoir gardé plus longtemps leur forme primitive.

Voulant choisir, dans l'église de Carcassonne, un exemple qui rendît sensible cette différence d'aspect, j'ai cru devoir reproduire, de préférence, celui de ses vitraux du qua-torzième siècle qui, par sa date, s'éloignait le plus du siècle précédent. C'est une petite rose fondée par l'évêque Pierre Rodier, qui siégea de 1323 à 1329 (2). De son temps, la

---

(1) Dans des sceaux d'une date plus récente, on trouve les deux figures de saint Nazaire et de saint Celse sur le champ de l'écu (voir l'Armorial général de France, par d'Hozier, MS de la Bibliothèque imp.).

(2) Ces dates sont extraites du Nécrologe français, manuscrit de 1744 ; d'après la *Gallia Christiana* (tom. VI, col. 897), l'avénement de ce prélat n'aurait eu lieu qu'en 1324, et sa mort en 1330.

reconstruction du chœur et des transepts était tout à fait terminée. La nef était encore celle de l'ancienne église. Pierre Rodier y fit seulement construire une chapelle placée d'abord sous l'invocation de saint Barthélemy, et qui, après être restée longtemps sous celle de saint Érasme, est aujourd'hui consacrée à saint Gimer, évêque de Carcassonne (1). « On y aperçoit encore, dit un ancien nécrologe, la pierre sépulcrale qui couvre les « cendres respectables de Pierre Rodier, de même que l'écusson des armes de sa famille « empreintes sur les vitres (2). »

Comme on peut le voir au centre de la rose qui fait le sujet de la planche XLV, cet écusson est d'argent à la bande d'azur chargé de trois fleurs de lis d'or. Le peintre y a joint une crosse posée en pal sur le fond de l'écu.

A part la tête de Notre-Seigneur, deux têtes d'évêques et un blason indéchiffrable, les huit autres baies trilobées dont se compose cette rose ne contiennent que des dessins d'ornements variant de deux en deux, et alternativement sur fond rouge et sur fond blanc. Cette disposition qui, en raison de la diversité des fonds alternés, forme une sorte de double croix, pèche en ce sens que la position des meneaux s'oppose à sa parfaite symétrie. Du reste, les ornements sont de bon goût, et, si les bordures componées de chaque baie rappellent l'ornementation du treizième siècle, par contre on retrouve tout à fait le style du quatorzième dans les feuillages verts qui décorent les panneaux à fond rouge.

Ajoutons que Pierre Rodier, le fondateur de ce vitrail, n'est pas un personnage sans quelque célébrité. D'abord chanoine de Paris et secrétaire de Philippe-le-Long, il fut pourvu, sous le règne suivant, de la charge de chancelier de France, qu'il occupa depuis l'année 1321 jusqu'au jour où il prit possession du siége de Carcassonne.

Parmi ses successeurs je n'en vois aucun, avant le seizième siècle, qui ait contribué, par des fondations nouvelles, à compléter la vitrerie de la cathédrale.

Je passe donc à Narbonne.

L'histoire de cette église est des plus illustres. Elle remonte très-haut. Une tradition constante donne pour premier apôtre de la foi dans ces contrées Paul Serge, le proconsul converti par saint Paul lui-même (3). Ce qu'il y a de positif, c'est que dès l'année 309, Narbonne figurait parmi les six métropoles de l'Espagne (4). On ne sait pas au juste quand fut construite sa première église; mais une très-curieuse inscription, conservée au musée de la ville, nous apprend que cet édifice ayant été brûlé, l'évêque Rustique acheva de le démolir, en l'an 441, pour en élever un nouveau à sa place (5). Charlemagne, à son tour, remplaça celui-ci par une église plus vaste, qui fut consacrée à la

(1) Nécrologe manuscrit de 1744.
(2) Ibid.
(3) Grégoire de Tours, De Gloria martyrum, lib. I, cap. 28.
(4) Gallia christiana, tom. VI, pag. 3.

(5) Cette inscription avait été recueillie d'abord par D. Vaissette, qui l'a publiée dans son *Histoire du Languedoc*. M. Tournal, auteur de l'intéressante *Description du musée de Narbonne*, en a donné une nouvelle version, relevée avec le plus grand soin

sainte Vierge et aux saints martyrs Just et Pasteur (1). Quant à la cathédrale actuelle, sa construction ne remonte qu'au treizième siècle. Elle fut commencée par l'archevêque Maurin, à son retour de la croisade. La première pierre, envoyée de Rome et bénie par le pape, fut posée le 3 avril 1272 (2). Des termes d'une transaction passée entre l'archevêque et son chapitre (3), il résulte que, selon la hiérarchie du temps, le personnel attaché aux travaux se composait d'un inspecteur, de maîtres, d'ouvriers et de manœuvres (*speculator operis, magistri, operarii et manobrii*). La construction du chœur fut d'abord poussée avec activité, puisque, dès l'année 1285, on put y déposer les entrailles de Philippe-le-Hardi. Puis la marche des travaux se ralentit un peu. « Les chapelles laté-« rales, » dit M. Mérimée, « s'élevèrent successivement au commencement du quator-« zième siècle; deux furent fondées par Gille Aybelin (4), mort en 1318 » (5). Mais ce fut seulement, en 1335, sous l'épiscopat de Bernard de Fargis, que les reliques des saints purent être transférées de l'ancienne église dans la nouvelle (6), circonstance qui semble démontrer que les deux édifices existaient alors simultanément, et que, par conséquent, l'un n'avait pas été élevé sur l'emplacement de l'autre.

« La cathédrale de Narbonne, » toujours selon M. Mérimée, « est un bel édifice « gothique, dont malheureusement le chœur seul a été terminé..... Ses fenêtres appar-« tiennent principalement à la fin du quatorzième siècle ou au commencement du « quinzième, comme le prouvent leurs meneaux flamboyants (7). »

Le chœur de Narbonne étant l'un des plus élevés qu'il y ait en France (8), il en résulte que la forme des fenêtres, dans cette partie de l'église, est excessivement allongée. Elles

---

sur le monument lui-même. Elle est ainsi conçue :

✠ DEO ET CHRISTO MISERANTE, LIMEN HOC COLLOCATVM EST ANNO QVARTO, CONSVLE VALENTINIANO AVGVSTO SEXTO, TERTIO KALENDAS DECEMBRIS, XIX ANNO EPISCOPATVS RVSTICI.

RVSTICVS EPISCOPVS, EPISCOPI BONOSI FILIVS, EPISCOPI ARA-TORIS DE SORORE NEPOS, EPISCOPI VENERII SOCIVS IN MONAS-TERIO, COMPRESBYTER ECCLESIÆ MASSILIENSIS, ANNO XV EPISCO-PATVS SVI, DIE ANNI QVINTO, TERTIO IDVS OCTOBRIS, CVM VRSO PRESBYTERO, HERMETE DIACONO ET EORVM SEQVENTIBVS, COEPIT DEPONERE PARIETEM ECCLESIÆ DVDVM EXVSTÆ, TRICESIMO SEP-TIMO DIE QVADRATVM IN FVNDAMENTO PONI COEPIT. ANNO SE-CVNDO, SEPTIMO IDVS OCTOBRIS, ABSIDEM PONI FECIT MONTANVS SVBDIACONVS. MARCELLVS, GALLIARVM PREFECTVS, DEI CVLTOR, PRECE EXEGIT EPISCOPVM HOC OPVS SVSCIPERE, IMPENDIA NECES-SARIA REPROMITTENS, ETC., ETC.

Ce Rustique, évêque de père en fils, comme cela se voyait souvent dans la primitive Église, paraît, du reste, avoir contribué à plusieurs fondations; car son nom se trouve également sur une base de colonne provenant de l'église Notre-Dame-de-la-Major.

(1) *Ecclesiam vero illam pius rex Carolus fabrica-verat atque in honorem sanctorum Justi et Pastoris consecrare fecerat* (ancien titre inédit de 1059, archives de Narbonne.) — Les patrons de la nouvelle église, Saint Just et Saint Pasteur, étaient deux héroïques enfants qui souffrirent le martyre à Alcala, en Espagne, sous le règne de Dioclétien.

(2) Millin, Voyage dans les départements du midi de la France, 5 vol. in-8° et atlas, Paris, 1811, tom. IV, pag. 381.

(3) Document communiqué par M. Tournal.

(4) C'est Aycelin ou Aicelin qu'il faut lire.

(5) Notes d'un voyage dans le midi de la France, in-8°, Paris, 1835, pag. 397.

(6) *Anno 1335, XI calend. Martii, corpora SS. martyrum Justi et Pastoris fuerunt translata de ecclesia veteri Narbonensi in ecclesiam novam.* (Extrait du Nécrologe de Narbonne, rapporté par les auteurs de la *Gallia christiana*, tom. IV, col. 88.)

(7) Notes d'un voyage dans le Midi, pag. 397.

(8) Sa hauteur sous voûtes n'est pas moindre de quarante mètres.

sont au nombre de treize. Celles de côté se composent chacune de quatre baies séparées entre elles par de légers meneaux, tandis que les fenêtres beaucoup plus étroites de l'abside n'en contiennent que deux. Ces dernières seules ont conservé bien intacte leur vitrerie primitive. Quant aux autres, elles ont été sensiblement remaniées sous l'épiscopat de Raynal ou Raynaud de Bourbon (1), qui, vers la fin du quinzième siècle, fit reprendre les travaux de construction interrompus pendant près de cent cinquante ans. On y trouve même quelques panneaux qui sembleraient devoir être attribués à son successeur François du Hallay, mort en 1502.

Voici, du reste, la description de toutes ces verrières, telles que je les ai vues en 1840, avant les dernières restaurations de la cathédrale de Narbonne.

I. — Vitrerie blanche.

II et III. — Dans chacune de ces fenêtres, il reste deux panneaux de la fin du quinzième siècle, représentant des saintes martyres. On y voit, en outre, les armes du chapitre (d'argent à la croix de gueules).

IV. — Figure de donateur inconnu, agenouillé entre saint Christophe et un autre saint sans attributs. Chacune des baies de cette fenêtre renferme un blason. Le premier et le quatrième sont d'argent à la face d'azur, accompagnée de cinq tourteaux de gueules, trois en chef et deux en pointe; le second est d'azur à la bande ondulée d'or, et le troisième du chapitre.

Les cinq fenêtres suivantes qui, comme je l'ai dit, se composent de deux baies seulement, contiennent de grandes figures de saints surmontées de dais bien caractérisés du quatorzième siècle, avec fonds en grisailles à dessins réticulaires et blasons. Les sujets s'y présentent dans l'ordre suivant :

V. — Saint Martin à cheval partageant son manteau. — Un saint évêque sans attributs. Blason du chapitre.

VI. — Deux saints, dont un abbé et un martyr. Blason du chapitre, et un autre d'or au genêt ou aloès de sinople, à la bordure du même. Sauf la bordure, ces armoiries seraient celles de la famille Série (2), dont plusieurs membres furent revêtus de dignités municipales à Narbonne.

VII (chevet du chœur). — Deux figures de martyrs, qui, d'après la place qu'ils occupent, semblent devoir être les patrons de la cathédrale, saint Just et saint Pasteur. Blason du chapitre, et un autre d'argent à trois bandes de gueules, au chef cousu du premier métal chargé d'un lion issant de sable.

VIII. — Les apôtres saint Pierre et saint Paul. Trois écussons dont le premier est aux armes du chapitre, le second d'or à la fleur de lis de gueules nouée de sino-

<hr>

(1) Fils naturel de Charles Ier, duc de Bourbon. Il occupa le siége de Narbonne de 1472 à 1483.

(2) Voyez l'Armorial général de France, par d'Hozier, manuscrit de la Bibliothèque impériale.

ple (1), et le dernier d'argent à la bande d'azur, accompagnée de six roses de gueules mises en orle. Ce blason est celui de la famille Roger, Rogier ou Rosier en Limousin, qui eut l'honneur insigne de fournir deux papes à l'Église. La présence de ces armoiries, rapprochée ici de la figure de saint Pierre, pourrait donner à penser indifféremment, que le vitrail où elles se trouvent fut mis en place sous le pontificat de Clément VI ou sous celui de Grégoire XI, puisque tous deux, après avoir reçu au baptême le nom de Pierre, siégèrent également dans le cours du quatorzième siècle. Mais il est plus naturel d'en fixer la date aux dernières années du pontificat de Grégoire XI, ou même à celles qui suivirent sa mort, le siége de Narbonne étant alors occupé par Jean Roger, son propre frère. Jean avait été appelé à Narbonne en 1375. Quant à Grégoire XI, on sait qu'il mourut en 1378, ce qui nous donne très-approximativement la date du vitrail qui nous occupe, et, selon toute apparence, celle des autres verrières qui ornent le rond-point du chœur.

IX. — Saint André et saint Simon, et un seul blason, celui du chapitre.

Dans les vitraux des quatre dernières fenêtres, semblables de forme à celles de l'autre côté, se retrouve le style de la fin du quinzième siècle, reconnaissable particulièrement aux dais ou pinacles qui surmontent les personnages. Les figures encore existantes y sont ainsi placées :

X. — Deux vierges martyres et le blason du chapitre.

XI. — Verre blanc; point de figures; débris d'ornements et blason du chapitre.

XII. — Adoration des Mages, d'une mauvaise exécution. Deux blasons, dont celui du chapitre, et un autre d'argent au sautoir d'azur et à la bordure du même, chargé en chef d'une étoile d'or.

XIII. — Deux figures de saints (un abbé et un docteur), surmontées de dais de la fin du quinzième siècle. Outre le blason du chapitre, on voit ici figurer les armes de France et celles de Bretagne, dont le rapprochement indique suffisamment que la date de ce vitrail ne saurait être antérieure au second mariage de Louis XII (1499). La même fenêtre renferme un quatrième blason, de gueules au lion d'or, chargé en chef d'un lambel d'argent. Il se pourrait bien que ce fussent les armoiries de l'archevêque François du Hallay, qui occupait alors le siége de Narbonne.

Les chapelles dont le chœur est entouré sont également au nombre de treize. Mais les cinq qui sont à l'abside renferment chacune trois verrières. Pour mieux faire concorder la description de l'étage inférieur avec celle des hautes fenêtres, je compterai donc ici par chapelles.

Comme les verrières correspondantes du chœur, les quatre premières chapelles n'ont

______

(1) Au dire de Jacques Baudeau (Armorial des États du Languedoc, in-4°, 1686), la ville de Rieux-Mérinville, proche de Narbonne, portait en abîme sur ses armoiries un écu d'or au lis de gueules.

rien conservé dans leur vitrerie, qui soit antérieur à l'épiscopat de Raynaud de Bourbon
ou même de son successeur.

1 et 2. — Quelques débris de grisailles et d'ornements réticulaires, avec les armes du
chapitre, restaient encore dans les deux fenêtres les plus rapprochées du transept. Elles
ont été récemment restaurées.

3. — Écu de France porté par deux anges, et quelques débris de pinacles qui semblent appartenir aux premières années du seizième siècle.

4. — Saint Pierre, saint Jean l'évangéliste, et, dans l'amortissement de l'ogive, Jésus
bénissant le monde, entouré des symboles des quatre évangélistes.

5. — Trois fenêtres à fonds de grisaille chargés d'entrelacs réticulaires en couleur.
A la première, on voit un blason d'argent à la herse de gueules. La deuxième et la troisième sont ornées d'écussons blasonnés alternant dans le sens de la hauteur, les uns
aux armes du chapitre, et les autres partis au premier coupé d'argent à la croix pattée
de gueules, et d'or à la bourse de sable brodée du même métal (1), au deuxième d'or
à trois fasces de gueules.

J'ai donné, planche XLVI, l'ensemble d'une de ces fenêtres, dont la planche suivante
contient divers détails (2). Elle mérite une attention particulière sous le rapport de
l'ornementation. Celle-ci varie, comme on peut le remarquer, dans chacune des trois
baies dont se compose la fenêtre. Mais elle a toujours pour base un dessin polychrome
découpé à jour sur un fond de grisaille fleuronné, et une bordure de couleur contenue
entre deux filets unis dont un la sépare du fond, et l'autre, laissé en blanc, la détache
de l'architecture. Dans chaque baie, il y a comme deux systèmes d'ornements superposés. Dans la première, c'est une suite de losanges bleus, recouvrant un réseau composé d'arcs de cercles rouges, avec des rosaces aux points de réunion des losanges.
Dans la seconde, l'ornement consiste en deux cadres entrelacés et bouclés à leurs angles.
Enfin, dans la troisième baie, ce sont des triangles également entrelacés, avec fleurons
de distance en distance. Cadres et triangles sont rechampis d'ornements noirs de très-
bon goût. (Voyez Planche XLVII).

Les blasons ne se voient qu'à la baie centrale. Le second se trouve assez souvent
retourné, et je n'ai pu m'approcher assez du vitrail pour bien reconnaître les panneaux qui sont placés à l'envers, ce qui fait que je l'ai reproduit d'une façon différente
sur chacune de mes deux planches. Cet écusson, toutefois, mérite une attention particulière; car l'une de ses parties n'est autre que le blason du célèbre pape français

(1) M. Viollet-Leduc, à qui est confiée la restauration de la cathédrale de Narbonne, et qui en a étudié
toutes les parties avec le talent qu'on lui connaît, a
cru voir ici un vase au lieu d'une bourse. Le fait est
que l'objet n'est pas très-nettement caractérisé.

(2) Dans une récente restauration de l'église du
Temple à Londres, cette verrière a été très-heureuse-
ment reproduite. J'ai appris avec bonheur que c'était
mon dessin qui avait servi de guide à l'habile artiste
anglais chargé de ce travail.

Clément V (Bertrand de Got), élu en 1305 et mort en 1314, ce qui semblerait indiquer, comme cela est d'ailleurs assez probable, que les chapelles de l'abside furent terminées et vitrées plus d'un demi-siècle avant le sanctuaire. Les autres parties de ce même écusson sont moins faciles à expliquer. Dans le premier canton, malgré une légère différence quant à la forme de la croix, on pourrait peut-être voir encore le blason du chapitre. Mais, pour le reste, je n'ai trouvé absolument aucune indication.

Sur les trois bordures différentes qui encadrent les trois baies de cette fenêtre, deux sont blasonnées, l'une de France, l'autre de Castille. Cela ne veut pas dire sans doute qu'elles soient du temps de saint Louis; mais cela montre la persistance de l'usage adopté par Alphonse, comte de Toulouse, qui, par piété filiale, avait conservé tout à la fois les armes de son père et celles de sa mère, comme j'en ai déjà fait voir la preuve, à propos d'une verrière de Poitiers.

Après cette minutieuse description, je reprends celle des chapelles suivantes :

6. — La première et la troisième fenêtre de cette chapelle se composent seulement d'entrelacs sur fond de grisaille. La fenêtre du milieu est légendaire. Je n'ai pu en reconnaître le sujet. Pourtant je serais porté à croire qu'il est relatif à Notre-Dame de Bethléem. La bordure est fleurdelisée.

7. — La fenêtre centrale de cette chapelle, située à la partie la plus orientale de l'abside, se compose de tableaux légendaires, qui se détachent sur des fonds blancs, couverts d'ornements réticulaires alternativement jaunes et rouges. Ainsi que cela se voit à l'abside de tant d'autres églises, tous les sujets de cette verrière sont relatifs à la vie terrestre de Jésus-Christ et de sa sainte mère. On y distingue l'éducation de la sainte Vierge, son Mariage, l'Annonciation, trois tableaux relatifs aux rois mages, la Fuite en Égypte, Hérode ordonnant le massacre des Innocents, deux panneaux représentant l'exécution de cet ordre barbare, etc. Ces derniers tableaux sont remarquables par le costume très-caractérisé des soldats qui procèdent au massacre. Leurs vêtements, tout de mail à capuchons, sont absolument semblables à ceux qu'on trouve dans la plupart des monuments du treizième siècle. Ne faut-il pas y voir une preuve de l'ancienneté de cette chapelle, sans doute la première construite de l'église, ainsi que semble l'indiquer sa situation? Et n'est-ce point là cette portion de l'édifice qui, dès l'année 1285, était déjà assez avancée pour que Philippe le Bel pût y faire déposer les entrailles du roi son père?

Les deux fenêtres latérales de la même chapelle sont à fond de grisaille orné d'entrelacs en couleur. Sur la première, on voit la figure de saint Just entre deux anges. Sur la seconde, et comme pendant naturel, l'artiste a représenté de la même manière saint Pasteur (s. PASTOR), compagnon de saint Just.

8. — Dans cette chapelle également, la fenêtre centrale est seule légendaire. Les sujets sont tirés de l'histoire de saint Pierre. On le voit successivement délivré de sa

captivité, rencontrant Notre-Seigneur aux portes de Rome, crucifié la tête en bas, etc. Ces panneaux, toutefois, n'occupent que le milieu de la fenêtre, dont les côtés représentent deux grandes figures de saints sur fond de grisaille.

Les fenêtres latérales sont aussi à fond de grisaille orné de réticulaires. Sur celle de gauche, on voit la figure de saint Pierre entre deux autres apôtres; sur celle de droite, saint Paul entre saint Simon et saint André, et les armes du chapitre.

9. — Le blason du chapitre se retrouve également aux vitres de cette chapelle, dont les trois fenêtres sont en grisaille à entrelacs colorés. Chacune d'elles, vers le tiers de sa hauteur, contient trois petits sujets placés l'un à côté de l'autre, de telle sorte que les neuf sujets réunis se trouvent former comme une bande de peinture tout autour de la chapelle. Ces tableaux, en commençant par la gauche, représentent : Un saint évêque ou abbé, recevant sa crosse des mains d'un ange; — Un homme à la chasse des bêtes fauves, qui paraît se blesser lui-même; — Le jugement dernier; — Saint Michel terrassant le démon; — Le Christ et les saintes femmes; — Saint Michel pesant les âmes; — Deux saints martyrs; — Un évêque à l'autel entre deux assistants, et donnant sa bénédiction; — Un ange portant une âme au ciel.

10 et 11. — Ces deux chapelles sont converties en sacristie.

12. — Porte latérale du chœur, au-dessus de laquelle est une fenêtre blanche où l'on voit seulement les armes du chapitre.

13. — Débris insignifiants d'ornements réticulaires sur fond blanc, avec le blason du chapitre.

Ce dernier se retrouve, ainsi qu'on a pu le voir, à presque toutes les fenêtres. La croix de gueules sur champ d'argent, dont il se compose, est quelquefois cantonnée de lettres initiales. Sur différents panneaux, j'ai trouvé les lettres WHVI — LNCD — VVHV ou simplement les deux initiales G A. Sont-ce des marques de peintres, ou bien faut-il y voir les chiffres de quelques dignitaires du chapitre? C'est ce que j'ignore complétement. Je ferai seulement observer que la forme de ces lettres ne me paraît pas bien ancienne.

A cela se borne ce que j'ai à dire de la cathédrale de Narbonne.

Les autres églises du midi de la France sont bien pauvres en verrières du quatorzième siècle. A peine la cathédrale de Toulouse en renferme-t-elle quelques-unes, qui encore, pour la plupart, semblent provenir d'un autre monument. Cette cathédrale, du reste, est elle-même un édifice tout de pièces et de morceaux, qui manque absolument d'ensemble. La nef, monument d'une vénérable antiquité, fut, selon certains auteurs, construite, au commencement du treizième siècle, par ce malheureux comte Raymond VI, à qui Rome refusait bientôt après la sépulture chrétienne (1); selon d'autres

---

(1) Notice sur l'église de Saint-Étienne de Toulouse, par M. Auguste d'Aldeguier, insérée au tome Ier des *Mémoires de la Société archéologique du midi de la France*, in-4°, Toulouse, 1832, pag. 26.

et plus vraisemblablement, elle remonte au douzième siècle (1). Cette partie de l'église
ne se relie que par un seul point au chœur, lequel fut construit plus tard dans un tout
autre alignement; et le chœur lui-même, ravagé en 1609 par un terrible incendie, n'a
conservé de sa construction primitive que les chapelles du pourtour, tandis que la
partie supérieure a dû être refaite entièrement à neuf au dix-septième siècle. J'aurai,
par la suite, à décrire cette dernière partie de la cathédrale de Toulouse, la seule dont
la vitrerie présente encore aujourd'hui quelque importance.

Quant aux chapelles, quelques-unes d'entre elles, je crois, sont moins modernes qu'on
ne s'est plu à le supposer dans ces derniers temps. Dès la fin du treizième siècle, les
Annales de Toulouse mentionnent *la chapelle des prébendiers* (aujourd'hui de la sainte
Vierge), ainsi nommée par suite d'une fondation pieuse que fit Bertrand de Lisle, riche
et magnifique prélat mort en 1285 (2). Toutefois, à en juger par les caractères de leur
architecture, les plus anciennes de ces chapelles n'auraient pu être terminées avant le
quatorzième siècle. Leur nombre total est de dix-sept. Les vitraux qu'elles renferment
sont un peu de toutes les époques, et l'on y voit la trace de bien des désastres, de bien
des remaniements, pour la plupart exécutés avec autant de maladresse que d'incurie.
Les chapelles qui en contiennent encore quelques-uns du quatorzième siècle sont particulièrement, en commençant par la gauche, la deuxième, la huitième, la quatorzième
et la quinzième. Ceux de la deuxième chapelle me paraissent être les plus anciens. Ils
représentent saint Nazaire et saint Celse, et le dessin s'y accorde si bien avec l'architecture de la fenêtre, qu'on ne saurait douter que ce ne soit là leur place primitive.

J'en dirai autant de la charmante verrière qui éclaire la huitième chapelle. Seulement
celle-ci me paraît appartenir à une époque un peu plus avancée du quatorzième siècle.
Les figures représentées sont celles de saint Jean, de saint Étienne, du Christ et de la
sainte Vierge. Le dessin en est soigné, et la couleur en est très-brillante.

Quant aux fenêtres des quatorzième et quinzième chapelles, elles sont beaucoup
moins complètes, et très-évidemment remaniées. Les panneaux dont elles se composent
proviennent, dit-on, de l'église des Dominicains, ce qui n'a rien d'invraisemblable. A
la quatorzième, on distingue deux figures, dont un évêque et un cardinal, ayant l'un et
l'autre pour blason un écu d'or au lion de gueules et à la bordure de sable chargée de
besants d'or. Je n'ai pu trouver aucune indication satisfaisante sur ces deux personnages.

Parlerai-je de la cathédrale de Bordeaux? Deux figures de donateurs en mauvais état
et quelques débris de grisailles à entrelacs sont tout ce qui atteste aujourd'hui l'existence

---

(1) Notes d'un Voyage dans le midi de la France,
par P. Mérimée, in-8°, Paris, 1835, pag. 462.

(2) G. Lafaille, Annales de la ville de Toulouse, in-
folio, 1687, 1ʳᵉ part., pag. 15. — Bertrand de Lisle avait

institué Jésus-Christ pour son légataire universel (voir
le testament de ce fastueux évêque, rapporté tout au
long par Guill. Catel, dans ses *Mémoires de l'histoire du Languedoc*, in-folio, Toulouse. 1633).

dans cette église d'une ancienne vitrerie peinte, dont la date paraît se rapporter au quatorzième siècle.

Le Poitou et les autres provinces de l'Ouest jusqu'à la Normandie ne renferment, à ma connaissance, aucun monument notable de la Peinture sur verre à cette époque.

Quant à ces petits sujets empruntés à la vie privée, qui, en fait de vitraux, constituent ce qu'on pourrait appeler la *peinture de genre*, il semble qu'ils soient devenus plus communs pendant le cours de ce siècle, et l'on en trouve encore assez souvent dans des églises ou des chapelles d'une importance secondaire.

Je citerai, par exemple, ceux de Semur (Côte-d'Or), que l'auteur du *Voyage dans les départements du midi de la France* (1), Millin, a le premier signalés et reproduits par la gravure (2). Diverses classes d'artisans y sont représentées dans l'exercice de leurs professions. Ce sont d'abord quatre sujets relatifs à l'industrie des draps, et provenant de l'ancienne chapelle des Drapiers qui était située près de l'escalier de la chaire. Le peintre y a figuré les quatre opérations successives du tissage, du foulage, du cardage et du tondage. Deux autres panneaux proviennent de la chapelle voisine, autrefois connue sous le nom de la chapelle des Bouchers. On y voit deux hommes, dont l'un assomme un bœuf du revers de sa hache (3), et l'autre, tenant de la main gauche une pièce de viande placée sur son *étal*, semble occupé à *parer* sa marchandise en la frappant du plat de son couperet. Ce dernier personnage, contrairement à l'avis de Millin, serait un charcutier plutôt qu'un boucher, si, comme je le crois, les objets représentés près de lui consistent en un pied de cochon, deux boudins, et une côte de porc frais. L'exécution de ces figures ne manque ni de grâce, ni de finesse, et les couleurs en sont très-vives. Pour qu'on en pût mieux juger, j'ai reproduit moi-même (planche XLVIII) le charcutier et le tondeur de drap, pensant que la gravure non coloriée et quelque peu inexacte de Millin n'en donnait pas une idée suffisamment précise.

Ces vitraux, du reste, sont loin de remonter à l'époque où l'église elle-même fut construite. Car celle-ci date du milieu du onzième siècle (4), tandis que la chapelle des Bouchers fut fondée seulement en 1386 (5). Celle des Drapiers lui est contemporaine, ainsi qu'il est facile de s'en convaincre par la parfaite similitude de l'ornementation.

Dans la chapelle suivante se trouve encore la légende d'une sainte martyre, dont le corps est déchiré avec des peignes de fer (peut-être sainte Cécile); et enfin, derrière le

(1) Cinq vol. in-8°, et atlas in-4°. Paris (imprimerie impériale), 1807-11. Tom Ier, pag. 197.

(2) Ibid. pl. XIII.

(3) Nous avons déjà vu cette manière d'assommer les bœufs représentée sur un vitrail de Chartres, que j'ai reproduit à la planche XIV de cet ouvrage.

(4) Elle fut, dit-on, fondée par Robert Ier, duc de Bourgogne, en expiation du meurtre de Dalmace, son beau-père, qu'il avait égorgé dans un accès de colère. (Voyez Millin, tom. Ier, pag. 187.)

(5) Histoire et description de l'église Notre-Dame de Semur-en-Auxois, par M. Maillard-Chambure, tom. Ier des *Mémoires de la Commission des Antiquités de la Côte-d'Or*, pag. 73 (années 1832-33).

chœur, on voit plusieurs verrières légendaires renfermant des sujets empruntés à la vie monastique.

L'auteur d'une intéressante notice sur l'église de Semur assure que toutes les autres fenêtres de cet édifice étaient également garnies de vitraux fort remarquables, mais que, pendant le cours des travaux de restauration exécutés au seizième siècle, ces vitraux avaient subi de telles mutilations que, bientôt après, on avait dû prendre le parti de les remplacer par des verres blancs (1).

Voulant donner encore un autre spécimen de cette *peinture de genre,* où la délicatesse de l'exécution se fait si bien sentir, j'ai choisi, de préférence, une figure allégorique de la Musique, dont ma planche XLIX est le calque fidèle. Cette figure provient de la chapelle Saint-Piat, charmant appendice ajouté, en 1349, au chœur de la cathédrale de Chartres (2). Souvent, au moyen âge, la musique est personnifiée sous les traits de sainte Cécile; mais ici, comme il est facile de s'en convaincre par l'inscription 𝕸𝖚𝖘𝖎𝖈𝖆 tracée en gros caractères, c'est une figure purement allégorique. La pose en est élégante, pleine de grâce et de pudeur, la draperie bien ajustée. Tandis que les doigts préludent sur une petite harpe fort simple, la figure légèrement penchée du côté opposé, semble déchiffrer quelques notes écrites sur un phylactère, au bas duquel on lit : 𝖘𝖔𝖓𝖘 𝖈𝖎𝖙𝖍𝖆𝖗𝖎𝖟𝖆𝖙𝖎𝖚 (*citharizantium*). Cette laconique inscription se rapporte évidemment au deuxième verset du chapitre xiv de l'Apocalypse : *Et audivi vocem de cœlo.... et vocem quam audivi sicut citharœdorum citharizantium in citharis suis.* Dans la pensée de l'artiste, la musique chrétienne et les sons harmonieux qu'elle tire de sa harpe ne sont autre que la voix mystique dont a parlé saint Jean.

Cette figure, reproduite de grandeur de l'original, peut donner une assez bonne idée des transformations que la Peinture sur verre subit dans le cours du quatorzième siècle. Si le fond se compose de verre d'une seule couleur, teint dans la masse et simplement rechampi de noir, tout le reste, figure, terrain et accessoires, n'est que du verre blanc, où le pinceau de l'artiste est venu, non plus seulement placer des contours, mais modeler la figure, ombrer les draperies, et teinter de diverses couleurs, assez pâles, il est vrai, le terrain et les orfrois du manteau.

J'aurais pu multiplier ces exemples; mais j'ai cru mieux résumer les progrès accomplis pendant le quatorzième siècle en reproduisant (planche L) la belle verrière fondée par Guillaume de Cantiers, évêque d'Évreux, que sa date place seulement ici, bien que je l'aie déjà décrite avec les autres verrières de la même église (3).

Pour ce qui est de la grande peinture décorative, les monuments encore existants du

---

(1) Description de l'église N.-D. de Semur, pag. 65.

(2) Voyez ce qui a été dit de cette chapelle, ci-dessus, pag. 78, not. 1, et, pour plus de détails, la *Description historique de l'église cathédrale de Chartres,* par A. P. M. Gilbert, in-8°. Paris, 1824, pag. 119.

(3) Voyez plus haut, pag. 231.

quatorzième siècle sont, je le répète, beaucoup moins nombreux que ceux qui nous restent du siècle précédent. Faut-il attribuer cette différence aux guerres incessantes, aux divisions intérieures, aux malheurs de tous genres qui désolèrent la France pendant la durée de ce siècle? Cela semblerait assez naturel; et pourtant maint exemple nous prouve que ces calamités publiques n'arrêtèrent, presque nulle part, la munificence des grands, ni la production des artistes : prodigues d'or comme de sang, tous ces princes ambitieux, dont les rivalités furent si fatales au pays, couvraient cependant leurs états de fondations nouvelles, et ne se laissaient point détourner par la guerre du soin de décorer leurs palais avec une magnificence inconnue jusqu'alors.

Ainsi Paris, livré sans cesse au choc meurtrier des dissensions intestines qui devaient en faire bientôt la proie de l'étranger, vit précisément alors se multiplier à l'infini les monuments de la Peinture sur verre. Tous ces monuments, il est vrai, ont disparu l'un après l'autre. Mais cela tient uniquement aux révolutions subséquentes ou à des causes accidentelles qui n'ont rien de commun avec les événements du quatorzième siècle. Il en est de même de beaucoup d'autres localités, de sorte que l'histoire de la Peinture sur verre à cette époque doit embrasser, sous peine de rester fort incomplète, l'étude des monuments détruits dont on peut encore aujourd'hui retrouver la trace. Par bonheur, les documents que nous possédons à cet égard sont fort nombreux. Nos archives publiques, si fructueusement explorées depuis quelques années, en renferment beaucoup, et l'on y a même découvert les noms de plusieurs artistes dont les œuvres eurent, de leur temps, une juste célébrité. Toutefois, comme la plupart de ces documents sont disséminés dans des publications peu répandues, ou, ce qui est plus regrettable encore, sont restés inédits jusqu'à ce jour, je crois faire une chose utile en réunissant ici tous ceux qui sont parvenus à ma connaissance.

Dans cette revue des monuments détruits, Paris a droit à la première place, en raison du nombre et de la variété des vitraux qui y furent exécutés au quatorzième siècle.

Le Vieil, dont le grand ouvrage date de la seconde moitié du siècle dernier, mentionne « les frises qui règnent autour du chœur de la cathédrale, surtout du côté du nord, dans « lesquelles on distingue des rinceaux avec leurs fleurons merveilleusement lacés, d'un « travail très-assujetti et d'une belle union, où les ombres et les reflets sont déjà em- « ployés avec un succès qui peut les mettre au rang des plus belles de ce temps-là (1). »

Quant aux six fenêtres qui éclairent le pourtour du chœur, elles étaient de verre blanc. Le Vieil, chargé de les remplacer, en 1761, eut occasion de les étudier de près. Il en parle avec grand détail et les cite parmi les plus anciens monuments de vitrerie incolore que continssent alors nos églises. « Ces six vitraux, » dit-il, « étaient en vitres « blanches sans aucune couverte, mais d'une ordonnance qui annonçait le peu d'usage

(1) L'Art de la Peinture sur verre, par Pierre Le Vieil, in-f°, Paris, 1774, 1ʳᵉ part. chap. X, pag. 28.

« où l'on était, pour lors, de faire des vitres de cette sorte. Le verre, qui en était très-
« blanc, avait ses surfaces ondées et raboteuses; leurs compartiments étaient en pièces
« carrées posées en pointes, comme la lozange, d'un très-mauvais goût. Dans un de ces
« vitraux, était un seul panneau de verre peint, dans lequel on distinguait un ecclésias-
« tique revêtu d'une dalmatique, qui, tenant debout entre ses mains le plan en éléva-
« tion d'un de ces vitraux rempli de vitres blanches, dans le même compartiment que
« dessus, semblait en faire l'inauguration. Au bas de ce panneau, était en lettres noires,
« sur un fond de même verre que le restant du vitrau, une inscription très-dérangée
« dans son contenu, dans laquelle je retrouvai néanmoins, en caractères du quatorzième
« siècle : *Michael de Darenciaco cap..... us has sex vitrarias..... anno Domini* (1). »

Or, il résulte de recherches faites par Le Vieil lui-même, que Michel de Darency
était chapelain de Saint-Ferréol en l'église de Paris, et qu'il mourut l'an 1358, après
avoir fait un testament en faveur de cette église (2). Sa figure a été sacrifiée, à grand
tort, dans la restauration de 1761. Mais, du moins, Le Vieil eut le soin de laisser intacte
l'inscription relatée ci-dessus, que plus tard on chercha maladroitement à compléter en
y ajoutant la date de 1300 en chiffres arabes de couleur violette. M. Gilbert en parle dans
sa description de Notre-Dame (3). Moi-même j'en ai recueilli plus récemment le calque.
Mais ce dernier débris des vitraux fondés par Michel de Darency a disparu à son tour,
au milieu des préparatifs de la triste cérémonie qui eut lieu, en 1842, pour les funérailles
du duc d'Orléans.

Du reste, ces six fenêtres n'étaient pas les seules de l'église Notre-Dame qui continssent des vitraux du quatorzième siècle. Plusieurs de celles du chœur avaient été
exécutées aux frais d'un chanoine nommé Pierre de Fayel, dont le tombeau situé près
de l'autel des Ardents portait l'inscription suivante : maistre *Pierre de Fayel, chanoine
de Paris, a donné deux cents livres pour aider à faire ces histoires, et pour les nouvelles
voirrières qui sont sur le cuer de céans* (4). Pierre de Fayel mourut en 1303.

Mais, parmi les vitraux exécutés à Paris dans le cours de ce siècle, les plus importants
au point de vue historique étaient certainement ceux des Célestins. Bien que le fondateur primitif de cette maison fût un simple bourgeois de Paris, Jacques Marcel, mort
en 1320 (5), ce fut seulement au roi Charles V qu'elle dut ses développements et sa
splendeur première. Richement doté, à la prière de Robert de Jussy, l'un des secrétaires
du roi, qui avait déjà déterminé ses collègues à y établir leur confrérie (6), le couvent

---

(1) L'Art de la Peinture sur verre, IIIe part., pag. 201.
(2) Ibid., loc. cit.
(3) Description historique de la basilique métropolitaine de Paris, in-8°, fig. Paris, 1821, pag. 166.
(4) Ibid. loc. cit.
(5) Voir le titre extrait des archives de la Chambre
des comptes, que Jacques du Breuil a rapporté dans
son *Théâtre des Antiquités de Paris* (in-4°, Paris,
1612), 3e partie, pag. 906.

(6) Antiquités nationales par A. L. Millin, cinq vol.
in-4°, Paris, 1790. — La description des Célestins se
trouve dans le tome Ier, avec une pagination à part.

des Célestins vit alors s'accroitre le nombre de ses religieux, et une vaste et somptueuse église s'éleva à la place de l'ancienne chapelle. Millin, qui avait pu étudier cette église tout à son aise avant qu'on la démolit, en a donné une fort bonne description dans ses *Antiquités nationales.* Malheureusement, les planches dont il l'a accompagnée sont beaucoup trop imparfaites pour qu'on puisse se former, d'après elles, une idée suffisamment exacte des anciennes verrières.

La première de celles-ci dont il soit fait mention, est un vitrail de la chapelle de Gèvres, qui représentait l'Annonciation, ainsi que les deux figures de saint Sébastien et de saint André (1). Mais les plus anciennes, selon toute apparence, étaient deux vitres placées dans le chœur, à côté du grand autel et que Millin a reproduites : « Chacune « d'elles, » dit-il, « contient un petit carreau isolé; sur celui de gauche, on voit le roi « Jean à genoux devant un livre (posé sur un prie-Dieu) et les mains jointes. Au-dessous, « on lit, en caractères gothiques : le roi Jehan. Sur la vitre de droite, on a peint Charles V « dans la même posture. On lit au-dessous : le roi Charles V (2). »

Ces deux panneaux, qui, au dire d'Alexandre Lenoir (3), ne mesuraient pas plus de dix-huit pouces de hauteur, avaient été recueillis par ses soins au Musée des monuments français. J'ignore ce qu'ils sont devenus depuis. Millin leur assigne pour date le règne de Charles V (4). Quant à Sauval, il me parait les avoir confondus avec les vitres de la chapelle d'Orléans, en la même église (5), qui, effectivement, renfermaient aussi le portrait de Charles V, mais qui étaient néanmoins d'une date sensiblement plus récente. La fondation de la chapelle d'Orléans ne remontait qu'aux dernières années du quatorzième siècle. Félibien prétend qu'elle eut lieu, comme un témoignage de repentir et de douloureux regret, à la suite de ce funeste bal masqué de 1393, où le duc d'Orléans mit imprudemment le feu aux étoupes dont était garni le costume du roi (6). Selon une autre version, d'autant plus croyable qu'elle émane d'un auteur contemporain, ladite chapelle aurait été fondée, dès l'année 1392, en expiation de *quelques jeunesses estranges* dont le duc Louis se serait rendu coupable (7). Du reste, et quel qu'ait pu être le motif réel de cette fondation, un très-intéressant document, récemment publié par M. Aimé Champollion, en fixe la date avec autant d'exactitude que d'authenticité. D'un compte de 1397, il résulte que les prieurs des Célestins de Paris reconnaissent avoir reçu du duc d'Orléans trente francs d'or pour convertir en une verrière destinée à leur église,

(1) Antiquités nationales, tom. Ier, pag. 25 de la Description des Célestins.

(2) Ibid., pag. 118, et planche XX,

(3) Description du Musée des monuments français (6ᵉ édition), in-8°, Paris, an X, pag. 367.

(4) Antiquités nationales, tom. Ier, pag. 119.

(5) Histoire et recherches des antiquités de la ville de Paris, in-f°, Paris, 1724; tom. Ier, liv. IV, pag. 459.

(6) Histoire de la ville de Paris, par D. Michel Félibien, 5 vol. in-f°, Paris, 1725; tom. II, liv. XIV, pag. 713.

(7) Histoire de Charles VI, roy de France, par Jean Juvénal des Ursins, annotée par Denys Godefroy, in-f°, Paris, 1653, pag. 96.

et, qui, de présent, se faict en la ville d'Amiens (1). Je reviendrai sur les intéressantes indications que fournit ce document relativement à la valeur des vitres. Il a, de plus, le mérite de constater l'existence, en Picardie, d'un atelier de peinture sur verre, dont il n'existait, je crois, aucune autre trace, et qui, cependant, devait être assez important, puisqu'il travaillait même pour les églises de Paris.

Les vitraux de la chapelle d'Orléans avaient été placés en 1398. Ils furent tous brisés, en 1538, par suite de l'explosion des poudres contenues dans la tour de Billy (2). Quant à ceux qu'on voyait à leur place, vers la fin du siècle dernier, ils ne remontaient pas plus haut que le règne de François Ier, comme le constatait l'inscription suivante placée au bas d'une fenêtre :

Quas 1398 struxit Ludouicus hic, Turris Billia destruxit, dum, 19 julii 1538, fulgure ruit. 1540 erexit Franciscus hic, a quo nobilis hæc proles exsurrexit (3).

Ces vitres ne contenaient primitivement que sept portraits (4). Plus tard, ce nombre fut porté jusqu'à onze, et la série des figures de rois et de princes fut continuée jusqu'à Charles IX (5).

Parmi les vitres des Célestins, il faut encore citer celle des secrétaires du roi, que Millin a également publiée (6). Elle se trouvait dans une salle particulière, devenue, en dernier lieu, le réfectoire des moines, mais qui, dans le principe, devait servir uniquement aux réunions de la Confrérie des notaires et secrétaires du roi (7). Ceux-ci, au nombre de douze, s'étaient fait représenter dans l'attitude habituelle des donateurs, au bas de la verrière qu'ils avaient fondée. On y voyait, en outre, Jésus sur la croix entre sa sainte mère et le disciple bien-aimé, et, au-dessous de lui, les quatre évangélistes, que la confrérie avait placés au nombre de ses patrons en qualité de *Notaires du ciel* (8). Quant

---

(1) Louis et Charles ducs d'Orléans, leur influence sur les arts, la littérature et l'esprit de leur siècle, par Aimé Champollion-Figeac, in-8°, Paris, 1844, 3e part., pag. 12.

(2) Le Vieil, l'Art de la Peinture sur verre, 1re part., chap. X, pag. 30.

(3) J. Du Breuil, le Théâtre des Antiquitez de Paris, liv. III, pag. 928. — Je ne puis m'expliquer comment Sauval, qui prétend citer Du Breuil, a substitué au texte recueilli par cet auteur, l'inscription suivante :

Rex Franciscus has sex vitreas erexit 1539. *Turris de Billi fulgure ruens antiquas excussit 9 julii* 1538, *quas priores* 1360 *Carolus V fondator primus.*

(Histoire des Antiquités de Paris, tom. Ier, pag. 459).

Par les dates aussi bien que par le style de cette inscription, il est facile de reconnaître qu'elle est tout à fait apocryphe. La première pierre de l'église des Célestins ne fut posée qu'en 1367. Le duc Louis n'était né lui-même qu'en 1371. Comment donc aurait-il pu fonder, en 1360, les vitres de la chapelle d'Orléans?

(4) Millin, Antiquités nationales, tom. Ier, p. 116.

(5) Ibid., planche XXII.

(6) Ibid., planche XXV.

(7) ..... « Et en signe de mutuelle dilection et fra- « ternelle amitié (le diuin seruice faict), doiuent tous « disner ensemble, en vne grande salle, qu'ils ont « faicte construire auprès la porte du Monastère. » (Jacq. Du Breuil, le Théâtre des Antiquitez de Paris, liv. III, pag. 909.)

(8) Voyez, dans Félibien, la charte de 1358, où, parlant des évangélistes, il est dit : ... *Hi testes veridici, relatores mirifici,* notarii *doctissimi, cœli secreta scire, et actiones Christi et ejus incarnationis evangelia scribere meruerunt...* (Tom. III, pièces justificatives, pag. 471.)

à la date précise de ce vitrail, il est difficile de la fixer d'après la gravure qu'en a donnée
Millin. Cependant, sa composition semblerait annoncer une œuvre postérieure au quatorzième siècle, et je serais bien tenté d'en rattacher plutôt la fondation aux nouvelles
largesses de la même confrérie, qui, en 1420, donna aux Célestins « plus de mil liures
pour bastir (1). »

Une autre église du voisinage, celle de Saint-Paul, possédait aussi quelques vitres
dues à la magnificence du même duc d'Orléans, fils de Charles V, et que Le Vieil signale
parmi celles « qui se ressentaient le plus de la barbarie du siècle (2). »

Le même auteur indique, comme étant à peu près contemporaines, les vitres qui se
voyaient à l'abbaye de Saint-Victor, dans la chapelle des Apôtres (3); et il mentionne
également deux écussons, qui, de son temps, existaient encore à l'église des Carmes
de la montagne Sainte-Geneviève. « L'écusson, » dit-il, « qu'on a placé dans le dernier
« vitreau du premier chœur, à droite, est de France parsemé de fleur-de-lys d'or sans
« nombre; il peut être attribué à Charles IV, dit le Bel..... Celui qui est à gauche, opposé
« au précédent, parti de France et de Bourgogne, qui est semé de Francs, coticé de
« Bourgogne, componé d'argent et de gueules, doit être attribué, sans crainte d'erreur,
« à Blanche de Bourgogne, sa première femme, si dignement remplacée, dans un troi-
« sième mariage, par Jeanne d'Évreux, qui, en 1349 (4), combla cette église de magni-
« fiques présents (5). »

L'abbé Lebeuf, dans son *Histoire du diocèse de Paris*, cite encore deux autres églises
qui contenaient quelques verrières du quatorzième siècle, à savoir celle de l'abbaye
Saint-Maur-des-Fossés (6), et celle de Saint-Denys-de-la-Chartre, où se voyait la figure
de Jean de Lagrange, cardinal-évêque d'Amiens, qui avait été prieur du lieu, au temps
de Charles V (7).

De son côté, Sauval nous apprend que, sous le règne du même prince, les vitres de la
chapelle du Louvre « furent peintes d'images de saints et de saintes, couronnées de dais
« et assises dans un tabernacle (8). »

Enfin plusieurs colléges de Paris eurent aussi, vers cette époque, leurs chapelles ou
même leurs salles d'études décorées de peintures sur verre. « On ne peut, » dit Le Vieil,

---

(1) Jacq. Du Breuil, le Théâtre des Antiquitez de
de Paris, liv. III, pag. 909.

(2) Le Vieil, l'Art de la Peinture sur verre, 1re part.,
chap. XI, p. 31.

(3) Ibid, chap. XIX, pag. 86.

(4) J. Du Breuil (pag 570), Cl. Malingre (les Antiquitez de la ville de Paris, in-f°, Paris, 1640, liv. II,
pag. 263), et Germain Brice (Description nouvelle de
la ville de Paris, in-12, Paris, 1701, tom. II, pag. 54),
ont commis, l'un après l'autre, un singulier anachro-

nisme en attribuant un testament de cette date à
Jeanne de Bourgogne, femme de Philippe le Long,
qui était morte dès l'an 1329.

(5) L'Art de la Peinture sur verre, 1re part., chap. X,
pag. 29, not. a.

(6) Histoire de la ville et de tout le diocèse de
Paris, tom. V, pag. 127.

(7) Ibid., tom. Ier, pag. 339.

(8) Histoire et recherches des Antiquités de la ville
de Paris, tom. II, liv. VII, pag. 282.

« voir sans admiration, dans la classe de théologie du collége royal de Navarre (1),
« surtout vers la gauche, des vitres peintes du quatorzième au quinzième siècle, dont
« les têtes entre autres sont d'un grand fini. Les fonds sur lesquels les figures sont
« appliquées, représentent des espèces de tapis gauffrés (damassés) des couleurs les plus
« vives, ornés de franges d'or. Les expressions des vertus théologales, qui y sont re-
« présentées, ne sont pas sans mérite (2). »

Un auteur allemand, M. Gessert (3), prétend également que, vers le milieu du quatorzième siècle, diverses armoiries furent peintes sur les vitres du collége royal (aujour-
d'hui le collége de France). Mais c'est là un anachronisme choquant et bien légèrement
avancé; car l'établissement dont il s'agit date seulement du règne de François Ier, et
les deux citations sur lesquelles M. Gessert appuie son assertion sont complétement
inexactes.

A en juger par le grand nombre de peintures sur verre dont les églises de Paris
furent ornées dans le cours du quatorzième siècle, il semblerait que cette ville dût posséder alors beaucoup d'artistes verriers. Il n'en est qu'un cependant dont le nom soit
parvenu jusqu'à nous. C'est un certain Jean de Cambray (*Johannes de Cameraco*) mentionné dans un titre de l'année 1316 (4), et qui demeurait, dans le faubourg, hors la
porte Saint-Denis. Encore ce nom semble-t-il indiquer une origine flamande.

Le Vieil cite aussi, comme ayant composé quelques vitres, un autre artiste, nommé
Jean de Saint-Romain (5), qui contribua effectivement à la décoration des résidences
royales du temps de Charles V (6). Mais Jean de Saint-Romain était sculpteur, et je n'ai
pu retrouver nulle part, dans Sauval, le témoignage invoqué par Le Vieil, pour établir
la part qu'il aurait prise à des travaux de vitrerie.

A cette occasion cependant, il est bon de signaler un usage nouveau qui semble avoir
pris naissance, ou, du moins, s'être beaucoup répandu pendant le cours du quatorzième
siècle. Je veux parler de l'introduction des vitres peintes aux fenêtres des palais et des
habitations particulières.

Un passage intéressant de la *Chronique du Religieux de Saint-Denis* nous révèle
l'existence de vitraux du même genre à l'hôtel de Saint-Pol, qui, du quatorzième au
quinzième siècle, fut, comme on le sait, la résidence presque habituelle de nos rois. Le
pauvre Charles VI y demeura souvent pendant sa démence. « S'il apercevait, » dit le
chroniqueur anonyme, « ses armes ou celles de la reine, gravées ou peintes sur les

---

(1) Ce collége était situé à peu près sur l'emplacement actuel de l'École polytechnique.

(2) L'Art de la Peinture sur verre, 1re part., pag. 31.

(3) Geschichte der Glasmalerei, in-8°, 1839, pag. 83.

(4) Voir ce titre rapporté par M. Guérard dans le

Cartulaire de l'église Notre-Dame de Paris (in-4°, Paris,
1840), tom. III, pag. 58.

(5) L'Art de la Peinture sur verre, 1re part., pag. 30.

(6) Sauval, Histoire et recherche des Antiquités de
la ville de Paris, tom. II, liv. VII, pag. 282.

« vitreaux ou sur les murs, il les effaçait en dansant d'une façon burlesque et incon-
« venante (1). »

Mais ce ne fut pas seulement dans les résidences royales que s'introduisit le luxe
des vitraux. Tous les princes s'empressèrent à l'envi d'en faire décorer leurs palais.
Dans la description qu'il donne de l'ancien château de Bicêtre près Paris, Sauval nous
apprend que le duc de Berry, après avoir fait magnifiquement décorer cette maison de
plaisance, « y ajouta, pour dernier embellissement, les châssis de verre, qui ne faisaient,
« en ce temps-là, que de commencer à orner l'architecture (2). »

Il fallait, en effet, que ces panneaux de vitres eussent alors un grand prix. Car l'historien de Charles VI, Juvénal des Ursins, raconte qu'en 1411 une bande d'émeutiers, sous
la conduite des frères Gois, bouchers de Paris, s'étant rués sur le château de Bicêtre « y
« boutirent le feu, si bien qu'il ne demeura que les parois; et, avant la dite démolition,
« le peuple ostoit les beaux huis, et les beaux chassis de verres, et les emportoit (3). »
C'était, il faut en convenir, des connaisseurs distingués que ces braves gens qui savaient
allier avec tant de discernement le pillage à la destruction !

Le Vieil pense que ces châssis devaient être garnis de verre blanc (4). Mais je n'en
vois nulle part la preuve, et l'opinion contraire semblerait résulter de la plupart des
textes relatifs à des fondations du même genre.

Ainsi Sauval, qui entre, à ce sujet, dans des détails pleins d'intérêt, nous apprend qu'au
Louvre les fenêtres des chambres occupées par le roi et la reine étaient « treillissées de
« fil d'archal et de barreaux de fer; d'ailleurs obscurcies de vitres pleines d'images de
« saints et de saintes, ou bien des devises du roi et de la reine, dont le panneau revenait
« à vingt-deux sols (5). »

« Il est impossible, » fait observer Le Vieil, « d'apprécier au juste la valeur du pied de
« verre peint, par rapport à ces vitres dont parle Sauval, qui n'en donne point la me-
« sure..... Quant au prix de chaque panneau qu'il fait monter à 22 sols, en réduisant
« notre livre de 20 sols à 10 livres 7 sols ou environ, et le sol à 10 sols 4 deniers, chaque
« panneau reviendrait à 11 livres 8 deniers de notre argent (6). »

J'ignore sur quelle base Le Vieil établit son calcul, qui me paraît singulièrement
erroné; et l'assertion même de Sauval m'inspire peu de confiance; car, d'une part, il a
négligé d'en faire connaître la source ou d'en donner les preuves, et, de l'autre, elle se
trouve en complet désaccord avec plusieurs documents contemporains, qui fixent d'une
manière parfaitement authentique la valeur des vitres dans diverses localités.

(1) Traduction de M. L. Bellaguet, 4 vol. in-4°,
Paris, 1839-42, liv. X, chap. xx.

(2) Histoire et antiquités de Paris, tom. II, pag. 72.

(3) Histoire de Charles IV, édition précitée, pag. 230.

(4) L'Art de la Peinture sur verre, 3ᵉ part., pag. 200.

(5) Histoire et recherches des antiquités de la
ville de Paris, tom. II, livr. VII, pag. 279.

(6) L'Art de la Peinture sur verre, 3ᵉ part., pag. 200.

En première ligne, et comme documents du plus grand intérêt, je citerai d'abord deux extraits de comptes provenant des archives de la maison d'Orléans, et publiés, pour la première fois, comme celui que j'ai déjà mentionné, par M. Aimé-Champollion (1). A la date de 1399, on lit : « Claux de Loup (2), verrier, a fait et livré pour lostel de Monseigneur « d'Orléans, séant en la rue de la Poterne-lez-Saint-Pol à Paris (3), les ouvrages de son « mestier qui suivent : deux petits panneaux de verre neuf à bordure, où il y a en l'un « un loup, et en l'autre un porc-épic (4) séant en un petit retrait (5), près les galeries « neuves, contenant ensemble 3 pieds : *pour chaque pied, 4 sols parisis.* Un archet (6) de « verre, où il y a une Annonciation de Notre-Dame, bordée à l'entour, séant à la soupente « de la galerie neuve, contenant 5 pieds : *pour chaque pied 8 sols parisis.* Trois panneaux « de verre neuf, où est la devise de Monseigneur contenant 8 pieds, *à 4 sols le pied.* « Es galeries neuves, 18 croisées et 2 chassis faisant ensemble 74 panneaux de verre « neuf, où sont les armes du dit seigneur duc et sa devise, et contenant ensemble « 230 pieds, *à 4 s. le pied*..... En la chambre de Monseigneur le Duc, six panneaux de « verre neuf, esquels sont les armes du Roi et celles du dict seigneur Duc avec sa devise, « contenant 24 pieds, *au même prix.* » D'autres vitres du même genre et *du même prix* garnissaient « la chambre de parement (7) qui soulait estre oratoire (8) des chambres « de Messeigneurs de Flourigny (9), de Rouzay et de Nantouillet (10)..... la sale de pare- « ment dessus la sale de commun, »..... et enfin « la chambre de l'armurerie (11) de Mon- « seigneur d'Orléans, au-dessous de l'oratoire, dont il a fait une chambre de parement. »

Ce document renferme une foule d'indications infiniment précieuses. Signalons d'abord celles qu'il nous donne sur le nombre, la forme et les dimensions des fenêtres

---

(1) Louis et Charles, ducs d'Orléans, leur influence sur les arts, etc. 3ᵉ part., pag. 13.

(2) Ne serait-ce pas plutôt Claude Loup qu'il faudrait lire ?

(3) Louis d'Orléans eut, à la fois, plusieurs hôtels dans Paris. Celui dont il est ici question, s'élevait entre la Seine et la Bastille, sur un terrain situé au coin des murs de la ville, derrière le couvent des Célestins. Le roi le lui avait donné en 1396. Sauval nous apprend qu'il y logeait en 1401. (Histoire et Antiquités de la ville de Paris, tom. II, pag. 116.)

(4) Sans doute par allusion à l'ordre du Porc-Épic ou du Camail fondé par le duc Louis.

(5) Nom qu'on donnait alors aux cabinets (Voyez Sauval, tom. II, liv. VII, pag. 273).

(6) *Archet*, diminutif d'*arche*, est un coffre de bois. On trouve ce mot ainsi employé dans des lettres de rémission de 1398. Il faudrait donc lire ici : *une caisse de verre, etc*.... **Mais cette explication ne me paraît pas satisfaisante, et il semblerait plutôt, d'après** le sens de la phrase, que le mot *archet* fût, dans ce cas, le diminutif d'arc ou arcade, de sorte qu'un *archet de verre* signifierait la garniture en verre ou vitrage d'une arcade.

(7) Chambre à parer ou de parade, nom donné alors aux appartements de réception (Sauval, tom. II, liv. VII, pag. 272).

(8) Servant d'oratoire.

(9) Sans doute Philippe de Fleurigny, dont la fille épousa, en 1403, le frère de l'Amiral Renaud de Trie. (Le P. Anselme, Histoire généalogique des grands officiers de la couronne, in-fᵒ, Paris, 1712; tom. II, pag. 924.)

(10) Ce seigneur, alors commensal du duc d'Orléans, doit être le même que Jean de Nantouillet, que les bourgeois de Paris de la faction bourguignonne vinrent arrêter avec plusieurs autres, à l'hôtel Saint-Pol, le 22 mai 1413. (Voyez l'histoire de Paris de Félibien, pièces justificatives, tom. II, pag. 555.)

(11) La salle des armures.

qui éclairaient les divers appartements du duc Louis. Les galeries neuves contenaient dix-huit fenêtres et deux châssis, formant ensemble soixante-quatorze panneaux, qui présentaient une superficie de deux cent trente pieds de verre. En décomposant ces chiffres, on trouve, par conséquent, que chaque fenêtre devait contenir quatre panneaux, et que chacun de ceux-ci devait avoir un peu plus de trois pieds, ce qui, pour la fenêtre entière, donnerait une superficie de douze pieds et une fraction.

Quant au prix du verre, ce document nous le fait également connaître avec une grande précision. Non-seulement la valeur de chaque vitre s'y trouve déterminée en proportion de sa superficie; mais encore la nature même du vitrail y est très-exactement indiquée. Ainsi, pour les simples dessins d'armoiries, pour les devises ou les bordures, c'est invariablement quatre sous par pieds. Y a-t-il, au contraire, un sujet à figures, le prix est doublé : pour le vitrail de l'Annonciation, c'est huit sous par pied que nous trouvons. Le sou parisis représentait alors une valeur correspondante à deux francs soixante-quinze centimes environ de notre monnaie actuelle (1). C'est donc onze francs par pied (valeur d'aujourd'hui) pour les simples ornements, et le double pour les vitraux à figures.

Il est à regretter que M. Aimé Champollion n'ait pu reproduire avec le même développement les autres comptes de vitrerie mentionnés dans son livre.

Pour les vitraux fondés par le même duc d'Orléans en l'abbaye de Cluny, il donne seulement l'indication d'un payement fait, le 6 novembre 1397, à maistre Adam Chastelain (2), dont le domicile n'est point connu.

Dans l'article relatif à la grande vitre des Célestins exécutée en la ville d'Amiens, le nom du verrier ne se trouve pas même indiqué. La somme qu'y avait consacrée le duc était, comme je l'ai dit plus haut (3), de trente francs (soit environ 1675 francs, valeur actuelle). A supposer que la valeur des vitres fût la même à Amiens qu'à Paris, il résulterait de ces chiffres que la vitre des Célestins devait présenter une surface d'environ soixante-seize pieds. Mais plusieurs autres documents qu'il me reste à produire prouveront que le prix du verre blanc ou couvert de peinture, variait alors dans une assez forte proportion, selon les localités.

La Bourgogne, d'abord, nous offrira de nombreux points de comparaison. Les archives de cette province et les autres dépôts entre lesquels sont actuellement répartis les titres

---

(1) La livre ou franc à cheval du quatorzième siècle pèse 3,86 grammes, ce qui, en calculant la valeur de l'or au cours actuel de 3 francs 20 centimes par gramme, donne une valeur intrinsèque de 12 francs 35 centimes, qu'il faut multiplier par quatre et demi, pour représenter la proportion dans laquelle l'or s'est vu déprécié depuis cinq cents ans. On arrive ainsi, pour la livre ancienne, à une valeur de 55 francs 588 millièmes. Or, le sou étant la vingtième partie de la livre, on trouve, pour la valeur de celui-ci au quatorzième siècle, 2,7792 francs, ou, par approximation, deux francs soixante-quinze centimes.

(2) Louis et Charles, ducs d'Orléans, 3e part., pag. 12.

(3) Voyez ci-dessus, pag. 293 et 294.

émanant des anciens ducs de Bourgogne, abondent encore en documents relatifs à l'état des arts pendant les quatorzième et quinzième siècles.

M. le comte de Laborde a déjà réuni, dans un ouvrage justement apprécié du monde savant (1), le résultat de longues et patientes recherches faites par lui aux archives de Lille. De leur côté, MM. Maillard-Chambure à Dijon, et Quantin à Auxerre, ont également exhumé, des archives confiées à leur garde, une foule d'indications précieuses qu'il m'a été permis de compléter, grâce à leur obligeance, et dont plusieurs, je crois, sont encore inédites.

Les travaux de vitrerie dont on y trouve la trace s'appliquent tantôt à la décoration des églises, tantôt à celle des résidences du prince.

Parmi ces dernières, il faut placer au premier rang le palais que les ducs de Bourgogne avaient à Dijon même. Le plus ancien peintre-verrier dont le nom nous soit connu, parmi ceux qui ont travaillé pour ce château, est un certain Perrin Girole, de Baignes, qui refit, en 1372, les verrières de la chambre du duc (2). Baignes, où il résidait, est un village de Franche-Comté, aujourd'hui compris dans l'arrondissement de Vesoul. Il est évident que les travaux dont il est ici question se rattachaient à la première installation de Philippe le Hardi, devenu, depuis trois ans seulement, duc de Bourgogne.

Peu de temps après, en 1375, le duc faisait venir de Paris un autre peintre, nommé Jean de Beaumes, qui vécut jusqu'en 1397, et ne cessa, pendant tout ce temps, de travailler pour lui (3). Cet artiste avait peint, en 1384, dix-huit figures sur verre, et nous le trouvons mentionné avec le titre de valet de chambre du Duc, dans un compte d'Amiot Arnaud, receveur général des finances, pour les années 1386-87 (4). Trois ans plus tard, en 1390, Jean de Beaumes s'était associé deux peintres de Dijon, Gérard de la Chapelle et Guillaume de Francheville (5). Enfin, d'après un autre compte en date de 1397-98, il eut pour successeur un nommé Hennequin Moulone (6).

Le somptueux Philippe, non content d'utiliser les talents de ses propres sujets, faisait venir de tous les pays les hommes les plus experts dans chaque branche de l'art. C'est ainsi que, dès l'an 1383, il avait appelé de Malines à Dijon, un peintre-verrier nommé Henry, que nous trouvons désigné dans tous les comptes du temps par les surnoms de Glusmack, Glocemake ou même Clamosack, dérivés évidents du mot flamand *glaesmaeker*, verrier. Ce peintre travailla, de 1383 à 1396, aux vitres du château de Dijon (7).

---

(1) Les Ducs de Bourgogne, Étude sur les lettres, les arts et l'industrie au XV⁰ siècle, 2 vol. in-8°, Paris, 1849.

(2) Ibid., tom. I⁰ʳ, table.

(3) Ibid.

(4) Mémoires de la commission d'antiquités du département de la Côte-d'Or (années 1832-33), pag. 38.

(5) Mémoires de la commission, etc. pag. 38.

(6) Ibid.

(7) Laborde, les Ducs de Bourgogne (table du tome I⁰ʳ); Mémoires de la commission d'antiquités du département de la Côte-d'Or (année 1832-33), pag. 38; et documents inédits des archives de Dijon.

Vers le même temps, en 1384, un peintre-verrier de Dijon, Jehan de Borcet, fournis-
sait « trente-deux pieds de verre et dix-huit ymaiges peintes et recuites de verrerie pour
« les fenêtres de la salle (sans doute la grande salle du château de Dijon) (1). »

Un compte de l'année suivante mentionne l'acquisition de « trente pièces de glux
« de Nohe, pour mettre es huisselles des chassis des fenêtres et huisseries des sel-
« les (2). » Les *selles* sont les salles, et le mot *huisseries* semble indiquer que les châssis
étaient en bois. *Glux* est évidemment encore un dérivé du flamand *glaes*, verre. Quant
au mot *Nohe*, qui paraît être un nom propre, ce n'est, je crois en être certain, celui
d'aucune localité. Faut-il en conclure que ce soit celui d'un verrier, ou bien la désignation particulière d'un genre de verre destiné à un usage spécial?

Dans un autre document de 1390, je trouve encore un Flamand, Robert de Cambray,
qualifié de *verrier du duc*. Il avait exécuté « quarante et un panneaux de voirre (de
« verre), contenant dix-neuf pieds et demi de long (lisez de hauteur) sur six pieds et
« demi de large, où il y a six écus de voirre de couleur (3). » Le mot *écu*, dans ce passage,
doit s'appliquer à des écussons d'armoiries. Il servait également, il est vrai, à désigner
une monnaie de cette époque; mais il me semble impossible de lui attribuer ici cette
dernière signification, la somme de six écus étant beaucoup trop faible pour représenter
la valeur d'un vitrail aussi considérable que celui dont il s'agit.

Enfin, c'est probablement encore au château de Dijon que furent exécutés quelques
autres travaux de vitrerie mentionnés avec moins de précision dans les comptes du
receveur des finances Amiot-Arnaud, de 1397 à 1400, tels que des « verres de plusieurs
« couleurs, pour les fenêtres de la grande salle, armoyés (armoriés) aux armes du duc,
« de la duchesse et du comte de Nevers (troisième fils du duc). »

Tout en s'occupant ainsi à embellir de son mieux le château qu'il possédait à Dijon,
Philippe le Hardi faisait travailler également à la décoration de ses autres résidences.
En 1390, Jean de Beaumes et Guillaume de Francheville ornent de vitres celui d'Argilly,
situé au bailliage de Nuits (4); et, en 1388, un autre artiste, Jean de Troyes, fournit
« 100 et demi quart de pied de verres armoyés (armoriés), pour mettre aux maisons
« neuves du châtel de Rouvre (5), » très-ancienne maison de plaisance des ducs de
Bourgogne, sise au diocèse de Chalon (6).

D'autre part, le duc, qui comptait l'Artois dans ses vastes domaines, ne négligeait pas
non plus les châteaux qu'il possédait dans cette province. Deux curieux documents,

<table>
<tr><td>

(1) Compte d'Amiot-Arnaud pour l'année 1384
(archives de Dijon).

(2) Autre compte du même pour l'exercice 1385-86.

(3) Autre compte du même pour l'exercice 1390-91.

(4) Laborde, les Ducs de Bourgogne (voir la table
du premier volume).

</td><td>

(5) Compte d'Oudot-Donay, receveur général du duc
pour l'année 1388 (archives de Dijon).

(6) Ce fut là qu'en 1361 le roi Jean créa le parle-
ment de Saint-Laurent pour les terres d'outre-Saône
(Garreau, Description du Gouvernement de Bourgo-
gne, in-8°, Dijon, 1734, pag. 583).

</td></tr>
</table>

recueillis par M. de Laborde aux archives de Lille donnent le détail de divers travaux exécutés, par l'ordre de Philippe, au château d'Arras, ainsi que le nom des verriers qui en furent chargés.

L'intérêt que présentent ces deux documents me décide à les reproduire ici textuellement.

Le premier est ainsi conçu :

« Ci en suient plusieurs reparacions et ouvrages de voirrières, fais en plusieurs cham-
« bres et autres édifices de l'ostel de la court le conte (1), à Arras, ès mois d'aoust et de
« septembre derniés passés, par Pierre le voirrier, demourant à Arras, lequel a fait et
« repparé ce qui s'enssuit : audit Pierre, voirrier, lequel a ouvré de son mestier de voir-
« rier, c'est assavoir : — Pour avoir mis trois pemeaux de neuf voire (2) en la chambre
« de Madame, contenant : xx piés au pris de xxxii deniers chacun pié, armoiés de iii
« escus de MS, de Madame, de MS le comte (3), pour chacun escu vi^s, sont pour tout lxxi
« sols t. (4); à lui pour pièces paintes et escus, mis en la salle sur le piaiel (5) des galle-
« ries, iiii piés de voirre paint et recuit, pour chascun piét vi sols iiii deniers, valent :
« xxv sols iv den. (6). — Donné sous nostre seel, le xiie jour d'octobre, l'an mill ccc iiii^{xx}
« et seize (7). »

Le second titre nous fait connaître un autre peintre verrier de la même province. En voici également la teneur :

« Par devant nous, Robert de Bertrangle, escuyer, lieutenant de MS, bailli d'Arras,
« est aujourd'hui comparu personnellement Thibaut le verrier, demeurant à Arras,
« lequel a cogneu et confessé avoir eu et receu la somme de seize livres six sols deux
« deniers par. qúi deuz lui estoient (8), pour plusieurs ouvrages de verrières par lui faiz
« et délivrez ès hostels de MS le duc de Bourgogne à Arras, depuis le premier jour
« d'avril mil ccc iiii^{xx} xvii jusques au jour de saint Jehan Baptiste mille ccc iiii^{xx} et xviii
« enssuivant, c'est assavoir : (diverses verrières à écussons d'armes) — Item pour trois
« piez de neuf voirre, où il a fait un tabernacle, et dessoubz ycelluy a iii ymages qu'il
« a assis en la chappelle du dit hostel devant l'autel, au pris de viii le piet, valent xxiv
« solz par. — Le premier jour de juillet mil ccc iiii^{xx} dix-huit (9) »

---

(1) Le duc de Bourgogne possédait l'Artois sous le titre de Comté, ce qui explique pourquoi son palais d'Arras s'appelait la Cour-le-Comte.

(2) ... « trois pauneaux de verre neuf... »

(3) ... « armoriés des trois écussons de Monsei-gneur, de Madame, et de Monseigneur le Comte. » Ce dernier était, je le suppose, Jean sans Peur, fils aîné de Philippe le Hardi, qui, du vivant de son père, portait seulement le titre de comte de Nevers.

(4) Soixante et onze sous tournois, ou trois livres et onze sous.

(5) C'est sans doute le mot *palier* qu'il faut lire ici.

(6) Dans le texte donné par M. de Laborde, il y a xx sols iv den. Mais ce doit être une faute de copie ou d'impression; car le calcul donne ici 25, et non pas 20.

(7) Laborde, les ducs de Bourgogne, 2e partie, tom. III (preuves), pag. 204.

(8) ... « six sous deux deniers parisis, qui lui étaient dus. »

(9) Laborde, les Ducs de Bourgogne, 2e partie, tom. II, pag. 250. Ce titre et le précédent sont con-servés dans les archives de Lille.

Les prix indiqués dans ces deux articles de compte varient beaucoup. Le verre blanc n'y est porté qu'à deux sous huit deniers (sept francs trente-cinq centimes, valeur actuelle), ce qui est le plus bas prix que j'aie rencontré à cette époque; mais, pour trois simples écussons à répartir sur vingt pieds de verre blanc, ce prix s'élève tout de suite à une moyenne de plus de trois sous et demi, se rapprochant ainsi du prix payé à Paris par le duc d'Orléans pour les vitraux à simples devises. Pour les vitres peintes sans indications de genre, l'évaluation s'élève à six sous quatre deniers (environ dix-sept francs cinquante centimes, valeur actuelle); et enfin, pour les images peintes, elle atteint huit sous par pied, précisément le même prix qu'à Paris(1).

Il faut rendre la justice à Philippe le Hardi, que toute sa splendeur ne se concentra point dans ces dépenses de luxe personnel. Il fit aussi plusieurs fondations pieuses, à l'éclat desquelles la Peinture sur verre vint également concourir. La plus importante de toutes fut certainement la Chartreuse de Champmol, située aux portes de Dijon. Ce fut en l'année 1384, et à l'occasion du mariage de deux de ses enfants, que le duc fonda cette maison, « pour reconnaître, » dit M. de Barante, « les bienfaits que la Providence « lui avait accordés depuis son enfance (2). »

Parmi les artistes qui prirent part à la décoration de cette célèbre maison, nous retrouvons d'abord le verrier favori du duc Philippe, Henry dit Glacemuke. Il est mentionné avec ce surnom et la double désignation d'*ouvrier en voirre et bourgeois de Malines*, dans un compte de Jean d'Espaulette pour l'année 1398 (3). La somme à lui payée est de « 90 francs 12 gros, monaye blanche, pour 137 pieds de verre que ledit « Henry avait fait pour mettre en l'église des Chartreux de Champmol près Dijon; » ce qui donne une moyenne très-approximative d'un pied et demi par franc, soit un peu plus de treize sous le pied carré, prix bien supérieur à tous ceux que j'ai eu l'occasion de citer jusqu'ici.

Selon M. de Laborde, Henry Glacemuke travaillait à la Chartreuse de Dijon dès l'an 1383 (4). Dans le même intervalle de temps, deux autres peintres déjà mentionnés, Guillaume de Francheville et Jean de Beaumes, y travaillèrent aussi. Ils peignirent 20 *pieds d'ymageries* pour l'oratoire du duc et sa chapelle de Champmol (5).

Enfin un dernier document tiré des archives de Dijon nous donne quelques détails assez curieux sur la valeur du verre brut employé par les verriers du duc, et sur l'une des verreries d'où ils le tiraient. On lit dans le compte des travaux de la Sainte-Chapelle de Dijon : « Acheté de Guill. Aygeny, châtelain de Montenoison et de Saint-Saulge, en voirre « pris au four à voirrerie du dit Montenoison et par lui délivré et envoyé à Dijon, savoir

<table>
<tr><td>

(1) Voyez ci-dessus, pag. 298.
(2) Histoire des ducs de Bourgogne, tom. 1er, p. 329.
(3) Archives de Dijon.

</td><td>

(4) Les Ducs de Bourgogne, tom. 1er, table.
(5) Mémoires de la Commission d'Antiquités de la Côte-d'Or (années 1832-33), pag. 38.

</td></tr>
</table>

« 800 de voirres blancs, et demi-cent de voirres de couleurs, 4^{l.} 10^{s.} le cent de voirre blanc
« et 9 f. le cent de voirre de couleurs. » Montenoison, le lieu où était située cette verrerie, est un village des environs de Cosne. Il était alors compris dans la comté de Nevers,
qui, comme on le sait, faisait partie des états du duc Philippe. Quant à l'indication relative aux quantités de verre dont il s'agit, elle est, pour nous, un peu vague, cette expression *le cent de voirre* pouvant s'appliquer également bien au poids ou à la quantité de
feuilles fournies. Je crois cependant qu'il faut plutôt l'entendre dans le dernier sens.
Mais alors quelle était la dimension des feuilles? Du reste, ce détail n'a qu'un intérêt
secondaire, et ce qui reste acquis, c'est que, entre les prix du verre blanc et du verre
de couleur, tous deux également à l'état brut et non travaillé, ainsi que l'indique l'expression *pris au four,* la proportion était précisément du simple au double.

Après avoir ainsi réuni tous les documents que j'ai pu trouver sur les travaux de
Peinture sur verre exécutés au compte des ducs de Bourgogne, il me reste encore à
mentionner quelques autres noms de verriers qui se rattachent à la même province.

L'un d'eux, bien qu'il vécût encore au quatorzième siècle, nous est connu dès la fin du
treizième par un texte précis que M. Quicherat a tout récemment exhumé (1). Dans un
compte de fabrique de la cathédrale d'Autun remontant à l'exercice 1294-95, ce savant
archéologue a découvert le passage suivant : *Item Magistro Stephano pro verreriis beati
Nazarii et Lazari reficiendis, xj libr. xvj sol. viij den.* Le nom de maître Étienne doit donc
s'ajouter ici à la liste déjà longue de nos verriers bourguignons.

Il y a quelques années qu'un autre érudit, connu par le zèle et le talent dont il a
toujours fait preuve dans ses modestes fonctions, M. Quantin, archiviste du département de l'Yonne, a aussi trouvé, dans les comptes de l'ancien chapitre de Sens, quelques
indications précieuses qu'il a bien voulu me communiquer avec son obligeance habituelle. L'une d'elle est relative à un verrier désigné seulement sous le nom de maître
Jehan, qui reçut, en 1342, la somme de vingt-deux sous pour réparations à certaines
vitres de la cathédrale. Dans un autre compte en date de 1397, Jean de Proville est désigné comme ayant fourni du verre blanc. A l'égard de ce dernier, peut-être n'est-il pas
sans intérêt de constater ici que le village auquel il a emprunté son surnom est situé
aux portes de Cambrai, ce qui semblerait indiquer que, comme beaucoup d'autres verriers employés en Bourgogne ou même en France à cette époque, Jean de Proville était
Flamand.

La Champagne, elle, au contraire, paraît ne s'être jamais rendue tributaire des artistes
étrangers, et tout annonce que, dès cette époque, si ce n'est même antérieurement, il y
avait, dans cette province, une véritable école de peintres verriers.

---

(1) Notice sur un compte de saint Lazare d'Autun, inséré dans la *Revue archéologique*, XIVe année, pag. 181.

La première trace qu'on en trouve est dans les registres de l'œuvre de la cathédrale de Troyes, précieuse collection qui, après avoir été conservée d'abord dans les archives de cette église, puis dans celles de la préfecture, en disparut on ne sait trop comment en 1825. La plupart de ces registres sont actuellement réunis à la bibliothèque Impériale, sous le n° 2560 du supplément des manuscrits français. M. Jules Quicherat, qui en a fait le dépouillement, y a trouvé d'intéressants détails sur *la rose par devers la cour de l'official* (la rose méridionale), exécutée en 1381, par un verrier nommé Jacquemin.

« Il est constaté, » dit-il, « que cet artiste employa 680 pieds de verre pour le vitrail « de la rose, et 260 pour les fenêtres de la claire-voie placée dessous. Son ouvrage, es- « timé au pied, lui fut payé 176 livres 5 sous (1); et, en outre, le chapitre, pour lui « témoigner sa satisfaction, lui fit un avantage de 60 sous. — 433 livres de fer, employées « pour la ferrure, furent payées, avec la main-d'œuvre, 23^l 2^s 6^d. »

« Pour n'avoir plus à revenir sur Jacquemin le verrier, j'ajoute, » continue M. Quicherat, « qu'il travailla, tout le printemps de 1382, aux verrières des chapelles basses, « où il employa dix-huit livres de verres de couleur. Il posa ensuite un vitrail de verre « blanc dans la chapelle de Sainte-Marguerite, au droit du grand autel. L'article où est « relaté ce fait mérite quelque attention. Il nous apprend que la vitrerie en verre blanc se « payait, par pied, seulement trois deniers de moins que la vitrerie en verre de couleur (2).

Les comptes d'où M. Quicherat a tiré ces citations ne sont malheureusement pas complets. Plusieurs registres manquent à la collection. J'ai vu l'un d'eux, il y a quelques années, entre les mains de M. Gadan, à Troyes. C'était le « compte de leuvre de léglise « de Troyes, faiz et randuz par Guy de Verdun et P^{re} Darbois le petit, chanoines de « lad. église et proviseurs de lad. euvre, des le dimenche après la feste de la Magde- « leine, lan mil ccclxxv jusques aud. dimenche lan mccclxxvj. (3) » J'y ai relevé les articles suivants, que je crois inédits :

« A maistre Guillaume Brisetout (4), verrier, pour verrer la tierce forme de la croisée « devers le pavement, à la partie devers la ville, en laquelle sont xiij^{xx} ix pieds de verre « blanc, et couste chascun pié iiij^s, et le pié dymagine couste xij^d plus dou blanc (5), le- « quel plus (6) de ladite forme Guil. Gautrel a payé, valent les xiij^{xx} ix piez à iiij^s pour « pié liij^l xvj^s. »

Et plus loin : « Audit maistre Guillaume Brisetout, pour verrer le grand vitrau de la-

---

(1) Un peu plus de quatre sous en moyenne.

(2) Notice sur plusieurs registres de l'œuvre de la cathédrale de Troyes, extraite du XIXe volume des *Mémoires de la Société royale des antiquaires de France*, page 26.

(3) Manuscrit sur parchemin, in-folio de 27 pages.

(4) Comme cela arrivait souvent alors chez les gens de métier, le sobriquet prend ici la place du surnom de localité. Il faut en convenir, pour un verrier, celui de *Brisetout* était singulièrement choisi.

(5) .... et le pied de verre peint avec des images coûte douze deniers (un sou) de plus que le blanc.

(6) .... lequel surplus..... c'est à dire, la différence du prix entre le verre blanc et le verre de couleur.

« dite croisée devers le pavement, ouquel sont vj^e iiij^{xx} vj piez de verre blanc, qui va-
« lent, à iiij^s, vj^{xx} xvij livres iiij^s, et pour le verre ymaginé lxviij piez, qui valent plus dou
« blanc xij^d lxviij^s, valent en toute somme vij^{xx} l. xij^d. »

Ces deux derniers articles de compte coïncident par leur date avec celle que M. Arnaud assigne à la dernière fenêtre de la nef à gauche, fondée, selon lui, par l'évêque Jean de Villiers, qui fut élu en 1376, et mourut la même année (1). Mais je n'ai point retrouvé, dans ladite fenêtre, le blason de cet évêque, tel que M. Arnaud l'y a vu.

Quant aux citations qui précèdent, elles ont de l'intérêt, surtout par la précision des détails qu'elles renferment sur les prix relatifs du verre blanc et du verre peint. En les rapprochant du compte de dépenses de Louis d'Orléans, que j'ai cité plus haut, on est frappé du peu de différence qui existe ici entre la valeur des deux sortes de verre. A Paris, le duc d'Orléans paye quatre sous le pied les simples devises ou armoiries, tandis que les vitraux à figures lui coûtent le double. A Troyes, le verre blanc vaut quatre sous; mais, en 1375, on ne paye en plus, pour l'avoir *ymaginé*, que douze deniers ou un sou (précisément le prix d'un boisseau de froment d'après le tarif mentionné au même compte), et, en 1381, la différence entre les deux sortes de verre n'est plus que de trois deniers seulement. Ce bas prix relatif de la peinture ne permet-il pas de supposer que Troyes possédait alors bon nombre d'artistes en ce genre?

M. Vallet de Viriville, aujourd'hui professeur à l'École des chartes, ayant été chargé, il y a quelques années, de mettre en ordre les archives du département de l'Aube, rencontra également les noms de Jacquemin et de Guillaume ou Guiot Brisetout. Des diverses pièces qu'il a eues entre les mains, il résulte : 1° qu'en septembre 1383 Jacquemin retoucha la verrière « où est saint Barthélemy » dans le chœur de la cathédrale; 2° que Brisetout vivait encore en 1412 (2).

Aux noms de ces deux artistes, nous pouvons ajouter ceux de Jacquinot Plumereux et de Jean de Damery. Plumereux travaillait, en 1377, à l'église collégiale de Saint-Étienne, à Troyes. Selon M. Arnaud, c'est à lui que seraient dues les verrières de la chapelle Saint-Martin, fondée par Jean Bizet de Barbonuc, chanoine et chantre de cette église (3). Le pied de verre lui était payé à raison de cinq sous six deniers (environ quinze francs, valeur actuelle). Quant à Jean de Damery, je le trouve cité par M. Gadan (4), comme ayant travaillé à Troyes depuis 1375 jusqu'en 1379. La localité à laquelle cet artiste avait emprunté son surnom se trouve dans le département de la Marne, aux environs d'Épernay, ce qui établit avec beaucoup de vraisemblance son origine champenoise.

(1) Description historique de la cathédrale de Troyes, par F. Arnaud, in-folio, Troyes, 1842, p. 45.

(2) Les Archives historiques du département de l'Aube, in 8°, Paris, 1841, page 315.

(3) Antiquités de la ville de Troyes, par A. F. Arnaud, in-folio, Troyes, 1822, page 27.

(4) Voyez le feuilleton du *Journal de l'Aube*, du 10 septembre 1836.

Quelques vitraux de la même époque se voient encore dans la nef de l'église de Bar-sur-Aube ; mais je n'ai rien pu découvrir touchant leur origine ou le nom de leur auteur.

La Picardie, comme je l'ai déjà constaté (1), avait aussi ses peintres sur verre au quatorzième siècle. Parmi les monuments qu'on peut leur attribuer, il s'en trouvait un fort curieux dans l'église de Beauval (Somme). C'était un vitrail représentant l'assassinat du curé de cette paroisse, lequel, suivant une ancienne tradition, fut égorgé à l'autel par Hue Camps d'Avesnes, seigneur passablement violent, comme on voit, mais, à cela près, fort bon chrétien ; car il avait pris part aux croisades (2). Ce vitrail et quelques autres du même temps ont disparu par suite de restaurations exécutées à l'église de Beauval en 1760 (3).

En Normandie, la Peinture sur verre, si florissante pendant le cours du siècle précédent, continuait à occuper une nouvelle génération d'artistes. Mais il n'en est qu'un seul dont le nom soit parvenu jusqu'à nous : c'est Guillaume Canonce, peintre qui travaillait à la cathédrale de Rouen, dans les dernières années du quatorzième siècle. Un savant et laborieux archéologue, M. Deville, a retrouvé sa trace dans les comptes manuscrits de la fabrique, lesquels, malheureusement, ne remontent pas plus haut que l'année 1384.

Je ne connais, en ce qui concerne les autres provinces de notre ancienne monarchie, aucun document de quelque intérêt qui se rapporte à cette époque. Mais il est fort probable qu'on découvrira encore le nom de beaucoup d'autres artistes actuellement ignorés, lorsque toutes les archives locales auront été exploitées avec autant de soin et de sagacité que celles des provinces que je viens de citer.

Ce qui est constaté dès aujourd'hui, c'est la création, au quatorzième siècle, d'un certain nombre de grosses verreries, à l'exploitation desquelles furent attachés des priviléges tout à fait exceptionnels. Levieil fixe à neuf le nombre de celles qui existaient vers le milieu du siècle (4). Il est à regretter qu'il n'en ait pas indiqué la situation. Peut-être, du reste, l'ignorait-il lui-même. A l'en croire, la première d'entre elles aurait été créée en 1330, par Philippe VI, en faveur de Philippe de Caqueray, écuyer, sieur de Saint-Immes (5). Cependant un auteur plus ancien, Haudicquer de Blancourt, prétend que Messieurs de Caqueray n'ont acquis le droit de verrerie qu'en 1468, par suite de l'alliance d'un de leurs ancêtres avec une fille d'Antoine de Brossard, écuyer du comte d'Eu, qui en avait lui-même obtenu la concession dès l'an 1453 (6).

Quoi qu'il en soit, il est incontestable qu'au quatorzième siècle, l'exploitation des

---

(1) Voyez ci-dessus, page 2.

(2) Histoire de la ville et du comté de Saint-Pol, par Ferry de Locres, in-4°, Douai, 1613, pages 26 et 113.

(3) Description historique et pittoresque du département de la Somme, par MM. Dusevel et Scribe,

(2 volumes in-8°, Amiens, 1836), tome Ier, page 129.

(4) L'Art de la Peinture sur verre et de la Vitrerie, IIIe partie (*vitrerie*), chap. Ier, page 201.

(5) Ibid., page 201, note a.

(6) De l'Art de la Verrerie, par M. Haudicquer de Blancourt, in-12, Paris, 1697, livre Ier, page 45.

grosses verreries de verre à vitre constituait déjà un privilége réservé à quelques familles nobles. Levieil était bien informé à cet égard. Comme preuve à l'appui de son assertion , je me contenterai de rappeler, après l'avoir établie déjà d'après des documents contemporains, l'existence d'un *four à voirrerie* exploité, dans le Nivernais, par Guillaume Aigeny, châtelain de Montenoison et Saint-Saulge (1).

L'usage du verre à vitre s'étant beaucoup répandu au quatorzième siècle, le nombre des ouvriers appelés à le mettre en œuvre avait dû augmenter en proportion, et, par suite, les professions de *voirriers*, verriers ou vitriers, étaient devenues beaucoup plus communes. Aussi est-ce pendant le cours de ce siècle que nous les voyons figurer pour la première fois dans des règlements émanés de l'autorité souveraine.

Le plus ancien document de ce genre où il en soit fait mention, est la célèbre ordonnance du roi Jean, datée du 3o janvier 135o (1351 n. s.) et *portant règlement sur le fait de la police de la ville de Paris et autres villes du royaume* (2). L'article 245 est conçu en ces termes :

« Item, toutes manières de *voirriers*, charpentiers de husches (3) et ymaigiez, faiseurs
« de doublez (4), ne pourront prendre, pour leurs peines, labeurs et salaires, que le tiers
« plus qu'ils prenoient auant la mortalité : et qui fera le contraire, il sera en ι.xˢ d'amende
« au roy touttefoiz qu'il en sera reprins : et aura l'accuseur la quinte partie. »

La disposition qui précède n'a rien, il faut le reconnaître, qui se rapporte directement à l'histoire de la Peinture sur verre proprement dite. Cependant il m'a paru qu'il n'était pas sans intérêt de constater cette plus-value de la main-d'œuvre, résultant de la terrible épidémie de 1348 (5). Ne doit-on pas effectivement en conclure que le prix de revient d'un vitrail avant l'épidémie devait être sensiblement inférieur aux prix, eux-mêmes fort modiques, que nous ont fait connaître divers comptes de la fin du même siècle ?

---

(1) Voyez plus haut, page 3o3.

(2) Cette ordonnance se trouve au folio 5 du livre intitulé *les Loix, Ordonnances et Edicts des très-chrestiens roys de France et de la Cour de Parlement* (in-f°, Paris, 1554), compilation due à Charles l'Angelier, libraire. Fontanon en a donné une autre édition assez défectueuse, que Laurière a reproduite, avec toutes ses fautes, dans son *Recueil des ordonnances des rois de France*. Mais le texte le plus exact est incontestablement celui qui se trouve dans le tome II de la *Collection Lamoignon*, aux archives de la Préfecture de police. L'illustre président à qui l'on doit cette collection, l'avait fait relever avec soin sur le manuscrit de Saint-Victor, seule copie authentique du *Livre noir* du Châtelet.

(3) Menuisiers.

(4) Le mot *doublet* avait deux significations dans notre vieux langage. Le plus souvent il s'appliquait à une espèce de houpelande d'une étoffe particulière. Mais quelquefois également, comme c'est ici le cas, ce mot servait à désigner une sorte de pierreries artificielles, imitée en verre, comme on en trouve un exemple dans la disposition suivante, empruntée aux *Statuts des orfèvres de la ville de Paris* : « Nul ne « puet faire , et faire mettre en or *Doublés de voirri-* « *nes* pour vendre, ne pour s'en user. » (Ordonnances des rois de France, tome III, page 12).

(5) La mortalité fut telle, pendant cette épidémie, qu'au dire de Felibien, « un grand nombre de mai- « sons demeurèrent désertes, non-seulement à la cam- « pagne, mais même dans les villes, et à Paris même, « où l'on en vit bientôt tomber en ruines, faute d'être « habitées. » (Histoire de la ville de Paris, par D. Michel Félibien, in-folio, Paris, 1725, t. 1ᵉʳ, p. 6o1.

Mais c'est assez m'appesantir sur des documents qui, malgré tout l'intérêt qu'ils présentent, ne peuvent faire revivre que bien imparfaitement les monuments détruits. Hâtons-nous donc d'en revenir aux monuments encore existants, ne fût-ce que pour rester fidèle au titre même de cet ouvrage.

J'ai passé en revue tous ceux qui me semblaient pouvoir être attribués au quatorzième siècle, et par conséquent, le moment semblerait venu d'aborder l'étude des monuments du siècle suivant. Toutefois, et pour résumer cette partie de mon travail, je ne saurais me dispenser de signaler, en peu de mots, les changements survenus dans le style de la Peinture sur verre pendant l'époque dont je viens de retracer l'histoire.

J'ai déjà fait remarquer les caractères principaux qui distinguent les vitres du quatorzième siècle de celles des siècles précédents, tels que l'emploi beaucoup plus habituel des verres blancs et de la couleur jaune, l'abandon progressif du style légendaire, la part beaucoup plus grande faite à l'architecture dans l'ornementation et l'adoption d'un nouvel ornement que j'ai désigné sous le nom de *crochets* ou *feuilles de choux*.

Si maintenant nous jetons les yeux sur l'ensemble des monuments de ce siècle, quelques observations générales doivent nous frapper :

Ainsi, à mesure qu'on avance, tous les caractères que je viens de signaler deviennent de plus en plus marqués. L'abus des verres blancs et des tons jaunes arrive à ce point que la plupart des verrières ne sont plus guère que des grisailles relevées de jaune, ou tout au plus des espèces de camaïeux, où le verre de couleur ne figure qu'en minime proportion. L'ornementation surtout finit par être complétement décolorée. Ses formes aussi s'altèrent progressivement; mais, sous ce rapport, le changement est plus heureux et le dessin gagne peu à peu en élégance, en légèreté, ce que la couleur a perdu en éclat. Les frontons surbaissés, les lourds pinacles se transforment en dais allongés et découpés à jour, auxquels se rattachent de plus en plus, comme à une végétation parasite, les feuilles nerveuses et contournées des crochets. Les figures également sont mieux dessinées, et, bien qu'actuellement elles aient peut-être moins de simplicité dans le geste et dans la pose, elles conservent encore presque autant de naïveté qu'au treizième siècle, en y joignant plus de finesse et de grâce.

Toutefois cette transformation de l'art ne s'opère pas simultanément sur tous les points de la France. Comme dans le siècle précédent, le progrès part évidemment des provinces occidentales. C'est dans les monuments de la Normandie que nous le trouvons d'abord le plus sensible. Dans l'Est, au contraire, et particulièrement en Alsace, il se montre beaucoup plus lent. Là, le style légendaire et la forte coloration de verre persistent longtemps encore après que le reste de la France semble y avoir à peu près renoncé. Mais ce style lui-même subit des modifications : l'artiste agrandit le cadre de sa légende et semble renoncer à l'inscrire dans cette élégante série de médaillons réguliers semés sur un fond à dessin courant, qui caractérisait la vitre légendaire du treizième siècle. La composition est désormais plus irrégulière; le dessin semble devenir plus confus. Néanmoins, le germe du nouveau style d'ornementation perce déjà à travers cette confusion même.

Quant au midi de la France, les monuments de la Peinture sur verre y sont encore si rares, qu'on ne saurait en tirer des inductions suffisantes pour caractériser un style. Tout ce qu'on peut dire, c'est que ces contrées étaient arriérées sous le rapport de l'art, et que, dans les rares verrières à sujets dont elles furent dotées au commencement du quatorzième siècle, on trouve à peine les traces de l'ornementation nouvelle au milieu de compositions qui ont conservé encore beaucoup des caractères du siècle précédent.

Mais, je le répète en terminant, l'est et le midi de la France ne sauraient donner une idée exacte du style de la Peinture sur verre au quatorzième siècle. Si l'on veut en juger sainement, c'est dans les provinces du Centre et de l'Ouest qu'il faut étudier cet art, et je ne puis, sous ce rapport, que m'en référer à la description que j'ai donnée de ses plus importants monuments.

DEUX VITRAUX FORT ANCIENS

DÉCOUVERTS PENDANT LA PUBLICATION DE CE VOLUME.

En signalant, dans mon introduction, certains vitraux de la cathédrale d'Angers comme les plus anciens que je connusse en France, je ne me doutais pas que, bientôt après, on en trouverait, dans deux autres églises, qui pourraient, à juste titre, réclamer l'antériorité sur ceux-là. C'est pourtant ce qui a eu lieu; et c'est ainsi qu'au moment où je me flattais d'avoir poussé mes recherches plus loin qu'aucun autre, je me suis vu dépassé à mon tour. Telle est la loi du progrès. Je m'y soumets, mais non pas à ce point de laisser volontairement mon œuvre incomplète. La découverte, si elle est justifiée, de vitraux antérieurs à tous ceux qu'on connaissait, est un fait capital pour l'histoire de la Peinture sur verre; et puisque ce fait m'a été révélé trop tard pour qu'il me fût possible de lui donner la place que lui assignait la date probable des vitraux dont il s'agit, je n'ai rien de mieux à faire, me semble-t-il, que de leur consacrer une notice supplémentaire renfermant leur description et l'examen critique de leurs principaux caractères. J'en ai reproduit le dessin dans deux planches d'introduction qui figurent en tête du volume.

La première de ces verrières représente saint Timothée, martyr. Elle a été trouvée, il y a quelques années, dans l'église de Neuwiller (Bas-Rhin), par M. Bœswillwald, architecte des monuments historiques, qui a bien voulu aussitôt m'en communiquer une copie.

La forme du vitrail est cintrée par le haut. Il mesure 58 centimètres de largeur sur 45 de hauteur. Quant à l'unique figure qu'il renferme, elle est d'un dessin si rude, d'un aspect si particulier, que je n'hésiterais guère à la faire remonter au onzième siècle, si elle se fût rencontrée sur le sol de notre ancienne France. Mais il faut se tenir en garde contre cette apparence d'extrême vétusté, lorsqu'il s'agit de monuments appartenants à l'Alsace. Dans toutes les contrées des bords du Rhin, l'art, régénéré par une pléiade d'artistes originaires de l'Orient, conserva longtemps un caractère traditionnel que les modifications de style survenues dans les provinces de l'Ouest eurent beaucoup de peine à altérer.

Nous avons déjà vu, à l'occasion des vitraux de Strasbourg, qu'en voulant les classer d'après leur aspect, comparativement à ceux des autres parties de la France, on risquerait, dans beaucoup de cas, de se tromper de près d'un siècle (1). De même, et par analogie, le petit vitrail de Neuwiller, quoique certainement d'une apparence beaucoup plus ancienne que tous les vitraux dont on sait l'origine, pourrait n'être pas tout à fait aussi vieux qu'il en a l'air. Sa date est difficile à préciser : là où manquent les monuments analogues, la classification d'après les caractères artistiques est à peu près impossible. C'est donc le cas de s'éclairer par l'étude de l'histoire et des circonstances locales. Or voici ce qu'on sait de l'église de Neuwiller.

Un monastère avait été fondé, à ce qu'on croit, dans cette localité dès la fin du sixième siècle (2). Mais la première mention certaine relative à son église ne remonte pas au delà du huitième. Elle se trouve dans les œuvres de Paul Diacre, qui en attribue la construction à saint Sigebald, évêque de Metz, mort en 741 (3). Quatre siècles après fut commencée la construction d'un édifice plus vaste et plus en rapport avec la splendeur de l'abbaye, lequel ne fut achevé qu'aux treizième et quatorzième siècles. Ce dernier édifice est celui qui, aujourd'hui encore, sert au culte. Toutefois, derrière l'abside, on a conservé une ancienne église beaucoup plus petite, certainement bien antérieure à la grande, et que je ne serais pas éloigné, pour ma part, de considérer comme étant, du moins en partie, celle de saint Sigebald.

C'est dans ce vieux sanctuaire à peu près abandonné que M. Bœswillwald a découvert le vitrail de saint Timothée.

Lors même que cette partie du monument serait aussi ancienne que je suis porté à le croire, on ne saurait en conclure assurément que le vitrail dont il s'agit fût un vitrail mérovingien. Mais ce qui pour moi résulte assez clairement de sa situation, c'est qu'il doit être antérieur à l'édifice du douzième siècle. On ne comprendrait pas, en effet, qu'au moment où une nouvelle église s'élevait pour l'usage de l'abbaye, les donateurs d'un objet aussi précieux que l'était alors encore un vitrail, l'eussent destiné à la petite église qui allait être abandonnée, plutôt que de le consacrer à la décoration de l'édifice nouveau.

D'un autre côté, la verrière de saint Timothée est si parfaitement adaptée à la forme très-ancienne et très-particulière de la fenêtre, qu'on ne saurait admettre qu'il ait pu provenir d'aucun autre édifice.

De ces diverses circonstances, il me semble permis de conclure que notre vitrail est, pour le moins, des premières années du douzième siècle, peut-être de la fin du onzième, ce qui me paraît encore plus probable.

Je ne vois d'ailleurs, dans le dessin, rien qui puisse infirmer une telle hypothèse. La roideur toute byzantine de cette figure coupée en grand buste et vue de face, la frisure de ses cheveux crêpés en toutes petites boucles, lui donnent en effet un caractère que je ne retrouve dans aucun des vitraux, même les plus anciens, que je connaisse.

L'autre verrière, découverte depuis le commencement de ce travail, et que, faute de place, j'ai rattachée à mon introduction, au moyen d'une seconde planche supplémentaire, provient de la cathédrale du Mans. Je dois l'avouer à ma honte, j'avais passé d'abord à côté de ce vitrail sans le discerner, perdu qu'il était au milieu d'une vitrerie très-considérable et passablement confuse. La première personne qui en ait reconnu l'importance, est un peintre sur verre, mort il y a peu d'années, M. Henry Gérente, qui joignait à la pratique de son art des connaissances archéologiques très-étendues. Chargé de travaux de restauration dans la cathédrale du Mans, son œil exercé sut bientôt reconnaître, au milieu des verrières dont il avait l'entreprise, quelques panneaux d'un caractère tellement différent des au-

---

(1) Voyez ci-dessus, pages 112 et 238.
(2) Vie de saint Fridolin par le moine Balthérus de Seckingen.

(3) Voir la vie de saint Sigebald, dans l'*Histoire des évêques de Metz* de Paul Diacre, recueillie et publiée par Duchesne.

tres, qu'on pouvait leur assigner sans crainte une origine absolument distincte. Gérente en prit aussitôt le dessin, qu'il communiqua, avec quelques notes manuscrites, à un de ses amis, M. Parker, membre de la Société des antiquaires de Londres (1). Vers le même temps, il avait bien voulu me donner un calque de quelques-unes de ces figures, et j'en fus si frappé que je retournai immédiatement au Mans pour examiner la verrière par moi-même. C'est de là, et d'après cette utile indication, que j'ai rapporté le dessin qui fait l'objet de ma deuxième planche supplémentaire.

Le sujet n'en est pas bien défini. On y voit la sainte Vierge au milieu des douze apôtres, levant tous la tête dans une attitude forcée, ce qui avait fait supposer à Gérente que ces panneaux pouvaient bien provenir d'une composition plus étendue représentant l'Ascension. C'est aussi mon opinion.

De plus, et comme l'atteste encore M. Parker, le regrettable artiste à qui en est due la découverte pensait que ce vitrail, le plus ancien qu'il eût jamais vu, devait appartenir *au onzième siècle* (2). Le caractère des figures semble, en effet, justifier cette conjecture; et, qui plus est, l'histoire de l'édifice la rend fort admissible.

Je n'ai pas à répéter ici ce que j'ai dit ailleurs (3). Qu'il me suffise de rappeler qu'à la place de plusieurs édifices successivement ruinés, le Mans avait vu s'élever dans ses murs, pendant la seconde moitié du onzième siècle, une nouvelle cathédrale, à laquelle l'évêque Hoël eut la satisfaction de mettre la dernière main, vers l'an 1093. Ajoutons que, dans sa munificence, le pieux évêque l'avait décorée de vitres (4). Cette église n'eut pas une longue existence : elle fut presque entièrement détruite par un incendie au commencement du siècle suivant. Le feu, dit un ancien auteur, consuma le toit, qui était encore en chaume, ainsi que les vitres des fenêtres (5). Une partie de la nef résista seule à l'incendie; et l'édifice subsista, ainsi ruiné et incomplet, jusqu'au temps de Philippe Auguste.

La chapelle de la Vierge, qui renferme actuellement les antiques panneaux dont nous nous occupons, est d'une construction beaucoup plus moderne, et l'on ne saurait y trouver la moindre trace de l'édifice antérieur. Mais sa vitrerie, telle qu'elle est aujourd'hui, se compose d'une foule de panneaux mal assemblés, de tous les styles, de toutes les époques, et presque tous provenant de quelque autre fenêtre. C'est particulièrement le cas pour les panneaux qui représentent la Vierge et les deux groupes d'apôtres dont j'ai donné le dessin. Non-seulement leur aspect indique, à ne pas s'y méprendre, qu'ils sont beaucoup plus anciens que la fenêtre où ils se trouvent, mais encore leur monture même, la disposition et l'éloignement relatif des tringles de fer qui les maintiennent, prouvent clairement qu'ils n'ont pas été faits pour cette place; et, au contraire, cette monture, autant qu'on puisse en juger à distance, pourrait très-bien convenir à la forme des antiques fenêtres de la nef. Or, on sait en effet que, dans le courant même du siècle actuel, quelques vitraux provenant de cette partie de l'église ont été utilisés aux restaurations du chœur (1).

Rien, dans l'histoire du monument, ne s'opposerait donc à ce que ces curieuses figures fussent un dernier débris des verrières fondées par l'évêque Hoël à la fin du onzième siècle.

Le style des ornements n'a rien non plus qui rende cette hypothèse improbable à mes yeux. L'une des deux bordures offre un dessin quadrillé à petites croix, en verre jaune rechampi de noir, parfaitement analogue à celui dont est orné le nimbe amandaire de la sainte Vierge, dans le très-ancien vitrail de Vendôme que j'ai reproduit planche VIII. Quant à la seconde bordure, les feuilles en volute dont elle se compose affectent une courbe beaucoup plus simple et une forme certainement plus lourde que toutes les autres feuilles que j'ai observées jusqu'ici dans les verrières du douzième siècle. Le verre lui-même, surtout dans les fonds, paraît extrêmement ancien.

---

(1) Voyez la lettre de M. Parker, en date du 24 juin 1850, publiée dans le tome XXXIII de l'*Archæologia,* page 359, et le dessin qui l'accompagne.

(2) ..... he pronounced them to be by far the earliest painted glass he had ever seen, and, he thought, of the eleventh century (ibid).

(3) Voyez ci-dessus, pages 50 et 51.

(4) *Cancellum quod ejus antecessor construxerat pavimento deco-* *ravit et celo : vitræ quoque per ipsum cancellum per quod cruces circum quoque laudabili sed sumptuosa nimium artis varietate disponens* (Mabillon, Vetera analecta, in-8°, Paris, 1675-85, t. III, page 289).

(5) *Eodem anno (probabiliter 1136) ignis circa meridiem a vico* *S. Vincentii prosiliens..... tegmenque sacelli beati Juliani, adhuc* *strumineum, cum fenestris vitreis concremavit* (Ibid. t. III, p. 349).

Enfin, on ne saurait en disconvenir, les figures et les costumes ont évidemment un caractère tout particulier. Les premières se font remarquer par la roideur, par la *cassure* du geste. Plusieurs des têtes d'apôtres offrent un mode d'exécution tout à fait exceptionnel : les boucles de cheveux, tracées en couleur brune au pinceau, débordent sur l'auréole, en dehors du plomb qui entoure la tête. Dans les draperies, deux particularités me semblent caractéristiques : c'est, comme forme, le rétrécissement de la robe à la hauteur des genoux, et, comme disposition, la bande de couleur tranchée, qui, presque à la même hauteur, vient couper transversalement le vêtement.

La réunion de ces différents caractères ne se retrouve dans aucun des vitraux du douzième siècle que j'ai eu l'occasion de voir. Elle me paraît justifier pleinement l'opinion de Gérente, et, en attribuant, après lui, ce curieux vitrail aux dernières années du onzième siècle, je n'ai pas même le sentiment de doute dont je ne puis complétement me défendre au sujet du vitrail de Neuwiller.

FIN DU PREMIER VOLUME.

TABLE DES LOCALITÉS

DONT LES VITRAUX SONT DÉCRITS OU MENTIONNÉS DANS CE VOLUME.

NOTA. — L'astérisque placé après le nom d'une localité indique que les vitraux qui s'y trouvaient jadis n'existent plus.

FIN DE LA TABLE.